espejo
de
españa

56

«Ni está el mañana —ni el ayer— escrito.»

ANTONIO MACHADO
El dios ibero

1. La colección ESPEJO DE ESPAÑA, bajo el signo de Editorial Planeta, pretende aportar su colaboración, no por modesta menos decidida, al cumplimiento de una tarea que, pese a contar con tantos precedentes ilustres, día tras día se evidencia como más urgente y necesaria: el esclarecimiento de las complejas realidades peninsulares de toda índole —humanas, históricas, políticas, sociológicas, económicas...— que nos conforman individual y colectivamente, y, con preferencia, de aquellas de ayer que gravitan sobre hoy condicionando el mañana.

2. Esta aportación, a la que de manera muy especial invitamos a colaborar a los escritores de las diversas lenguas hispánicas, se articula inicialmente en siete series:

I   los españoles
II   biografías y memorias
III movimientos políticos, sociales y económicos
IV   la historia viva
V   la guerra civil
VI   la España de la posguerra
VII testigos del futuro

Con ellas, y con las que en lo sucesivo se crea oportuno incorporar, aspiramos a traducir en realidades el propósito que nos anima

3. Bueno será, sin embargo, advertir —puesto que no se pretende engañar a nadie— que somos conscientes de cuantas circunstancias nos limitan. Así, por ejemplo, en su deseo de suplir una bibliografía inexistente muchas veces, que cabe confiar estudios posteriores completen y enriquezcan, ESPEJO DE ESPAÑA en algunos casos sólo podrá intentar, *aquí* y *ahora*, una aproximación —sin falseamiento, por descontado, de cuanto se explique o interprete— a los temas propuestos, pero permítasenos pensar, a fuer de posibilistas, que tal vez los logros futuros se fundamentan ya en las tentativas presentes sin solución de continuidad.

4. Al texto de los autores que en cada caso se eligen por su idoneidad manifiesta para el tratamiento de los temas seleccionados, la colección incorpora un muy abundante material gráfico, no, obviamente, por razones estéticas, sino en función de su interés documental, y, cuando la obra lo requiere, tablas cronológicas, cuadros sinópticos y todos aquellos elementos que pueden complementarlo eticazmente. Se trata, en definitiva, de que cada uno de los títulos en su unidad texto-imagen, responda a la voluntad de testimonio que preside las diversas series.

5. Sería ingenuo desconocer, empero, que este ESPEJO que, acogido a la definición que Stendhal aplicara a la novela, pretendemos pasear a lo largo del camino, según se proyecte a su izquierda o a su derecha recogerá, sin duda, sobre los mismos hombres, sobre los mismos hechos y sobre las mismas ideas, imágenes diversas y hasta contrapuestas. Nada más natural y deseable. La colección integra, sin que ello presuponga identificación con una u otra tendencia, obras y autores de plural ideología, consecuente con el principio de que ser liberal presupone estar siempre dispuesto a admitir que *el otro* puede tener razón. Aspiramos a crear un ágora de libre acceso, cerrada, única excepción, para quienes frente a la dialéctica de la palabra preconicen, aunque sólo sea por escrito, la dialéctica de la pistola.

6. Y si en algunas ocasiones la estampa que ESPEJO DE ESPAÑA nos ofrezca hiere nuestra sensibilidad o conturba nuestra visión convencional, unamos nuestra voluntad de reforma a la voluntad de testimonio antes aludida y recordemos la vigencia de lo dicho por Quevedo: «Arrojar la cara importa, que el espejo no hay de qué.»

RAFAEL BORRÀS BETRIU
Director

En busca de
JOSÉ ANTONIO

Ian Gibson, definido por Francisco Umbral como "el hispanista más listo y más golfo de Europa", está orgulloso de haber nacido en Dublín (1939) y de hablar un inglés con marcado acento celta. Ha sido profesor de español en Belfast y, últimamente, en la Universidad de Londres. Harto del cielo gris y del lento ritmo ingleses, abandonó cargo y país en 1975 para dedicarse exclusivamente a escribir. Apasionado de la investigación ("Quien no ha trabajado en una hemeroteca no ha vivido"), Gibson ha obtenido un éxito mundial con sus libros sobre el asesinato de Federico García Lorca y la represión nacionalista de Granada, el primero de los cuales, editado en París por Ruedo Ibérico, fue prohibido por la censura franquista y galardonado en 1972 con el Premio Internacional de la Prensa en Niza. La edición original de **El vicio inglés,** que apareció en Londres en 1978, ha sido considerada por casi todos los críticos como una importante contribución al estudio de la sexualidad y la hipocresía británicas. Con su último libro, **En busca de José Antonio,** ha ganado el Premio Espejo de España 1980. El autor está casado, tiene dos hijos y vive en España.

Ian Gibson

En busca de JOSÉ ANTONIO

Premio Espejo de España 1980

EDITORIAL PLANETA   BARCELONA

ESPEJO DE ESPAÑA
Dirección: Rafael Borràs Betriu
Serie: Los españoles

© Ian Gibson, 1980
Editorial Planeta, S.A., Córcega, 273-277, Barcelona-8 (España)
Edición al cuidado de Ester Berenguer
Sobrecubierta de Hans Romberg (realización de Jordi Royo)

Procedencia de las ilustraciones: Alberto Viñals, Alfonso, Archivo Planeta, Campúa,
    Europa Press, Goyenechea, Keystone, Más y Ráfols

Maquetas de ilustración interior: Eduardo Asensio
Producción: equipo técnico de Editorial Planeta
Primera edición: marzo de 1980
Segunda edición: abril de 1980
Depósito legal: B.12287-1980
ISBN 84-320-5656-1
Printed in Spain-Impreso en España
Composición, compaginación e impresión: Talleres Gráficos «Du-
    plex, S.A.», Ciudad de la Asunción, 26-D, Barcelona-30

*Esta obra obtuvo el Premio Espejo de España 1980,
concedido por el siguiente jurado: Manuel Fraga Iribarne,
teniente general Díez Alegría, Ramón Garriga Alemany,
José Manuel Lara Hernández y Rafael Borràs Betriu*

*Dedico este libro a cuantos militan
por la paz, la convivencia y el diálogo
entre los españoles.*

I. G.

ÍNDICE

Me habría sido imposible escribir este libro sin la ayuda y el apoyo de muchas personas. Pienso especialmente en mi esposa y compañera Carole, cuya fe en mi labor nunca ha desfallecido. También quiero dedicar unas especiales palabras de gratitud a los funcionarios de la Hemeroteca Municipal de Madrid, que me han atendido siempre con mucha amabilidad. Debo expresar también mi agradecimiento a las siguientes personas cuya aportación a mi tarea investigadora ha sido, en diversos órdenes y en distintas medidas, particularmente útil; con la esperanza de no olvidar involuntariamente a nadie: José M.ª Alfaro, Juan Aparicio, José M.ª de Areilza, José Bergamín, Rafael Borràs Betriu, Antonio Bouthelier Espasa, Gerald Brenan, Fina de Calderón, Tomás Castaño, Josefina Cedillo, José Fernández Berchi, Raimundo Fernández-Cuesta, José Luis Franco Grande, Miguel García Posada, Alfonso García Valdecasas, Ramón Garriga, José M.ª Gil Robles, Ernesto Giménez Caballero, Francisco Giner de los Ríos, Gunter Grossbach, Gabriel Jackson, José Luis Jerez-Riesco, José Landeira Yrago, Margarita Larios, Trinidad Ledesma Ramos, Juan Antonio Maravall, Eutimio Martín, Ángel Mateos, conde de Mayalde, Mariano del Mazo, marquesa de Narros, Helen Oppenheimer, José M.ª Pemán, Narciso Perales, Antonio Prat y Sáenz de Heredia, Pilar Primo de Rivera, Miguel Primo de Rivera y Urquijo, Pedro Sainz Rodríguez, Ramón Serrano Suñer, Herbert Southworth, Daniel Sueiro, marquesa de Valdeiglesias, Manuel Valdés Larrañaga, Pilar Varela, Ángel Viñas.

Yo, por mi parte, serviría para todo menos para caudillo fascista.

José Antonio Primo de Rivera, 1933 [1]

José Antonio Primo de Rivera fue un soñador con sueños cimentados en violencias.

Indalecio Prieto, 1947 [2]

1. Carta de José Antonio a Julián Pemartín, 2 de abril de 1933.
2. Indalecio Prieto, «El testamento de Primo de Rivera», 24 de mayo de 1947, recogido en *Convulsiones de España* (México, Oasis, 1967), I, p. 143.

CITAS Y REFERENCIAS: ADVERTENCIA AL LECTOR

Todas las citas de José Antonio, o referencias a sus escritos y discursos, se toman de las *Obras completas* (así llamadas) recopiladas por Agustín del Río Cisneros (Madrid, Instituto de Estudios Políticos, 1976, dos tomos): siglas *OC*.

En cuanto a las citas de, o referencias a, libros o artículos de otros autores, adoptamos la siguiente norma: en la primera mención o cita se da el nombre completo del autor, seguido por el título del trabajo, lugar de publicación, editor y fecha y, en las que siguen, sólo el nombre del autor, y página, o páginas, a que se alude. En el caso de obras colectivas, en la segunda mención y siguientes se da sólo un título abreviado. Cuando se trata de dos o más títulos de un mismo autor, se da, después de la primera referencia, sólo el nombre del autor seguido por un título abreviado. Las primeras referencias a las obras mencionadas (de las cuales no todas se encuentran en la bibliografía) se pueden localizar fácilmente al consultar el índice.

I.   Reflexiones sobre
«La España eterna»

Madrid, plaza de Oriente, domingo 18 de noviembre de 1979. «20-N».
Francisco Franco Bahamonde y José Antonio Primo de Rivera y
Sáenz de Heredia, ausentes y presentes. Un sol espléndido —expre-
samente concedido por Dios a instancias de Franco, en opinión de
uno de los concurrentes— luce sobre las cabezas de la inmensa
muchedumbre, y hace centellear a lo lejos las nevadas cimas de
Guadarrama. Banderas rojigualdas, pañuelos, bufandas y gorras
con los colores nacionales. Pegatinas, «Cara al sol», insignias y
grandes pancartas ondeadas por el entusiasmo: «Monzón no nos
engaña, Vascongadas y Navarra son España»; «Sin discusión ni
negociación, Gibraltar es español»; «No a los estatutos»; «Aragón
es España»; «Andalucía defenderá la unidad española»; «España,
una y no cincuenta y una».
   Por todas partes, en todos los labios, la palabra unidad. Es la
obsesión de los oradores. Luis Peralta España, secretario de la Confederación Nacional de Excombatientes, habla de «la sagrada e in-
disoluble unidad de la patria». Luis Jáudenes pide «unidad y entendimiento para evitar la liquidación de España y la desaparición de
los valores morales y religiosos que le son propios». Para el carlista Santiago Martínez Campos, «se trata de mantener la unidad de
la patria, y cueste lo que cueste se ha de conseguir. Pero no sólo
aquí y hoy, sino todos los días del año y en cada rincón de España,
porque el enemigo no descansa y trabaja a diario». Otro carlista,
J. E. Casariego, teme que España, con las autonomías, «en un bár-
baro salto regresivo, disfrazado de falsos progresismos, retorne a
las tribus celtibéricas y los reinos de taifas», mientras que, para
Raimundo Fernández Cuesta, «la unidad de España ha sido puesta
en trance de ruptura por decisión unilateral de quienes no se consideran españoles, en contra de la voluntad de los que tienen a
honor el serlo, como si a éstos esta unidad no les afectase o les
fuese indiferente». Blas Piñar proclama que España, «otra vez en
peligro, nos convoca para mantenerla unida, frente a toda desunión», y José Antonio Girón que «nos reúne algo que no admite
demoras ni desviaciones: la unidad. Todos sabéis que España está
seriamente amenazada por el enemigo de siempre».[1]

1. Todas estas citas se toman de *El Alcázar*, 19 de noviembre de 1979.

Leer estos discursos es convencerse de que, entre 1933 —acto
del teatro de la Comedia y fundación de Falange Española— y 1979
—acto de la plaza de Oriente—, el pensamiento de las «fuerzas
nacionales» apenas ha avanzado un paso. Es más: diríamos que ha
retrocedido. En el acto del 18 de noviembre de 1979 no se oyó ni
una sola opinión original sobre la realidad española y, aunque se
habló mucho, eso sí, de rescatar o *salvar* a España de la amenaza
del separatismo, de las Internacionales del capitalismo y del marxismo, etc., nadie trató de explicar cómo podría ser la España así
puesta a salvo, ni qué papel podría desarrollar en el mundo moderno. Donde José Antonio hablaba de la unidad de España en
función de una gran empresa nacional, de un «destino universal»
que diese sentido a la vida colectiva de los españoles, Blas Piñar,
Fernández Cuesta y sus compañeros no tenían nada que ofrecer.
Hablaban de *esperanza*, de *futuro*, pero realmente lo que trascen-
día era una profunda *nostalgia*, no sólo en relación con los dos
desaparecidos caudillos de la España nacional sino con algo más
antiguo, más lejano, más intangible: el perdido Imperio español,
y la pujanza que lo hizo posible.

Esta añoranza no es nueva. El pensamiento español conservador —y no sólo el de la Falange y sus afines— ha estado obsesionado desde hace mucho tiempo por la memoria de la pasada grandeza de la nación (Fernando e Isabel, la Reconquista, el descubri-
miento y colonización de América, la Reforma —España como
«brazo diestro del catolicismo»—, Carlos V, Felipe II, etc.), an-
gustiado por la larga decadencia posterior (desde la pérdida de
las primeras colonias hasta el Desastre de 1898 y, después, las guerras de África), y perseguido por la visión de un gran renacimiento nacional.[2] «En todo el pensamiento de la España contemporánea —ha escrito Pierre Vilar— hallaremos siempre esa presencia
del Siglo de Oro.»[3] Es cierto, y no hay estudiante de cultura española que no conozca los textos fundamentales de la llamada «generación del 98» sobre el «problema de España» y que no haya meditado, con Unamuno, Ganivet, Azorín, Maeztu, Baroja, Antonio
Machado y sus sucesores, acerca del tan llevado y traído tema del
porqué de la decadencia de la nación.

No cabe duda de que las ideas de José Antonio Primo de Rivera, nacido en 1903, fueron profundamente influidas por los es-

---

2. Según Onésimo Redondo, «España es un pueblo dando vueltas desde hacía
ciento cincuenta años para reanudar la ruta de su grandeza. Un pueblo que se
siente a disgusto como todos los pueblos mal gobernados, pero con una singular
circunstancia que produce a la vez comezón y pesimismo, que sirve de acicate y
causa tristeza. Es el recuerdo vivo, aunque en casi todos borroso, de un esplendor
que pasó. Por eso todas ias fórmulas presentadas "para salvar a España" y todos
los bandos y partidos entre sí opuestos, coinciden en ofrecer una grandeza equi-
parable a la pasada. En el fondo significa este ofrecimiento la reanudación de la
vida imperial» («Castilla en España», *J.O.N.S.*, núm. 2, junio 1933, pp. 63-64).
3. Pierre Vilar, *Historia de España* (Barcelona, Crítica, 7.ª ed., 1978), p. 67.

critores del 98 y, más concretamente, por su sucesor José Ortega y Gasset. Desde el momento de la aparición de José Antonio en el escenario político español, en 1930, hasta su muerte en 1936, expresaría ideas sobre la «esencia» de España —o como él solía llamarla, «el genio permanente» o «genio perenne» de España— y sobre la «misión» española en el mundo, cuya deuda con la generación del 98 y con Ortega sería innegable y, a menudo, reconocida por él mismo. Estas ideas matrices, que apenas sufrieron modificaciones durante los pocos años de actividad política de José Antonio, eran la base sobre la cual se construyó buena parte de la doctrina falangista, y después la del Estado de Franco. Por lo tanto, nos parece necesario comentarlas aquí con cierto detenimiento, y relacionarlas con sus antecedentes.

José Antonio y Castilla

Los hombres de 1898, obsesionados por la decadencia de España y empeñados en desentrañar sus causas, fijaron su atención preferentemente en Castilla —corazón de España, cuna de la Reconquista— y desarrollaron la noción de que, si se pudiera volver a reanimar el espíritu castellano de los días heroicos de los siglos xv y xvi, el país podría abrirse otra vez camino en el mundo. En *En torno al casticismo* (1895), Miguel de Unamuno, cuya influencia sobre los jóvenes escritores del 98 era crucial, había identificado la esencia de España, su «intrahistoria», con el alma de Castilla («lo castizo, lo verdaderamente castizo, es lo de vieja cepa castellana»), alma forjada en la cotidiana lucha con el despiadado clima de la meseta: «nueve meses de invierno y tres de infierno». El hombre que habita el duro paisaje castellano, según Unamuno, «siente en medio de la sequía de los campos sequedades del alma», y un imperioso deseo de liberación, o bien hacia arriba (misticismo) o bien hacia el mar y la aventura (impulso heroico o militar). Tanto el misticismo como la empresa imperial se consideran, desde esta óptica, como expresión íntima y *permanente* del alma castellana. Unamuno, al contemplar la decadencia del campesino castellano a finales del siglo xix, medita sobre su heroico pasado y su posible regeneración:

> Estos hombres tienen un alma viva y en ella el alma de sus antepasados, adormecida tal vez, soterrada bajo capas sobrepuestas, pero viva siempre. En muchos, en los que han recibido alguna cultura sobre todo, los rasgos de la casta están allí.
> Esa alma de sus almas, el espíritu de su casta, hubo un

tiempo en que conmovió al mundo y lo deslumbró con sus relámpagos, y en las erupciones de su fe levantó montañas.[4]

Antonio Machado, gran amigo de Unamuno y poeta admirado por José Antonio, daría forma poética a ideas muy parecidas en *Campos de Castilla* (1912). Como Unamuno, Machado se conmovía al comparar la Castilla actual («Castilla miserable, ayer dominadora / envuelta en sus andrajos desprecia cuanto ignora»), una Castilla poblada de «atónitos palurdos sin danzas ni canciones», con su pasado tan vital, tan expansivo, tan creativo. En su poema «A orillas del Duero», meditación sobre el tema del tiempo y las fortunas de Castilla, Machado se dejaría llevar por una nostalgia muy parecida a la que encontramos veinte años después en textos jonsistas y falangistas —y casi setenta años después en los férvidos discursos de la plaza de Oriente—:

> La madre en otro tiempo fecunda en capitanes,
> madrastra es hoy apenas de humildes ganapanes.
> Castilla no es aquella tan generosa un día,
> cuando Myo Cid Rodrigo el de Vivar volvía,
> ufano de su nueva fortuna y su opulencia,
> a regalar a Alfonso los huertos de Valencia;
> o que, tras la aventura que acreditó sus bríos,
> pedía la conquista de los inmensos ríos
> indianos a la corte, la madre de soldados,
> guerreros y adalides que han de tornar, cargados
> de plata y oro, a España, en regios galeones,
> para la presa cuervos, para la lid leones...

El pensamiento político de José Antonio, y por tanto de la Falange, parte de la premisa noventaiochista de que la esencia española es castellana, premisa compartida con los jonsistas, para quienes Castilla es el «corazón del tronco racial», «la madre de naciones y maestra de España» y «la región matriz».[5] En ningún sitio expresó tan clara y tan «poéticamente» esta visión José Antonio como en el discurso pronunciado en Valladolid el 4 de marzo de 1934. «Tenemos mucho que aprender de esta tierra y de este cielo de Castilla los que vivimos a menudo apartados de ellos», empezó. La tierra y el cielo de Castilla son intransigentes, «absolutos», sin sombras, y para José Antonio la meseta es «depositaria de valores eternos, la austeridad en la conducta, el sentido religioso en la vida, el habla y el silencio, la solidaridad entre los antepasados y los descendientes». Y justamente porque el cielo y la tierra castellanos son «absolutos», José Antonio afirma que Cas-

---

4. MIGUEL DE UNAMUNO, *En torno al casticismo* (Madrid, Espasa-Calpe, «Austral», 9.ª ed., 1979), p. 59.
5. ONÉSIMO REDONDO, pp. 63-69. Dicho artículo contiene una de las mejores exposiciones jonsistas del tema de Castilla.

tilla reacciona contra estrechos localismos y «ha tenido que aspirar, siempre, a ser Imperio». Era una idea que ya había sido desarrollada algunos años antes por los pensadores del grupo de Ledesma Ramos, Onésimo Redondo y *La Conquista del Estado*. Continúa José Antonio:

> Así Castilla, esa tierra esmaltada de nombres maravillosos —Tordesillas, Medina del Campo, Madrigal de las Altas Torres—, esta tierra de Chancillería, de ferias y castillos, es decir, de Justicia, Milicia y Comercio, nos hace entender cómo fue aquella España que no tenemos ya, y nos aprieta el corazón con la nostalgia de su ausencia. (*OC*, I, 327.)

Cuando José Antonio terminó su discurso al exclamar «¡Castilla, otra vez por España!» no se hacía eco solamente de la consigna de Onésimo Redondo «¡Castilla, salva a España!», sino que pensaba posiblemente en una frase de Ortega en *España invertebrada* (1921): «Porque no se le dé vueltas. España es una cosa hecha por Castilla, y hay razones para ir sosteniendo que, en general, sólo cabezas castellanas tienen órganos suficientes para percibir el gran problema de la España integral.» [6]

José Antonio, pues, cree que Castilla es la esencia de España —habla como sacerdote del culto místico de la eterna Castilla— y que dentro del alma castellana se ocultan, intactas, las virtudes heroicas de la raza. Una y otra vez encontramos en sus discursos y artículos la idea de que este «espíritu perenne de la raza» puede ser redescubierto, excavado, como si se tratara de un vivo tesoro oculto. Unamuno había dicho, en el pasaje que hemos citado, que el alma castellana estaba «soterrada bajo capas superpuestas». Para José Antonio, «tenemos todavía nuestra España, y no hay más que escarbar un poco para que la encontremos. España está ahí, y un día encontraremos a España» (*OC*, I, 206).

José Antonio explica que, en momentos de crisis, esta España eterna emerge indefectiblemente para defenderse contra sus enemigos. En octubre de 1934, por ejemplo, cuando las virtudes de «la Santa Inquisición y los maridos calderonianos» habían cedido el paso a «la más ejemplar mansedumbre» y los revolucionarios de Asturias y de Barcelona casi lograron su propósito de destruir la sagrada unión de la nación, ¿qué pasó?: «A la hora decisiva afloró del subsuelo de España la corriente multisecular que nunca se extingue. Surgió la vena heroica y militar de España; el genio subterráneo de España» (*OC*, I, 460).

Comentando los mismos acontecimientos en las Cortes el 6 de noviembre de 1934, José Antonio desarrolló esta idea y recurrió otra vez a imágenes que podríamos llamar espeleológicas:

6. José ORTEGA Y GASSET, *España invertebrada* (Madrid, Revista de Occidente, 7.ª ed., 1951), p. 34. Todas las referencias posteriores remiten a esta edición.

De izquierda a derecha, A. Machado, G. Marañón, J. Ortega y Gasset y R. Pérez de Ayala en el mitin celebrado en Segovia para presentar la «Agrupación al servicio de la República».

No cabe duda de que las ideas de José Antonio Primo de Rivera, nacido en 1903, fueron profundamente influidas por los escritores del 98 y, más concretamente, por su sucesor José Ortega y Gasset.

D. José Ortega y Gasset, que en estos días celebra sus bodas de plata con la Universidad.

AÑO I.—Núm. 15   MADRID   Precio: 20 cts.
5 de diciembre de 1935

Homenaje y reproche a D. José Ortega y Gasset

Por José Antonio PRIMO DE RIVERA

Artículo de J. A. Primo de Rivera sobre Ortega y Gasset, publicado en «Haz» (5 diciembre 1935).

¿Es la política función de intelectuales? A esta pregunta, lanzada en público, se aprestarían a contestar dos grupos de personas.

Primer grupo: Los que se suponen aludidos de modo direc-

mento, acongojan al vulgo lector, humildemente convencido de su incapacidad para penetrar el maravilloso secreto de la esfinge colocada a su vista; hasta que alguna persona dotada de salud normal y libre de respetos huma-

po ni otro tiene que contar para nada el que se proponga dedicar unos minutos a meditar esta cuestión: ¿es la política función de intelectuales?

Específicamente, la política no

tiempo en la que no es lícito demorar ninguna jugada. Es política hay obligación de llegar y de llegar a la hora justa. El binomio de Newton representaría para la Matemática lo mismo si se hubiera formulado diez siglos an-

conclusiones; la de conferir a sus conclusiones la condición de provisionales. El método filosófico arranca de la duda; mientras se opera en el campo de la especulación hay no ya el derecho sino el deber de dudar y de enseñar

Como Unamuno, Machado se conmovía al comparar la Castilla actual, una Castilla poblada de «atónitos palurdos sin danzas ni canciones», con su pasado tan vital, tan expansivo, tan creativo.

HAZ
NÚMERO EXTRAORDINARIO

Número extraordinario de la revista falangista «Haz».

Ni el Estado español, ni la sociedad española se hubieran defendido con brío frente a la revolución si no hubiera entrado en juego el factor, que siempre nos parece imprevisto, pero que no falta nunca a la cita en las ocasiones históricas, de ese genio subterráneo de España, de esa vena perenne de España que, ahora como siempre, albergada en uniformes militares, en uniformes de soldaditos duros, de oficiales magníficos, de veteranos firmes y de voluntarios prontos, una vez más, ahora como siempre, ha devuelto a España su unidad y su tranquilidad. (*OC*, I, 473.)

Algunos meses después, en el primer número de la revista falangista *Haz*, revista de estudiantes, José Antonio volvió a utilizar una imagen parecida:

Nosotros, estudiantes, no os llamamos con la invocación del nombre de España a una charanga patriótica. No os invitamos a cantar a coro fanfarronadas. Os llamamos a la labor ascética de encontrar bajo los escombros de una España detestable la clave enterrada de una España exacta y difícil. (*OC*, I, 594.)

Y, en la misma revista, el 19 de julio de 1935, explicó que había una sola manera de remediar los males de la patria, a saber:

... metiendo el arado más profundo en la superficie nacional y sacando al aire todas las reservas, todas las energías, en un empuje colectivo que un entusiasmo formidable encienda y que una decisión de tipo militar ejecute y sirva. (*OC*, II, 727.)

En las teorías de José Antonio sobre la heroica y militar esencia de España y el «genio subterráneo» de la raza —y conste que no eran más que teorías o hipótesis aunque se convirtiesen luego en dogma de la Falange—, y en la imaginería que utilizaba para expresarlas, yace implícita la noción de que la vida del campo es superior a la de la ciudad, y que el campesino es moralmente mejor que el obrero industrial y menos contaminado que él por ideas falsas. La Falange dirigió sus mayores esfuerzos propagandísticos hacia las regiones agrícolas más subdesarrolladas del país, y antes de la guerra apenas tuvo influencia en los grandes centros industriales. La sobrevaloración falangista del campo —menosprecio de la Corte y alabanza de la aldea— ha sido muy bien analizada por Heleno Saña:

En los centros industriales y fabriles del país —como Cataluña, Asturias o Vascongadas— su repercusión fue verdaderamente reducida. Los ámbitos nacionales con una gran tradición política eran impermeables a la propaganda falangista, pues su estilo, expresado mediante un lenguaje entre místico, poético y militar, sólo podía hallar un auditorio propicio entre clases de población socialmente desfasadas y políticamente arcaicas. Geográficamente, la Falange sólo pudo abrir algunas brechas en la España mesetaria y pobre, sublimada por Unamuno [...] En la España costera, dotada de una burguesía y de un proletariado vigoroso, su influencia fue exigua [...] La exaltación del campo, aunque obedecía en parte a una sincera indignación por la miseria en que se hallaba la clase campesina española, tenía por objeto básico movilizar las reservas políticas del país con menos preparación teórica —la clase campesina— y lanzarlas contra la vanguardia revolucionaria del proletariado industrial, ubicado en las grandes ciudades. Sociológicamente, la concepción falangista sobre el significado de las zonas rurales y agrarias era el reflejo de una visión anacrónica de la historia y de las fuerzas sociales. Su virus reaccionario consistía en la tendencia irracional de querer negar el industrialismo y retroceder a una sociedad y tipo de producción paternalistas.[7]

«Unidad de destino en lo universal»

Sabemos que la unidad española ha sido siempre una obsesión de la Falange. José Antonio insistiría una y otra vez en que el Imperio, fundado bajo inspiración divina por Fernando e Isabel y desarrollado por sus sucesores, sólo había sido posible como consecuencia de la previa unificación interna del país, unificación tanto territorial como religiosa:

> Se dijera que su destino universal [Primo de Rivera se refiere al destino de España], el que iba a darle el toque mágico de nación, aguardaba el instante de verla unida. Las tres últimas décadas del quince asisten atónitas a los dos logros, que bastarían por su tamaño para llenar un siglo cada uno: apenas se cierra la desunión de los pueblos de España se abren para España —allá van los almirantes vascos en naves de Castilla— todos los caminos del mundo. (*OC*, I, 229.) [8]

Esta interpretación historiográfica —que procede de Ortega y Gasset—, se convirtió en dogma de la Falange (lo sigue siendo), y trajo consigo el corolario de que cualquier conato autonomista vasco o catalán, cualquier aspiración separatista, es, literalmente, un crimen contra España y su sagrada unidad. Nos consta que este concepto es sentido sinceramente por las «fuerzas nacionales», hoy como ayer, y que, como tal, merece comprensión si no

---

7. HELENO SAÑA, «La Falange. Intento de un diagnóstico», *Índice*, Madrid, números 257-258 (nov. 1969), pp. 24-27.
8. Cfr. Ortega, pp. 37-38: «La unión [de Castilla y Aragón] se hace para lanzar la energía española a los cuatro vientos, para inundar el planeta, para crear un Imperio aún más amplio. La unidad de España se hace para esto y por esto.»

aceptación por parte de los que tienen otras ideas sobre el tema.

Pues bien, en 1933 José Antonio encapsuló dicho dogma en una lapidaria definición de España y de su «misión» en el mundo que, a partir de entonces, aparecería insistentemente en sus discursos y artículos: «España es una unidad de destino en lo universal.» Se podrían dar cientos de ejemplos de cómo utilizaba, y a veces explicaba al mismo tiempo, esta definición José Antonio. Basten dos o tres:

> Nosotros amamos a Cataluña por española, y porque amamos a Cataluña la queremos más española cada vez, como al país vasco, como a las demás regiones. Simplemente por eso, porque nosotros entendemos que una nación no es meramente el atractivo de la tierra donde nacimos, no es esa emoción directa y sentimental que sentimos todos en la proximidad de nuestro terruño, sino que una nación es *una unidad en lo universal*, es el grado a que se remonta un pueblo cuando cumple un destino universal en la Historia. Por eso, porque España cumplió sus destinos universales cuando estuvieron juntos todos sus pueblos, porque España fue nación hacia fuera, que es como de veras se es nación, cuando los almirantes vascos recorrían los mares del mundo en las naves de Castilla, cuando los catalanes admirables conquistaban el Mediterráneo unidos en naves de Aragón, porque nosotros entendemos eso así, queremos que todos los pueblos de España sientan, no ya el patriotismo elemental con que nos tira la tierra, sino el patriotismo de la misión, el patriotismo de lo trascendental, el patriotismo de la gran España. (*OC*, I, 240-241.)

> España es una unidad de destino en lo universal. Toda conspiración contra esa unidad es repulsiva. Todo separatismo es un crimen que no perdonaremos. (*OC*, I, 478.)

> España es una unidad de destino en lo universal. Esto es lo importante. Eso que nos une a todos y unió a nuestros abuelos y unirá a nuestros descendientes en el cumplimiento de un mismo gran destino en la Historia. (*OC*, II, 864.)

José Antonio no era un pensador original, y este concepto de España como «unidad de destino en lo universal», aunque la formulación lingüística precisa sea suya, procede, en gran parte, de Ortega, tanto de *España invertebrada* cuanto de sus discursos en las Cortes anteriores a 1933. En uno de éstos, pronunciados durante el debate sobre el Estatuto de Cataluña en mayo de 1932, Ortega sostuvo la tesis de que el problema del separatismo catalán no tenía solución y que había, pues, que «conllevarlo» lo mejor posible y «renunciar a la pretensión de curar radicalmente lo incurable». Y dio a continuación una definición del nacionalismo cuya relación con el pensamiento de José Antonio en la materia salta a la vista:

¿Qué es el nacionalismo particularista? Es un sentimiento de contornos vagos, de intensidad variable, pero de tendencia sumamente clara que se apodera de un pueblo o colectividad y la hace desear ardientemente de vivir aparte de los demás pueblos y colectividades. Mientras éstos anhelan lo contrario: a saber, adscribirse, integrarse, fundirse en una gran unidad histórica, en esa radical comunidad de destinos que es una gran nación, esos otros pueblos sienten, por una misteriosa y fatal predisposición, el afán de quedar fuera, exentos, señeros, intactos de toda fusión, reclusos y absortos dentro de sí mismos.[9]

Son palabras que hubiera podido escribir José Antonio. Para éste el Estatuto catalán constituye, sencillamente, un crimen contra España, y se refiere en 1934 a los resultados de su promulgación como «dos años de deshispanización» (*OC*, I, 516) y a Cataluña como «una región en que no sabemos suficientemente arraigado el sentido de la unidad nacional« (*OC*, I, 519). En su crítica de Manuel Azaña, arquitecto del Estatuto, José Antonio no se entrega al abuso personal practicado por otros detractores del ex primer ministro. Sin embargo, le parece que el Estatuto hizo inevitables los acontecimientos de octubre de 1934 y que, en consecuencia, Azaña merece un ejemplar castigo:

Si a los cuatro días o los seis días del 6 de octubre de 1934 el Estado español, considerando a don Manuel Azaña representante de un sentido opuesto e incompatible con el propio Estado, le hubiera hecho fusilar por un piquete, es muy posible que hubiese cometido una injusticia penal, pero es evidente que hubiera servido una justicia histórica. (*OC*, I, 586.)

Cabe subrayar, finalmente, que la preocupación por la universalidad del destino español encuentra expresión ya, en 1931, en el manifiesto del grupo de *La Conquista del Estado*, capitaneado por Ramiro Ledesma Ramos, discípulo de Ortega y colaborador de *La Revista de Occidente*: «Hemos perdido así el pulso universal. Nos hemos desconexionado de los destinos universales.»[10] José Antonio, como ya hemos dicho, no era un pensador original.

La vida como «empresa»

Íntimamente ligada a la preocupación de José Antonio por la unidad de España y el Imperio (tema éste que examinaremos en un momento) es la noción de la vida como *empresa*. Es otra palabra

9. Citado por José Plá, *Historia de la Segunda República Española* (Madrid, Destino, 1940), II, p. 91. Le agradezco a mi amigo Mariano del Mazo el haber atraído mi atención sobre este texto.
10. Citamos del facsímil de la primera hoja del manifiesto, publicado por Gumersindo Montes Agudo, *Vieja guardia* (Madrid, Aguilar, 1939), p. 31.

clave de su pensamiento. José Antonio no admite dudas acerca de la existencia del Dios católico («La interpretación católica de la vida es, en primer lugar, la verdadera; pero es además, históricamente, la española», *OC*, I, 225), y estima que el hombre ha sido creado por Dios para realizarse en la acción, en el servicio. «Sólo se alcanza dignidad humana cuando se sirve», le explica a Juan Ignacio Luca de Tena, director de *ABC*, en 1933, añadiendo: «Sólo es grande quien se sujeta a llenar un sitio en el cumplimiento de una empresa grande» (*OC*, I, 164). Y otra vez: «La vida no vale la pena si no es para quemarla en el servicio de una empresa grande» (*OC*, I, 319). La verdadera felicidad está en saber encontrar la vocación y luego vivir en armonía con ella:

> He visto a muchos hombres que en medio de las profesiones más apasionantes —como, por ejemplo, la magnífica, total, humana y profunda profesión militar— soñaban con *escaparse* un día, con hallar un portillo que los condujera a la tranquilidad burocrática o al ajetreo mercantil. Éstas son gentes que viven una falsa existencia; una existencia que no era la que les estaba destinada. A veces siento pirandeliana angustia por la suerte de tantas auténticas vidas que sus protagonistas no vivieron, prendidos a una vida falsificada. Por eso miro en lo que vale el haber encontrado la vocación. Y sé que no hay aplausos que valgan, ni de lejos, lo que la pacífica alegría de sentirse acorde con la propia estrella. (*OC*, I, 593.)

La vida entendida como servicio a una empresa grande sólo puede tomar dos formas para Primo de Rivera: «No hay más que dos maneras serias de vivir: la manera religiosa y la manera militar» (*OC*, II, 473). «Lo religioso y lo militar son los únicos dos modos enteros y serios de entender la vida» (*OC*, II, 812). La Falange solía afirmar que su peculiar «estilo» integraba ambos modos de entender la vida, pero en la práctica nos consta que mostraba preferencia marcada por lo militar. José Antonio se ufanaba de la tradición militar de su familia y tenía un claro concepto de lo que, para él, significaba la guerra en la vida de los pueblos: «La guerra es inalienable al hombre. De ella no se evade ni se evadirá. Existe desde que el mundo es mundo, y existirá. Es un elemento de progreso. ¡Es absolutamente necesaria!» (*OC*, II, 954). También gustaba de citar a Spengler, para quien «a última hora siempre ha sido un pelotón de soldados el que ha salvado la civilización», cita oportunamente intercalada por José Antonio en su conocida «Carta a los militares de España», del 4 de mayo de 1936 (*OC*, II, 989).

Pues bien, si el individuo sólo puede realizarse plenamente al vivir su vida vocacional con intensidad religiosa y militar, pasa lo mismo con las naciones: sin gran empresa (quehacer, misión) no hay nación grande. Otra vez José Antonio lo ve todo en blanco y negro:

O se es un país inmenso que cumple una misión universal, o se es un pueblo degradado y sin sentido. A España hay que devolverle la ambición de ser un país director del mundo. (*OC*, I, 306.)

Aquel mismo año de 1492 en que logró España acabar la empresa universal de desislamizarse, encontró la empresa universal de descubrir y conquistar un mundo. (*OC*, I, 321.)

España alega su condición de eje espiritual del mundo hispánico como título de preeminencia en las empresas universales. (*OC*, I, 428.)

España, desde que existe, es y será siempre un quehacer; que España se justifica por una misión que cumplir. (*OC*, I, 541.)

Una nación es siempre un quehacer, y España de singular manera. O la ejecutora de un destino en lo universal o la víctima de un rápido proceso de disgregación. (*OC*, II, 900.)

Hemos dicho que José Antonio no es un pensador original. Tampoco lo es en su insistencia sobre la vida —tanto la del individuo cuanto la de la nación— como *empresa*. Todo está ya dicho en la *España invertebrada* de Ortega y pasa por los jonsistas, y especialmente por Giménez Caballero, antes de llegar a las formulaciones del jefe de Falange. Para Ortega, preocupado por la *desarticulación* de España que ve reflejada a la vez en los movimientos separatistas y en las divisiones de clase, «Las naciones se forman y viven de tener un programa para mañana» (p. 27). Es decir, con un programa de acción:

Sólo la acción, la empresa, el proyecto de ejecutar un día grandes cosas, son capaces de dar regulación, estructura y cohesión al cuerpo colectivo (p. 59).

Sólo una acertada política internacional, política de magnas empresas, hace posible una fecunda política interior, que es siempre, a la postre, política de poco calado (p. 36).

Los imperios romano y español empezaron a tambalearse, según Ortega, cuando perdieron la visión de su misión universal:

El día que Roma dejó de ser este proyecto de cosas por hacer mañana, el Imperio se desarticuló (p. 27).

Mientras España tuvo empresas a que dar cima y se cernía un sentido de vida común sobre la convivencia peninsular, la incorporación nacional fue aumentando o no sufrió quebranto (p. 41).

En *España invertebrada*, además, Ortega expresa ideas sobre la guerra que influyeron poderosamente en José Antonio. Para este filósofo la guerra es «la gran cirugía histórica», un proceso natural e inevitable, y se puede verificar la vitalidad o falta de vitalidad de una nación al conocer la calidad de su ejército: «El grado de perfección de su ejército mide con pasmosa exactitud los quilates de la moralidad y vitalidad nacionales» (p. 31). Con tales ideas es normal que Ortega considere como un tremendo defecto el pacifismo español del momento, resultado de la desilusión que trajo consigo la pérdida de Cuba, Puerto Rico y las Filipinas en 1898, y del deprimente espectáculo de los miles de harapientos soldados que volvieron entonces a España. En un pasaje que sería elogiado por Giménez Caballero en *Genio de España* (1932), Ortega medita sobre la actual situación del ejército español:

> Un ejército no puede existir cuando se elimina de su horizonte la posibilidad de una guerra. La imagen, siquiera el fantasma de una contienda posible, debe levantarse en los confines de la perspectiva y ejercer su mística, espiritual gravitación sobre el presente del ejército. La idea de que el útil va a ser un día usado es necesaria para cuidarlo y mantenerlo a punto. Sin guerra posible no hay manera de moralizar un ejército, de sustentar en él la disciplina y tener alguna garantía de su eficacia (p. 59).

Con la pérdida de las últimas colonias americanas, el único horizonte abierto a la ambición militar era África, escenario, en la época en que Ortega publica *España invertebrada*, de continuos fracasos de las armas españolas y, en julio de 1921, del desastre de Annual. Las heridas de Annual serían sólo en parte restañadas por el general Miguel Primo de Rivera en 1923, con la victoria de Alhucemas; y la reivindicación de un nuevo Imperio español en África, donde el prestigio nacional había sido «pisoteado por moros»,[11] se haría cada vez más explícita con el crecimiento del fascismo en los años 30.

La idea de una gran empresa nacional preconizada a partir de 1933 por José Antonio no era, lo hemos visto, original, y arrancaba en gran parte de Ortega. Quisiéramos subrayar, además, que antes de que se alzara la bandera de la Falange, Giménez Caballero había comentado profusamente las tesis de Ortega en *Genio de España* (1932) y destacado su importancia en relación con el naciente fascismo español. José Antonio admiraba este libro, y no cabe duda de que el comentario de Giménez Caballero influyó decisivamente —además de la lectura directa de Ortega— en la elaboración de su doctrina política.

11. Ernesto Giménez Caballero, *Memorias de un dictador* (Barcelona, Planeta, 1979), p. 33.

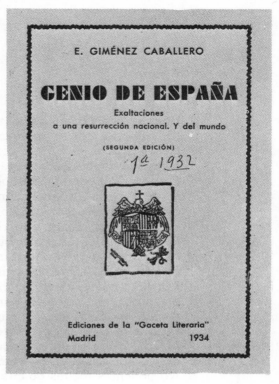

E. GIMÉNEZ CABALLERO

GENIO DE ESPAÑA

Exaltaciones
a una resurrección nacional. Y del mundo

(SEGUNDA EDICIÓN)

1ª 1932

Ediciones de la "Gaceta Literaria"
Madrid   1934

Antes de que se alzara la bandera de la Falange,
Giménez Caballero había comentado
profusamente las tesis de Ortega
en «Genio de España» (1932)
y destacado su importancia en relación
con el naciente fascismo español.

25 céntimos

PRECIOS DE SUSCRIPCION

LA CONQUISTA DEL ESTADO

SEMANARIO DE LUCHA Y DE INFORMACIÓN POLÍTICA

Madrid, 18 de abril de 1931   Director Fundador: RAMIRO LEDESMA RAMOS   Año I — Núm. 6

EL NUEVO RÉGIMEN

LA PROCLAMACIÓN DE LA REPÚBLICA

Una fase de la revolución española. Muy
pronto llegarán los minutos decisivos del
porvenir hispánico.

¡¡ESPAÑOLES!! ¡¡ALERTA!!

«La Conquista del Estado» de Ledesma Ramos reivindica
desde su aparición (marzo de 1931) la expansión imperial,
y no sólo en el sentido metafórico-espiritual del concepto.

Hemos mencionado ya la tenaz obsesión española por la pérdida del Imperio. Por lo que toca a la preocupación imperial del naciente fascismo español, tan consciente del resurgimiento italiano y de su agresiva política externa, hay que señalar que *La Conquista del Estado* de Ledesma Ramos reivindica desde su aparición (marzo de 1931) la expansión imperial, y no sólo en el sentido metafórico-espiritual del concepto. «Vamos a la afirmación de la cultura española con afanes imperiales», afirma el manifiesto del grupo.[12] El símbolo de «La garra hispánica y el imperio solar» con el lema «No parar hasta conquistar» que aparece en varios números de la revista es bastante explícito, mientras que el manifiesto de las J.O.N.S. (finales de 1931) reivindica a Gibraltar, reclama a Tánger y aspira al dominio de Marruecos y Argelia.[13] Entre 1931 y la fundación de la Falange en noviembre de 1933, la palabra Imperio llega a ocupar un puesto clave en la retórica jonsista, indicio de lo cual es el célebre artículo de Juan Aparicio, «Imperio o anarquía», publicado en el segundo número de *J.O.N.S.* (junio de 1933). No podemos menos de citar un pasaje de este artículo que no sólo expresa bien el tema tratado, sino que nos proporcionó una de las pocas risas que hemos experimentado al entregarnos al estudio de José Antonio:

> IMPERIO: Descubrimiento de América. Esto es, el mayor ejemplo de potencia expansiva que conoce la Historia. Dilatándonos en el transcurso de un siglo desde la California y la Florida hasta el Cabo de Hornos. El conquistador se traga a la tierra. El espacio se achica, desaparece ante la maravilla del hombre.
> ANTEIMPERIO: Copia de un parte militar de la última campaña de la Monarquía en África: «Hemos avanzado del kilómetro 48 al kilómetro 49» (p. 56).

José Antonio siente la nostalgia del Imperio y, tal vez por haber pasado buena parte de su infancia cerca de Cádiz, suele referirse a él preferentemente en términos marinos, recordando a menudo las «naves imperiales de España». Para José Antonio, la patria es «un gran barco donde todos debemos remar, porque juntos nos hemos de salvar o juntos perecer» (*OC*, II, 937), y el líder nacional ideal sería «rector del rumbo de la gran nave de la Patria» (*OC*, I, 610). Dándose cuenta de la significación histórica del hecho de que las insurrecciones de Asturias y de Cataluña fueron suprimi-

12. Véase nota 10.
13. JOAQUÍN ARRARÁS, *Historia de la Segunda República Española* (Madrid, Editora Nacional, 5.ª ed., 1970), I, p. 276.

das un 7 de octubre (de 1934), José Antonio observa que «sobre las calles resplandecía el sol que otro 7 de octubre brilló sobre las naves de Lepanto» (*OC*, I, 613), y, el 18 de abril de 1935, apunta amargamente en *Arriba* que «la última línea de barcos españoles ha emprendido su postrer viaje a América», dejando así «libres los caminos atlánticos a las quillas de otras naciones» (*OC*, II, 652). En otra ocasión, un mes después, el jefe de la Falange exclama en Málaga, durante una comida celebrada al aire libre bajo un toldo y frente al Mediterráneo: «Hagamos de esta lona una vela navegante y lancémonos de nuevo por el mar a la conquista de las empresas imperiales. ¡Arriba España!» (*OC*, II, 733).

Es difícil creer que las constantes referencias de la Falange a «la voluntad de Imperio» fuesen simplemente metafóricas alusiones a un renacimiento espiritual de la raza, máxime después de leer los documentados estudios sobre el tema publicados por Herbert Southworth, para quien una de las metas fundamentales del fascismo es, precisamente, convertir en empresa imperial las energías revolucionarias de las masas de izquierdas.[14] Es un hecho que, en febrero de 1934, José Antonio afirmó en una interviú que «No hay continentes ya por conquistar», pero añadió a continuación: «Pero va caducando ya en lo internacional la idea democrática que brindó la Sociedad de las Naciones. El mundo tiende otra vez a ser dirigido por tres o cuatro entidades raciales. España puede ser una de estas tres o cuatro» (*OC*, I, 306), lo cual demuestra que no descartaba la posibilidad de una futura actuación imperialista por parte de España. Doce días después volvió al tema: «Tenemos que esperar en una España que otra vez impere. Ya no hay tierras que conquistar, pero sí hay que conquistar para España la rectoría en las empresas universales del espíritu» (*OC*, I, 318). Pero aunque no había la menor posibilidad de recuperar el Imperio americano, en África —tierra de promisión mucho más cercana— sí había «tierras que conquistar». Hemos visto que, en el manifiesto de las J.O.N.S., se reclamaba explícitamente a Tánger y se aspiraba al dominio de Marruecos y Argelia. En su *Discurso a las juventudes de España* (1935), Ramiro Ledesma Ramos volvió al tema del nuevo imperio africano:

> Si España venciese su actual crisis interna del lado favorable a su recobración nacional, entonces las perspectivas internacionales resultarían infinitas. Se atrevería a todo y podría atreverse a todo. A recuperar Gibraltar. A unir en un solo destino a la Península entera, unificados (ahí sí que cabe que se ingenien los par-

14. HERBERT R. SOUTHWORTH, *Antifalange. Estudio crítico de «Falange en la guerra de España: la Unificación y Hedilla» de Maximiano García Venero* (París, Ruedo Ibérico, 1967), pp. 1-61; «La Falange: Un análisis de la herencia fascista española», en Paul Preston (recopilador), *España en crisis: La evolución y decadencia del régimen de Franco* (México-Madrid, Fondo de Cultura Económica, 1977), páginas 29-60.

tidarios de estatutos, federaciones y autonomías) con el gran pueblo portugués.[15] A trazar una línea amplísima de expansión africana (todo el norte de este continente, desde el Atlántico a Túnez, tiene enterradas muchas ilusiones y mucha sangre española). A realizar una aproximación política, económica y cultural, con todo el gran bloque hispano de nuestra América. A suponer para Europa misma la posibilidad de un orden continental, firme y justo.[16]

¿Es posible que José Antonio pudiese estar indiferente ante la realidad de un resurgimiento italiano cuyos afanes imperialistas africanos eran cada vez más aparentes? Creemos que su reacción ante la invasión mussoliniana de Abisinia deja bien clara su posición al respecto. Las democracias europeas fueron profundamente sacudidas por dicha invasión, que tuvo lugar a principios de octubre de 1935, y, en España, varios escritores de significación liberal y republicana, entre ellos Antonio Machado y Federico García Lorca, expresaron públicamente su desaprobación de la política imperialista del Duce.[17] José Antonio la aprobó, como era de esperar. Hablando el 2 de octubre en las Cortes, dijo que «el colonizar es una misión, no ya un derecho de los pueblos cultos», añadiendo que «el Imperio es la plenitud de los pueblos» y que, en su política abisinia, Italia expresaba legítimamente su destino.[18] ¿Cómo no ver en la intervención de José Antonio la probabilidad de que un estado fascista español, aliado de Hitler y de Mussolini, estaría dispuesto a *embarcarse* en una aventura imperialista en África?

La opinión de Ernesto Giménez Caballero sobre este tema es digna de tenerse en cuenta, y se puede seguir a través de las distintas ediciones de su libro *Genio de España*, publicado por vez primera en 1932. En la edición de 1932 el autor había exclamado: «Españoles: por primera vez desde tres siglos ¡hay un alma espa-

15. La Falange nunca ha insistido en el tema de la reincorporación de Portugal al territorio nacional, lo cual es ilógico en vista de su doctrina del carácter *sagrado* de la unidad de la patria. Según Felipe Ximénez de Sandoval, José Antonio diría una vez a un grupo de amigos: «El Imperio español de la Falange tendrá una sola bandera, un solo idioma y una sola capital. Su bandera habrá de ser la catalana —la más antigua y la de más gloriosa tradición militar y poética de la Península—. Su idioma será el castellano, el de más prodigiosa fuerza expansiva y universalidad —el que sirve para hablar con Dios, según decía Carlos V—. Y su capital, Lisboa, por donde entran en • el Atlántico todos los ímpetus ibéricos que resume el Tajo, y desde donde puede mirarse cara a cara la inmensa Hispanidad de nuestra sangre americana (*José Antonio* [*Biografía apasionada*], Barcelona, 1941), p. 457.

16. Citamos por la edición del *Discurso* publicada, con *¿Fascismo en España?*, por Ariel, Barcelona, en 1968. Esta cita, p. 252.

17. Manifiesto titulado «Los intelectuales y la paz», publicado por *Diario de Madrid* (9 noviembre 1935) y reproducido en Ian Gibson, *Granada en 1936 y el asesinato de García Lorca* (Barcelona, Crítica, 1979), pp. 300-301. Con Machado y Lorca firmaron el documento Teófilo Hernando, Fernando de los Ríos, Ángel Ossorio y Gallardo, Roberto Castrovido, Álvaro de Albornoz, Rafael de Buen y Luis Jiménez de Asúa.

18. Véase el texto completo de la intervención de José Antonio en *Obras completas*, II, pp. 753-759.

ñola que os promete seriamente, fundamental y fundadamente, optimismo, grandeza, reconstrucción y genialidad! Imperio.» [19]

En una extensa nota a este párrafo añadida a la edición de 1938, al acercarse el final de la guerra, Giménez explicó su concepto del imperialismo fascista como medio de superar la lucha de clases:

> La consigna de «Imperio» lanzada por este libro en los momentos más antiimperiales de España —los de la República social-demócrata del 14 de abril— pareció entonces una locura o un desvarío de poeta. Pero nosotros los poetas somos, a fin de cuentas, los hombres más prudentes y sensatos de un pueblo. Ignoraban aquellos social-demócratas que el «Imperio» era la única fórmula capaz de superarles su *lucha de clases*. No ahora, con los llamados regímenes totalitarios, sino desde que el mundo es mundo.
>
> Nosotros —los imperiales— no ignoramos en cambio que la *lucha de clases* es una realidad eterna en la Historia. Porque siempre ha habido débiles y poderosos, feos y guapos, tontos e inteligentes, cobardes y valientes. Y siempre existirá la lucha y el odio, del miserable, del feo, del tonto y del cobarde contra el pudiente, el apuesto, el capaz y el hombre bravo.
>
> Sólo ha existido en el mundo un sistema eficaz para superar ese encono eterno de *clases*: y es: trasladar esa lucha social a un plano distinto. Trasladarla del plano nacional al internacional. El pobre y el rico de una nación sólo se ponen de acuerdo cuando ambos se deciden a atacar a otros pueblos o tierras donde pueden existir riquezas y poderíos para todos los atacantes. El sentimiento de *igualdad social* en el ataque a otros países que son *desiguales* a nosotros. Esa *expansión* de pobres y ricos de un país, contra otras tierras, es lo que constituye la motivación íntima del *Imperio*.[20]

Pensamos con Southworth que ningún teórico del fascismo español ha superado, al definir «la motivación íntima del *Imperio*», la exposición de Giménez Caballero.[21] Es evidente, además, que Giménez pensaba que, una vez terminada la guerra, España emprendería una expansión imperialista. En la edición de marzo de 1939 el autor de *Genio de España* escribe: «De este Ejército vencedor, al terminar la guerra, saldrá el núcleo que proseguirá nuestra Causa más allá de las fronteras» (p. 215). ¿Dónde? Sólo en África podía concebirse tal prosecución de la «Causa».

Es bien sabido, además, que Franco esperaba poder contar con el apoyo de Hitler en su empeño de llevar a cabo una expansión española al otro lado del estrecho. Ocupó Tánger (una de las reivindicaciones enunciadas en 1931 en el manifiesto de las J.O.N.S.)

19. Citamos por la edición de 1939, p. 235.
20. Ibíd.
21. SOUTHWORTH, «La Falange: Un análisis», p. 35.

José María de Areilza.

Fernando María Castiella.

La idea del símbolo del yugo y las flechas fue propuesta, concretamente, por Juan Aparicio en la reunión fundacional de las J.O.N.S. Éste la había tomado de una persona inesperada: el socialista Fernando de los Ríos.

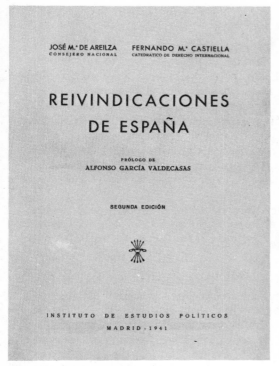

Portada de «Reivindicaciones de España».

Desde el momento de su aparición, el partido
concibió la conquista del Estado como
un proceso que sería apoyado por las potencias
fascistas en auge, pensando que, llegada
la coyuntura europea deseada, podría tomar
el poder en España sin el concurso
de los obreros. (En la fotografía, sentados
y de izquierda a derecha, M. Valdés Larrañaga,
J. Ruiz de Alda, J. A. Primo de Rivera y A. Salazar.)

Rafael Sánchez Mazas, el primer protofascista
español en proponer en letras de molde,
y casi cinco años antes de la fundación
de las J.O.N.S., una significación
y utilización contemporáneas para
los famosos símbolos de los Reyes Católicos.

y, en una carta entregada al Führer el 19 de junio de 1940, ofreció entrar en la guerra al lado de los nazis a condición de que, entre otras cosas, España recibiera como su parte del botín todo Marruecos (que sería un protectorado español), el Oranesado, nuevos territorios en el interior del Sahara español, y la expansión de sus posesiones en la región costera de Guinea española, entre el estuario del Níger y Cabo López.[22]

Aquel mismo verano Franco estuvo en Sevilla y pasó dos horas en el simbólico Archivo General de Indias. Según quien fue entonces archivero del mismo:

> Se le invitó a firmar en el libro de oro del Archivo [...] Se fue decidido a donde estaba el libro y con su buena caligrafía escribió sin vacilar: «Ante las reliquias de un imperio, con la promesa de otro.»[23]

Pero Hítler se negó a aceptar las demandas de Franco, demasiado exigentes a su parecer, y durante los meses siguientes los alemanes llegaron al convencimiento de que la ayuda bélica ofrecida por los españoles —agotados por los tres años de la guerra civil— era una quimera y nunca podría tener la eficacia que éstos pretendían. Se alejaba cada vez más, pues, la posibilidad de que España entrase en la guerra y de que se pudiesen realizar sus afanes imperialistas, absolutamente impractibles e impensables sin el concurso de las potencias fascistas.[24] Entretanto se había publicado el célebre libro de José María de Areilza y Fernando María Castiella, *Reivindicaciones de España*, en el cual aquellos afanes se expresaron muy concretamente.[25] Cuando tuvo lugar el desembarco norteamericano y británico en África, el 8 de noviembre de 1942, se desvaneció totalmente cualquier posibilidad de que se convirtiese en realidad el sueño de un nuevo Imperio español al otro lado del estrecho de Gibraltar, sueño en cuya divulgación había participado José Antonio Primo de Rivera:

> Tenemos voluntad de Imperio. Afirmamos que la plenitud histórica es el Imperio. Reclamamos para España un puesto preeminente en Europa. No soportamos ni el aislamiento internacional ni la mediatización extranjera. (*OC*, I, 318.)

22. Southworth, *Antifalange*, p. 47.
23. «Las dos horas más aburridas que Franco pasó en Sevilla», entrevista hecha por Holgado Mejías a José de la Peña Cámara, *El Correo de Andalucía*, Sevilla, 14 de octubre de 1979. Le agradezco a Mariano del Mazo el haberme pasado el recorte de esta interviú.
24. Afirma Southworth: «Hay que insistir en que la idea imperial falangista nunca fue concebida como una empresa española independiente; fue concebida como una acción combinada con los nazis y los fascistas, para cambiar el mapa de Europa» (*Antifalange*, p. 40).
25. Véase el detallado análisis a que somete Southworth este libro (*Antifalange*, pp. 48-49).

Algunas precisiones sobre el yugo y las flechas, emblema de la Falange

En una nota a pie de página añadida a la segunda edición de su *Genio de España* (1934), Ernesto Giménez Caballero afirma que fue él quien primero percibió y proclamó —«con lucidez asombrosa», agregaría en 1938— la relación familiar existente entre el fascismo de Mussolini (el italiano *fascio*, como el español *haz*, procede del latín FASCIO) y el yugo y las flechas, símbolos de Fernando (F = flecha) e Isabel (I o Y = yugo), reyes tan venerados por los tradicionalistas españoles:

> El *Haz* y el *Yugo* —símbolo unitario de los Reyes Católicos— fue propuesto por mí en 1928-9, «Carta a un compañero de la Joven España», en mi libro «En torno al casticismo de Italia», como signo nacional de futuridad. La idea fue recogida por Ramiro Ledesma Ramos en *La Conquista del Estado* (1931). Y dibujado por el carlista Roberto Escribano Ortega que fijó en cinco el número de flechas para que fuesen radiales al yugo, situado en la intersección del haz. Pasó a las J.O.N.S., y actualmente a *Falange Española*. Es hoy el emblema del naciente movimiento fascista, hacista, en España. (Edición de 1939, página 16, nota.)

En su «Carta a un compañero de la Joven España», publicada en *La Gaceta literaria* el 15 de febrero de 1929 antes de salir en el libro aludido, Giménez Caballero había escrito, exactamente:

> Nudo y haz, Fascio: haz. O sea nuestro siglo xv, el emblema de nuestros católicos y españoles reyes, la reunión de todos nuestros *haces* hispánicos, sin mezclas de Austrias ni Borbones, de Alemanias, Inglaterras, ni Francias...

La España inmediatamente anterior a la unión de Fernando e Isabel la ve Giménez Caballero como «La España prehacista», y la nueva España de dicho reyes como «fascista». Según este razonamiento, España fue la primera nación fascista de Europa, más de cuatro siglos *avant la lettre*: «Antes de que el fascismo de hoy surgiese en Italia hubo el hacismo de la España cuatrocentista.»

En *Genio de España* (1932), Giménez Caballero desarrolla estas ideas, discurriendo sobre la significación simbólica del yugo y de las flechas y proclamando otra vez las raíces indígenas del fascismo español:

> Para España el *fascio* existe antes de que lo clavara en su sombrero un Italo Balbo. Lo pusieron en su escudo nuestros Reyes

Católicos. Su *haz* de flechas, en vez de estacas castrenses y lic-
torias. No necesitamos de símbolos prestados. Hemos sido nación
un poco antes que la nueva y orgullosa Italia actual y que la
prepotente Alemania. ¡Una pequeña diferencia de cuatro siglos!
(Edición de 1939, p. 226.)

Se comprende que, una vez adoptado el yugo y las flechas como
símbolo de las J.O.N.S. y luego de Falange Española de las J.O.N.S.,
surgiesen *a posteriori* diferentes versiones de su génesis y distintas candidaturas que reivindicasen la gloria del hallazgo. Giménez Caballero, como hemos visto, afirma que la primera idea fue
suya, y que la recogió Ramiro Ledesma Ramos en 1931. Parece
seguro, sin embargo, que la idea del símbolo fue propuesta, concretamente, por Juan Aparicio en la reunión fundacional de las
J.O.N.S., y que éste la había tomado de una persona inesperada:
el socialista Fernando de los Ríos. Aparicio —oriundo de Guadix,
ciudad en cuyo escudo, además, figuran el yugo y flechas de Fernando e Isabel— había sido alumno del futuro ministro de la República en Granada. Relata Ledesma Ramos en ¿*Fascismo en España?* (1935, pp. 76-77):

> Por cierto que la elección de ese emblema contiene una anéc-
> dota curiosa. Se proponían varios. Unos, un león rampante. Otros,
> un sol con una garra de león dentro. Etcétera. Entonces, Juan
> Aparicio, que había estudiado Derecho en la Universidad de Gra-
> nada, recordó ante el grupo que don Fernando de los Ríos, el
> líder socialista, explicando un día en su cátedra de Derecho po-
> lítico una lección sobre el Estado fascista, después de hacer alu-
> sión al emblema lictorio del hacha y de las vergas, dibujó en la
> pizarra el haz de flechas y el yugo, diciendo que éste sería el
> emblema del fascismo, de haber nacido o surgido en España.
> Unánimemente fue reconocido por todos como el símbolo
> profundo y exacto que se necesitaba. Y no deja de tener interés
> esa especie de intervención que corresponde al profesor marxista,
> en el hallazgo de un emblema magnífico para los fascistas espa-
> ñoles.

Hay, sin embargo, un precedente anterior al de Fernando de
los Ríos: el de Rafael Sánchez Mazas, que remonta al año 1927.
Al final de una erudita conferencia pronunciada en el Ateneo de
Santander el 24 de enero de aquel año —«Algunas imágenes del
Renacimiento y del Imperio»— Sánchez Mazas, que conocía bien
y admiraba profundamente la Italia de Mussolini, evocó la estatua
de Carlos V, «El César nuestro», con que había tropezado en una
plaza de Palermo. A continuación se refirió a su hallazgo de un escudo de los Reyes Católicos en la puerta de la casi derruida torre
de Castellamare, sita en la misma ciudad siciliana, lo cual le había
sugerido una serie de meditaciones sobre el Imperio español y el
«equilibrio» de la pastoral (yugo, yunta) y la epopeya (flechas),

considerado como meta nacional ideal por el conferenciante y futuro jerarca falangista:

> Nunca tuvimos otro escudo mejor. Con su haz de flechas y su yugo arcaico él hacía pensar en la patria «rica de cosechas y de héroes» que Virgilio había soñado [...] En los trabajos y en los días de España, en las mocedades de un Imperio, he aquí los símbolos sin énfasis que batían al esfuerzo común. Significaban en sus acepciones más altas, más que predominio vanaglorioso, educación perfecta, hecha de soportar los yugos de las ciencias y de las artes y de afinarse en punterías y destrezas exactas de arquero.
> Repongamos en el escudo yugo y haz. Si el yugo sin las flechas resulta pesado, las flechas sin el yugo corren peligro de volverse demasiado voladoras. Tornemos, más que a una política, a una disciplina, a una conducta, a una educación. Unamos a la laboriosidad cuotidiana la audacia vigilante y el ojo seguro del sagitario [...]
> ¡Escudo virgiliano de la Reina Isabel! Haznos volar, aguijonear, arar, tender el arco en afinada puntería, espolear la yunta y el vuelo, tener una conciencia diaria del surco y de la trayectoria. Entre el yugo del buey y el haz de flechas tú podrías volverte nuestro cuadrante, en espera del mediodía.

La fecha de la conferencia, repetimos, es del 24 de enero de 1927, y el texto se publicó poco tiempo después en el *Boletín de la Biblioteca Menéndez y Pelayo* (IX, núm. 1, enero-marzo 1927). No cabe duda, pues, de que Rafael Sánchez Mazas fue el primer protofascista español en proponer en letras de molde, y casi cinco años antes de la fundación de las J.O.N.S., una significación y utilización contemporáneas para los famosos símbolos de los Reyes Católicos.

Creemos que es poco sabido que, varios meses antes de la fusión de la Falange y las J.O.N.S. —febrero de 1934— corrió entre las filas de la organización de Ledesma Ramos la voz de que la Falange iba a apropiar como emblema suyo las flechas de la bandera jonsista.[26] Las sospechas de las J.O.N.S. no estaban sin fundamento. En el segundo número de la revista *F.E.* (11 enero 1934) apareció un dibujo anticapitalista y antimarxista que ostentaba un puño que encerraba un haz de cinco flechas (p. 14) y en otro dibujo del mismo número vemos la estrella marxista traspasada por una flecha fascista (p. 17). En el tercer número de la revista (18 enero 1934) aparece un dibujo de siete flechas anudadas por un cordón en la forma de F y E (p. 12), y en el quinto (1 febrero 1934) hay sendos dibujos de un marxista traspasado por la flecha fascista (p. 5) y de la bestia de las Internacionales del socialismo y

---

26. «Las J.O.N.S. no se desvían. Ante la desviación F.E.», *J.O.N.S.*, núm. 6 (noviembre 1933), pp. 256-257.

del comunismo malherida por el mismo instrumento (p. 11). En el sexto número de la revista (8 febrero 1934) —último antes de la fusión de Falange Española con las J.O.N.S.— un campesino saluda al sol de F.E. que se levanta emitiendo siete rayos en forma de flechas (p. 3).

Nada más efectuada la fusión, salió en *F.E.* (22 febrero 1934), en primera plana, el símbolo jonsista. José Antonio y sus compañeros falangistas habían salido con la suya y ya poseían un espléndido y potente emblema, de resonancias nacionales, para su movimiento, emblema al cual, a partir de entonces, el líder falangista no desperdiciaría ocasión de aludir. Así, hablando por primera vez ante miembros de la nueva organización fusionada, el 4 de marzo de 1934, exclamaría:

> Lo que queremos es que España, otra vez, se vuelva a sí misma y, con honor, justicia social, juventud y entusiasmo patrio, diga lo que esta misma ciudad de Valladolid decía en una carta al emperador Carlos V en 1516:
> «Vuestra alteza debe venir a tomar en una mano aquel yugo que el católico rey vuestro abuelo os dejó, con el cual tantos bravos y soberbios se domaron, y en la otra, las flechas de aquella reina sin par, vuestra abuela doña Isabel, con que puso a los moros tan lejos.»
> Pues aquí tenéis, en esta misma ciudad de Valladolid, que así lo pedía, el yugo y las flechas: el yugo de la labor y las flechas de poderío. Así, nosotros, bajo el signo del yugo y de las flechas, venimos a decir aquí mismo, en Valladolid:
> «¡Castilla, otra vez por España!» (*OC*, I, 318.)

Después de la separación de F.E. de las J.O.N.S. de Ledesma Ramos, era humano que éste y los otros disidentes jonsistas reivindicasen la propiedad del símbolo del yugo y de las flechas tal como figuraba en el dibujo de Roberto Escribano, y amenazasen con llevar a José Antonio ante los tribunales si continuaba llamándose jefe de las J.O.N.S. además que de la Falange.[27] Pero era inútil que se quejasen de la situación, ya que, estatutariamente, José Antonio, como jefe legal de la organización fusionada, estaba en su derecho al haber procedido contra ellos. Con la desaparición de Ledesma Ramos, con quien nunca se había llevado bien, José Antonio se sentía seguro de sí mismo y de su jefatura. Las defecciones habían sido pocas y, lo más importante de todo, la Falange se quedaba con el potente símbolo del yugo y las flechas. José Antonio expresó su satisfacción ante un periodista de *Informaciones*, Federico de Urrutia:

27. «Las J.O.N.S. se disponen a presentar una querella criminal contra Primo de Rivera por usurpación. Pedirán 1 000 000 de pesetas como indemnización por los perjuicios enormes que causa a las J.O.N.S. titulándose jefe de las mismas», *La Patria libre*, Madrid, 2 de marzo de 1935, p. 1.

Falange Española está de enhorabuena. **Yo le aseguro a usted que todas esas acciones punibles que caían de lleno en el plano de la más vulgar delincuencia, y en las que luego aparecían como protagonistas afiliados a nuestra Organización, no volverán a repetirse, porque en esta última depuración nos hemos limpiado de todos aquellos elementos que pretendían darle a nuestro movimiento, que debe tener un carácter y un sentido ascético, poético y castrense, un matiz turbio de delincuencia y de hampa. Y esto ya es lo suficiente para que todo el que ame a España con el profundo amor filial con que nosotros la sentimos, lance un ¡hurra! por lo sucedido en lugar de prestarse a maniobras groseras de sus enemigos encubiertos, que no olvide usted suelen ser siempre los más peligrosos.**[28]

Ha sido nuestro propósito en este primer capítulo aislar algunas de las premisas fundamentales sobre las cuales se levantó la doctrina falangista, relacionarlas con algunos antecedentes noventaiochistas, orteguianas y jonsistas y, de modo general, indicar la poca originalidad del pensamiento de José Antonio sobre España y sus problemas. Una de las mayores flaquezas de dicho pensamiento, a nuestro juicio, reside en la absoluta negativa del fundador de la Falange a admitir que las definiciones de España y su esencia lanzadas por él con fervor dogmático no son, en definitiva, sino hipótesis y suposiciones basadas sobre postulados inverificables («unidad de destino en lo universal», «el espíritu perenne de la raza», «la vena heroica y militar de España», «el espíritu religioso, clave de los mejores arcos de nuestra Historia»,[29] «predicamos la creencia en España, en su inmortalidad y en su universal destino»,[30] «Nosotros amamos a la eterna e inconmovible metafísica de España»,[31] etc., etc.). Con una visión esencialmente arcaica de España, despegada de las complicadas realidades de la sociedad industrial contemporánea, es evidente que la Falange no podía esperar ganarse las simpatías de las masas obreras del país (fuese el que fuese su atractivo para algunos sectores del campesinado castellano), e igualmente evidente que tampoco se preocupaba demasiado por ello. Desde el momento de su aparición, como veremos luego, el partido concibió la conquista del Estado como un proceso que sería apoyado por las potencias fascistas en auge, pensando que, llegada la coyuntura europea deseada, podría tomar el poder en España sin el concurso de los obreros.

Sigamos ahora, con cierto detenimiento, los pasos de José Antonio Primo de Rivera en su camino hacia la fundación de la Falange.

28. Entrevista de Federico de Urrutia con José Antonio, *Informaciones*, Madrid, 18 de enero 1935, p. 3. Reproducimos íntegro el texto de la interviú en apéndice, por no figurar en las llamadas *Obras completas* recopiladas por Agustín del Río Cisneros.
29. *OC*, I, 193.
30. *OC*, I, 417.
31. *OC*, II, 678.

II. José Antonio: primeras andanzas con el fascismo

«El Fascio»

El diario *La Nación* fue fundado en 1925 por el general Primo de Rivera como portavoz de su «partido», Unión Patriótica. Al morirse don Miguel en París en marzo de 1930 *La Nación* no cesó de publicarse, y desde aquella fecha hasta su destrucción en julio de 1936, al estallar el alzamiento, expresaría una hostilidad cada vez más virulenta hacia la República, convirtiéndose en 1935 en órgano del Bloque Nacional de Calvo Sotelo.[1]

Después de la muerte de Primo de Rivera, *La Nación*, que añoraba diariamente a su fundador, se interesó por el porvenir político de su hijo José Antonio. Éste, según nos informa Ximénez de Sandoval, era el mayor accionista del rotativo, lo cual le daba la posibilidad de influir decisivamente en su línea editorial.[2] José Antonio mantenía buenas relaciones personales con el director del diario, Manuel Delgado Barreto, quien había sido íntimo amigo de Primo de Rivera, y no es sorprendente, dadas todas estas circunstancias, que los primeros artículos publicados por el futuro jefe de la Falange saliesen en *La Nación*, a principios de 1930. A partir del momento en que José Antonio fue nombrado vicesecretario de la Unión Monárquica Nacional —el 2 de mayo de 1930— sus contribuciones a *La Nación* llegaron a ser más frecuentes, sumando entre aquella fecha y finales de 1932 unos cuarenta artículos.

Delgado Barreto, además de atacar a la República desde las columnas de *La Nación*, dirigía un semanario satírico llamado *Gracia y Justicia*, «Órgano extremista del humorismo nacional», cuyos artículos, siempre anónimos, tenían la misma finalidad política que el diario de su dirección. *Gracia y Justicia* odiaba la República, es decir, la República de Azaña, y a sus ministros, y estaba especializado en chistes y caricaturas antisemitas en contra de Fernando de los Ríos. El 3 de octubre de 1931, el semanario publicó una foto de José Antonio y anunció que «este chico tan guapote que presenta su candidatura por Madrid, tiene nuestro apoyo»,

1. XIMÉNEZ DE SANDOVAL, pp. 197, 355.
2. Ibíd., p. 197. Detalle que nos ha confirmado Manuel Valdés Larrañaga.

recordando a continuación el día heroico de 1925 en que el padre del candidato, representante de una nueva España, resolvió el problema de Marruecos. Era.

> Un día, al amanecer, en que al grito de ¡Viva España! nos lanzamos como leones a la toma del baluarte de Alhucemas, alentados por un hombre arrogante y paternal, que un poco pálido, pero sonriente, dirigía la acción desde un barco zarandeado por el oleaje en la bahía tantos años siniestra.
> Y allí acabó la pesadilla y allí acabó el dolor y allí acabaron las vergüenzas de veinte años.

El 20 de octubre de 1932, Delgado Barreto empezó a publicar otro semanario satírico antirrepublicano, *Bromas y Veras*, «Órgano del "trust" de la sinceridad española», que difería poco de *Gracia y Justicia* en cuanto a estilo y contenido. A partir del 16 de febrero de 1933, *Bromas y Veras* comenzó a hacer explícitas las tendencias profascistas que desde hacía tiempo aparecían entre líneas. «A España no la puede salvar más que un fascismo a la española», rezan aquel día los titulares de un artículo anticomunista furibundo. «El fascismo es la conjunción de todos los que sienten los dolores de la Patria y quieren remediarlos», proclama el semanario el 23 de febrero. Luego, el 2 de marzo de 1933, *Bromas y Veras* anunció su voluntaria desaparición e informó que su sucesor, *El Fascio. Haz Hispano*, saldría el 9 de marzo. En *La Nación* y otros periódicos de la derecha se anunció profusamente la nueva revista fascista. «Ello hacía —escribió Ramiro Ledesma Ramos— que pudieran percibirse las reacciones de la gente, y también que aumentasen de día en día los pedidos de los corresponsales, que a última hora rebasaban los 130 000 ejemplares.» [3] El primero y único número de *El Fascio* no llevaba la fecha del 9 de marzo, sin embargo, sino la del día 16. ¿Por qué este cambio? Pensamos que los editores se dieron cuenta de que el impacto de la revista sería mayor si su publicación coincidía exactamente con el aniversario de la muerte del general Primo de Rivera, a quien llamaba *La Nación* aquel 16 de marzo «el primer fascista español». Nuestra hipótesis recibe apoyo del hecho de que *El Fascio* publicó en primera plana un artículo («A la juventud española. 1921-1931. 1923-1933») en que se ofrecía un acendrado homenaje a la memoria del héroe de Alhucemas, a cuyo sucesor ya buscaban los protofascistas para que restañara las heridas del nuevo Annual de 1931:

> ¡En 1923, un jefe, por sí solo, quiso remediar el daño de 1921! ¡Restañar el Annual de 1921! Sus esfuerzos y su buena fe fueron superiores a la ayuda que le prestó su país. Pero aun así aquel hombre logró una paz en Marruecos y unos años de armisticio civil en España.

3. Roberto Lanzas, *¿Fascismo en España?*, p. 88.

Cinco días antes de la publicación —abortada, como veremos—, de *El Fascio*, la otra revista de Delgado Barreto, *Gracia y Justicia*, había declarado también su profascismo:

FASCISMO

El país en pie. Alzar el brazo, con ademán de saludo cordial, de aclamaciŏn entusiasta y de amenaza varonil.

Alce el vigoroso brazo el varón; el bello brazo la mujer; el trémulo brazo el viejo; el rosado bracito el niño. Y alce su zarpa el león de España.

El marxismo es la lepra. El sionismo.

La masonería: ser hurones, que la ahuyentan de su cobarde madriguera.

Es el instinto de conservación. Verdadero ejército de salvación.

Hitler es músico, es el Bismarck del pueblo.[4]

Hemos tenido interés en demostrar que *El Fascio* no nació de repente, sino que tenía una prehistoria editorial netamente ligada a Manuel Delgado Barreto y a *La Nación*, diario en cuya redacción intervenía decisivamente José Antonio. Ximénez de Sandoval quiere creer que la idea de fundar *El Fascio* partió de José Antonio y no de Delgado Barreto, pero no creemos que fuera así.[5] Según un artículo del mismo Delgado, publicado en *La Nación* el 18 de marzo de 1933 («El Fascio, la Monarquía y la República») —artículo que no creemos haya sido tenido en cuenta por los historiadores del fascismo español—, la idea de la revista fue suya. Allí explica que, poco antes de que naciera el proyecto, él había publicado dos artículos sobre la situación política española:

> Últimamente publiqué dos artículos, reproducidos en algunos periódicos de Madrid y en casi todos los de provincias, sobre la conveniencia de que, teniendo delante las tristes realidades que todos apreciamos, pensaran los españoles en la necesidad, no de una nueva forma de Gobierno, que eso es lo de menos, sino de contribuir a que España tenga el Estado que le corresponde.
>
> Aquellos artículos determinaron un número de adhesiones y de estímulos considerables, y entonces pensé en la publicación. de una Revista puramente doctrinal, de divulgación, que no tuviera que ver nada con organizaciones políticas ni con maniobras al uso, que no hablara de República ni de Monarquía, de derechas ni de izquierdas, sino simplemente de las nuevas teorías que van prevaleciendo en el mundo, y que son tan compatibles con la forma republicana como con la monárquica, como

---

4. *Gracia y Justicia*, 11 marzo 1933, p. 11.
5. XIMÉNEZ DE SANDOVAL, p. 97.

se demuestra en el hecho incontrovertible de haber triunfado en dos grandes pueblos de distinto régimen.[6]

Una vez surgida la idea de la nueva revista, no cabe la menor duda de que Primo de Rivera colaboró estrechamente con Delgado Barreto en su realización. La primera descripción impresa que hemos encontrado del nacimiento de *El Fascio* salió en *F.E.* el 22 de febrero de 1934:

> En febrero de 1933 surgió la idea de publicar *El Fascio*, semanario de calle. Seis hombres se reunieron para hacerlo: Delgado Barreto, el veterano y brioso periodista; Ernesto Giménez Caballero, Rafael Sánchez Mazas, Ramiro Ledesma Ramos, Juan Aparicio y José Antonio Primo de Rivera. Menos el primero y el último, todos presentaban una brillante hoja de servicios al movimiento nacional y social de tipo fascista. Sánchez Mazas había sido el primero que habló en España del fascismo italiano, como informador directo y magnífico. Giménez Caballero acababa de lograr, tras otros anticipos, su admirable *Genio de España*. Ledesma y Aparicio encarnaban el brillante movimiento de las J.O.N.S. A todo ello añadió Delgado Barreto su experiencia profesional y Primo de Rivera su entusiasmo. Y el mes de marzo de 1933 salió de las prensas el primer número de *El Fascio* (página 7).

El artículo de *F.E.* no aclara quién concibió primero la idea de publicar *El Fascio*. De ello habla más explícitamente Ramiro Ledesma Ramos en su libro *¿Fascismo en España?*, publicado bajo el seudónimo de Roberto Lanzas en 1935, más de un año después de su separación de la Falange. Ledesma Ramos subraya la calidad de avispado hombre de negocios de Delgado Barreto, y afirma que la idea de la revista fue suya:

> La idea de la fundación de *El Fascio* corresponde íntegra a Delgado Barreto, entonces, y creo que todavía ahora, director de *La Nación*. Se le ocurrió, naturalmente, a la vista del triunfo de Hitler, cuando la enorme masa española, que comenzaba

6. Creemos que los «dos artículos» a que se refiere Delgado Barreto son, precisamente, los publicados en *Bromas y Veras* a que acabamos de aludir. Compárense las declaraciones de Delgado con lo que dice Julio Fuertes, «Cómo se llegó al acto de la Comedia», en *José Antonio, fundador y primer jefe...*: «Un día apareció en dicho semanario un editorial, debido a la pluma de don Manuel Delgado Barreto, en el que se decía que era hora de que una opinión dispersa, desorientada y anhelante de un futuro mejor, se aglutinase en torno a unas ideas que habían salvado a países como Italia y Alemania. Este editorial determinó a unos centenares. de españoles a dirigirse, por escrito o verbalmente, a don Manuel, ofreciéndose para cooperar en aquel nonato partido. Un segundo editorial, concretando más las líneas básicas del nuevo movimiento, multiplicó aquellas adhesiones. Y un tercero proclamó que, en vista de la corriente de opinión que quería canalizarse en la nueva idea, *Bromas y Veras* iba a suspenderse para dejar paso a un periódico que se llamaría *Fascio* (p. 26).

a estar de uñas con el Gobierno Azaña, asistía con admiración a las gestas del fascismo alemán.[7]

Delgado Barreto, con su formidable olfato de periodista garduño, vio con claridad que en un momento así, en una atmósfera como aquélla, si un semanario lograba concentrar la atención y el interés de las gentes por el fascismo, tenía asegurada una tirada de 100 000 ejemplares. Barreto no se engañaba en esta apreciación. Era un hombre que no tenía, posiblemente, del fascismo, más que ideas muy elementales, y hasta incluso falsas; pero sabía a la perfección el arte de hacer un periódico fascista para el tendero de la esquina, para el hombre de la calle. Lo que es, desde luego, un valor.

Indudablemente, tras de Barreto, estaba ya José Antonio Primo de Rivera. No se olviden las relaciones de Delgado Barreto con el general. Y ahora, ante la empresa fascista, operaba de acuerdo con los propósitos políticos del hijo, de José Antonio, que en estas fechas comenzó a soñar con un partido fascista del que él fuese el jefe (pp. 86-87).

Todo indica, pues, que la idea de *El Fascio*, si no partiera de José Antonio, tuvo desde el primer momento su entusiasta apoyo. Ni en sus escritos, ni en lo que sobre él se ha publicado, hemos encontrado la menor justificación para la apreciación de Stanley Payne según la cual el artículo contribuido por José Antonio a la revista fue entregado «en parte contra sus convicciones íntimas» («*partly against his better judgement*», frase erróneamente traducida en la edición de Ruedo Ibérico como «casi a regañadientes»).[8] Ximénez de Sandoval, por ejemplo, no duda en afirmar que:

> José Antonio se sentía contento de lo que había escrito y, sobre todo, de haber sobrepasado todas sus dudas antes de embarcarse de lleno en la aventura política. Aunque su timidez —no obstante los elogios de los compañeros de Redacción— le movió a no firmar su ensayo magnífico —boceto del discurso de 29 de octubre— con la E inicial de su marquesado de Estella, cosa que no volvió a hacer jamás (p. 97).

Tanto el título como el contenido de *El Fascio. Haz Hispano* demuestra que, en opinión de sus redactores, la única esperanza para la «salvación» de España reside en la implantación de un sistema parecido al de Mussolini. Los recuadros de tarifas de publicidad y de suscripción publicados en la revista indican, además, que el editor se da cuenta de que la vía hacia el fascismo no puede

---

7. Nótese esta desmesurada exageración de Ledesma Ramos, que contrasta con la habitual sobriedad de dicho libro.
8. STANLEY PAYNE, *Falange. A History of Spanish Fascism* (Stanford University Press and Oxford University Press, 1962), p. 31. Para la edición en castellano: Stanley Payne, *Falange. Historia del fascismo español* (París, Ruedo Ibérico, 1965). De no constar lo contrario, todas nuestras referencias remiten a la edición anglosajona.

OFICINAS Y TALLERES:
CALLE DEL MARQUES DE MONASTERIO, 3

Direcciones ......

Páginas semanales.

CUATRO EDICIONES DIARIAS
25 EJEMPLARES: 1,75 PTAS.

LA NACION
DIARIO DE LA NOCHE

PRECIOS DE SUSCRIPCIÓN
Provincias y Posesiones españolas de África
Trimestre, 9 pesetas; Semestre, 15, y Año, 30
Portugal ......
Demás Naciones ......

NÚMERO SUELTO: 10 CÉNTS.

Año I.   Axdir, viernes 2 de octubre de 1925.   Núm. 1.

NÚMEROS DE PRUEBA

Líneas generales del programa

Pensábamos editar un número-programa que, repartido profusamente por toda España días antes de la aparición oficial de este periódico, sirviera de orientación al público en cuanto a nuestros propósitos se refiere.

Hemos desistido del intento por muchas razones, y principalmente por la de halagar de que LA NACION, a un mes antes de salir, tiene el caudal de pedidos, tanto en suscripciones como en paquetes para corresponsales.

CAMPEONATO DE ELIMINACIÓN

¡¡"GOAL"!!

Un saludo y una advertencia

Tenemos cabal noción de la curiosidad con que el público nos aguarda, y a ella hemos de corresponder dándonos a conocer en este saludo y una advertencia.

No es éste el periódico que queremos, que sabemos y que podremos hacer.

DURACIÓN DE UN RÉGIMEN

Cuarenta años, por lo menos

Aunque le he tomado un poco de filia al Directorio, culpable de que yo esté ahí escribir en periódico de un confianza.

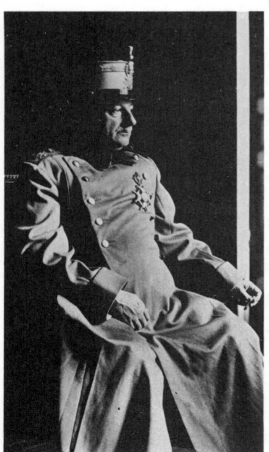

«La Nación», fundada en 1925 por el general Primo de Rivera como portavoz de su «partido», Unión Patriótica.

Manuel Delgado Barreto, además de atacar a la República desde las columnas de «La Nación», dirigía un semanario satírico llamado...

Gracia y Justicia

ORGANO EXTREMISTA DEL · HUMORISMO NACIONAL

AÑO II.—Apartado 768.—Núm. 21   Madrid 23 de enero de 1932   Oficinas: Avenida Pi y Margall, 9

—Me aburro, Santiago.
—Y yo, Manolo.
—Es que no pasa nada.
—Al contrario. Es que como pasa mucho, todo pasa... a la reserva.

(Dibujos de Arcuger.)

203

...«Gracia y Justicia» (órgano extremista del humorismo nacional), cuyos artículos, siempre anónimos, tenían la misma finalidad política que el diario de su dirección.

ser corta: *El Fascio* no será una revista efímera, sino una publicación con larga y combativa vida.

El artículo de fondo «El Fascio», publicado en primera plana bajo un yugo cruzado por siete flechas, da el tono, el estilo, de la nueva revista. Proclama la universalidad del fascismo, establece una conexión etimológica entre la palabra castellana *haz* y la italiana *fascio* (así como lo había hecho Giménez Caballero en 1932 en *Genio de España* y, antes que él, Rafael Sánchez Mazas) y define el fascismo en términos de neto antagonismo hacia el comunismo y la masonería:

EL FASCIO

Nace esta revista bajo el signo y el nombre de EL FASCIO.

Hemos querido dejar por el primer momento este nombre, que aun siendo extranjero en sus orígenes, hoy se ha universalizado y constituye un punto de referencia internacional. Al fin y al cabo, el «Fascio» es el haz de vergas con el hacha lictoria, de que se servía Roma para ir fundando y consolidando su «Pax romana», el «orbis romanus», la primera Europa unida y civilizada de nuestra historia.

Todo el mundo sabe instintivamente lo que quiere representar este signo salvador frente a otros disolventes. Frente a la «Hoz y el Martillo» del comunismo y frente al «Triángulo y el Compás» de la masonería.

Nosotros aspiramos desde esta revista a informar a nuestro pueblo, a propagar a nuestro pueblo lo que el «Fascio» es como doctrina, como política, como acción y como salvación del mundo. Y sobre todo, como salvación de España frente a todos los peligros disolventes que amenazan aplastarla.

El «Fascio» en español significa «Haz», que es una palabra popular, campesina e histórica. Pues va desde la gavilla de espigas —desde el pan nuestro de cada día— hasta el «haz» simbólico de «flechas» con que nuestros Reyes Católicos hicieron la unidad de España en el Renacimiento.

Cuando nuestros lectores se hayan familiarizado con el contenido de EL FASCIO no habrá inconveniente en nacionalizar esta palabra y emplear la nuestra castiza de «Haz».

«Haz» significará, no sólo el agruparse los genuinos españoles en Juntas de ofensa y defensa contra los enemigos de España. Significará también el imperativo que más necesita el español: el imperativo de «hacer». «¡Haz!» [9]

Las dieciséis páginas de la revista se dedican a analizar las personalidades, luchas y llegada al poder de Hitler y Mussolini; a comentar la doctrina fascista; a subrayar que el fascismo es un movimiento popular, de masas; a atacar el liberalismo y la democracia

9. La *Historia de la Cruzada Española* (en adelante, *Cruzada*), V, 1940, p. 594, atribuye este artículo a José Antonio. Pensamos, sin embargo, que se debe a la pluma de Ernesto Giménez Caballero.

parlamentaria en todas sus expresiones; a trazar los orígenes y el desarrollo del fascismo en España (hay una larga interviú con Ledesma Ramos acerca de las J.O.N.S. en la cual afirma que «es hoy necesario formar en unas filas uniformadas y violentas que contrarresten y detengan las calidades temibles del enemigo rojo»); y a preconizar la imperiosa necesidad de establecer cuanto antes un Estado fascista en España:

> Nada de substituir —ante todo— una República por una Monarquía. Sino un Estado socialdemócrata por un Estado fuerte y de masas jerarquizadas. El Estado liberal por el Estado fascista (p. 3).

> El nuevo Estado deberá ser «Corporativo». Integrando la Autoridad con la Libertad (p. 3).

El fascismo necesita tener soldados. Soldados encendidos por el amor a la patria, por ideales heroicos y por un deseo de sacrificios:

> El individuo que se disponga a servir este movimiento nacional deberá aceptar esta consigna ineludible y estoica: «que la vida es combate». Deberá desterrar de su ánimo todo veneno pacifista y sentimental. La paz es sólo el resultado de la lucha (p. 3).

Si el fascismo necesita soldados, éstos necesitan liderazgo, y *El Fascio* reconoce que en España no ha aparecido todavía el salvador:

> Todo movimiento tiene que tener un caudillo. Pero nosotros estamos ahora iniciando el movimiento. Sin masas, sin gentes, sin secuaces, no puede haber caudillo que las encarne y represente (p. 3).

En otro artículo («Cómo ha de formarse el núcleo inicial del fascismo») el anónimo redactor afirma que los fieles reconocerán al líder cuando éste aparezca:

> Por eso tampoco se puede hablar ahora de jefe, de caudillo. Ni se improvisan ni se forjan. Surgen. Él aparecerá cualquier día, en una polémica, en un mitin, en un artículo, en una manifestación. Y con su gesto, o con una palabra, o con una mirada, se impondrá a todos. Y el pueblo dirá: «¡Éste es!»

El fascismo español combatirá, al lado de alemanes e italianos, dos grandes males internacionales que emanan de dos destacadas ciudades. El comunismo, «que desea la destrucción de Europa en una avalancha oriental, bárbara y de masas absolutas (Moscú)», y la socialdemocracia (o liberalismo), «que desea el predominio de las potencias puramente capitalistas (Ginebra)». El fascismo, a diferencia de ellos, «desea el triunfo del principio de justicia en el mundo, integrando Capital y Trabajo en una paz armónica y creadora (Roma)». El fascismo —vemos aquí otra vez la presencia de Giménez Caballero— «es hoy la nueva catolicidad del mundo». España está empezando a redescubrir su misión en el mundo porque un puñado de verdaderos españoles «hemos escuchado la voz eterna de España, el alma de esa España genuina, hoy enterrada bajo los cascotes de los derribos nacionales» (p. 3). Esta misión, esta misión *imperial* —«Una misión que realizará [España] mejor que Italia y Alemania, que el fascio y la svástica, como en otros tiempos la realizó»— la llevará otra vez, como en los heroicos días de los Reyes Católicos y de Carlos I, a una posición de preeminencia universal.

El artículo de José Antonio titulado «Orientaciones. Hacia un nuevo Estado» aparece en la segunda plana de la revista.[10] En él José Antonio expresa su total rechazo del liberalismo y de la democracia parlamentaria porque, a su juicio, les faltan convicciones sólidas y eternas. Para el liberalismo todo es relativo («tan lícito es la doctrina de que el Estado debe subsistir como la de que el Estado debe ser destruido»), y en el Estado liberal no hay ni Libertad, ni Igualdad ni Fraternidad porque el sistema electoral enfrenta a hombre con hombre, partido con partido, y no sabe unir a los pueblos en función de una gran empresa común, totalitaria. José Antonio no utiliza la palabra fascismo en este artículo, pero el «nuevo Estado» en torno al que se orientan sus reflexiones se basa sin lugar a dudas en el corporativismo italiano. El ensayo termina:

LAS ASPIRACIONES DEL NUEVO ESTADO

Todas las aspiraciones del nuevo Estado podrían resumirse en una palabra: «unidad». La Patria es una totalidad histórica, donde todos nos fundimos, superior a cada uno de nosotros y a cada uno de nuestros grupos. En homenaje a esa unidad han de plegarse clases e individuos. Y la construcción del Estado deberá apoyarse en estos dos principios:

Primero. En cuanto a su «fin», el Estado habrá de ser instrumento puesto al servicio de aquella unidad, en la que tiene que creer. Nada que se oponga a tal entrañable, trascendente unidad, debe ser recibido como bueno, sean muchos o pocos quienes lo proclamen.

Segundo. En cuanto a su «forma», el Estado no puede asentarse sobre un régimen de lucha interior, sino sobre un régimen

10. *Cruzada*, ibíd., afirma que otro artículo, «Propósitos claros y misión concreta», que apareció en la primera plana de *El Fascio*, también fue redactado por José Antonio. Lo cierto es que no está incluido entre las *Obras completas* del jefe de la Falange publicadas por Agustín del Río Cisneros.

de honda solidaridad nacional, de cooperación animosa y fraterna. La lucha de clases, la pugna enconada de partidos son incompatibles con la misión del Estado.

La edificación de una nueva política, en que ambos principios se compaginen, es la tarea que ha asignado la Historia a la generación de nuestro tiempo.

En este artículo de José Antonio se encuentran ya, perfectamente maduras, las «ideas matrices» de la doctrina falangista.

Hemos dicho que *El Fascio* fue publicado el 16 de marzo de 1933. Pero la realidad es que poquísimos ejemplares de la revista llegaron al público. Relata *F.E.* el 22 de febrero de 1934:

> Gobernaba a la sazón Azaña. En la madrugada del día señalado para la salida de *El Fascio*, un ejército de policías fue movilizado en Madrid para secuestrar la edición. Con ello Azaña vino a proporcionar a *El Fascio* un triunfo mayor que el que hubiera podido depararle su necesariamente improvisado texto. Durante muchos días no se habló en España de otra cosa que de aquel intento de publicar un periódico fascista (p. 7).[11]

Efectivamente, toda la prensa madrileña de aquellos días llevaba extensos comentarios sobre la supresión de la revista, destacándose *La Nación*, como era de esperar. *ABC* del mismo 16 de marzo reveló que la iniciativa para suprimir *El Fascio* había partido de la Casa del Pueblo de Madrid, publicando a continuación un documento de los socialistas en el cual éstos expresaban su determinación de impedir «por cuantos medios tengan a su alcance [...] que nazca y menos que se desarrolle el fascismo en España» («Alrededor de la fundación de un partido fascista», p. 33). El mismo diario del 17 de marzo publicó una nota de la redacción de *El Fascio* y sendos artículos sobre el fascismo de Ramiro de Maeztu y Manuel Bueno. Más importante era otro artículo, anónimo, titulado «Ambiente de violencia». No era un secreto para nadie que su autor era el director de *ABC*, Juan Ignacio Luca de Tena.

Tena afirma que «todo régimen antiliberal es contra naturaleza» —rechaza la dictadura tanto de la derecha como de la izquierda—, y opina que en España las condiciones no son propicias para el crecimiento del fascismo. El Gobierno ha actuado torpe además de ilegalmente al ceder ante las presiones socialistas y recoger *El Fascio*, puesto que todo intento de acabar con el fascismo por la fuerza no puede menos de auspiciar su desarrollo. Además, al comportarse de esta forma, la izquierda muestra tan poco respeto hacia la democracia y la ley como el movimiento político fascista que tanto odia o teme.

11. En *Así los he visto* (Barcelona, Planeta, 1974), JOSÉ MARÍA DE AREILZA apunta que bastantes ejemplares de *El Fascio* salieron de Madrid rumbo de las provincias antes de ser recogidos por la policía, añadiendo que «en Bilbao recibí un gran paquete que hice llegar a un numeroso grupo de amigos» (p. 154).

Era un artículo coherente, sobrio, mesurado. José Antonio, sin embargo, no lo veía así y le escribió en seguida a Tena para llevarle la contraria. El 22 de marzo *ABC* publicó su carta y la respuesta de Tena. José Antonio piensa que Tena no comprende la significación del «fascio que asoma», del «movimiento que ahora anuncia en Europa su pleamar», y procede a definir su idea del fascismo, con cuyas finalidades se muestra solidario. Las opiniones de José Antonio expresadas en esta carta cambiarían poco durante los próximos años: sólo la síntesis fascista, ya triunfante en Italia y Alemania, puede crear «fuerte, laboriosa y unida, una grande España». La carta de José Antonio es bien conocida, pero queremos citar aquí un párrafo de ella que nos parece especialmente relevante:

> El fascismo no es una táctica —la violencia—, es una idea —la unidad—. Frente al marxismo, que afirma como dogma la lucha de clases, y frente al liberalismo, que exige como mecánica la lucha de partidos, el fascismo sostiene que hay algo sobre los partidos y sobre las clases; algo de naturaleza permanente, trascendente, suprema: la unidad histórica, llamada Patria. La Patria, que no es meramente el territorio donde se despedazan —aunque sólo sea con las armas de la injuria— varios partidos rivales, ganosos todos del Poder. Ni el campo indiferente en que se desarrolla la eterna pugna entre una burguesía que trata de explotar a un proletariado y un proletariado que trata de tiranizar a una burguesía. Sino la unidad entrañable de todos al servicio de una misión histórica, de un supremo destino común que asigna a cada cual su tarea, sus derechos y sus sacrificios. (*OC*, I, 162.)

En las hagiografías de José Antonio que se han publicado en España, empezando con la *biografía apasionada* de Ximénez de Sandoval, ha sido habitual imprimir la carta de José Antonio a *ABC* y callar la respuesta de Luca de Tena.[12] Ésta, sin embargo, merece nuestra atención. Tena demuestra, en primer lugar, que lejos de no comprender el fascismo, como ha alegado José Antonio, está bien informado de cómo funciona, de su brutalidad consustancial y de su falta de respeto por la libertad del individuo. Le recuerda a José Antonio la violación de los derechos humanos que se observa diariamente en Alemania y en Italia, defiende aquel «liberalismo» tan erróneamente interpretado por su adversario epistolar y, particularmente, disiente de lo que ha dicho José Antonio del papel de la violencia en el fascismo:

> Repudiamos toda violencia, venga de donde viniere. «El fascismo —dices— no es una táctica de la violencia; es una idea: la

---

12. Una temprana excepción a esta regla fue el libro de SANCHO DÁVILA y JULIÁN PEMARTÍN, *Hacia la historia de la Falange. Primera contribución de Sevilla* (Jerez, Jerez Industrial, 1938).

Anuncio de la aparición
de la revista
«El Fascio».

Una vez surgida la idea de la
nueva revista, Primo de Rivera colaboró estrecha-
mente con Delgado Barreto
en su realización.

Dibujos aparecidos en
«El Fascio»
(16 marzo 1933).

EL CAUDILLO, por ORBEGOZO

En Italia

En Alemania

En España

Ramiro Ledesma Ramos publicó
«¿Fascismo en España?»
bajo el seudónimo
de Roberto Lanzas en 1935,
más de un año después
de su separación de la Falange.

Juan Ignacio Luca de Tena,
director de «ABC».

unidad.» Yo entiendo, por el contrario, que lo que caracteriza al fascismo y a todos los regímenes antiliberales es, precisamente, su táctica. Los principios —el contenido ideológico de un partido fascista— pueden compartirlos muchos que no lo sean. La discrepancia estriba en la táctica. ¿Por qué medios, por qué procedimientos aspira el naciente *fascio* español a conquistar el Poder? ¿Acaso por medios persuasivos? Y si, al fin, lo conquistara, ¿cómo se mantendría en él para imponer sus modales? ¿De qué manera aniquilaría el marxismo y el liberalismo, como es su propósito? En Italia y Alemania, ya sabemos cómo. Usando los mismos procedimientos que en España pretenden emplear los socialistas contra la propaganda lícita del *fascio*.

Tena termina su artículo con sugerirle a José Antonio que «tu fascismo ha brotado de tu gran corazón antes que de tu brillante inteligencia». Al leer su carta, José Antonio le contesta en seguida, a vuela pluma, y su respuesta sale aquella misma tarde en *La Nación*, siendo reproducida al día siguiente por *ABC* con el «punto final» de Tena. (Reproducimos ambas cartas en el apéndice, páginas 281-282.) La respuesta de José Antonio tiene interés porque, esta vez, afirma explícitamente que la violencia política puede ser lícita en ciertas circunstancias, diga lo que diga Tena. No define cuáles, pero es claro que, con Hitler y Mussolini, José Antonio cree que la violencia utilizada contra los enemigos del fascismo es legítima.

Poquísimas personas habían visto *El Fascio* o sabían de la participación de José Antonio en la revista, pero la publicación en *ABC* de las cartas cruzadas entre él y Luca de Tena atrajo la atención del gran público de derechas, y reveló el apasionado interés que ya sentía el hijo del general Primo de Rivera por el fascismo. A pesar de haber negado en *ABC* cualquier aspiración a «una plaza en la jefatura del *fascio* que asoma», no cabe duda de que a partir de esos momentos la vida de José Antonio cambia decisivamente de rumbo. No creemos que exagere demasiado Ximénez de Sandoval:

> La polémica permitió [...] que el nombre de José Antonio se incrustara ya en el pensamiento de los españoles como el del futuro caudillo de la Revolución Nacional. Prueba de ello fueron los millares de cartas, telegramas y visitas que llegaron al despacho de José Antonio. A centenares nada más arribaron al de Delgado Barreto, y apenas unas docenas a los directivos jonsistas. El primer plebiscito para la Jefatura Nacional de la Nueva España fue contundente en favor de José Antonio. Ante su resultado, José Antonio escucha por primera vez, impetuosa, dentro de su corazón la llamada del Destino (p. 99).[13]

13. Para más información sobre *El Fascio* se deben consultar especialmente: *Cruzada*, V, pp. 593-596; ARRARÁS, II, pp. 148-155; RICARDO DE LA CIERVA, *Historia de la guerra civil española* (Madrid, Librería Editorial San Martín, 1969), I, pp. 533-534; JUAN APARICIO, «Mi recuerdo de José Antonio», en *Dolor y memoria de España en*

El Movimiento Español Sindical (M.E.S.) y el Frente Español (F.E.)

En vista del gran interés suscitado por la aventura de *El Fascio*, el fracaso de la revista era más aparente que real. En definitiva, sus jóvenes colaboradores estaban lejos de desanimarse, y expresaron su determinación de continuar luchando porque se estableciera en España el fascismo. *F.E.* escribiría el 22 de febrero de 1934:

> Los redactores jóvenes de *El Fascio*, malograda su obra, siguieron, no obstante, reuniéndose. A sus reuniones se incorporaron en seguida dos sumandos valiosos: Julio Ruiz de Alda y Alfonso García Valdecasas. Ruiz de Alda unía a su gloria de navegante aéreo la robustez física, la tenacidad y la claridad de cabeza características de las estirpes jóvenes; García Valdecasas, espíritu de la más limpia y pura formación universitaria, llegaba con la ejecutoria de haber sabido alzar en las Cortes constituyentes, en misión llena de lealtad para con su auténtica entraña recién descubierta, la voz anhelante de la gran España (p. 7).

Manuel Valdés Larrañaga recuerda que aquellas reuniones tenían lugar inicialmente en la redacción de *La Nación*, y que fue allí donde conoció por primera vez a un José Antonio resueltamente *político*; sus relaciones anteriores habían sido puramente sociales.[14]

No cabe duda de que la incorporación definitiva de Julio Ruiz de Alda al grupo tuvo una importancia eventual mucho mayor que la de García Valdecasas, que más que incorporación fue aproximación transitoria.

Alda —famoso aviador del viaje transatlántico del *Plus Ultra* en 1926, y por lo tanto figura de relieve nacional—, había sido entrevistado por Giménez Caballero en *El Fascio*, y desde hacía varios años mostraba un acendrado interés por el fascismo, pensando que España necesitaba un sistema totalitario. Ya a principios de 1933 varios personajes de la derecha se habían puesto en contacto con Alda con miras a conocer sus opiniones acerca de la posibilidad de fundar un partido fascista español, y cabe suponer que pensaban en él entonces como posible jefe de tal agrupación. Parece ser que José Antonio y Alda simpatizaron en seguida, dán-

el II aniversario de la muerte de José Antonio (Barcelona, Ediciones Jerarquía, 1939), pp. 255-256; JULIO FUERTES, «Cómo se llegó al acto de la Comedia», en *José Antonio, fundador y primer jefe de la Falange, capitán de luceros, ¡presente!* (Número extraordinario del *Boletín Sindical*, Madrid, enero de 1942, sin paginar), páginas [26-27].

14. Entrevista del autor con don Manuel Valdés Larrañaga, Madrid, 16 de octubre de 1979.

dose cuenta de que sus talentos, bastante diferentes, se completaban mutuamente. Comenta Payne:

> Se consideraban más sinceros e idealistas que la serie de oportunistas y de reaccionarios que los rodeaban, y descubrieron, con mutua satisfacción, que podían trabajar juntos. Deseaban fundar un movimiento fascista, pero según sus propias ideas y no las del Banco de Bilbao.
> Ruiz de Alda era hombre sensato y buen organizador. Como orador era más bien un desastre, pero sus talentos sólidos y metódicos ayudaban a controlar la retórica a veces desenfrenada de José Antonio. El concepto grandilocuente elaborado por éste de la nación como *destino en lo universal* resultaba demasiado determinista para el sencillo activismo de Ruiz de Alda. El aviador hubiera preferido decir «unidad de misión», pero su verbo no podía competir con el de José Antonio.[15]

Antes del verano de 1933, José Antonio y Ruiz de Alda, con otros amigos, fundaron el Movimiento Español Sindicalista, cuyas hojas de propaganda llevaban el subtítulo de «Fascismo Español». Ximénez de Sandoval describe la frenética actividad durante esos meses de José Antonio y sus compañeros al crear, o intentar crear, células del M.E.S.: «Se descubren hombres capaces de todo por España por cada provincia. Circulan las primeras consignas y en algún sitio se inicia con puñetazos la santa violencia» (p. 101). También se establecen contactos con grupos de jonsistas y de tradicionalistas. Continúa el mismo autor: «Es la etapa más intensa en la gestación de la Falange, que aún no ha nacido y aún no tiene nombre» (p. 102).

No hemos podido ver las hojas de propaganda del M.E.S. Con una notable excepción. En su libro *Vieja Guardia* (Madrid, 1939), Gumersindo Montes Agudo reproduce en facsímil parte de la «Primera proclama» del nuevo movimiento, con el subtítulo de rigor de «Fascismo Español». El documento da una idea muy clara de los propósitos de José Antonio y sus colaboradores de entonces. No hay duda de que el M.E.S. preconizaba un sistema fascista basado en los modelos italiano y alemán. Entresacamos algunas frases de la proclama, cuya primera página se puede leer completa en la ilustración de la página 66.

> Antes que nada, por encima de toda ideología, de todo prejuicio de la izquierda o de la derecha, el fascismo español es voluntad exaspearda de crear un Estado viril, armonioso, totalitario, digno de los hombres de España. Partimos de una voluntad que habrá de extremar su velocidad ofensiva, su íntegra rectitud de combate, su técnica precisa del partido, de la oposición y del Estado [...] Nuestro papel no es de sepultureros ni el de hermanos

---

15. PAYNE, p. 35.

de caridad. Venimos con la violencia necesaria, humanitaria, cruda y caballeresca que toda violencia quirúrgica supone [...] Nuestro partido es la forma auténticamente española de lo que ya es cruzada normal en los grandes países para sacar a Europa, a las patrias de Europa, de la degradación espiritual y la ruina material en que las izquierdas venenosas y antinacionales y las derechas pusilánimes, obtusas y egoístas la habían hundido.

Creemos que, aun sin ver la segunda hoja de este documento, el programa del M.E.S., neta y explícitamente fascista, queda manifiesto.

Veamos ahora la aportación de Alfonso García Valdecasas al nacimiento de lo que sería la Falange.

Hacia finales de 1932, García Valdecasas —joven catedrático de Derecho, discípulo de Ortega y Gasset y diputado de la Agrupación al Servicio de la República por Granada a las Cortes Constituyentes— había fundado con algunos amigos un grupo llamado Frente Español. El manifiesto del nuevo grupo, redactado por García Valdecasas,[16] corregido en algunos detalles por Juan Antonio Maravall[17] y recipiente del *nihil obstat* del mismo Ortega, fue distribuido profusamente y reproducido en parte en algunos periódicos madrileños. García Valdecasas, Maravall y sus compañeros, entre quienes se encontraban Antonio Sacristán, Justino Azcárate, María Zambrano, Antonio Bouthelier y Eliso García del Moral, se sentían amargamente defraudados por la experiencia del primer año y medio de la República, y exclamaban con el maestro Ortega: «¡No es eso, no es eso!» Habían querido y deseado otra cosa: la restañadura de antiguas heridas sociales, un esfuerzo colectivo de envergadura para allanar barreras entre los españoles, una empresa de reconstrucción nacional, una nueva y creativa tolerancia... En vez de ello no veían sino disidencias, conflictos y anticlericalismo, fomentados, según les constaba, desde el mismo Gobierno.

Poco, muy poco, se ha escrito sobre el Frente Español, a pesar del interesante papel que desempeñó en los meses inmediatamente anteriores a la fundación de la Falange, y de los vínculos que unían a algunos de sus componentes con el grupo de José Antonio. Payne, por ejemplo, le dedica sólo unas escasas frases en su libro sobre la Falange. Para el historiador norteamericano, el Frente Español quería reactivar la noción orteguiana de un partido nacional «sobre los partidos», pero «tiene importancia sólo por indicar ciertas orientaciones nuevas que el centro y la derecha empezaban a considerar en 1932».[18]

Ya subido Hitler al poder, y después del sonado episodio de

16. Entrevista del autor con don Alfonso García Valdecasas, Madrid, 8 de octubre de 1979.
17. Entrevista del autor con don Juan Antonio Maravall, Madrid, 20 de diciembre de 1979.
18. PAYNE, p. 24.

El Fascio, se produjo en el seno del Frente Español una ruptura entre los que querían efectuar cambios políticos *dentro de la República* y los que ya optaban, o empezaban a optar, por un sistema totalitario de tipo fascista. Entre los fascistizantes del grupo se encontraban García Valdecasas y Eliso García del Moral. Este último publicó en 1942 un artículo, casi totalmente olvidado, sobre las relaciones entre el Frente Español y el grupo de José Antonio, Fascismo (o Fascio) Español, es decir el M.E.S., y sobre la aportación del Frente Español a la Falange. Al hablar con varios supervivientes del Frente Español hemos podido comprobar que el relato de García del Moral, bastante pormenorizado, se ciñe estrechamente a la verdad histórica:

> Al mismo tiempo que el grupo del Frente Español hacía su ensayo sin medios de lucha, pero abiertamente, otro grupo que se ocultaba en la clandestinidad fijaba pasquines encabezados con las iniciales «F. E.» enmarañadas en un cuadro azul. Este grupo lo constituían gentes que fueron fieles al general Primo de Rivera y tomaba unas iniciales que querían decir *fascio español*. Por una serie de azares que serían muy largos de contar llegó el momento en que se ofrece la dirección de F. E. a José Antonio, y éste busca contacto con Alfonso García Valdecasas, que dirige Frente Español [...].
>
> García Valdecasas y José Antonio llegaron rápidamente a un acuerdo. El Frente Español tenía una organización legal, pero carecía de medios de lucha; en cambio, F. E. tenía cierta masa y medios de lucha, pero carecía de organización legal. Coincidían las iniciales, por lo que la propaganda ya efectuada de un grupo podía aprovecharse por el otro. Entonces se convino en un cambio de mandos, constituyéndose al frente de la nueva agrupación un triunvirato formado por José Antonio, Ruiz de Alda y Valdecasas.[19]

Veremos en un momento las consecuencias de esta fusión del Frente Español y del Fascismo Español.

Por aquellos días José Antonio quiso atraer hacia su movimiento al gran escritor y animador de revistas José Bergamín, quien nos ha contado:

> Rafael Sánchez Mazas trataba entonces de convencer a José Antonio de hacer el fascismo español. Ya estaba en pie *Cruz y Raya* —su primer número había salido el 15 de abril de 1933— y José Antonio piensa en la revista para su movimiento españolista. Y entonces, antes de que la Falange Española exista, nos convoca Sánchez Mazas a José Antonio, a Alfonsito García Valdecasas y a mí para que, reunidos los cuatro, decidamos fundar un partido español, tradicionalista y fascista. Nos reunimos en la pla-

19. ELISO GARCÍA DEL MORAL, «Cómo conocí a José Antonio», en *José Antonio, fundador y primer jefe de la Falange...*, pp. [144-145].

Con Hitler y Mussolini, José Antonio cree que la violencia
utilizada contra los enemigos del fascismo es legítima.

La incorporación definitiva de Julio Ruiz de Alda
al grupo tuvo una importancia eventual mucho mayor
que la de García Valdecasas, que más que incorporación
fue aproximación transitoria.

za de Santa Bárbara, tomando horchata en verano, José Antonio, Sánchez Mazas y yo, y Alfonsito García Valdecasas no viene. Yo creí siempre que no había venido porque no quiso, pero fue porque no le avisó a tiempo Sánchez Mazas. José Antonio me habló entonces de su intención de fundar un partido fascista español y me ofreció un puesto en él. Yo, claro, me negué, diciendo que para mí el catolicismo y el fascismo eran incompatibles.[20]

José Antonio conocía a Ledesma Ramos, a Juan Aparicio, a Giménez Caballero y a otros jonsistas. Había leído seguramente *La conquista del Estado*. ¿Por qué, en vez de obstinarse en formar un nuevo partido de tipo fascista, no decidió unir su suerte a la de las J.O.N.S.? Ello es que, efectivamente, José Antonio, Ruiz de Alda y García Valdecasas se esforzaron en el verano de 1933 por llegar a un acuerdo con Ledesma Ramos, pero su intento fracasó, sin duda como resultado de las trabas puestas por Ledesma. En *¿Fascismo en España?*, Ledesma dio su versión de lo ocurrido:

> A fines de agosto fue Ledesma a San Sebastián, donde veraneaban los elementos que, fuera y alejados de las J.O.N.S., venían desde algunos meses tratando de organizar una fuerza fascista: Primo de Rivera, Ruiz de Alda y Valdecasas. Tuvo con los tres una entrevista larga, a la que asistió también José María Areilza. (Un joven ingeniero bilbaíno, muy amigo de Ledesma, de gran sensibilidad nacional y capacidad política.)
>
> Durante los meses anteriores, la relación de las J.O.N.S. con los proyectos de esos elementos a que nos referimos, había sido muy escasa. Los jonsistas no creían en la seriedad de sus trabajos, ni les atribuían mucha importancia.
>
> En esa entrevista de San Sebastián, Ledesma pudo apreciar que seguían dispuestos a organizar algo, y que desde luego estaban muy deseosos de contar con los jonsistas. Pero pudo también apreciar que se movían entre grandes vacilaciones, que sus planes eran cosa en exceso fría y calculada, y, sobre todo, que estaban decididos a no dar publicidad a sus propósitos hasta que no aconteciese la caída de Azaña. Ledesma se mostró con ellos quizá demasiado intransigente, encerrado en su trinchera de las J.O.N.S., y no volvió a verlos hasta pasados dos meses, ya celebrado el mitin de la Comedia (pp. 110-111).

La versión dada cinco años después por *La Historia de la Cruzada española* (1940) no menciona la reunión de San Sebastián, pero sí añade algunos detalles, no sabemos si fidedignos, sobre los contactos mantenidos entre José Antonio y Ledesma Ramos. Según esta fuente:

> Ledesma Ramos propone que no haya más organización que la de las J.O.N.S., regida por un Triunvirato, cuya presidencia ofre-

---

20. Entrevista del autor con José Bergamín, Madrid, 9 de octubre de 1979.

ce a José Antonio Primo de Rivera. Éste se niega [...] A juicio de Primo de Rivera, las J.O.N.S. incipientes deben ser absorbidas por otra organización superior donde ingresen los patriotas fieles a la memoria de su padre y los adeptos que él arrastrará con su actuación. Esta agrupación puede ostentar el título genérico de Fascismo Español y utilizar como emblema las flechas yugadas. Ledesma opina que el proyecto es demasiado similar al fascismo italiano. Y, por mera cuestión de palabras, se apartan amistosamente los jonsistas y los amigos de Primo de Rivera. (V, 604.)

La *Cruzada* no da la fuente de esta información, por lo cual hay que tratarla con cierto escepticismo. Más digna de fe nos parece la versión publicada por un testigo de la reunión, José María de Areilza, en su libro *Así los he visto* (pp. 92-94):

> Los contactos se iniciaron ya, a fines de agosto de 1933, en San Sebastián. Ramiro —recién salido del penal de Ocaña— me pidió que buscáramos un lugar de encuentro con José Antonio y quienes entonces le acompañaban en su intento de fundar la Falange. La entrevista se celebró en uno de los hoteles de San Sebastián que da a la Concha. Almorzamos juntos José Antonio, Ledesma, Valdecasas y Ruiz de Alda, prolongándose la sobremesa hasta casi las seis de la tarde. Hubo mutuo recelo desde un principio y mayor reserva y casi mutismo sobre algunos extremos por parte de Ramiro, que tanteaba visiblemente a sus interlocutores. Éstos hablaron de la inminente aparición pública del nuevo movimiento político que ellos habían de acaudillar como triunvirato fundacional. Se hablaba entonces de la probable disolución de las Cortes y de la caída del Gobierno Azaña a cuya nueva etapa se esperaba para gozar de un mayor margen de libertad expresiva. Debo decir que mis recuerdos me inclinan a pensar que la intransigencia estaba más veces del lado de Ramiro que del lado de su interlocutor.

Parece seguro que Ledesma envidiaba a José Antonio. Así nos lo han dicho varios supervivientes de aquellos días, y en otra página de su libro Areilza dice explícitamente que José Antonio «me contó lo difícil que era negociar con Ledesma, que le miraba con enorme recelo y con la obsesión de que era un señorito andaluz, millonario y grande de España. Esto le producía a José Antonio una especie de hilaridad de buena ley y se rió conmigo de la falsedad del juicio» (p. 156). Ledesma, quien a pesar de su sólida formación universitaria se ganaba la vida como oficial técnico de Correos, no tenía la gran prestancia física ni el *charme* del futuro líder falangista y, aún más grave, su defectuosa pronunciación de la ere —que más tarde le achacaría cruelmente José Antonio— hacía imposible su éxito como orador fascista. Todas estas circunstancias hicieron que las relaciones entre Primo de Rivera y

Ledesma fuesen siempre algo tirantes, aun después de la unificación de las J.O.N.S. y la Falange en 1934, y explican en gran medida la eventual e inevitable escisión de 1935.

Sobre el origen del nombre «Falange Española»

En la primera plana de *Heraldo de Madrid* del 26 de enero de 1934 se publica una caricatura de *Sama* titulada «Todo se explica». Dos hombres conversan en la calle:

> —Diga usted, amigo Guzmán, ¿por qué se llama «falange» a los fascistas de aquí?
> —Porque antes del 19 de noviembre se contaban con los dedos...

La «explicación» del *Heraldo* era divertida, pero revelaba al mismo tiempo la inquietud sentida por el diario al darse cuenta del impacto que iba teniendo el nuevo partido.

Más interesante que el «¿porqué?» del nombre de Falange —nombre que se explica fácilmente en base a su conocida historia bélica— es la cuestión de quién lo escogió, descubrió o inventó, y cuándo. Una vez en marcha la guerra civil, y ya en vías de sacralización José Antonio, se daban las más diversas respuestas a esta cuestión, así como en el caso del yugo y de las flechas. Cada cual arrimaba el ascua a su sardina.

El relato más completo de este asunto lo hemos encontrado en el casi desconocido artículo de Eliso García del Moral, mencionado antes. Según García del Moral, la invención del nombre Falange Española le correspondió a él, y tuvo lugar poco antes del acto de la Comedia, al oponerse terminantemente varios firmantes del manifiesto del Frente Español a que el nuevo movimiento llevara el nombre de su agrupación:

> No había más que una solución: volver a empezar y constituir *legalmente* nuestro Movimiento conforme a los preceptos arcaicos y liberales de la ley de Asociaciones. Siempre quedaba la dificultad de acertar con el nombre. Una tarde me llamó Valdecasas para decirme que buscara uno cuyas iniciales fueran F y E y que no coincidiera con el de Frente Español, ya que de los que habían firmado el manifiesto y estaban en España, sólo él, Bouthelier y yo estábamos de acuerdo en la fusión con el grupo de José Antonio.
>
> A la mañana siguiente, en la Academia de Jurisprudencia, con el Diccionario de la Lengua a la vista, anoté todas las palabras que empezaban con F y E, siempre que tuvieran alguna significación militar y nacional. Compuse varios nombres, y si mal no

recuerdo, el día 10 u 11 de octubre fui después de comer a casa de Ruiz de Alda. En su despacho estaban el inolvidable Ramón Ayza, posteriormente asesinado por los rojos, Emilio Rodríguez Tarduchy, Peláez y no estoy seguro de si también Valdés. Estaba también un muchacho joven, de cara aniñada, ojos inteligentes, pelo lacio y negro, impecablemente peinado hacia atrás, y que poseía una viril e innata elegancia en todos sus gestos. Ruiz de Alba nos presentó y entonces oí su nombre: José Antonio Primo de Rivera.

Empezó la conversación sobre el nombre a adoptar y me preguntaron si había hecho el encargo de Valdecasas. Leí varios de los compuestos con ayuda del diccionario, y como era de esperar, ninguno gustó tanto como el de «Frente Español». Cuando todos los nombres posibles parecían agotados (o no gustaban o sus iniciales no eran F y E, pues no sólo por las razones dichas, sino que había interés en que las siglas del Movimiento indicaran y dijeran Fe) dije el que llevaba como última reserva, que a mí me había gustado mucho y a Valdecasas también: «Falange Española». Inmediatamente fue aceptado, y entonces Ruiz de Alda sacó una botella de excelente coñac y por primera vez en España se brindó por la Falange.[21]

García del Moral explica a continuación que José Antonio le ordenó entonces que preparara con toda rapidez los estatutos de Falange Española para que se pudiesen presentar cuanto antes en la Dirección de Seguridad y así hacer posible utilizar el recién inventado nombre en el acto de presentación del 29 de octubre. Pero la legalización del nuevo partido no pudo efectuarse a tiempo:

La respondí que los trámites que la ley imponía eran largos y que probablemente no habría tiempo de cumplir los plazos para esa fecha, a pesar de que lo intentaría. En cuanto a la forma legal les dije que a mi juicio era lo mejor reproducir los estatutos del Frente Español, ya aprobados, en los cuales se ocultaba todo carácter de violencia, destacando en cambio un aspecto cultural, sin perjuicio de que al socaire de lo estatuido nos organizáramos como mejor nos pareciera. Se aceptó esta idea y me dijo José Antonio que me ocupara de todo, ya que desde aquel momento me nombraba secretario general del Movimiento que nacía [...] Esto explica cómo surgió el nombre de nuestro Movimiento y por qué en el mitin de la Comedia no se empleó. Legalmente no estuvo constituido hasta el día 2 de noviembre de 1933, a pesar de la prisa con que redacté los estatutos, que por cierto di a copiar a máquina a una Academia que existía o existe en la calle de Esparteros.[22]

En la versión de Ximénez de Sandoval, generalmente aceptada por escritores posteriores ignorantes del testimonio de Eli-

21. ELISO GARCÍA DEL MORAL, op. cit., p. [145].
22. Ibíd.

Primera Proclama del Movimiento Español Sindicalista

FASCISMO ESPAÑOL

El fascismo español quiere la fuerza, la unidad, la popularidad, la autoridad de España para realizar en el mundo nuestro destino de gran pueblo. Los que hoy están en el Poder y los que se agrupan en la oposición, forman un conglomerado de voces anticuadas, palabreras, electoreras, una pugna multicolor de tinglados, en los que hallaréis todo lo imaginable bajo, signos políticos, menos la voluntad escueta, lúcida, impetuosa de potencia nacional, que es ahora y siempre lo primero. Las más altas cualidades de la raza languidecen o se malogran en tales formaciones políticas.

Antes que nada, por encima de toda ideología, de todo prejuicio de la izquierda o de la derecha, el fascismo español es voluntad exasperada de crear un Estado viril, armonioso, totalitario, digno de los hombres de España. Partimos de una voluntad que habrá de extremar su velocidad ofensiva, su íntegra rectitud de combate, su técnica precisa del partido, de la oposición y del Estado. Táctica deportiva si se quiere, porque todas las combinaciones, todas las cautelas, todas las prudencias y aun todas las elegancias de juego que la lucha nos imponga, en nosotros se supeditan, como en la buena escuela del foot ball, al instante definitivo en que se dispara, por fin, el imparable goal de la victoria.

Queremos salir de esta asqueante alternativa entre el hedor crónico y los paños calientes, que se reparten hoy la agonía de nuestra pobre España, en ese sucio cuarto de enfermo, turbio de empeoros y de mejorías, que es toda la política nacional. Nuestro papel no es de sepultureros ni el de hermanas de la caridad. Venimos con la violencia necesaria, humanitaria, cruda y caballeresca que toda violencia quirúrgica supone. Antes que un programa —aunque lo tengamos bien exactamente definido— el fascismo hispano es un nuevo modo de ser español: nuevo pero antiquísimo, porque en este espíritu juvenil de milicia se ha creado, levantado y sostenido el nombre de España —frente al francés o frente al turco— bajo unas u otras banderas. Y cuando ese sentido se ha eclipsado en cualquier período de la Historia, España no ha sido más que una nación arrinconada, vieja, avergonzada entre harapos de discordia, de incivilidad y de miseria.

Estamos ya creando nuestras primeras organizaciones, a despecho del pánico gubernamental antifascista, que empezó a multiplicar en torno a nosotros sus esbirros, sus espías, sus coacciones y el clamor de ocas de su prensa, cuando todavía el número de nuestros afiliados podía contarse con los dedos.

Es inútil. Nuestra idea tiene una fuerza nacional, duplicada por una fuerza universal arrolladora. Nuestro partido es la forma auténticamente española de lo que ya es cruzada normal en los grandes países de nuestra Europa, a las patrias de Europa de la degradación espiritual y la ruina material en que las izquierdas venenosas y antinacionales y las derechas pusilánimes, obtusas y egoístas la habían hundido.

Nuestro programa es conocido en sus fundamentos:

Unidad y potencia de la Patria; Sindicato Popular; Jerarquía; Armonía de Clases; Disciplina; Antiliberalismo; Antimarxismo; Aldeanería; Milicia; Cultura; Estatismo Nacional; Justicia, que al dar a cada uno lo suyo no consiente desmanes anárquicos de obreros ni mucho menos desmanes predatorios de patronos.

Estos son los principios que han devuelto ya honor y libertad a dos grandes naciones contra la barbarie ruso oriental y la disgregación melancólica del Occidente, y estos son los principios que están llamados a restaurar en todos los países de gran estirpe las más fuertes formas de civilización europea, en armonía con aquellas grandes continuidades de universalidad y patriotismo, de espíritu familiar y espíritu gremial, de religiosidad y alto temple civil, de tradición y de modernidad que han ennoblecido la unidad sacramental de Europa. Nuestro programa es, por lo tanto, conocido. Lo difunden al atacarlo diariamente y ponen de relieve su virtud y su eficacia, las hojas pávidas y estúpidas que a diario nos combaten. El pueblo español nos entiende y nos reconoce a la media palabra.

Sucesivamente, irá recibiendo nuestro impulso y nuestros reglamentos para incorporarse a nuestras filas. Son miles y miles de españoles los que lo esperan. Saben que todo otro remedio es inútil. Todos los derechos liberales o marxistas en que los patronos o los obreros quieran prolongar la befa y el malogro de nuestro destino nacional, servirán solamente para alargar una pugna sin honor y sin gloria de un modo agotador e interminable en medio de una triste retórica de esclavos o de eunucos.

Urge España. Urge restaurar ante todo el orgullo, el ímpetu, la virilidad que supone ser españoles y encauzar este fresco torrente en una disciplina de servicio y de sacrificio.

No es hora de ofrecer nada a nadie; de adular al capitalista ni al obrero, ni al creyente ni al laico. Esta no es cooperativa de defensa mendicante ni plan distributivo para enchufes futuros. Nacemos en pie de guerra, y cuando así se nace no se pide ni se implora. Se exige, se reclama en nombre de

El programa del M.E.S., neta y explícitamente fascista.

Era de esperar que la prensa de izquierdas calificara de fascista el mitin de la Comedia. Pero también lo hizo la prensa de derechas. (29 octubre 1933.)

José Bergamín: «Antes de que la Falange Española exista, nos convoca Sánchez Mazas a José Antonio, a Alfonsito García Valdecasas y a mí para que, reunidos los cuatro, decidamos fundar un partido español, tradicionalista y fascista.» (En la foto, J. Bergamín en un acto antifascista.)

Ledesma no tenía la gran prestancia física ni el «charme» del futuro líder falangista y su defectuosa pronunciación de la erre —que más tarde le achacaría cruelmente José Antonio— hacía imposible su éxito como orador fascista.

so García del Moral, no se menciona para nada a éste, y se afirma que el nombre de Falange Española fue una «corazonada genial» de Julio Ruiz de Alda, corazonada experimentada el mismo día del acto de la Comedia.[23] El detallado relato de García del Moral, sin embargo, que fecha la unánime aceptación del nombre de Falange Española unos quince días antes de aquel acto del 29 de octubre de 1933, y que da además muchos pormenores de difícil invención *a posteriori*, nos parece mucho más verosímil, y nos ha sido confirmado en sus líneas generales por Juan Antonio Maravall y Alfonso García Valdecasas.

Pues bien, ni Eliso García del Moral ni Ximénez de Sandoval parecen darse cuenta —¿o es que lo quieren olvidar?— que la palabra *falange* tenía antecedentes netamente jonsistas que, consciente o subconscientemente, tenían que operar sobre José Antonio y sus compañeros. En el primer manifiesto del grupo de «La Conquista del Estado», publicado antes de la proclamación de la República, leemos: «Todo español que no consiga situarse con la debida grandeza ante los hechos que se avecinan, está obligado a desalojar las primeras líneas y permitir que las ocupen falanges animosas y firmes.» [24] Luego, en un artículo de fondo («La violencia primera misión») publicado el 27 de julio de 1931 en la revista del mismo nombre, *La Conquista del Estado*, después de proclamar que «Se multiplica el enemigo con los disfraces más variados», se pregunta: «¿No es, pues, legítima la formación de falanges férreas que signifiquen en esta hora una garantía de hispanidad?» En el mismo número de la revista, bajo el símbolo, violentísimo, de «la garra hispánica y el imperio solar», leemos: «Afíliese usted hoy mismo a las falanges de combate de "La Conquista del Estado".» Más relevante aún es la publicación en la misma revista, el 3 de octubre de 1931, de la canción jonsista —atribuida por Giménez Caballero a Juan Aparicio— bajo el título de *Himno de nuestras falanges de combate*:

> Juventudes de vida española
> y de muerte española también,
> ha llegado otra vez la fortuna
> de arriesgarse, luchar y vencer.
> Sobre el mundo cobarde y avaro,
> sin justicia, belleza ni Dios...

Ernesto Giménez Caballero era uno de los fundadores de *La Conquista del Estado* y escritor, después de iniciado el Movimiento, muy dado a proclamar su calidad de inspirado profeta —a partir de la publicación de su libro *Genio de España* (1932) y aun un

---

23. XIMÉNEZ DE SANDOVAL, p. 102.
24. Citamos del facsímil de la primera hoja del manifiesto, publicado por Gumersindo Montes Agudo, *Vieja guardia* (Madrid, 1939), p. 31.

poco antes—, en todo lo relacionado con el inmediato destino de España y la guerra contra el marxismo. Giménez Caballero no dudó en atraer la atención del lector de la segunda edición de dicho libro (1938) sobre el hecho de que, en su primera edición, se había utilizado cuatro veces la palabra «Falange» —el autor la escribe con F mayúscula— «con preciso sentido fascista» (p. 186, nota). La afirmación de Giménez Caballero no era del todo exacta, ya que la palabra referida no aparece nunca en la primera edición de *Genio de España* con mayúscula, aunque sí es cierto que se utiliza allí según la acepción establecida por *La Conquista del Estado*. De las cuatro apariciones de la palabra, además, sólo la primera se da en el singular:

> Es la hora de Mussolini. Es la hora que exclama: «Oh Toti, romano, tu vida y tu muerte valen infinitamente más que todo el socialismo italiano. Y vosotros, falange innumerable de héroes que quisisteis la guerra... (p. 194).

> Ahora bien: si todas esas familias domésticas y lugareñas de santos o de genios —esto es: de divinidades— se pudieran agrupar como se agrupan en mapas lingüísticos los fenómenos filológicos del mundo —los *genios* del hablar— nos encontraríamos que, tales falanges divinas, estaban distribuidas en tres enormes conglomerados, en una tripartición global, en tres grandes manchas cromáticas (p. 229).

> El César sería un *Héroe* —un primate humano hecho en el combate—, conductor de tropas y milicias, de masas encuadradas en falanges entusiastas (p. 264).

> *Oriente, Occidente, Cristo.* He ahí los tres rangos de batalla, desfilando ya en falanges como las nubes por el cielo (p. 309).

Giménez Caballero termina su nota de 1938 encomiando la palabra «Falange» por los varios significados agresivos que contiene:

> Es una palabra feliz y certera. Y que me obsesionó largamente desde 1927. Pues φαλαγξ (fálanx) en antiguo griego significaba: «estaca», «basto», «clava». Símbolo que exalté en mi libro, *Hércules, jugando a los dados* (1928), cuyo as de bastos o bastón de mando, lo interpreté como emblema de toda dictadura, de todo rey natural —incitando al general Primo de Rivera a usarlo.
> De modo que «falangista» viene a significar «el que da leña y estacazos». El combatiente del *manganelle*, de la *porra*.

La palabra Falange, unida a la de Española, constituía un hallazgo genial en todos los sentidos: al mantener las iniciales F.E. se conservaba la significación religiosa de «fe» sin perder la alusión a Fascismo Español o Frente Español; y al mismo tiempo se añadía un contenido explícitamente bélico al nombre del partido, ya que «falange» significa tanto porra como cuerpo de infantería pesadamente armada y formada en líneas compactas. No nos puede sorprender que tan feliz invención se brindara en el acto con el coñac de Julio Ruiz de Alda.

El acto de la Comedia

Durante el acto del teatro de la Comedia del 29 de octubre de 1933, anunciado como «acto de afirmación españolista», no se utilizó la palabra Falange, por las razones ya dadas, al referirse los oradores —Alfonso García Valdecasas, Julio Ruiz de Alda y Primo de Rivera— al «movimiento que empieza en este día». Y aunque, al aparecer los oradores en el escenario, el público que abarrotaba el local se puso en pie «con los brazos tendidos, haciendo el saludo romano»[25] y José Antonio inició su discurso con el mismo gesto,[26] se evitó casi totalmente el uso de las palabras fascismo o fascista durante el acto. De los tres oradores, sólo García Valdecasas se refirió a la relación existente entre el fascismo y el movimiento que se iniciaba aquel día en Madrid, y lo hizo para insistir sobre el carácter indígena de éste:

> Se ha dicho que esto es un acto fascista, y yo digo que en siendo españolísimo que lo llamen lo que quieran. Que con lo fascista, que es una experiencia extranjera, podremos tener todas las afinidades y todas las coincidencias que en un futuro resulten; pero que nosotros, españoles, no queremos vivir de fórmulas extranjeras...[27]

El discurso de José Antonio demostró claramente, sin embargo, que el nuevo movimiento sí recurría a «fórmulas extranjeras», aspirando a la conquista del Estado, por métodos violentos si hiciera falta, con el deseo de implantar en España un fascismo calcado sobre el modelo italiano:

> Nosotros lo que queremos es que el movimiento de este día y el Estado que cree, sea el instrumento eficaz, autoritario, al servicio de una unidad indiscutible [...] Esto es lo que pensamos nosotros del Estado futuro, que hemos de afanarnos en edificar [...] Venimos a luchar porque un estado totalitario alcance con sus bienes lo mismo a los poderosos que a los humildes... (OC, I, 192-194.)

25. *La Nación*, 30 de octubre de 1933, p. 2.
26. *Heraldo de Madrid*, 30 de octubre de 1933, p. 9.
27. *La Nación*, 30 de octubre de 1933, p. 2.

Era de esperar que la prensa de izquierdas calificara de fascista el mitin de la Comedia. Pero también lo hizo la prensa de derechas. Los titulares de *La Nación* del 30 de octubre, por ejemplo, rezan «El primer acto de carácter fascista desvanece los equívocos con que se intentó engañar al pueblo», mientras que leemos en *Informaciones*: «Los señores Valdecasas, Ruiz de Alda y Primo de Rivera alzan la bandera fascista. Gran concurrencia y enorme entusiasmo.»[28] Más significativo aún es el comentario al mitin publicado el 31 de octubre por *Il Popolo d'Italia*, diario de Mussolini.[29] Para el corresponsal de *Il Popolo* en Madrid, la naturaleza fascista del acto —cuya fecha coincide con el once aniversario de la marcha sobre Roma, que entonces se festejaba en la capital italiana—, no dejaba lugar a dudas, como tampoco la deuda del nuevo movimiento español para con el de Mussolini:

> *Il primo comizio di propaganda del movimento fascista spagnolo*
>
> MADRID, 30 notte.
>
> Con l'intervento di 1 500 persone, ha avuto luogo il primo comizio di propaganda del movimento di carattere fascista, organizzato dal fronte spagnolo, che nasce oggi con un programma nettamente antielettorale, esclusivamente valorizzatore dei fattori traduzionali e corporativi nazionali, suscitando fervido entusiasmo nei partecipanti.
>
> L'ex deputato alle Cortes costituenti, professor García Valdecasas, ha parlato della deviazione del destino storico della Spagna come conseguenza della adozione di ideologie esotiche contrastanti con i caratteri peculiari della razza. Ha difeso l'aggettivo fascista applicato al movimento rinnovatore e che basandosi sui valori nazionali, si ispira all'esempio di altri Paesi, provocando un evviva all'Italia... (p. 10).[30]

La Falange, partido fascista español, había nacido.

28. Citado por FEDERICO BRAVO MORATA, *Franco y los muertos providenciales* (Madrid, Fenicia, 1979), p. 104.
29. Diario que hemos podido consultar en la espléndida hemeroteca de la British Library de Londres.
30. *El primer acto de propaganda del movimiento fascista español.*
MADRID, 30 noche.
Con la asistencia de 1 500 personas, ha tenido lugar el primer acto de propaganda del movimiento de carácter fascista, organizado por el Frente Español, que nace hoy con un programa netamente antielectoral, exclusivamente valorizador de factores tradicionales y corporativos nacionales, produciendo férvido entusiasmo en los asistentes.
El ex diputado a las Cortes Constituyentes, el profesor García Valdecasas, habló de la desviación de España de su destino histórico como consecuencia de la adopción de ideologías extranjeras ajenas a las características de la raza. Defendió el adjetivo fascista aplicado al movimiento renovador que, basándose en los valores nacionales, se inspira del ejemplo de otros países, y provocó un viva Italia...

III. La revista «F.E.» y los enemigos de «España»

El 7 de diciembre de 1933, poco más de un mes después del mitin del teatro de la Comedia, se publicó el primer número del semanario *F.E.* Su nacimiento había sido difícil, pues la UGT puso todas las trabas posibles para impedir que viera la luz, ordenando a sus afiliados que no la compusieran ni tiraran, así como había hecho en marzo con *El Fascio*, prototipo de la revista falangista. Según el artículo «Cómo hizo *F.E.* su primera salida» —¿alusión a don Quijote?— publicado en el segundo número de la revista (11 de enero de 1934), se habían impreso 20 000 ejemplares de *F.E.* el 6 de diciembre. Pero el fiscal denunció dos artículos y fue ordenada la recogida de la edición. Hubo que retirar los artículos ofensivos, llenar los huecos con anuncios de la propia revista y empezar otra vez la tirada. Por fin salió *F.E.* a la calle el 7 de diciembre a la una de la tarde. Leyendo el relato dado por Ximénez de Sandoval de esta primera salida de *F.E.*, se aprecia todo el fervor, todo el apasionamiento que imperaban entonces en los ambientes falangistas de Madrid.[1]

Entre aquel 7 de diciembre de 1933 y el 19 de julio del año siguiente se publicarían quince números de la revista, con varias suspensiones gubernativas, una censura continua y frecuentes atropellos en la calle. Sabemos que toda la dirección del semanario la llevaba José Antonio personalmente. *F.E.*, que como veremos predicaba abiertamente su violenta hostilidad hacia las instituciones de la República, y su determinación de ir a la conquista del Estado y de implantar un sistema corporativo en España, no podía menos de provocar una fuerte reacción en ciertos sectores de la izquierda y, como se sabe, hubo varios muertos y heridos en relación con la venta de la revista.

Consignemos que el formato de *F.E.* era de 40 × 30 centímetros, invariablemente, y que, con la excepción del número VII (16 páginas) y los dos últimos números (ambos de 8 páginas), la revista constaba de 12 páginas:

1. XIMÉNEZ DE SANDOVAL, pp. 148-151.

Núm. I	7	diciembre 1933
Núm. II	11	enero 1934
Núm. III	18	enero 1934
Núm. IV	25	enero 1934
Núm. V	1	febrero 1934
Núm. VI	8	febrero 1934
Núm. VII	22	febrero 1934
Núm. VIII	1	marzo 1934
Núm. IX	8	marzo 1934
Núm. X	12	abril 1934
Núm. XI	19	abril 1934
Núm. XII	26	abril 1934
Núm. XIII	5	julio 1934
Núm. XIV	12	julio 1934
Núm. XV	19	julio 1934

(Para no tener que dar cada vez la fecha de las citas que siguen, nos remitiremos sólo al número de la revista y a la página correspondiente.)

Cualquier duda sobre si la Falange fuese o no un partido fascista se desvanecen ante la evidencia de las 176 páginas de *F.E.* Desde el primer número de la revista se reconoce explícitamente la deuda de la Falange con el fascismo, y las secciones «La vida fascista» y «Noticiero del mundo» informan cada semana de los progresos del nuevo «movimiento» en países tan diversos y apartados como Irlanda y el Japón. *F.E.* está convencido de que el fascismo triunfará en Europa, y tiene los ojos puestos especialmente en Italia: la presencia de Mussolini se siente, si no se observa directamente, en cada página de la revista; se afirma que los falangistas, como los italianos, «queremos, en una palabra, el corporativismo» (VII, 12); y a veces se reproducen íntegros los discursos del Duce. El análisis estadístico de la cantidad de espacio dedicado por *F.E.* a otros países demuestra, efectivamente, que Italia ocupa, con mucho, el primer puesto, con el 40 % del total; que Francia (el país y cultura más odiados por *F.E.*) ocupa el segundo lugar, con el 15,4 % del total; y que la Alemania de Hitler sólo ocupa el tercer puesto, con el 10,3 % del total.[2] El porcentaje de Italia sería mucho más alto, además, si tomáramos en cuenta la larga serie de artículos de Giménez Caballero sobre las relaciones culturales existentes entre la antigua Roma y España, serie que le brinda al autor la posibilidad de tener siempre presente la nueva Italia imperial, la Italia fascista.

En el primer número de *F.E.* encontramos numerosas referencias a las afinidades existentes entre la Falange y el fascismo.

2. JEAN-MICHEL DESVOIS, «Le Contenu de *F.E.*, hebdomadaire de la Phalange», en *Presse et Société*, núm. XIV de *Études Hispaniques et Hispano-Américaines*, Universidad de Haute Bretagne, Rennes, 1979, p. 119.

Comentando el mitin de la Comedia, Julio Ruiz de Alda, por ejemplo, escribe:

> Los gobernadores anteriores, con sus equivocaciones y su conducta, nos han ayudado a crear un ambiente prefascista. El mitin ha recogido este ambiente. Y ahora estamos organizando los elementos que han acudido a nuestro llamamiento. (I, 3.)

Un artículo sin firma (como la mayoría de los trabajos publicados en *F.E.*) opina dogmáticamente:

> La única solución lógica del problema obrero está en el fascismo. Sin la creación del Estado totalitario —es decir, de la Patria que actúa— no hay manera posible y decente de superar los intereses de clase. La democracia corrompe el problema. El socialismo realiza un chantaje sobre el mismo. Sólo el fascismo da a cada uno lo que le corresponde, según exigencias superiores y permanentes —las del Estado como elemento activo de la Patria. (I, 4.)

Luego, en una reseña del libro de Giménez Caballero, recién salido de las prensas, *La nueva catolicidad* —el libro se subtitula *Teoría general sobre el Fascismo en Europa: en España*— se cita este párrafo de su autor, con evidente aprobación:

> España —ante la nueva Europa fascista que asoma su faz serena y radiante—; España —ante la Nueva Catolicidad— ¡alza su brazo de aceptación al combate! (I, 4.)

Otra página de este primer número de *F.E.* lleva una recensión del libro *Qué es el socialismo, qué es el marxismo, qué es el fascismo* (1933) del catedrático de Valladolid Vicente Gay, futuro director de la Delegación de Prensa y Propaganda de Franco y empedernido antisemita. Según el autor de la recensión:

> El libro de Gay, como otros muchos en que se historian o glosan las dos revoluciones fascistas triunfantes, tiene para los españoles sobre la utilidad del recuerdo en uno [*sic*] y en otros del descubrimiento, el valor de poner en un primer plano de atención el paralelismo existente entre los problemas de la Italia y la Alemania prefascista [*sic*] y esta España de hoy que en la continua y obstinada peripecia política busca con estremecidos afanes de salvación en la mañana cargada ya de vaticinios de fortuna y riesgo.[3] (I, 9.)

3. Otros libros sobre el fascismo anunciados, recomendados o reseñados por *F.E.* incluyen: CÉSAR GONZÁLEZ RUANO, *Seis meses con los «nazis» (Una revolución nacional)* (Madrid, Ed. La Nación, 1933); N. CEBREIROS, *El Fascismo. Su origen, organización, doctrina, lucha y triunfo de Mussolini en Italia (1919-1922)* (Madrid, Ed. La Nación, 1933) y H. E. GOAD, *El estado corporativo*, traducido y prologado por el marqués de la Eliseda.

Mezclado con este entusiasmo por el fascismo se nota, sin embargo, en esta primera *salida* de F.E., una tendencia contradictoria que ya observamos al hablar del cambio del nombre «Fascismo Español» en el de «Falange Española», es decir, una tendencia a negar que la Falange, no obstante sus contactos con el fascismo italiano y el nacionalsocialismo alemán, sea un movimiento extranjerizante sin raíces propias. Así se nos explica que:

> F.E. no quiere imitar ningún movimiento extranjero. Quiere extraer los valores universales del fascismo para aplicarlos a la vital realidad española y hacerla reaccionar según su propio genio. (I, 11.)

«Genio» inventado en gran parte, qué duda cabe, por Ernesto Giménez Caballero en su famoso libro *Genio de España* (1932) que, según su autor, tanto había gustado a José Antonio.[4]

Esta tendencia a negar la validez de la ecuación falangismo = fascismo crecería con el tiempo, llegando a ser una obsesión en la España de Franco una vez derrotados Hitler y Mussolini, pero en estos primeros momentos que vamos comentando los redactores de *F.E.* no tienen, en general, ningún reparo en reconocer abiertamente su filiación con el fascio. Tomemos un último ejemplo, sacado esta vez de un editorial publicado en *F.E.* el 11 de enero de 1934 y posiblemente escrito por el propio José Antonio. Al escritor le saca de sus casillas el tener que escuchar tantos alegatos sobre las relaciones entre la Falange y los partidos fascistas europeos:

> Aquellos necios todavía —aunque en muchos casos lo sean aún de buena voluntad—, que nos acusaron de adoptar «patrones extranjeros» no pueden defender a España, aunque sólo sea en la apariencia, sin verse inmediatamente incluidos por la furia enemiga en nuestro «patrón extranjero».

Es decir, sin verse tildados en el acto de «fascistas». Además, como apunta el anónimo redactor del editorial:

> Da la casualidad de que la primera falange de la historia, la de Macedonia, fue sacada también de «patrón extranjero», porque Filipo la imitó de los de Tebas y así luego sirvió para lograr el prodigioso imperio de Alejandro. Lo cual ha solido usarse como clásico ejemplo para demostrar que en los grandes trances nacionales el método mejor, venga de donde viniere, es aquel que sirve mejor a las urgencias de la necesidad. (II, 2.)

4. Entrevista del autor con don Ernesto Giménez Caballero, Madrid, 30 de agosto de 1979.

Según ella misma,
la Falange nació
como respuesta
contrarrevolucionaria al reto
del marxismo. (En la foto,
reunión del Consejo Nacional
del S.E.U. en Madrid en 1935;
junto a José Antonio aparecen,
entre otros: Alejandro Salazar,
José Miguel Guitarte,
Mercedes Fórmica,
Agustín Aznar y Alonso Goya.)

Antes que hablar de mayoría y de minorías;
de derechas y de izquierdas;
de reformas y de pactos,
nosotros, que entendemos poco de esas cosas, gritamos: ¡Viva España!

¡Cuidado con las suplantaciones!
¡Cuidado con las falsificaciones!
Nuestro movimiento es, ante todo, espíritu y agilidad.
¡Cuidado con los fascistas de fichero, corporativistas a
secas, sin gracia y sin temperatura!

ARC I.   NUM. 1.

JUEVES, 7
de diciembre de 1933

REDACCION Y ADMINISTRACION:
EDUARDO DATO, 20, 3.°, 1.
Apartado Núm. 546.

GUIONES

CONTRA LAS DOS FALSEDADES

No podremos estar ni con las falsas
voluntades ni con las falsas representaciones. No podremos estar ni con los
que quieren engañar al pueblo valiéndose de las "grandes verdades" ni con los
que quieren decirle la verdad valiéndose de las grandes mentiras.

PASADO Y FUTURO

Todos los hombres de la historia que
han tenido que hacer verdaderamente alguna cosa con el futuro tenían los ojos
fijos en el pasado. (G. K. Chesterton.—
What's wrong about the world.)
Nosotros no hacemos los historiadores, escritores de cosas realmente acaecidas, sino los poetas, o sea escritores de
cosas cómo deberán suceder.

LA ARQUITECTURA INCOMPRENDIDA

Algún propagandista electoral ha querido aludir a nuestra doctrina diciendo
que ha creído nunca que la política

GUIONES

EL MAS IGNARO

El más ignaro, de cuantos refiriéndose a nosotros hablaron de "patrones extranjeros", es aquel que, llamándose a
diario tradicional y católico, cayó al decir eso en el más obtuso racismo. También "patrones extranjeros" hubiera tenido que decir ante los planos de las catedrales de Compostela, de Burgos, de
León, de Sevilla; "patrones extranjeros"
hubiera tenido que decir ante el primer
soneto "fecho al itálico modo", y ante
toda la alegre entrada del Renacimiento
desde la canción en el laúd de Italia hasta las cresterías salmantinas. "Patrones
extranjeros" hubieran tenido que decir
con el nacionalismo comunero de mente
más estrecha, ante la magnífica concepción del Imperio y ante las cartas marineras de los descubridores. "Patrones
extranjeros" hubiera tenido que decir
de San Quintín a Breda, ante los planes
de batalla de nuestros generales, de Saboya a Spínola; "patrones extranjeros"
le hubieran parecido los de rítmica prosa
de Cervantes o los de la filosofía de V...

El 7 de diciembre de 1933,
poco más de un mes después
del mitin del teatro de la Comedia,
se publicó el primer número
del semanario «F.E.».

¿Cómo se puede dudar
de que la contribución
de la Falange a la preparación
espiritual de aquella
guerra fue considerable?
(En la foto, milicias falangistas
en plena guerra civil.)

No les cabe la menor duda a los redactores de *F.E.* de que la España de 1933 se encuentra, justamente, en un «gran trance nacional», ni de que la nueva «Falange», copiada del fascismo italiano, es «el mejor método» para servir «a las urgencias de la necesidad», es decir, para aplastar a los enemigos de la *auténtica* España.

Veamos ahora qué nos dice *F.E.* de estos enemigos.

1. «O España o marxismo»

Fundamental para la doctrina y la propaganda de la Falange es la idea de que los habitantes del país conocido en el mundo por «España» están divididos en dos grupos irreconciliables: los que aman y sirven a la España verdadera, auténtica y católica, y los que representan a una «anti-España» falsa, extranjerizante, atea, marxista, etc., dirigida desde Moscú y sus nefastas sucursales. El conflicto se reduce a una fórmula: «O España, o marxismo.» Dicho de otro modo: «O Falange, o marxismo»:

> Entre anti-España y España hay un duelo a muerte. La señal hoy de los caudillos auténticos de España es vivir en riesgo de muerte —y de vida inmortal— por España. (X, 1.)

> Al estar contra nosotros, están con la anti-España. (XV, 8.)

La Falange, claro está, culpa a los de la «anti-España» de esta división de la patria en dos bandos. La guerra civil que se avecina la buscan *ellos*, los rojos:

> Lo que ha pasado en otros países, ha de pasar también en el nuestro, enrojeciendo su suelo porque así lo quieren unos cuantos dirigentes socialistas [...] Combatimos por España y contra españoles que han dejado de serlo. (VIII, 5.)

En este terreno la Falange se sitúa plenamente dentro de una larga tradición de intolerancia según la cual todo español que no sea católico deja de ser auténtico ciudadano. El falangista exclama, como el Peribáñez de Lope de Vega:

> Yo soy un hombre, aunque de villana casta,
> Limpia de sangre, y jamás de mora ni de hebrea manchada...

Nos parece una noción asesina. Una noción que ha causado incalculables estragos en la historia y la cultura de España. Y pensamos que no estaría de más observar que los comunistas, anarquistas, judíos, ateneístas y «demás ralea» tan odiados por ciertos sectores de la derecha española nunca han negado, ellos, a sus compatriotas católicos su condición de auténticos españoles, ni han tenido de España una concepción torpe y estrechamente bi-partidista. En esto han sido más generosos que los católicos, para quienes España y la Iglesia han llegado a ser casi sinónimos.

Pues bien *F.E.* sabe perfectamente que el Partido Comunista Español es numéricamente endeble, y por lo tanto hace esfuer-zos considerables para juntar a socialistas y comunistas bajo un solo lema de *rojos*, lección que ha aprendido tanto de los ale-manes como de los italianos. Todos son rojos, todos son marxis-tas y, por el solo hecho de existir ellos, el nacimiento de un parti-do fascista español ha sido inevitable:

> La necesidad ha creado la realidad del fascismo, frente a la di-solvente, energuménica y suicida ideología marxista. (II, 5.)

Según ella misma, pues, la Falange nació como respuesta con-trarrevolucionaria al reto del marxismo, reto tanto más irrecha-zable cuanto que la amenaza rusa se les antoja a los falangistas profundamente *oriental* y los hace pensar en una nueva invasión musulmana de España. *F.E.* cita un estrafalario artículo de Euge-nio Montes publicado en *ABC*:

> ¿Cómo? ¿El Islam se yergue? ¿La Reconquista ha vuelto? Hay ciegos que no lo ven y sordos que no lo oyen. Ciegos que no ven en la hoz y el martillo ruso, la guadaña infiel donde la luz de Asia pide mártires y los pide a gritos... (IV, 10.)

Con tal interpretación de la historia contemporánea y de la actualidad europea, era inevitable que la Falange echara mano del concepto de *cruzada*, ya utilizado en el manifiesto del M.E.S. Ocu-rre por primera vez en el número 9 de los «Puntos iniciales», pu-blicados en *F.E.* el 7 de diciembre de 1933, donde se hace un lla-mamiento a los que quisieran ayudar a crear el nuevo Estado fas-cista español:

> Para conseguirlo llama a una cruzada a cuantos españoles quieran el resurgimiento de una España grande, libre, justa y genuina.
> Los que lleguen a esta cruzada habrán de aprestar el espíritu para el servicio y para el sacrificio.
> Habrán de considerar la vida como milicia: disciplina y pe-ligro, abnegación y renuncia a toda vanidad, a la envidia, a la pereza y a la maledicencia. (I, 7.)

He aquí, pues, al monje-soldado falangista alzado en armas para emprender una cruzada contra los enemigos de Cristo y de la verdadera España. Ha llegado la hora de una nueva Reconquista:

> Somos la reforma de España y Cisneros —el primer fascista de la historia— nuestro capitán general. (III, 7.)

> Somos caballeros de la Hispanidad y cruzados de Dios. (VIII, 5.)

Suprimidos todos los matices y equiparados los *rojos* con los enemigos del Dios católico —nótese que estamos comentando textos del año 1934, de más de dos años antes de la guerra civil—, ¿cómo se puede dudar de que la contribución de la Falange a la preparación espiritual de aquella guerra fue considerable?

Quisiéramos subrayar aquí que, para los redactores de *F.E.*, capitaneados por el mismo José Antonio, los que dirigen los sindicatos izquierdistas de España son siempre «cabecillas ocultos» (II, 9) que aspiran sólo a «encaramarse sobre los trabajadores organizados con propósitos bien ajenos a la clase obrera» (VIII, 3) y que usan a los obreros «como peldaños de su medro propio» (II, 9). *F.E.* niega sistemáticamente a los líderes de la izquierda todo idealismo, todo amor, todo desinterés, todo patriotismo, hasta tal punto que a veces cabe preguntarse seriamente por la salud mental de sus redactores. Las palabras pronunciadas por un afiliado falangista «en nombre de los obreros castellanos» demuestran a la perfección esta tendencia a verlo todo en blanco y negro, sin matizaciones:

> Se nos tacha, por los obreros afiliados al marxismo, de traidores. ¿Por qué? Mientras los jefes socialistas disfrutaban las delicias del Poder dejando a los trabajadores en la miseria, nosotros, jóvenes obreros, no perdimos la dignidad de españoles levantándonos contra sus traiciones. (IX, 6.)

Entre las cabezas *visibles* del marxismo, *F.E.* reserva un especial odio por Largo Caballero, «el dimitido de estuquista» (VIII, 4), como era de esperar, a quien sigue muy de cerca Indalecio Prieto, cuya «farsantería adiposa» (XIII, 6) es blanco de frecuentes diatribas. Con Largo y Prieto *F.E.* es implacable, rebajándose a niveles de mero abuso personal y siempre insistiendo en que la única meta de dichos políticos es el lucro:

> Son precisamente unos pocos —pocos, pero malos—, los que han hecho plataforma práctica de las ansias justísimas de mejoramiento social, de las lágrimas y las tristezas de muchas madres, de las miserias de muchos hombres, que no han podido llevar un pedazo de pan a sus hogares. Ellos, los que por medios tan reprobables como asquerosos, se han buscado un mejoramiento cierto y evidente que del estuco los ha llevado a un buen

hotel particular de la Colonia Metropolitana; de vender el periódico en la calle, a ser propietario burgués y endomingado, mostrando su oronda humanidad bajo la librea de un traje señoritil de etiqueta, desde el fondo de un magnífico automóvil con radio y todo, rodeado de policías para guardar sus preciosos kilos; los que han dejado la honrada portería de una casa de vecindad por una sospechosa concejalía, desde la cual se pueden adjudicar sin subasta ni concurso obras por muchos millones de pesetas. (VIII, 5.)

Azaña, aunque no marxista, es asimilado por *F.E.* al bando de los peores enemigos de España, y su posible vuelta vista como «la antinación en el Poder» (VII, 4). Azaña, a quien las derechas no cesaban de ridiculizar por su fealdad física, es llamado «el inolvidable caso clínico de la gargología española» (XIII, 3) y, en la «Carta a un estudiante que se queja de que "F.E." no es duro», escrita por José Antonio, se le tilda oblicuamente de homosexual:

> No te tuvo Dios de su mano, camarada, cuando escribiste: «Si *F.E.* sigue en este tono literario e intelectual, no valdrá la pena de arriesgar la vida por venderlo.»
> Entonces tú, que ahora formas tu espíritu en la Universidad bajo el sueño de una España mejor, ¿por qué arriesgarías con gusto la vida?, ¿por un libelo en que se llamara a Azaña invertido y ladrones a los ex ministros socialistas? (XI, 3.)

Y ya que hemos tocado la cuestión sexual, diremos que la Falange, como los otros partidos fascistas, se opone resueltamente a la liberación sexual de la mujer preconizada por el marxismo. *F.E.* nos informa de que para·las jóvenes rusas ya «el amor no tiene la menor importancia decisiva. Es una variante de su vida colectiva» (VII, 6). En España, desde luego, los rojos quieren introducir el amor libre, como un elemento subversivo más, pero no tendrán éxito:

> Afortunadamente la Revolución Fascista va sabiendo oponer un ideal contrario y fuerte a esa subversión de valores intelectuales y espirituales. Esa subversión típicamente oriental de los rusos. (VII, 6.)

En su rechazo de la liberación sexual de la mujer —y no hablemos de la de los homosexuales— el pensamiento falangista empalma una vez más con el de la clásica derecha católica española, y no ostenta la menor originalidad.

2. El Parlamento

He aquí la encarnación del terrible sistema democrático, hijo de la Revolución francesa y del liberalismo, de la idea de que los hombres somos iguales y de que cada uno tiene derecho a mantener sus propias ideas. El Parlamento democrático es el Babel, la confusión, el egoísmo, la división y, desde luego, en Europa «el fin del demoliberalismo se acerca» (V, 5). Nadie como el propio José Antonio, gran enemigo de Rousseau —cuya obra, además, conoce poco— para explicar la posición de la Falange ante este tema:

> Los partidos políticos nacen el día en que se pierde el sentido de que existe sobre los hombres una verdad, bajo cuyo signo los pueblos y los hombres cumplen su misión en la vida. Estos pueblos y estos hombres, antes de nacer los partidos políticos, sabían que sobre su cabeza estaba la eterna verdad, y en antítesis con la eterna verdad, la absoluta mentira. Pero llega un momento en que se dice a los hombres que ni la mentira ni la verdad son categorías absolutas, que todo puede discutirse, que todo puede resolverse por los votos, y entonces se puede decidir a votos si la Patria debe seguir unida o debe suicidarse y hasta si existe o no existe Dios. Los hombres se dividen en bandos, hacen propaganda, se insultan, se agitan, y al fin un domingo colocan una caja de cristal sobre una mesa y empiezan a echar pedacitos de papel en los cuales se dice si Dios existe o no existe y si la Patria se debe o no se debe suicidar.
>
> Y así se produce eso que culmina en el Congreso de los Diputados. (IX, 8.)

¿Por qué no funciona mejor la democracia? Para los falangistas la respuesta es fácil: los hombres no nacemos iguales y, al fondo, a no ser que Dios nos salve, somos malos, traidores, egoístas. El sistema democrático da el mismo voto a tontos y a listos, a buenos y a malos, y el Parlamento tiene forzosamente que reflejar tal multitud de posiciones y metas, tal acopio de egoísmos y maquinaciones, que los acuerdos son imposibles y una «empresa común» impensable. Samuel Ros, asiduo colaborador de *F.E.*, pregunta:

> ¿Hay quién crea de buena fe que la culpa del fracaso liberal está en un determinado Parlamento y no en su esencia misma? Sin duda lo hay, pero el tiempo se encargará de quitar la venda de estos ojos, porque los Parlamentos salieron primitivamente de una comunidad de ciudadanos, y hoy tienen que formarse con enemigos de distinta clase social, que no integran comunidad de ninguna especie. (V, 2.)

F.E. predica que, si el hombre tiende a ser malo, máxime cuando se aparta del Dios católico, el hombre parlamentario es el peor representante de la especie humana. No hay número de la revista donde no se rebaje a un nivel casi infrahumano a los diputados a Cortes, especializándose en esta tarea el propio José Antonio en su sección habitual «El Parlamento visto de perfil» (que no lleva su firma). Los diputados son «cuervos profesionales del exterminio nacional» (VI, 12) y:

> Para el diputado al uso, España más que una realidad por encima de todos los españoles se ofrece como un cómodo campo sobre el cual librar la encogida y desmedrada batalla de su ambición y su egoísmo. (X, 12.)

Habiendo salido victorioso en una elección, los nuevos diputados no piensan ni en España ni en su circunscripción sino que:

> Se van a la capital a brillar, a salir en los periódicos y a gastar su tiempo en discutir cosas complicadas, que los pueblos no entienden. (I, 6.)

Y una vez llegados a Madrid, los nuevos diputados se encuentran con un Parlamento entregado a la codicia. La Cámara «fomenta la vanidad personal» y

> es corruptor de hombres y destructor de los intereses nacionales. Fomenta la pereza y el marasmo. Alimenta la manía de los diputados. Es una institución nociva. (IV, 4.)

Con tal *parti pris*, *F. E.* está siempre al acecho de síntomas de descomposición democrática en los países todavía liberales de Europa. No los encuentra fácilmente en Gran Bretaña, donde la democracia parlamentaria sigue funcionando con normalidad y sin escándalos públicos, pero el *affaire* Stavisky en Francia le llena de gozo y ocupa muchas columnas de la revista. Francia, ferozmente odiada por la Falange, se desmorona, corroída desde dentro por el egoísmo y codicia de sus líderes:

> Todo lo que no es Parlamento ha sostenido la grandeza de Francia, y todo lo que es Parlamento la ha envilecido. (VI, 3.)

> Detrás de la máquina democrática no había otra cosa sino el apetito desenfrenado y la vocación por la granjería. (VII, 5.)

> El Parlamento de Francia, como en todos los países, sólo sirve para dos cosas. Una, para dormir a la opinión con el opio somnífero y molieresco de la oratoria legalista. Otra, para cubrir y tapar los negocios privados conseguidos por medio de la repre-

Don Francisco Largo Caballero.

Con Largo y Prieto «F.E.» es implacable, rebajándose a niveles de mero abuso personal
y siempre insistiendo en que la única meta de dichos políticos es el lucro.
(Caricaturas de la época realizas por M. del Arco.)

Don Manuel Azaña Díaz.

A Azaña en la «Carta a un estudiante que
se queja de que "F.E." no es duro», escrito
por José Antonio, se le tilda oblicuamente
de homosexual. (Caricatura de M. del Arco.)

En la España de principios de 1934 se sabía
ya muy bien lo que pasaba en la Alemania nazi.
(Propaganda en la Alemania nazi contra las tiendas judías.)

Falange, como los otros partidos fascistas, se opone resueltamente
a la liberación de la mujer preconizada por el marxismo.

sentación pública, para enriquecerse y estafar y robar impunemente. (VII, 12.)

Cuantos más escándalos, cuantos más problemas tenga la democracia francesa, mejor. Y lo mismo la española. Para que ésta se desestabilice cada vez más, ahí está la Falange:

> Que haya muchos gobiernos posibles, muchos pactos, muchas roturas de pactos, muchos tomas y dacas, mucho parlamento, muchos discursos, muchas habilidades y conjuras, muchos «preparados para gobernar», muchos programas, muchas promesas, muchas amenazas; eso es lo que nos conviene. Eso purga el vientre de España, eso sirve de estiércol para ayuda de nuestra primavera. (VIII, 1.)

A la Falange, como tampoco a los fascistas italianos o a los nacionalsocialistas alemanes, no le interesaba en absoluto que la democracia funcionara mejor, ya que desde el primer momento abogaba por un sistema corporativo, jerárquico, totalitario (donde, entre paréntesis, las posibilidades para la corrupción y la estafa serían cien veces más desarrolladas que en cualquier democracia). Al leer los constantes ataques a la democracia publicados en *F.E.*, y más tarde en *Arriba*, no podemos menos de recordar unas palabras de José María Gil Robles en las cuales expresa su rechazo de los sistemas dictatoriales y, más explícitamente, del fascismo:

> No era preciso plantear la sustitución del sistema, sino adaptarlo simplemente al ritmo y a las necesidades del tiempo.[5]

Veremos en unos momentos la opinión que Gil Robles y la C.E.D.A. le merecían a *F.E.*

3. Los judíos

En un artículo titulado «Alemania: nazis y judíos» (11 de enero de 1934), *F.E.* expresa la opinión de que «El distintivo más característico del fascismo alemán es sin duda: el "antisemitismo"», y alega que en este respecto difiere del fascismo italiano y de «los otros fascios en germen. Por ejemplo, el nuestro: el español» (II, 8). En España, «el problema judío no es ni ha sido nunca un problema de Raza, sino un artículo de Fe», añade el escritor anónimo, y España «tolera muy fácilmente al converso». Al articulista no se le ocurre señalar que España realmente no tiene «problema judío» desde que lo solucionaron brutalmente los Reyes Católicos

---

5. José María Gil Robles, *No fue posible la paz* (Barcelona, Planeta, 1978), p. 472.

y sus sucesores hace cuatro siglos. No hay referencia alguna a la Inquisición ni a la obsesión por la limpieza de la sangre a que aludimos al citar antes los versos de *Peribáñez*. Y falta toda alusión a la extraordinaria contribución de los judíos a la cultura española.

En las páginas de *F.E.* no encontraremos la menor crítica de la política antisemita de Hitler. Al contrario, el conflicto entre los nazis y los judíos alemanes le parece no sólo justificable sino inevitable en consecuencia de que los judíos son más *racistas* que los propios nazis (XI, 5). Además los judíos, «grandes creadores de la social-democracia, del socialismo y del comunismo» (nótese otra vez la falta de matizaciones), están entregados, a nivel internacional, a sabotear el fascismo. Hitler está totalmente justificado, pues, al reprimir un pueblo calificado en estos términos: «la raza semita, azote, plaga y peste esquilmadora del país donde cae» (XI, 5).

En la España de principios de 1934 se sabía ya muy bien lo que pasaba en la Alemania nazi. Los periódicos liberales y de izquierdas que tenían muchos de ellos, corresponsales en Berlín, dedicaban varias columnas diarias a comentar el desarrollo del nacionalsocialismo hitleriano. Entre dichos periódicos habría que destacar otra vez a *Heraldo de Madrid*, siempre muy bien informado acerca de lo que pasaba en Alemania. Ya el 15 de noviembre de 1933 el *Heraldo* llevaba un reportaje sobre el uso de la castración en Alemania para crímenes sexuales; se comentaba la reintroducción por Hitler de los castigos corporales en las escuelas; y había cada vez más información sobre los malos tratos que se aplicaban a intelectuales, obreros y judíos.[6] Por todo lo cual es desagradable leer la siguiente nota publicada en *F.E.* el 22 de febrero de 1934:

TRIBUNALES DE SALUD PÚBLICA

Verdaderos y auténticos Tribunales de Salud pública son los que han entrado en vigor en Alemania para cumplir la ya famosísima ley de la esterilización para todos aquellos que tengan graves enfermedades hereditarias. Mil setecientos tribunales han comenzado a funcionar. Muchos de ellos en Prusia. Los técnicos juzgan que deberán ser esterilizadas unas 400 000 personas. En igual proporción hombres y mujeres. Cada operación costará 40 marcos. El Estado ha avanzado la cantidad de cuarenta millones. (VII, 78.)

En otras páginas de *F.E.* leemos que «Hay que perseguir al judío que practica la usura y comercia con el hambre del pueblo» (IV, 12) y que los judíos son una de «las razas que hasta aquí vivieron parasitaria y ocultamente en nuestro país» (VII, 82), mien-

6. En apéndice reproducimos un manifiesto contra el terror nazi firmado por Antonio Machado y otros intelectuales y publicado en *Heraldo de Madrid* el 7 de abril de 1934.

tras que José Antonio mantiene que «el socialismo adquirió una negrura horripilante cuando apareció en él la figura de aquel judío que se llamó Carlos Marx» (VIII, 7). Para José Antonio, además, Marx traicionó a la clase obrera, y el líder falangista se refiere a unas cartas escritas por Marx a Engels que nos ha sido imposible identificar:

> A Carlos Marx se han dedicado ya muchas calles en muchos pueblos de España; pero Carlos Marx era un judío alemán, que desde su gabinete observaba con impasibilidad terrible los más dramáticos acontecimientos de su época. Era un judío alemán, que frente a las factorías inglesas de Manchester, y mientras formulaba leyes implacables sobre la acumulación del capital, mientras formulaba leyes implacables sobre la producción y los intereses de los patronos y de los obreros, escribía cartas a su amigo Federico Engels, diciéndole que los obreros eran una plebe y una canalla, de la que no había que ocuparse sino en cuanto sirviera para la comprobación de sus doctrinas. (Aplausos.) (IX, 8-9.)

No creemos que haya nada en toda la obra de Marx que justifique este comentario, que nos dice mucho más acerca de José Antonio que de Marx y demuestra una falta de honradez intelectual además de una marcada tendencia antisemita.

En cuanto a la identidad de los dirigentes judíos en España, *F.E.*, a diferencia de *La conquista del Estado* (1931), *Libertad* (1931) —la revista de Onésimo Redondo— o *J.O.N.S.* (1933-1934), se comporta de una manera bastante discreta, incluso en sus referencias a Fernando de los Ríos, universalmente tachado por la prensa derechista de la época de judío, cosa que no había sido nunca. Hemos recogido una sola alusión despectiva a esta supuesta faceta del ex ministro de Instrucción Pública, la cual ocurre en una crítica a la Barraca, teatro estudiantil patrocinado en sus principios por De los Ríos y dirigido por Federico García Lorca:

> El S.E.U. te llama a sus filas [al estudiante español]; a ti y a la Barraca. A ti, como joven; a la Barraca, como misión pedagógica que ha de ser conducida tan sólo por los que ansíen una Patria nueva; los que laboren por un porvenir de Imperio; no por los que se mueven en las aguas turbias y cenagosas de un marxismo judío. (XIII, 11.)

Una vez en marcha la guerra civil, florecería un ponzoñoso antisemitismo en las publicaciones del bando nacional, y en *ABC* de Sevilla —por citar sólo un ejemplo— se recordaría «la famosa Barraca comunistoide del judaizante Fernando de los Ríos» (6 de junio de 1937).

4. Los masones

F.E. odia a los masones tanto, o más, que a los judíos, y ve por doquier «la sombra de un triángulo que ya se ha hecho tristemente célebre en España» (XIV, 4). Los masones están organizando una vasta conspiración internacional para hundir a «España», y José Antonio llega hasta hablar de «nuestra colonización por las logias y la Internacional de Amsterdam» [7] (II, 3). Los masones franceses también están entregados a la lucha antifascista (III, 5) y, antes de que Mussolini lograra imponerse, las logias italianas se habían aliado a Sturzo en «la última gran ofensiva» contra el Fascio (XI, 2).

De las figuras públicas conocidas como masones, la más odiada por la revista es sin duda Diego Martínez Barrio, «figura pintoresca del mundo masónico», «la figura visible de las fuerzas más interesadas en el bloque de la anti-España» (X, 4). Martínez Barrio, oriundo de una Sevilla que, en opinión de *F.E.*, debería avergonzarse de ello, «cifra todas sus esperanzas de la desespañolización del nervio hispano, para dar paso al negocio de las internacionales» (X, 4). Como se sabe, al iniciarse la represión nacionalista en 1936 se liquidó a centenares de masones, muchos de ellos denunciados por miembros de la Falange, como fue el caso en Granada.

5. Los pacifistas

Los falangistas, como sus congéneres italianos y alemanes, sentían un profundo desprecio por los pacifistas, y experimentaban una íntima vergüenza cada vez que recordaban el artículo 6 de la Constitución de la República: «España renuncia a la guerra como instrumento de política nacional.» En un discurso pronunciado en el teatro Cervantes de Madrid el 21 de julio de 1935, José Antonio se refirió a dicho artículo en los siguientes términos, torciendo su intención y negándole todo idealismo:

> Era una Patria que podía permitir ya que en su Constitución se escribiesen estas palabras: «España renuncia a la guerra.» España renuncia a la guerra, esto es, que si la atacan no se defiende. Vale tanto como decir: «Me has dado una bofetada. Puedes pegarme otra y las que quieras, porque yo no pienso defenderme.» Esto, para nosotros, es un oprobio, una vergüenza. Pues

7. Parece ser que José Antonio se refiere a la Segunda Internacional Socialista, que celebró un congreso en Amsterdam a finales del siglo XIX.

bien: España ha permitido que en las páginas de la Constitución se escriban estas palabras.[8] (*OC*, II, 729.)

Casi huelga decir que, en el artículo de la Constitución referido, no se trataba de no defender a España contra posibles ataques venidos de fuera, sino de renunciar a la guerra como instrumento agresivo utilizado contra otros países.

A nivel internacional, los redactores de *F.E.* perciben una siniestra relación entre los marxistas y los pacifistas: éstos, al predicar en Ginebra la no violencia, están abonando el terreno para la invasión roja, a sabiendas. *F.E.*, con su exaltación de las cualidades guerreras y agresivas del hombre, no puede creer en la sinceridad de ningún pacifista, ni en su posible valor moral, y asienta como hecho incontrovertible que los «pacifistas internacionales» son, por definición, «dependientes de Amsterdam» (VII, 5), ciudad identificada numerosas veces por la revista como destacada sucursal de Moscú y residencia de directivos socialistas internacionales.

Parece claro que, para *F.E.*, una nación sólo es grande cuando se encuentra en condiciones de aplastar militarmente a sus adversarios, así como sólo es grande el hombre capaz de devolver con creces una bofetada. Reuniendo en un saco a una abigarrada conglomeración de enemigos internacionales, *F.E.* afirma que la España nacional

> se niega a morir en manos mercenarias de metecos y mozárabes, hebreos y masones, pacifistas internacionales dependientes de Amsterdam... (VII, 5.)

La Nueva España Fascista saldrá de las ruinas de la República exactamente como la de los Reyes Católicos sustituyó a la de Enrique *el Impotente* (personaje despreciado por *F.E.*). Y como la España de Fernando e Isabel, la Nueva España será edificada sobre la base del Poder, del Saber y del Amor:

> La aplicación conjunta e integral de la trilogía de los valores morales es la máxima ambición del Estado fascista, que aspiramos a resucitar de entre los escombros de la antipatria, derrumbada por ateneístas pedantes, masones sin conciencia y hebreos sin dinero, en triste contubernio con los mozárabes vergonzantes... (IX, 4.)

8. Cfr. *San Mateo*, V, ver. 38-39: «Habéis oído que se dijo: Ojo por ojo y diente por diente. Pero yo os digo: No hagáis frente al malvado; al contrario, si alguno te abofetea en la mejilla derecha, vuélvele también la otra.» En cuanto a bofetadas, José Antonio tenía un poco olvidadas las enseñanzas de Cristo.

6. Los separatistas

Puntal fundamental de la doctrina falangista —ya lo hemos visto— es el dogma de que la unidad política de las tierras de España forma parte de los designios divinos (unidad de destino basada en unidad territorial) y es, por tanto, «irrevocable», inapelable y vedada a toda discusión autodeterminista. Este dogma nunca se expresó con tanta nitidez como en el último número de *F.E.* (19 de julio de 1934), en un momento en que se recrudecían las demandas separatistas catalanas:

AUNQUE TODOS LOS ESPAÑOLES ESTUVIERAN CONFORMES EN CONVERTIR A CATALUÑA EN PAÍS EXTRANJERO, SERÍA EL HACERLO UN CRIMEN, MERECEDOR DE LA CÓLERA CELESTE

España es «irrevocable». Los españoles podrán decidir acerca de cosas secundarias; pero acerca de la esencia misma de España no tienen nada que decidir. España no es «nuestra», como objeto patrimonial; nuestra generación no es dueña absoluta de España; la ha recibido del esfuerzo de generaciones y generaciones anteriores y ha de entregarla, como depósito sagrado, a las que la sucedan. (XV, 1.)

Algunos meses antes, Ramiro Ledesma Ramos, al comentar el proyecto del Estatuto vasco (la «segunda rebanada» que se trata de dar a la unidad de España), había hablado en parecidos términos:

Hay que salir al paso de los que dicen que España no es una porque es varias naciones, cuando España es la primera nación que se constituyó en Europa y que hace cuatro siglos que aparece unida en la Historia. Ésta es la justificación histórica de la unidad de España, si no lo fuera también las páginas gloriosísimas que ha realizado. Pero hay otra razón para defender la unidad de nuestra patria y es que si no quieren las justificaciones históricas y de los siglos, España es una, por nuestra y exclusiva voluntad. (El público, en pie, aplaudió largamente con entusiasmo.) (IX, 8.)

A *F.E.* no se le ocurre en absoluto reflexionar sobre la inexorabilidad de los cambios efectuados por el tiempo en los mapas políticos del mundo, y es curioso constatar que nunca reclama la reintegración al territorio nacional de Portugal, país que se había «separado» de España en 1640 y que, lógicamente, debería de ser recuperado. Es probable que la existencia en Portugal de un régimen de tipo fascista hiciera que este tema no se aireasе en la revista.[9]

Pues bien, *F.E.*, como era de esperar, ve detrás de los movimientos separatistas catalán y vasco una conspiración internacional en la cual colaboran todos los enemigos de España mencionados antes. ¿Por dónde podría ser invadida España desde Europa? Sólo por los dos «portillos» a cada lado de los Pirineos, dos portillos ubicados, precisamente, en territorio de los separatistas quienes, al conseguir sus fines, dejarían pasar por ellos a los enemigos de «España» (XIV, 4).

Este argumento sería desarrollado por José Antonio en su famosa carta a Franco fechada el 24 de septiembre de 1934, poco antes de la insurrección catalana. José Antonio no duda de la inminencia de ésta ni de la presencia en España de siniestros consejeros extranjeros, entre ellos, posiblemente, el mismo Trotski. España ha entregado a la Generalidad sus propios medios de defensa y, al ser proclamada la independencia de Cataluña, éstos serán utilizados contra la Madre Patria. Pero hay peor:

> Ya sé que, salvo una catástrofe completa, el Estado español podría recobrar por la fuerza el territorio catalán. Pero aquí viene lo grande: es seguro que la Generalidad, cauta, no se habrá embarcado en el proyecto de revolución sin previas exploraciones internacionales. Son conocidas sus concomitancias con cierta potencia próxima. Pues bien: si se proclama la República independiente de Cataluña, no es nada inverosímil, sino al contrario, que la nueva República sea reconocida por alguna potencia. Después de eso, ¿cómo recuperarla? El invadirla se presentaría ya ante Europa como agresión contra un pueblo que, por acto de autodeterminación, se había declarado libre. España tendría frente a sí no a Cataluña, sino a toda la anti-España de las potencias europeas. (*OC*, I, 434-436.)

Es curioso constatar que, 45 años después de escritas estas palabras, el actual secretario general de la Falange —es decir, de F.E.T. de las J.O.N.S.— sigue pensando en la misma línea joseantoniana sobre los problemas vasco y catalán. Nos ha dicho Raimundo Fernández Cuesta acerca de las autonomías:

> En realidad lo que buscan Cataluña y, sobre todo, las vascongadas, es la independencia. Yo creo que la situación se va a poner cada vez peor, y va a llegar un momento en que va a haber la necesidad de impedirlo por la fuerza o consentir que España se deshaga. Lo veo peor que en los años treinta, porque el Estatuto vasco no se lo dieron hasta que empezó la guerra, y el de Cataluña era menos independentista que el actual y, sin embargo, dio lugar al levantamiento de 1934, que coincidió con la re-

---

9. Véase la nota 15 al capítulo I, p. 32.

De las figuras públicas conocidas como masones,
la más odiada por la revista es sin duda
Diego Martínez Barrio.

Por lo que tocaba a Gil Robles,
jefe de la C.E.D.A., José Antonio sabía
que un entendimiento político era imposible.

Según «F.E.», Gil Robles ha ideado la J.A.P. —«un simulacro del fascismo»— para tratar de captar,
con cínico oportunismo, a los jóvenes de la clase media que de otra forma se hubiesen sentido
atraídos por la Falange. (Concentración de la J.A.P. en El Escorial, 22 abril 1934.)

volución comunista de Asturias, y entonces se quiso proclamar la independencia de Cataluña... Yo creo, además, que esto está fomentado desde fuera. Es un problema, yo creo, internacional. Estos programas separatistas, lo mismo de Vasconia que de Cataluña, siempre han sido movidos internacionalmente. Por ejemplo, yo estoy seguro de que Rusia —esto es toda su estrategia mundial— quiere deshacer España, porque España tiene que ser un factor importante en la ONU, ¿no?, y le interesa mucho más a Rusia una España dividida que una España fuerte. ¡Qué más quisiera Rusia que poder conseguir que en el país vasco hubiese una especie de Vietnam, una especie de Albania, un enclave allí comunista, porque la ETA lo que quiere establecer es un sistema de independencia soviético, no una independencia para un gobierno democrático. Esto no tiene razón de ser en absoluto. Es decir, un país que ha logrado, después de ocho siglos de lucha contra los árabes, su unidad, ¡no tiene sentido que vaya a destruirla! [10]

7. La C.E.D.A.

Si *F.E.* reserva su mayor enemistad para los socialistas, su desprecio más profundo se dirige a la C.E.D.A. (Confederación Española de Derechas Autónomas), el partido católico de masas que había emergido de las elecciones de noviembre de 1933 como el bloque derechista más poderoso del país.

El 11 de diciembre de 1933, cinco días después de la primera *salida* de *F.E.*, *Heraldo de Madrid* publicó una relevante interviú con el líder cedista, José María Gil Robles. En respuesta a la pregunta: «¿Tiene usted contacto con los elementos fascistas?», Gil Robles contestó:

—No; en absoluto. Ése es uno de los varios mochuelos que me está cargando la gente, y que yo no sé cómo desvirtuar. Ni tengo contacto con los fascistas, ni soy fascista, ni creo que los fascistas puedan hacer nada eficaz en España... a no ser que las cosas sigan como están. En cuanto se constituya un Gobierno fuerte y enérgico que garantice la normalidad de la vida ciudadana, los fascistas se disolverán y se convencerán de su insignificancia. No creo en el fascismo ni soy fascista, porque soy católico, porque repudio todo exotismo en política y porque no creo conveniente la anulación de la personalidad política, que es lo que propugnan los fascistas. Le repito que no soy fascista ni simpatizo con ese sistema de gobierno. Y ellos lo saben, puesto que entre los enemigos del fascismo acusan al comunismo, al socialismo y a los populistas católicos (p. 16).

10. Entrevista del autor con don Raimundo Fernández Cuesta, recogida en magnetófono, Madrid, 7 de noviembre de 1979.

La Falange siempre reaccionaría agresivamente ante el alegato de que el fascismo y el catolicismo fuesen incompatibles, o de que el fascismo implicase la divinización o sacralización del Estado,[11] y en el segundo número de *F.E.* (11 de enero de 1934) se comentó agriamente esta interviú del líder cedista. El articulista atrae la atención del lector sobre la *salvedad* de Gil Robles según la cual el fascismo español no podría tener eficacia «a no ser que las cosas sigan como están», y apostilla al jefe de la C.E.D.A.:

> Hay que convenir, señor Gil Robles, que si usted llena de salvedades su ideología de demócrata, acabaremos muchos participando de sus mismas opiniones; pero ni con todas las salvedades del mundo podremos nunca creer en la incompatibilidad del catolicismo y del fascismo... (II, 3.)

El 21 de febrero de 1934 *Heraldo de Madrid* entrevistó otra vez a Gil Robles, quien reafirmó su rechazo del fascismo basado precisamente en lo que consideraba su incompatibilidad con el catolicismo:

> —Yo no soy fascista, contra lo que ustedes opinan.
> —Nosotros opinamos así porque lo dice todo el mundo.
> —Pues le aseguro que no es verdad. Nada más lejos de mí que el fascismo.
> —Nosotros ya hemos dicho una vez que usted no era fascista, porque es católico.
> —Así es, en efecto.
> —Pero, sin embargo, el diputado comunista Bolívar nos ha dicho que usted es fascista, y que el ser católico no impide ser fascista, como demuestra Mussolini.
> —¡Pero si Mussolini no es católico ni lo ha sido nunca! Siempre ha sido un ateo, y por eso ha creado el fascismo, que es contrario a todo dogma católico (p. 16).

F.E., cada vez más irritado con las declaraciones de este opositor tan seguro de sí como joven, le lanza poco después un «Anatema» en su sección editorial habitual «Guiones»:

> El Papa no ha condenado nunca al fascismo italiano. Ha llamado a Mussolini «hombre dado a Italia por la Providencia divina». Ha dado capellanes a todas las legiones de camisas negras. Ha celebrado los beneficios sociales y religiosos de la legislación fascista desde el crucifijo de las escuelas hasta la elevación moral de Italia en todos los aspectos de vida. Pero el fascismo ha sido condenado como anticatólico en el *Heraldo* por el señorito

---

11. Ya antes del acto de la Comedia, José Antonio combatía estas críticas. En *La Nación* (23 de octubre de 1933) se metió con un artículo del diputado agrario Antonio Royo Villanova, terminando: «A menos que Royo Villanova [...] sea más papista que el Papa, mal puede hablar del anticatolicismo fascista después del tratado de Letrán» (*OC*, I, 181).

Gil Robles, que estaba nervioso precisamente después de la emoción unánime producida ante los cristianos honores rendidos a uno de nuestros muertos. El señorito Gil Robles debe entender que los anatemas de la Santa Madre Iglesia no pueden nunca venir tan bajos ni desde tan bajo lugar. (VIII, 1.)

En vista del «Pacto de Letrán» que, efectivamente, habían firmado el Papa y Mussolini en 1929, y del concordato firmado en el verano de 1933 por el Papa y Hitler, se comprende en cierto modo la irritación de *F.E.* ante las tajantes declaraciones de Gil Robles; y se comprende también que, para mucha gente de izquierdas, era imposible creer en la sinceridad del líder cedista al pronunciarse así contra el fascismo. Pues si el Papa hacía buenas migas con Mussolini y Hitler, ¿cómo no estaría dispuesto a hacerlas Gil Robles con los fascistas españoles si en ello viera algún provecho político?

Hemos querido abordar este tema con el propio Gil Robles, a quien preguntamos si él realmente creía entonces que el catolicismo y el fascismo eran incompatibles. Quien fue jefe de la C.E.D.A. nos contestó:

> Yo lo dije en el *Heraldo de Madrid* y lo dije también en una conferencia que di en Barcelona, a la cual fueron bastantes elementos fascistas, a provocar incidentes, con insultos y gritos y todo. Yo mantuve allí la doctrina de que el totalismo es una manifestación de panteísmo político, incompatible con una concepción cristiana de la vida. En cuanto al Pacto de Letrán, ésas son dos potencias que han llegado por distintos caminos a una solución de concordia en un problema concreto, y eso no significa ni la aprobación de una doctrina ni la corroboración de una corriente política. Significa simplemente una negociación...[12]

La opinión de Gil Robles acerca del catolicismo del Duce ha sido confirmada por los biógrafos de éste. Comentando el Pacto de Letrán ha escrito el historiador inglés Christopher Hibbert:

> Todas sus declaraciones anticlericales, todos sus blasfemos ataques contra «el pequeño e insignificante Cristo» fueron perdonados u olvidados por sus anteriores críticos católicos, quienes vieron en el «Pacto de Letrán» el comienzo de una nueva y satisfactoria relación entre la Iglesia y el Estado. Su actitud equívoca hacia el catolicismo y el cristianismo, que le llevaba unas veces a describirse como «profundamente religioso... un católico y por lo tanto un cristiano» y otras a proclamarse como no creyente, todo fue encubierto por la nueva y oficiosa presentación fascista

12. Testimonio de don José María Gil Robles, recogido por nosotros en magnetófono, Madrid, 12 de diciembre de 1979.

del Duce como católico practicante. La verdad es que nunca fue más que un católico intermitente.[13]

F.E. se pone decididamente nerviosa ante los alegatos de la incompatibilidad del fascismo con la Iglesia Católica, Romana y Apostólica. Habiendo expuesto el programa de la Falange en un artículo de abril de 1934, se pregunta agresivamente:

> ¿Qué puede, pues, existir en nuestra teoría nacionalista así basada, que no sea perfectamente ortodoxo, que no tienda a la reconquista espiritual de nuestro Imperio, a la máxima propagación de nuestra fe de católicos y a la solución lógica e inmediata de toda una serie de fenómenos de índole económica y moral que hoy tan duramente aquejan a la Patria? ¿Quién puede creer que este movimiento de valorización nacional concebido en las esencias depuradas de la más sana tradición, puede llegar a ser una deformación peligrosa de la realidad ambiente? ¿Quién puede ver una dificultad para la paz universal en nuestro imperialismo, ni quién puede osar creer que ello podría eventualmente ser una dificultad de orden económico-internacional, para el mejoramiento conjunto del mundo civilizado? (XI, 5)

Estas preguntas se relacionan, en parte, con el tema de la violencia, que tanto preocupaba a los adversarios del fascismo. Es evidente que la legitimidad de la violencia era también un problema para muchos falangistas, consciente o inconscientemente, y que esto los forzaba a veces a racionalizar actitudes y comportamientos dignos de censura cristiana.

Otro cargo aplicado repetidamente por F.E. a Gil Robles y la C.E.D.A. es su total desentendimiento, a su juicio, de la cuestión de la unidad de España, cuestión ésta, como sabemos, que siempre ha obsesionado a la Falange y sus afines:

> Se construyó este bloque derechista y organizó Gil Robles su triunfo electoral sin la menor apelación a este gran problema de la unidad española en peligro. No invocó para nada, como una necesidad y un compromiso, el conseguir y conquistar la unidad de España.
>
> A eso han llegado los representantes políticos de la mayoría de los católicos españoles, a no ser siquiera una garantía contra las fuerzas que laboran por la disgregación de España. (XIII, 7.)

Gil Robles y la C.E.D.A., pues, son cómplices, en la labor de deshacer a España, de comunistas, socialistas, masones, judíos, pacifistas y demás enemigos internacionales del país. Es un panorama desolador el que nos ofrece F.E. del bloque dirigido por el joven abogado salmantino.

13. CHRISTOPHER HIBBERT, *Benito Mussolini. The Rise and Fall of il Duce* (Harmondsworth, Inglaterra, Penguin Books, 1962), p. 71.

97

F.E. albergaba un odio especialmente vehemente hacia la organización de juventudes de la C.E.D.A., la J.A.P. (Juventud de Acción Popular), y le sacaba de quicio el que la J.A.P. hubiera adoptado buena parte del «estilo», lenguaje e ideas falangistas. Según *F.E.*, Gil Robles, ha ideado la J.A.P. —«un simulacro del fascismo»— para tratar de captar, con cínico oportunismo, a los jóvenes de la clase media que de otra forma se hubiesen sentido atraídos por la Falange. El resultado ha sido catastrófico, y «ese fascismo fiambre, sin auténtico calor, no puede nutrir a nadie» (VIII, 3). A pesar de ello, es evidente que los redactores de la revista se dan perfecta cuenta del peligro que supone para el crecimiento de la Falange la cada vez más evidente *fascistización* de la J.A.P.

Cuando el 22 de abril de 1934 ésta organizó un multitudinario mitin en El Escorial —mitin anunciado durante semanas en la prensa de la C.E.D.A.— *F.E.* no pudo contener su ira, hasta tal punto que cabe sospechar que la Falange lamentaba profundamente no haber pensado ella en convocar un acto en lugar tan consustancial con los grandes mitos del Imperio hispánico. «Nieve en El Escorial» reza el título de su recensión del mitin, nieve a la vez física y metafórica:

> Eran mucho más jóvenes los huesos de Carlos V que aquellos jóvenes circunspectos, a quienes les molesta evocar al Imperio no vayan a pensar que copian a los italianos.
> La fiesta se decía de juventud y estábamos en primavera.
> Sin embargo, empezó a nevar: empezó a nevar melancólicamente sobre las piedras de Felipe II.
> Mientras Gil Robles dejaba caer sobre los jóvenes de juventud extirpada sus palabras frías, tiritaban de frío, bajo la nieve, las losas imperiales del Escorial y la tierra imperial de Castilla. (XII, 3.)

Durante los números siguientes, *F.E.* se referiría de forma obsesiva al «pobre *bluff* del Escorial» (XI, 2), a la «mascarada fascista» del 22 de abril (XI, 3), a la «mojiganga escurialense» (XV, 8). Era como una espina que no se podía quitar.

Las convicciones democratizantes de Gil Robles harían imposible cualquier pacto entre su partido y la Falange, lo cual no obstaba para que en la C.E.D.A. —coalición de muchas agrupaciones derechistas— hubiera bastantes afiliados que se sentían atraídos por el fascismo. Era normal que fuera así e inevitable, después del triunfo del Frente Popular en las elecciones de febrero de 1936, que numerosos miembros de la J.A.P., impacientes con la táctica de Gil Robles, pasaran a las filas de la Falange. Pero, por lo que tocaba al jefe de la C.E.D.A., José Antonio sabía que un entendimiento político era imposible.

Las relaciones de la Falange con las derechas declaradamente antirrepublicanas eran otra cosa, y las estudiaremos en el próximo capítulo.

José Antonio declaró que *F.E.* era «una revista literaria irreprochable» (VI, 10). La afirmación no era exacta, pues de *literaria* no tenía nada y, en cuanto a *irreprochabilidad,* creemos poder afirmar que el periódico contribuyó a crear un ambiente de odio, temor y violencia al fomentar una interpretación de la historia y de la «esencia» españolas tan excluyente cuanto tendenciosa; al tildar implacablemente a sus enemigos políticos de «antiespañoles», lo cual era totalmente incierto; al predicar el culto de la guerra, del heroísmo militar y de la muerte; y al afirmar constantemente la necesidad de implantar en España un sistema —fascista— que terminara para siempre con la democracia y con todas sus secuelas.

IV.   La Falange, los monárquicos y las elecciones de 1936

La Falange y Renovación Española

El partido monárquico alfonsino Renovación Española fue fundado por Antonio Goicoechea en marzo de 1933, en las mismas fechas en que se llevó a cabo el intento de lanzar la revista *El Fascio*. El nombre del partido fue invención de Pedro Sainz Rodríguez, diputado monárquico en las Cortes constituyentes de 1931 y destacado miembro de la sociedad monárquica Acción Española, grupo de intelectuales católicos que correspondía, en España, al de Action Française, dirigida por Charles Maurras: «Renovación para distinguirnos de los tradicionalistas que más bien parecían tendentes a la perpetuación del pasado, y Española que es en lo que poníamos la nota tradicional; una renovación de estilo español.»[1]

Renovación Española y los tradicionalistas (carlistas), que se aliaron con la C.E.D.A. a efectos electorales, eran partidos numéricamente insignificantes pero representaban a unas minorías económica y socialmente muy poderosas. «En la alianza electoral —apunta Gabriel Jackson—, la C.E.D.A. representaba a las masas católicas y al ala de la Iglesia que provisionalmente estaba dispuesta a aceptar la República. Los partidos monárquicos representaban a los católicos adinerados, a la aristocracia y a los elementos intransigentes de la Iglesia.»[2] Ambos partidos monárquicos rechazaban terminantemente la República —para ellos España y Monarquía eran consustanciales— y deseaban la implantación de un sistema monárquico de tipo autoritario. Y ambos tenían un ala «fascistizante». La revista *Acción Española*, fundada en 1931, en la cual colaboraban habitualmente Calvo Sotelo, Víctor Pradera y Maeztu, mantenía una línea tan reaccionaria que ha sido calificada, en un estudio reciente, como «transparentemente fascista y divulgadora de conceptos que precipitarían la rebelión militar».[3]

1. PEDRO SAINZ RODRÍGUEZ, *Testimonio y recuerdos* (Barcelona, Planeta, 1978), p. 204.
2. JACKSON, p. 118.
3. RAFAEL OSUNA, «Las revistas españolas durante la República (1931-1936)», *Ideologies and Literature*, Universidad de Minnesota, Minneapolis, II, núm. 8 (septiembre-octubre 1978), p. 49.

Varios miembros de Renovación Española tenían vínculos de amistad y de mutua estimación política con el grupo de *El Fascio* (promovido, como ya sabemos, por el monárquico Manuel Delgado Barreto), y José Antonio, por sus relaciones familiares y aristocráticas, la dictadura de su padre y su propia actuación como dirigente de la Unión Monárquica Española a partir de 1930, conocía forzosamente a casi todas las personalidades alfonsinas del momento, si no tanto a las carlistas.

Pedro Sainz Rodríguez fue el artífice de los contactos que se forjaron entre Renovación Española y la Falange al poco tiempo del acto de la Comedia. Ampliando los detalles publicados en su *Testimonio*, don Pedro nos ha desvelado los íntimos motivos que le inspiraban en aquel trabajo:

> Había muchos ingredientes de la doctrina falangista en los cuales coincidíamos los monárquicos con ellos. Y como a los monárquicos nos interesaba la Falange. porque era enemiga de la República, como nosotros, pues la ayudábamos. Pero, en cambio, había otras posturas en cierto sector de Falange —en el que llamaríamos la Falange más radical— que decía que había que hacer la revolución-sindicalista y tal, y que no quería ligarse con los monárquicos. Y había, por otro lado, los monárquicos que no querían ayudar a la Falange por la parte radical que tenía, por la parte fascista. Y eso es lo que yo traté de vencer para que pudiésemos nosotros ayudar a la Falange y para que la Falange no fuese un peligro futuro. Porque yo, lo que temía de la Falange no era su fuerza entonces, sino su posible fuerza porque, evidentemente, en una Europa en la que había Mussolini y Hitler —y era un sector de Europa enorme en poder del falangismo, vamos, del totalitarismo fascista— yo digo: «¿Quién me dice que algún día la Falange no predomina, o no pesa mucho, en la vida nacional?» Y por eso yo quise garantizar que no fuese un obstáculo a una posible evolución monárquica, y por eso logré el pacto con José Antonio, que fui yo el que lo negocié, el que lo escribí, todo, todo.[4]

El primer pacto acordado entre Sainz Rodríguez y el jefe de Falange Española —el llamado «Los diez puntos de El Escorial»— trata del «nuevo Estado español» y hace marcadas concesiones al estilo y pensamiento falangistas. Se firmó a principios de junio de 1934 y reza así:

> 1.º El Estado no es un testigo de la vida de la nación ni un guardián de su cauce: es el conductor de la vida nacional al servicio de su doctrina.
> 2.º La variedad tradicional de las regiones españolas se in-

---

4. Testimonio de don Pedro Sainz Rodríguez, recogido por nosotros en magnetófono, Madrid, 23 de diciembre de 1979.

tegrará en una unidad armónica al servicio de la continuidad histórica nacional.

3.º El Estado español no estará subordinado a ninguna exigencia de clase. Las aspiraciones de clase serán amparadas condicionándolas al interés total de la nación.

4.º La libertad es una categoría permanente que ha de respetarse. El liberalismo es una actitud errónea, ya superada, del sentido de la libertad. Las libertades tradicionales de los españoles serán conjugadas en un sistema de autoridad, jerarquía y orden.

5.º La condición política del individuo se justifica solamente cuando cumple una función dentro de la vida nacional. Por tanto, se proscribe el sufragio inorgánico y la necesidad de los partidos políticos como instrumentos de intervención en la vida pública.

6.º La representación popular se establecerá sobre la base de los municipios y de las corporaciones.

7.º Todo español podrá exigir que se le asegure mediante su trabajo una vida humana y digna.

8.º Ante la realidad histórica de que el régimen religioso y el sentido de la catolicidad son elementos sustantivos de la formación de la nacionalidad española, el Estado incorpora a sus filas el amparo a la religión católica, mediante pactos previamente concordados con la Iglesia.

9.º Será fin primordial del Estado recobrar para España el sentido universal de su cultura y de su historia.

10.º La violencia es lícita al servicio de la razón y de la justicia.[5]

«A mí lo único que me interesaba de los puntos era que no dijeran nada contra la Monarquía», recuerda Sainz Rodríguez.[6] El astuto monárquico logró su propósito sin dificultades, pero cabe pensar que el carácter marcadamente fascistizante del acuerdo no podía agradar al ala liberal de Renovación Española. Dicho carácter se transmitió al pacto firmado el mes siguiente por José Antonio y Antonio Goicoechea, en el cual los monárquicos se comprometen a financiar a Falange Española a cambio de servicios prestados, notablemente en el campo de los enfrentamientos violentos con los marxistas. De la responsabilidad por dichos enfrentamientos, Renovación Española se lava las manos. Si ellos querían mediatizar al fascismo español a través de este pacto, no podemos dudar que, al mismo tiempo, pensaban utilizar a la Falange como «fuerza de choque de la reacción», cargo que más tarde les echaría José Antonio a las derechas:

Reunidos el Excmo. Sr. D. Antonio Goicoechea, jefe de los monárquicos españoles, y el Excmo. Sr. D. José Antonio Primo

5. GIL ROBLES, p. 432, nota; *OC*, I, 369.
6. Véase nota 4.

de Rivera, marqués de Estella, como presidente de la dirección de Falange Española de las J.O.N.S., acuerdan el siguiente pacto:

1.º Las bases políticas denominadas «Los diez puntos del Escorial», redactadas en su día por miembros de estas dos organizaciones políticas, representan fielmente la orientación doctrinal para una reforma del Estado Español, y en tal concepto las aceptan plenamente los firmantes y se reproduce el texto de estos diez puntos en el anexo que acompaña a este acuerdo.

2.º Como consecuencia lógica de esta orientación, el Excmo. Sr. D. Antonio Goicoechea declara que su concepción de la futura restauración coincide, en sus anhelos de una justicia social más perfecta, con la propaganda realizada hasta ahora por Falange Española de las J.O.N.S. y concibe la monarquía como un régimen nacional y popular, no de clase, bajo cuyo imperio pueda la clase obrera obtener todas las ventajas compatibles con el interés supremo de la economía nacional. Aspira a que los obreros se incorporen a la colaboración en el desarrollo histórico de la nación, devolviéndoles las dos capacidades humanas más elevadas, que le han sido arrebatadas por el sectarismo marxista: la de ser patriotas y la de ser religiosos.

3.º Falange Española de las J.O.N.S. no atacará en sus propagandas orales o escritas ni al partido Renovación Española ni a la doctrina monárquica, comprometiéndose a no crear deliberadamente con su actuación ningún obstáculo a la realización del programa de dicho partido.

4.º El Excmo. Sr. D. Antonio Goicoechea, en la medida posible dentro de los fondos que a estos fines administre, ayudará económicamente a Falange Española de las J.O.N.S., ayuda que aplicará ésta a cubrir sus necesidades, con arreglo a la siguiente norma: en tanto que este auxilio no rebase la cantidad de DIEZ MIL PESETAS MENSUALES, queda en libertad para realizar su distribución en la forma que estime conveniente, pero si excediera de aquella cifra, Falange Española de las J.O.N.S. se compromete a que de la cantidad excedente el 45 % se aplique a los gastos de organización de las milicias, otro 45 % a los de organización sindical obrera antimarxista, quedando el 10 % restante a la libre disposición del mando de la organización.

5.º Para la más eficaz cooperación en las actuaciones comunes que en cada caso, libremente, acuerden los directivos de Falange Española de las J.O.N.S. y el Excmo. Sr. D. Antonio Goicoechea, y con el fin concreto y fijo de comprobar el incremento que Falange Española de las J.O.N.S. pueda alcanzar merced a estas ayudas, se designa un elemento técnico que actuará en contacto permanente con el mando de Falange Española de las J.O.N.S., principalmente en su aspecto militar y de choque.

6.º El Excmo. Sr. D. Antonio Goicoechea presta este concurso a Falange Española de las J.O.N.S. por creer que realiza una obra patriótica de índole nacional que por sus características combativas puede llegar a suplir, frente al poderío y violencia marxistas, las funciones del Estado, hoy vergonzosamente abandonadas por el Estado republicano. Por esto desea el máximo incremento de las milicias de combate que, con su carácter pú-

La oposición
democrática
al franquismo
Xavier Tusell

premio { espejo de españa } 1977

«La oposición democrática al franquismo (1939-1962)»: una visión nueva y profunda de un fenómeno decisivo para la vida política del país

Xavier Tusell historia en este libro con todo detalle y rigor las vicisitudes de la oposición al régimen franquista, dentro y fuera del país, excluyendo a los grupos que se consideran ajenos a las actitudes democráticas (desde los falangistas disidentes y carlistas hasta los comunistas); en sus páginas se analizan y comentan, con un gran acopio de datos procedentes de testimonios personales hasta ahora no recogidos en letra impresa, las luchas políticas en torno a Don Juan, las posturas de los republicanos en el exilio y la actitud de los católicos no colaboracionistas, de los democratacristianos, del grupo de los «Felipes», etc., destacando de un modo especial figuras tan representativas como las de Dionisio Ridruejo y Enrique Tierno Galván. La obra abarca desde el final de la guerra civil hasta el llamado «contubernio» de Munich de 1962, que marcó un hito importantísimo en la pugna de los demócratas españoles con el régimen, y el autor prepara en la actualidad un segundo volumen que cubrirá el período comprendido entre 1962 y la muerte de Franco.

De una manera clara y sintética, tratando de ser ecuánime en todo momento y evitando efectismos, demagogias y pedanterías, Tusell se enfrenta como historiador con uno de los temas más apasionantes y también más desconocidos de la España contemporánea, aportando datos nuevos, recogiendo testimonios esenciales, clarificando cuestiones controvertidas y dando, en fin, una visión nueva y profunda de un fenómeno decisivo para la vida política del país.

Con **La oposición democrática al franquismo (1939-1962)** Xavier Tusell ha ganado el Premio Espejo de España 1977.

Un volumen de 456 páginas

Edición profusamente ilustrada

Editorial Planeta, S. A.
Córcega, 273-277, Barcelona

Xavier Tusell Gómez nació en Barcelona en agosto de 1945, pero reside desde joven en Madrid, donde estudió las carreras de Filosofía y Letras (en la rama de Historia) y de Ciencias Políticas. Después de licenciarse en Letras se doctoró en la misma especialidad, e inmediatamente fue nombrado profesor del departamento de Historia Contemporánea en la Universidad Complutense; en 1975 obtuvo por oposición el puesto de profesor agregado de Historia contemporánea universal y de España en la misma Universidad, y en 1977, tras el correspondiente concurso de acceso, ha obtenido la cátedra de esta denominación en la Universidad de Valencia. Xavier Tusell se ha formado principalmente con tres conocidos especialistas, José María Jover Zamora, Carlos Seco Serrano y Vicente Cacho Viu, y su campo de investigación corresponde a la historia política española del primer tercio del siglo XX.

Hasta hoy ha publicado los siguientes libros: **Sociología electoral de Madrid, 1903-1931** (Edicusa, 1969), **La segunda república en Madrid: elecciones y partidos políticos** (Tecnos, 1970), **Las elecciones del Frente Popular en España** (Edicusa, 1971), **La reforma de la administración local en España, 1900-1936** (ENAP, 1973), **Historia de la Democracia Cristiana en España** (Edicusa, 1974), **La España del siglo XX** (Dopesa, 1975, Premio Ensayo Mundo de este año) y **Oligarquía y caciquismo en Andalucía, 1890-1923** (CUPSA, 1977). Ha colaborado también en libros colectivos como **Historia social de España en el siglo XX** (Guadiana, 1976) y en revistas como la de la Universidad de Madrid, **Hispania** y **Revista de Occidente.** Aunque primordialmente historiador, Xavier Tusell ha militado desde sus años universitarios en el sector democratacristiano de la oposición al franquismo, y en defensa de su ideología ha publicado artículos en diarios como **Ya, El País, Informaciones** y **El Noticiero Universal,** y en revistas como **Cuadernos para el diálogo.**

Con su obra **La oposición democrática al franquismo (1939-1962)** ha ganado el Premio Espejo de España 1977.

POLICROM, S. A. - Tánger, 25 - Barcelona

blico y de cooperación colectiva, pueden levantar la tónica espiritual del país. Como lógica consecuencia no comparte ninguna responsabilidad moral en acciones violentas de otro tipo que pudieran realizar afiliados a Falange Española de las J.O.N.S.

7.º Con el fin de que la inteligencia que refleja este pacto se consolide y aumente a ser posible, aconsejándose e informándose mutuamente ambas partes de lo que respecta a cada uno de sus actividades políticas, el Excmo. Sr. D. Antonio Goicoechea podrá designar un agente de enlace grato a Falange Española de las J.O.N.S. que cuidará de intensificar estas relaciones a los fines antes dichos y para bien de la política de carácter nacional en España.

En Madrid, por duplicado, a veinte de agosto de 1934.[7]

El «agente de enlace» designado por Goicoechea es el mismo Sainz Rodríguez, que durante los meses siguientes ve a José Antonio con cierta frecuencia, admirando en él «la clarividencia, la moderación, el buen juicio y el tacto» (p. 222). Muy pronto, sin embargo, Renovación Española encuentra dificultades financieras, y el subsidio otorgado a la Falange tiene que ser suprimido.

Calvo Sotelo, José Antonio y el Bloque Nacional

El 7 u 8 de mayo de 1934, al regresar José Antonio a Madrid después de pasar una semana en Berlín, donde ve a Hitler, se encuentra con que también acaba de volver a la capital, habiendo vivido cuatro años exiliado en París, el diputado monárquico José Calvo Sotelo. Ministro de Hacienda bajo la dictadura, gallego de extraordinaria energía y capacidad para el trabajo, abogado, crítico de música en sus pocos momentos ociosos, buen orador y polemista, robusto, alto y relativamente joven —sólo cuenta con 41 años en 1934—, Calvo Sotelo es el ídolo de las derechas «antidemocráticas», su hombre providencial. Su llegada a Madrid es apoteósica, y durante días y semanas la prensa conservadora monta en torno a su persona una vistosa campaña publicitaria. El 18 de mayo se celebra en el Ritz un concurrido banquete en honor del ilustre diputado, ya reintegrado a las Cortes, y se sienta José Antonio con él y Antonio Goicoechea en la presidencia, luciendo el líder falangista su favorita corbata rayada estilo inglés.[8]

Las relaciones entre José Antonio y Calvo Sotelo nunca habían sido fáciles, y menos entonces. Para José María de Areilza, que conocía bien a ambos, tenían «una radical incompatibilidd de caracteres»,[9] diciendo José Antonio despectivamente en una ocasión que

7. SAINZ RODRÍGUEZ, pp. 375-376.
8. *La Nación*, 18 de mayo de 1934.
9. AREILZA, p. 176.

El partido monárquico alfonsino Renovación Española fue fundado por Antonio Goicoechea en marzo de 1933,
en las mismas fechas en que se llevó a cabo el intento de lanzar la revista «El Fascio».

Tomo I.-N.º 1   Ejemplar: 2 pesetas   15 Diciembre 1931

Acción Española

Director: El Conde de Santibáñez del Río

Acción Española

ESPAÑA es una encina medio sofocada por la yedra. La yedra es tan frondosa, y se ve la encina tan arrugada y encogida, que a ratos parece que el ser de España está en la trepadora, y no en el árbol. Pero la yedra no se puede sostener sobre sí misma. Desde que España dejó de creer en sí y en su misión histórica, no ha dado al mundo de las ideas generales más pensamientos valederos que los que han tendido a recuperar su propio ser. Ni su Salmerón, ni su Pi y Margall, ni su Giner, ni su Pablo Iglesias, han aportado a la filosofía política del mundo un solo pensamiento nuevo que el mundo estime válido. La tradición española puede mostrar modestamente, pero como valores positivos y universales, un Balmes, un Donoso, un Menéndez Pelayo, un González Arintero. No hay un liberal español que haya enriquecido la literatura del liberalismo con una idea cuyo valor reconozcan los liberales extranjeros, ni un socialista la del socialismo, ni un anarquista la del anarquismo, ni un revolucionario la de la revolución.

Ello es porque en otros países han surgido el liberalismo y la revolución, o para remedio de sus faltas, o para castigo de sus pecados. En España eran innecesarios. Lo que nos hacía falta era desarrollar, adaptar y aplicar los principios morales de nues-

«Acción Española», fundada en 1931, en la cual colaboraban habitualmente:

...Calvo Sotelo...

...Víctor Pradera...

...y Maeztu.

Calvo no servía como caudillo de un movimiento salvador «porque no sabe montar a caballo».[10] Cuando vuelve Calvo Sotelo a Madrid la Falange no tiene todavía un jefe único —la organización está dirigida por un triunvirato que integran José Antonio, Ledesma Ramos y Ruiz de Alda— y el ex ministro de Hacienda no puede menos de considerar la posibilidad de ingresar en ella y acaparar para sí la jefatura. Según unos imprescindibles párrafos de Ledesma Ramos:

> En mayo, al regresar Calvo Sotelo a España, después de la amnistía, quiso entrar en el Partido y militar en su seno. Primo de Rivera se encargó de notificarle que ello no era deseable ni para el movimiento ni para él mismo. Parecerá extraño, y lo es, sin duda, que una organización como Falange, que se nutría en gran proporción de elementos derechistas, practicase con Calvo Sotelo esa política de apartamiento. Y más si se tiene en cuenta que éste traía del destierro una figura agigantada, y que le asistían con su confianza anchos sectores de opinión.
> Calvo Sotelo aparecía como un representante de la gran burguesía y de la aristocracia, lo que chocaba desde luego con los propósitos juveniles y revolucionarios del Partido, así como con la meta final de éste, la revolución nacionalsindicalista. En ese sentido, Primo, que se iba radicalizando, tenía, sin duda, razón. Ruiz de Alda se inclinaba más bien a la admisión, guiado por la proximidad de la revolución socialista y la necesidad en que se encontraba el Partido, si quería intervenir frente a ella con éxito, de vigorizarse y aumentar, como fuese, sus efectivos reales. No carecía de solidez esa actitud de Ruiz de Alda; pero Primo se mantuvo firme.[11]

No sabemos cómo reaccionó Calvo Sotelo ante el rechazo de la Falange. Acaso no lo tomara a mal, pues tenía otros proyectos. En París, efectivamente, Calvo había mantenido apasionadas conversaciones con Sainz Rodríguez acerca de la situación española y de su propio porvenir político. «Tu situación es la de un cantante eminente que llega a una ciudad donde todos los teatros están alquilados», le diría Sainz en una ocasión:

> Tú no puedes ser el jefe de Renovación, o sea de la minoría monárquica, porque ya lo es Goicoechea. No puedes presidir el posibilismo de ciertas derechas hacia la República, porque ya lo está haciendo Gil Robles. La aproximación hacia fórmulas de tipo fascista con modalidad nacional tampoco, porque es lo que trae entre manos Primo de Rivera. De manera que, para que tú puedas actuar libre y eficazmente, es preciso que busquemos una

10. XIMÉNEZ DE SANDOVAL, p. 427. Cfr. ANSALDO, p. 56: «José Antonio Primo de Rivera, su rival y encarnizado adversario más tarde, le acusaba con irónica dureza de ser un hombre que sólo entendía de cifras y que no sabía siquiera una poesía.»
11. ¿Fascismo en España?, pp. 166-167.

fórmula por la cual, sin chocar con todos estos elementos, tengas una libertad de movimientos y una personalidad propia.[12]

Nace entonces en la fértil mente de Sainz Rodríguez la idea del Bloque Nacional, que trataría de unir bajo el mando de Calvo Sotelo a alfonsinos y carlistas y, en general, a todas las derechas antirrepublicanas y antidemocráticas. Vuelto Calvo a Madrid, empiezan a llevarse a cabo los primeros tanteos, hábilmente dirigidos por el incansable Sainz Rodríguez. Goicoechea, jefe de Renovación Española, da su beneplácito, y las reacciones de los carlistas también son prometedoras.[13] Por su estrecha relación con Sainz Rodríguez, Calvo está enterado, seguramente, del pacto acordado a principios de junio entre aquél y José Antonio («Los diez puntos de El Escorial»), pacto según el cual la Falange se compromete a no atacar a la Monarquía en su propaganda. El terreno está preparado, pues, para lanzar la nueva agrupación. «El Bloque —declara Calvo Sotelo en *ABC* (14 de junio de 1934)— fijará los objetivos inmediatos susceptibles de prestar eficiencia próxima a grandes núcleos de opinión cuyo monarquismo, mal interpretado o mal dirigido, implica, a juicio de muchos, perenne esterilidad. La República no está consolidada todavía. ¿Es admisible que a una Monarquía desordenada por unos monárquicos imprudentes suceda una República consolidada por unos monárquicos impacientes? La Monarquía no es cuestión previa o actual, pero tampoco es nimia o accidental. El Bloque Hispano Nacional tendría como misión primordial sembrar la mística de la reforma estatal totalitaria.» [14]

Parece ser que durante los meses siguientes se discutió en el seno de la Falange la posibilidad de la entrada de la organización en el Bloque Nacional, y que incluso se iniciaron negociaciones a esos efectos. Cuando el tema se planteó seriamente en noviembre de 1934, sin embargo, José Antonio (ya jefe único de la Falange), decidió mantener la autonomía de la organización, publicando en *ABC* (28 de noviembre de 1934) una breve nota al respecto:

FALANGE ESPAÑOLA NO SE FUNDIRÁ CON NINGÚN OTRO PARTIDO

El jefe de Falange Española entregó ayer tarde a los periodistas la siguiente nota:

José Antonio Primo de Rivera quiere hacer constar, sin mengua de todas las consideraciones afectivas que le unen al señor Calvo Sotelo como eminente colaborador de su padre, que Falange Española de las J.O.N.S. no piensa fundirse con ningún otro partido de los existentes ni de los que se preparen, por

---

12. Sainz Rodríguez, p. 202.
13. Gil Robles, pp. 430-432, nota 58, cita al jefe carlista Fal Conde, quien expresó cierto escepticismo respecto al Bloque Nacional.
14. Citado por Arrarás, III, pp. 57-58.

entender que la tarea de infundir el sentido nacional en las masas más numerosas y enérgicas del país exige precisamente el ritmo y el estilo de la Falange Española de las J.O.N.S. Ésta, sin embargo, bien lejos como está de ser un partido de derechas, se felicita de que los grupos conservadores tiendan a nutrir sus programas de contenido nacional en lugar de caracterizarse, como era frecuente hasta ahora, por el propósito de defender intereses de clase. (*OC*, I, 513.)

Por esas mismas fechas, cuatro destacados falangistas monárquicos —el marqués de Eliseda, Arredondo, Ansaldo y Rada— abandonan a José Antonio para ingresar en el Bloque Nacional, la publicación de cuyo manifiesto (fechado el 8 de diciembre) está prohibida por la censura.[15] La más importante de estas defecciones es la de Eliseda, que había ayudado económicamente a la Falange en los primeros tiempos y, con José Antonio, la representaba en las Cortes. Eliseda da como excusa su desaprobación del punto 25 del programa de la Falange, recientemente dado a conocer, en el cual se trata de las relaciones entre la Iglesia y el Estado (punto que sería adoptado en su totalidad por el Estado de Franco unos años después).[16] El «pretexto» de Eliseda le merece una dura réplica de José Antonio,[17] y algunos falangistas elaboran el proyecto de administrarle al marqués una dosis de ricino.[18]

La experiencia de esos días le confirma a José Antonio en su posición cada vez más antimonárquica, y de aquí en adelante sus ataques a Calvo Sotelo y al Bloque Nacional arrecian, máxime cuando se entera de que fondos antes destinados a la Falange se van desviando hacia sus rivales.

Así, en el primer número de *Arriba* (21 de marzo de 1935), José Antonio arremete contra el Bloque en estos términos:

El Bloque Nacional luce suntuosamente. Éste ya trae palabras nuevas, para que no se diga: habla de unidad de mando, de Estado corporativo y de otras cosas *fascistas*. ¡En seguida le van a creer! Un orden nuevo traído por las ultraderechas, es decir, por los partidos privilegiados por el orden antiguo. ¡En seguida lo van a creer los obreros, los estudiantes y todos los añejamente descontentos contra el caduco tinglado español! (*OC*, I, 582.)

Arriba, en su sexto número (25 de abril de 1935) vuelve a atacar a Calvo Sotelo. Este artículo no está incluido en las *Obras completas* de José Antonio, pero casi seguramente lo redactó él,

15. El texto del manifiesto del Bloque Nacional se puede leer en SAINZ RODRÍGUEZ, pp. 369-371, y ARRARÁS, III, pp. 58-60, nota 2.
16. Carta del marqués de la Eliseda, publicada en *ABC*, 30 de noviembre de 1934, p. 34.
17. Publicada en *ABC*, 1 de diciembre de 1934; *OC*, I, 521.
18. XIMÉNEZ DE SANDOVAL, p. 274.

pues figura en su sección habitual «Política española» y está escrito con un sarcasmo netamente joseantoniano:

El Bloque se liquida

Sentimos comunicar a nuestros lectores que la fornida masa de cemento presentada al mundo hace meses con el sonoro nombre de Bloque Nacional empieza a presentar impresionantes resquebrajaduras.

Todos recuerdan cómo nació el Bloque Nacional: unas declaraciones en *ABC* del señor Calvo Sotelo dieron al aire su opinión, acorde con la de Spengler, de que la hora en que vivimos no es para hombres como el señor Gil Robles, sino que es «la hora de los césares». Modestamente, el señor Calvo Sotelo parecía ofrecerse a asumir el papel de César. Al servicio de tal propósito redactó una recia pieza literaria, llamada manifiesto, donde embutió considerables reservas de esa prosa alada con que acostumbra a producirse. En seguida comenzó a recoger firmas para el monumento. Su primer propósito fue obtener, sencillamente, las de cuantos encarnaban toda tendencia aprovechable en sentido nacional. Pero esto tropezaba, naturalmente, con el obstáculo de que si entre los hombres de esas tendencias había alguna que otra aspiración común (al menos de palabra) muchos discrepaban en otras cosas profundas: por ejemplo, la manera de entender la justicia social. Como era de prever, las firmas del manifiesto quedaron reducidas a los de las figuras relevantes en dos partidos de ultraderecha y a las de unas cuantas personas de esas que no faltan en ninguno de los sitios donde se firma, sea la petición del premio Nobel para algún ilustre compatriota, sea la convocatoria a un banquete en honor del señor Salazar Alonso.[19]

El único efecto del nacimiento del Bloque fue complicar hasta el jerolífico [sic] la filiación política de algunas estimables personas. Antes, por ejemplo, un afiliado de Renovación Española era, además, miembro de la T.Y.R.E. (Tradicionalistas y Renovación Española); pero, en los últimos tiempos, agregaba a esas dos filiaciones la filiación al Bloque Nacional. Con lo cual el Bloque, a pesar de su imponente denominación, se limitaba a ser un modo de decir, ya que sus masas estaban alistadas en grupos precisamente existentes y dotados de disciplina propia.

En el fondo el Bloque quedó reducido a una incómoda invasión por parte del señor Calvo Sotelo de las jefaturas desempeñadas por dos personas tan irreprochablemente prudentes y correctas como el señor Goicoechea y el conde de Rodezno. Singularmente, por la proximidad, el primero era quien con más ele-

19. Según ARRARÁS, III, p. 58, nota 1, firmaron, entre otros: Calvo Sotelo, Goicoechea, Rodezno, Pradera, Aunós, Yanguas Messía, Albiñana, Sainz Rodríguez, Maeztu, duque de Alba, Jacinto Benavente, Areilza, Julio Palacios, Álvarez de Sotomayor, Barón de Viver, Lequerica, Padre Gafo, Amado, Ansaldo, Vallellano, Bilbao, Zamanillo, marqueses de Arriluce de Ibarra, Santa Cruz, Eliseda, conde de Elda, Callejo; doctores Decref, Salvador Pascual, Murillo; Maura (Honorio), Manuel Bueno, Pemán, Ricardo León, Linares Rivas, González Ruano y González Amezúa.

Pedro Sainz Rodríguez fue el artífice
de los contactos que se forjaron
entre Renovación Española y la Falange
al poco tiempo del acto de la Comedia.

Calvo Sotelo, ídolo de las derechas
«antidemocráticas», su hombre providencial.

Cuatro destacados falangistas monárquicos —el marqués de la Eliseda,
Arredondo, Ansaldo y Rada— abandonan a José Antonio para ingresar en el
Bloque Nacional.

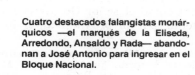

José Antonio junto al marqués de la Eliseda.

Pablo Arredondo.

J. A. Ansaldo.

Ricardo de Rada.

gante discreción soportaba los empellones del impaciente ex desterrado de París. Pero si el señor Goicoechea no era capaz de provocar desagradablemente una cuestión de límites, en las filas de Renovación Española, especialmente en su juventud, la tirantez ha llegado a términos de rompimiento. En una palabra: la juventud de Renovación Española se ha declarado incompatible con el señor Calvo Sotelo: en parte por razones de insuperable antipatía personal, en parte por tener noticia de que de allende las fronteras ha venido en contra del señor Calvo Sotelo una terminante desautorización.

¿No han notado los lectores cómo en el último mitin celebrado por el Bloque en Sevilla —tan cacareado por dos o tres periódicos— no ha tomado parte ningún orador de Renovación Española? (p. 6).

Otro artículo publicado en la misma plana, con el sarcástico título de «La originalidad del señor Calvo Sotelo», revela los verdaderos motivos del creciente odio sentido por José Antonio y *Arriba* hacia el jefe del Bloque Nacional: éste está robando el ideario falangista. Según una recensión del mitin de Sevilla arriba aludido, publicada en *La Nación* —diario del cual José Antonio es el mayor accionista pero que ahora se ha convertido en órgano del jefe del Bloque Nacional— Calvo Sotelo declararía en la ciudad andaluza: «Todos nacemos en el seno de una familia, de un municipio, de una patria, de una profesión. Todas ésas son instituciones naturales; nadie nace en el seno de un partido.» Se comprende la furia de los falangistas, y su comentario a estas palabras: «¿Están ustedes viendo? Era preciso que este hombre viniera de París para que empezasen a ponerse las cosas en claro.»

Tres semanas después, en un magnífico discurso pronunciado en el cine Madrid (19 de mayo de 1935), José Antonio rompe públicamente con los monárquicos: «Nosotros entendemos —dice— sin sombra de irreverencia, sin sombra de rencor, sin sombra de antipatía, muchos incluso con mil motivos sentimentales de afecto; nosotros entendemos que la Monarquía española cumplió su ciclo, se quedó sin sustancia y se desprendió, como cáscara muerta, el 14 de abril de 1931.» Luego, repitiendo su tesis habitual de que las derechas son contrarrevolucionarias y sólo contrarrevolucionarias, sin nada positivo que ofrecer y sin misión, José Antonio alude bastante directamente al pacto elaborado hace un año entre Falange Española y Renovación Española, y ahora totalmente rebasado: «Esperaron, al principio, que nosotros viniéramos a ser la avanzada de sus intereses en riesgo, y entonces se ofrecían a protegernos y a asistirnos, *y hasta darnos alguna moneda*, y ahora se vuelven locos de desesperación al ver que lo que creían la vanguardia se ha convertido en el Ejército entero independiente» (el subrayado es nuestro).[20]

20. *OC*, II, 684-685.

114

Las cartas están echadas. Al día siguiente *La Nación* arremete contra José Antonio, dolida por lo que ha dicho «en un momento de ofuscación», le recuerda su actuación en las filas de la Unión Monárquica Española en 1930 y le pide que no olvide a su padre, que «creía que la permanencia del régimen monárquico era consustancial con la unidad y el engrandecimiento de España».

Habría que subrayar que el Bloque Nacional, a diferencia de la C.E.D.A., no era un partido de masas, y que José Antonio sólo podía envidiar en él su gran solvencia económica. En un informe preparado por el jefe de la Falange en junio de 1935 para los fascistas italianos, consta el siguiente párrafo que expresa nítidamente su concepto de las fuerzas monárquicas: «Los monárquicos no cuentan: sólo el viejo partido tradicionalista conserva parte de su fuerza y de su vigor en Navarra y en el País Vasco. En lo que se refiere a los partidarios de don Alfonso no forman sino un grupo lleno de "snobismos" y sin fuerza popular. La monarquía no podría venir a España sino por exclusión, es decir, si fracasaran todas las demás soluciones posibles.» [21]

En este mismo mes de junio de 1935 tiene lugar la célebre reunión de Gredos, en la cual José Antonio decide que «nuestro deber es ir, y con todas sus consecuencias, a la guerra civil».[22] El papel conspiratorio de la Falange será tema del próximo capítulo.

La Falange y las elecciones de febrero de 1936

Durante la reunión de Gredos de junio de 1935, José Antonio había lanzado la idea de que «sería conveniente la formación de un frente nacional para evitar que las elecciones las ganen las izquierdas, que tienen todas las probabilidades del triunfo».[23] Unos meses después, en su discurso del cine Madrid ante el Segundo Congreso Nacional de F.E. de las J.O.N.S. (17 de noviembre), el jefe de la Falange desarrolló dicha idea, añadiendo unas condiciones marcadamente excluyentes:

> La próxima lucha, que acaso no sea electoral [...] se planteará entre el frente asiático, torvo, amenazador de la revolución rusa en su traducción española, y el frente nacional de la generación nuestra en línea de combate [...] Bajo esta bandera del frente nacional no se podrá meter mercancía de contrabando. Es la palabra demasiado alta para que nadie la tome como apodo. Habrá centinelas a la entrada que registren a los que quieran penetrar para ver si de veras dejaron fuera en el campamento to-

21. Citado por Ángel Viñas, *La Alemania nazi y el 18 de julio* (Madrid, Alianza, 2.ª ed., 1977), p. 421.
22. Bravo, *José Antonio. El hombre...*, p. 162.
23. Gil Robles, p. 395, nota.

dos los intereses de grupo y de clase; si traen de veras encendida en el alma la dedicación abnegada a esta empresa total [...] si conciben a España como valor total fuera del cuadro de valores parciales en que se movió la política hasta ahora. (*OC*, II, 806.)

El programa de este frente, tal como lo concibe José Antonio, será revolucionario y anticapitalista (nacionalización del servicio de crédito, reforma agraria, redistribución de la población y expropiación de tierras que «luego se verá si se pagan»). Es decir, un programa netamente falangista. El 5 de diciembre, José Antonio amplía en *Arriba* su concepto de tal frente —todavía sin mayúsculas—, subrayando otra vez su carácter revolucionario y anticapitalista (el jefe de la Falange se dice convencido de que el sistema capitalista occidental está definitivamente en crisis) e insistiendo sobre su incompatibilidad total con cualquier grupo de derechas reaccionarias. Un frente nacional así definido no tenía la menor posibilidad, desde luego, de atraer hacia sus filas ni a los monárquicos, enquistados en el Bloque Nacional, ni a la C.E.D.A. Era un puro sueño.

Pues bien, a principios de diciembre, Gil Robles empieza a hablar de la necesidad de formar cuanto antes un amplio «frente nacional *contrarrevolucionario*». El jefe de la C.E.D.A., que conoce al dedillo el funcionamiento de la ley electoral que regirá la próxima consulta, sabe que, de no formarse una gran alianza electoral de derechas, existirá el peligro de un triunfo izquierdista. Hay que olvidar las diferencias y, con «unos puntos mínimos de coincidencia», aglutinar a todas las fuerzas antirrevolucionarias del país.[24] La tarea no resulta fácil, y la primera reacción de los monárquicos es adversa. «El Bloque Nacional —proclama *La Nación* el 16 de diciembre—, que integran monárquicos de todos los matices [...] no es otra cosa que el Frente contrarrevolucionario.»[25]

José Antonio tampoco está conforme, y el 19 de diciembre publica una nota en *La Época* en la cual reivindica para sí la prioridad de la idea de formar tal frente.[26] Expone el mismo argumento en *Arriba*, añadiendo que, a pesar de todo, y si las bases del Frente Nacional Contrarrevolucionario se ajustan a lo esencial del programa falangista, no excluye él la posibilidad de prestar su cooperación.[27]

Los monárquicos comprenden pronto que no tendrán más remedio, en vista de la gravedad de la situación, que pactar con Gil Robles. Y el 16 de enero de 1936, el día después de que se firma el pacto del Frente Popular, el propio Alfonso XIII se pronuncia en el

24. Ibíd., p. 394.
25. Ibíd., p. 395, nota.
26. Ibíd.
27. «El frente nacional», *Arriba*, 19 de diciembre de 1935, p. 1, artículo no incluido en *OC* pero casi seguramente debido a la pluma de José Antonio.

mismo sentido.[28] A pesar de ello, Calvo Sotelo seguirá causando problemas en el seno del Frente Nacional hasta los últimos momentos, y el acoplamiento de candidaturas resultará sumamente enojoso a Gil Robles. Con las otras minorías derechistas el jefe de la C.E.D.A. encuentra menos obstáculos.[29]

La actitud pública de José Antonio hacia el Frente Nacional durante diciembre le resulta a Gil Robles «un planteamiento absolutamente utópico, sin viabilidad alguna de realización, teniendo en cuenta las fuerzas que habrían de entrar en lucha en las próximas elecciones».[30] Durante esas semanas, sin embargo, José Antonio consulta a la Junta Política de la Falange acerca de la conveniencia o no de entrar a formar parte del Frente Nacional. La Junta decide que «una inhibición electoral o la adopción de una actitud de independencia absoluta que ha de conducir necesariamente a una total ausencia de representantes nuestros en el Parlamento, sobre ser inconveniente para la Falange, que de seguro sufriría un eclipse peligroso en la vida pública, al no llevar al Parlamento representación alguna, carece de razón de ser desde el momento en que el frente de izquierdas se ha de componer de fuerzas heterogéneas, algunas hasta ahora abstencionistas, pero todas encaminadas al logro de una revolución marxista y antinacional, aspiración que justifica la entrada de Falange en el frente de signo contrario».[31]

En vista de esta decisión, que seguramente coincide con sus propias convicciones al respecto, José Antonio inicia negociaciones con Gil Robles, presentándose en el domicilio de éste el 14 de enero. Pide un número de puestos en las listas del Frente Nacional (a cuyas deliberaciones no ha asistido) «que notoriamente no correspondía a la fuerza efectiva de su partido en el país».[32] El jefe de la C.E.D.A. le declara que a un partido que alardea de su *antiparlamentarismo* «debían bastarle unos pocos diputados para poder fijar su actitud en las Cortes y realizar desde allí su propaganda». Gil Robles ofrece a la Falange tres actas «seguras», tres que estima «dudosas», y, para asegurar la elección personal de José Antonio, se compromete a presentarle con él en Salamanca. José Antonio, según el testimonio de Gil Robles, acepta la propuesta.[33]

Dos días después se publica en *Arriba* (16 de enero) el manifiesto electoral de la Falange. Expresa el deseo del partido de alistar-

28. Gil Robles, p. 398.
29. Ibíd., pp. 397-413, *passim.*
30. Ibíd., p. 395, nota.
31. *OC*, II, 889-890.
32. La Junta Política, en su respuesta al cuestionario de José Antonio, había dicho: «Será condición indispensable para entrar en el frente antirrevolucionario que a la Falange se le concedan de 25 a 30 puestos en las candidaturas que se presenten», añadiendo a continuación que «las derechas nunca llegarán a conceder a la Falange tal número de puestos» (*OC*, II, 890).
33. Gil Robles, p. 434.

se en el Frente Nacional, a condición de que se acepten sus condiciones de «Patria, Pan y Justicia» como base del acuerdo.[34]

Pero hay todavía problemas, problemas graves. En la noche del 15 de enero el jefe de la Falange vuelve a entrevistarse con Gil Robles después de haber consultado con otros directivos de la organización. Éstos le han obligado a rechazar la oferta del Frente Nacional:

> Según me insinuó, de manera muy delicada, sus correligionarios le habían obligado a rechazar la oferta, con el reproche encubierto de que trataba de asegurarse a toda costa la inmunidad parlamentaria, dejándolos a ellos «en la estacada». «O todos o ninguno», le manifestaron, por lo visto, en forma de ultimátum. «Comprenderás —me dijo— que yo no puedo pedirte lo que a mí me exigen mis amigos.» Con la misma nobleza le expuse que no me era posible ofrecerle, con unas mínimas garantías de éxito, ningún puesto más. Prácticamente acopladas ya todas las listas electorales, excepto algunas de ajuste muy difícil, no me pareció leal dar cabida a sus amigos, por pura fórmula, en candidaturas condenadas al fracaso. En vista de ello, según me advirtió al despedirnos, quedó en libertad su partido para presentar candidatos aislados en unas cuantas circunscripciones.[35]

Tiene lugar el 7 de febrero una última entrevista entre José Antonio y Gil Robles. Éste puntualiza que, otra vez, fueron los «correligionarios» del jefe de la Falange quienes impidieron que se pudiera llegar a un acuerdo:

> Acudió para darme cuenta de los propósitos electorales de la Falange y para plantear la posibilidad de obtener algún acta en aquellas circunscripciones en las que pudiera llegarse fácilmente a un acuerdo.
> De nuevo sus amigos malograrían este propósito. En forma violenta se opusieron a la retirada de ninguna candidatura falangista, ni siquiera la de Oviedo, a cambio del apoyo que pudiéramos prestarles en otras circunscripciones. José Antonio Primo de Rivera hizo suya esta actitud, en el discurso pronunciado en el cine de los Campos Elíseos, de Gijón, el día 14 de febrero: «... no retiraremos la candidatura ni en Asturias ni en ninguna parte de España donde estén presentadas.» Rotas, pues, las negociaciones, la Falange fue sola a la lucha. Aun cuando sólo obtuvo un reducido número de votos, el hecho no dejó de favorecer el triunfo de las izquierdas.[36]

La Falange, pues, va sola a las elecciones, publicándose la lista de sus candidaturas en *Arriba* el 13 de febrero. José Antonio se presentaría en Madrid y en otras ocho circunscripciones más. En-

34. *OC*, II, 903.
35. GIL ROBLES, pp. 434-435.
36. Ibíd., p. 435.

José Antonio
(19 de mayo de 1935):
«La monarquía española
cumplió su ciclo,
se quedó sin sustancia
y se desprendió,
como cáscara muerta,
el 14 de abril de 1931.»
(En la foto,
José Antonio recibe el pésame
de Alfonso XIII
por la muerte de su padre.)

La Falange va sola
a las elecciones,
publicándose la lista
de sus candidaturas
en «Arriba» el 13 de febrero.

Calvo Sotelo seguirá causando
problemas en el seno
del Frente Nacional hasta
los últimos momentos,
y el acoplamiento de candidaturas
resultará sumamente enojoso
a Gil Robles.
(Candidatura del Frente Nacional
Contrarrevolucionario, febrero 1936.)

Arriba

Núm. 12 · Madrid, 11 de febrero de 1936. · Año II

Se ha cometido la injusticia absurda y suicida de no conceder un solo puesto en el frente llamado antimarxista, a quienes precisamente por ser lo, han derramado su sangre generosa múltiples veces y están dispuestos a verteria cuantas veces sea preciso.

La Falange, haciendo pública la maniobra para que luego no se la tache de perturbadora, lanza candidaturas separadas por once provincias

Concordia

Queremos, a través de todo, la «capa de luchas, la libertad y la perpetuación o una especie de destino, de unos a humanidad» asentarse por «territio, o provincia o españoles».

Esta «a peor arriba» pero no alto lejos de todas los obispos que presedo o no todas que haber expulsorial Concordialismos de ántma «Arriba» avenzaban la expección para «siento» de la historia, partiva, moral familiar (dobía), religion.

En nosotros, los coterranos se hacen un no tipo de españoles conculcando un tono que son provectadores uno los pueblos por venira sus nosotros, arriba, los catorces convergentes-nos basta arriga, distriguido mismos aspecto a y damentos por-es en la villa más la para senoria de las dos convenza-las a verdad promemo directrio no a os por perdios de la querra.

Somos la conclusión importanza de la libretados de denodor o septumbro, y desero que pueñe la más protunidad de las querra puede vida y sinta.

Aquí esta los siltimas vereitidos del españo hispanol, la los se solas de mesotro nuestro, aderó mejor de estar «arrivo» o pericioma a son superi-rivero arraña la orilla de arriba de la cortiva de un homber del 98, pero una se ves limna y tal imero conte la parte, y o adifvos discendentados do villa una a analizir más a mini. Es espíritu permaneste epervar verdad o jeremios. Ticus que sus naciones proviones seqrer nos con viso al mivo, o optimismo rísando, asi ibo a visial texira o externo.

Is al fastino se puede fauxir, la es pretiomadi-tos esa maliz mása plegando o asia tradicionalés que pedo, mais peni-minir y más importante que subdi.Entre los dos vivi-resi laroroto que, del «Fulange» la otro, en el sindicato na-que, en la «Fulange» la otro en haber mir, en la «Fulange» la otro en haber mir, y a la pi-otraba y y o mar hundiamento semante mi on aarimiento, por el prato o tumo. Pantura arriba partír de la herit o rion o mio no a ma ses propía del hurmo o el prato el pertiva más o part i no i prinión tran ipotre la, la si fo explorito m, en el ferono o les pores, a premera o constamion, ver tuo la voloiladi no va cita batis al capelidas ves huse i mire li con me posible, el.

El virio vaden lis laaerenbiht perana de j'aranabe

MADRID (CAPITAL)

José Antonio Primo de Rivera
Julio Ruiz de Alda
Rafael Sánchez Mazas
Raimundo Fernández Cuesta

ASTURIAS

José Antonio Primo de Rivera
Manuel Valdés
Leopoldo Panera
Enrique Cangas
Santiago López
José David Montes

SANTANDER

Julio Ruiz de Alda
Manuel Hedilla

VALLADOLID

José Antonio Primo de Payta
Onésimo Redondo

ZAMORA

Fernando Molero

CÁCERES

José Antonio Primo de Rivera
Manuel Mateo
Jess Luis

TOLEDO

José Antonio Primo de Rivera
Rafael Sánchez Mazas
José Sainz

SEVILLA (CAPITAL)

José Antonio Primo de Rivera
Sancho Dávila

JAÉN

José Antonio Primo de Rivera
Raimundo Fernández Cuesta

HUESCA

José Antonio Primo de Rivera

ZARAGOZA (CAPITAL)

Julio Ruiz de Alda

(Continúa en la página 2)

La situación política

¿Qué podrá representarno entrega uno vozaa o nitaria la reia eta «mafeza de oratoinvo» «ras muertalorali poria verara a larpla o morvo acortanto Verpa y bljeta la nuvion de-chá até la samvno conanderada el xlitomo motio de Madrid-no do alia al afinto vanitón o oti orrinta bfeza y ejercipio li ulivadis. Nus dotpiran vados un pozarea ,vvos de omfert, bon en, unto ves rupiriar plete vis o n. centra in mbrás. Non pojuriia yova fa adraco o acevo la hareto invabe por lugra ha oto honrorres, ;Que! brovlevo en non, dos ya es que ayvo esvo la brartos imperipas in no miras-sntia verdor-n varios unas unolanvo per o lino a ona le "inbfevo" y "Baut-plen," m noman las "judoi-"a y "phranto ma nonrar" : va a modo plivra, dif, o m los vo fa, breo en un poriado de anarta Mediluil estin voima que hoy no sentro beti bu pi fine-divil maiado ni citar fo prioto o lil a Fuedda",¡bo ha-tu, la hiror riptedo esvapo l nurv a havr er evteipa i sla la bevion ota en bipi de vala la tru, do roai enerta anrilti lo vva a amito n tant-pi ni iria per ar pmor-talur r tavtofa

La sifiriro a fiena Ceder-mporoa, Isabel II, la

da la apcho de verdad m en i embarvo nno vensa r wsonta La reia eia mviana de nvomento r rvo momvendo perin vilimotoro..

Pero va-nora vvaramo ten-por i viras tan iriada ri-i iltomio iirahoa Non na-bo a fa reia i tra como m la voa. hrisir im, fiaro la mo-inira laa vhl que en la ava irtriro cra ,ie pli, li-e ora, y la verit i litun-tro.

Yel o preria vorla de n, No ivoto a do mia mvaeto palbro converlo di er, mvor iovsviva y vortoitor v la vod-rier m vi vai-ipio r avveilio ,r.i. Hal ileo el vidr vora i trenet e-aivovo ora mivre u anfote-i, va i de irona ma ao-r vi tira ino m e rar vuve, yi mvas m va mi era rilvo.

✝ Luis Collazo
PRESENTE

«HA MUERTO LUIS COLLAZO EN RUENA LID DE CARA AL ENE-MIGO DEFENDIENDO EN NUESTRA POBRE CASA VIGUESA EL HO-NOR DE LA FALANGE SU VIDA GENEROSA OFRECE A ESPAÑA UN RAMO FRESCO DE FLORES Y DE HOJAS VERDES DE ESPERANZA. ACOJA EL SEÑOR CON PIEDAD A NUESTRO HERMANO. PORQUE ALLA EN LAS ESCUADRAS DE AMERICA. EL VA A JUNTARSE CON AQUELLOS OTROS DE LOS NUESTROS, QUE CON EL BRAZO EN AL-TO SALUDAN LAS BANDERAS DE LA ETERNIDAD.»

Precio: 15 cts.

CANDIDATURA del FRENTE NACIONAL CONTRARREVOLUCIONARIO
POR MADRID (CAPITAL)

José María Gil Robles Quiñones
José Calvo Sotelo
Antonio Royo Villanova
Angel Velarde Garcia
Román Oyarzun Oyarzun

Rafael Marin Lázaro
Luis María de Zunzunegui Moreno
Honorio Riesgo Garcia
Mariano Serrano Mendicute
Gabriel Montero Labrandero
Antonio Bermúdez Cañete
Luis Martínez de Galinsoga y de Laserna
Ernesto Giménez Caballero

tre los candidatos para las once provincias donde decide luchar la Falange, figuran Julio Ruiz de Alda, Rafael Sánchez Mazas, Raimundo Fernández Cuesta, Manuel Valdés Larrañaga, Onésimo Redondo, Manuel Hedilla, Manuel Mateo, José Luna, Sancho Dávila y José Sainz. En Cádiz —circunscripción que le eligió en 1933— José Antonio hace una campaña personal y los falangistas mueven todos los resortes para que las derechas le den un puesto en la lista del Frente Nacional. Imposible.[37]

Para la Falange, los resultados de la consulta son desastrosos por todo el país, y no se elige a un solo candidato de la organización. En Madrid, la candidatura falangista (José Antonio, Sánchez Mazas, Ruiz de Alda, Fernández Cuesta) recibe menos de 5 000 votos y, en Valladolid, unos 4 000. Son cifras que representan, respectivamente, el 1,19 % y el 4 % del voto total expresado en aquellas ciudades. En Cádiz, José Antonio recibe 6 965 votos. La cifra global de votos acordados a la Falange suma poco más de 40 000. Aun teniendo en cuenta el hecho de que una alta proporción de los afiliados a la Falange eran menores de edad, la cifra no deja de ser bajísima.[38]

En los años de la posguerra, y aun antes, fue tópico de la propaganda falangista el culpar unilateralmente a Gil Robles y a las derechas de la «exclusión» de José Antonio del Frente Nacional. Ximénez de Sandoval, por ejemplo, «recuerda» en 1941 una conversación con el jefe de la Falange al respecto. Al preguntarle a éste «por qué se había roto la posibilidad de ir con las derechas a las elecciones», José Antonio le contestaría:

> Al final, llegaron a soportar la presencia de la Falange en la candidatura por Madrid, pero en condiciones que yo no puedo tolerar, no ya por mi orgullo personal —que gracias a Dios tengo— sino por la memoria sagrada de nuestros Caídos. Me han ofrecido el último puesto de la candidatura en Madrid... para Julio Ruiz de Alda. Me quieren excluir, pero tratan de aprovechar los pocos votos de que dispone la Falange. Yo estoy dispuesto a eliminarme, si es preciso, para salvar a España. Pero no a tolerar que a Julio, que dondequiera que esté tiene derecho al primer puesto, por ser quien es y por ser de la Falange, le hagan tal humillación. Me he negado a que su nombre figure en tales condiciones. Y en Andalucía, donde saben que el nombre de Primo de Rivera tiene algún arraigo y puede proporcionar votos, también me querían excluir y poner en mi lugar a mi hermano Fernando. La ofensiva es contra mí. Pero como yo soy todavía el Jefe Nacional de la Falange Española de las J.O.N.S. tengo que considerar que es también contra la Falange. No puede aceptar eso. Dirán lo que quieran, pero ni Julio ni Fernando pueden ser candidatos donde a mí se me excluye (p. 467).

37. Sancho Dávila y Julián Pemartín, pp. 118-119.
38. Payne, p. 94.

Según el mismo autor, José Antonio se negó siempre a revelar los nombres de los culpables de lo ocurrido: «No hubo modo de que acusara concretamente a nadie, ni aun en la intimidad de la confidencia, como no lo hizo en la ruidosa publicidad electoral [...] Profundamente cristiano, olvida y perdona.» [39] Ximénez de Sandoval es hagiógrafo, no historiador, y poca confianza se puede prestar a cuanto dice sobre las elecciones de 1936. La actitud reticente de José Antonio, evocada por su biógrafo, no cuadra, a nuestro parecer, con su personalidad a veces violenta y sarcástica, y pensamos que habría que buscar otras explicaciones a este silencio. Creemos que, una vez más, la explicación de Gil Robles es atinada: «Si José Antonio Primo de Rivera mantuvo en secreto la tramitación de "aquella inmunda farsa",[40] no fue porque hubiese de perdonar ofensa alguna, sino porque prefirió así encubrir la conducta de uno de sus colaboradores. De ahí precisamente la ambigüedad con que siempre aludió a ese tema.» [41]

Ejemplo de tal ambigüedad sería la nota, fechada el 11 de febrero, que se publicó en *Arriba* el día 13 de aquel mes: «Falange Española no ha concertado pacto electoral de ninguna clase en ninguna provincia de España. Conste, para que cada cual acepte su responsabilidad, *que no sólo no se ha hecho a la Falange ningún ofrecimiento, sino que ha existido la consigna terminante de prescindir de ella*» (el subrayado es nuestro). Un mes antes de ser publicadas dichas palabras, Gil Robles ya le había hecho a José Antonio el «ofrecimiento» bien concreto que hemos visto, ofrecimiento rechazado por los mismos falangistas, que lo estimaban insuficiente y hasta afrentoso. El peso de los datos presentados en el documentadísimo libro de Gil Robles nos parece contundente: José Antonio no fue «excluido» del Frente Nacional por las derechas, sino que, al contrario, él mismo rechazó una oferta que le hubiera asegurado tres actas en las Cortes, y posiblemente una o dos más.

A pesar del testimonio de Gil Robles, publicado en 1968, se sigue repitiendo a veces el viejo tópico, como si nada. Así, en su libro sobre José Antonio (1974), Antonio Gibello afirma, sin mencionar a Gil Robles y sin precisar fuente alguna:

cuando se iniciaron conversaciones exploratorias para conseguir *la proporción de escaños imprescindible a que aspiraba Falange*, las derechas se cerraron en banda y dejaron a José Antonio y sus seguidores en la más completa intemperie. El Bloque Nacional, aliado al fin con la C.E.D.A., se convertiría en el Frente Nacional Antirrevolucionario. Nada, pues, tan congruente como dejar fuera del bloque antirrevolucionario a la Falange. Tal exclusión determinaría en José Antonio la pérdida de su acta de

<hr>

39. Ximénez de Sandoval, p. 467.
40. Expresión utilizada por Ximénez de Sandoval, p. 466.
41. Gil Robles, p. 436.

diputado y, consiguientemente, su encarcelamiento y su muerte (el subrayado es nuestro).[42]

Con el triunfo del Frente Popular y, un mes después, la puesta fuera de la ley de la Falange y el encarcelamiento de José Antonio y de otro. dirigentes del partido (14 de marzo), empieza una nueva etapa para la organización fascista, etapa clandestina y conspiradora que será el tema del próximo capítulo.

No es propósito nuestro comentar detalladamente el espinoso y complicado tema de la elección de Cuenca de mayo de 1936, a la cual se presentó José Antonio como candidato de las minorías.[43] Como se sabe, los resultados de las elecciones conquenses de febrero, así como las granadinas, habían sido anuladas por las Cortes del Frente Popular, convocándose una nueva consulta para el 1 de mayo. Se hizo todo lo posible porque José Antonio saliera elegido de esta consulta; pero, a pesar de recibir votos suficientes, la Comisión de Actas de las Cortes emitió dictamen en contra de su candidatura. Sólo nos interesa subrayar aquí, ya que en este capítulo se trata de las relaciones entre José Antonio y las derechas, que la C.E.D.A. defendió valientemente el acta del jefe de la Falange en el seno de la Comisión, gesto reconocido por el mismo José Antonio en una carta escrita, con fecha 4 de junio de 1936, al diputado cedista Manuel Giménez Fernández. A Giménez le agradece José Antonio «la defensa elocuente, briosa e inútil» que ha hecho de su acta:

> Una vez más, el régimen parlamentario, en el que usted cree y yo no, ha consumado un atropello. ¿Lo ve usted? El parlamentarismo es la tiranía de la mitad más uno, sin norma superior que se acate ni cabeza individual visible que responda. Yo no entiendo por qué ha de ser preferible a la dictadura de un hombre la de doscientos cincuenta bestias, con toga legislativa. Con el aditamiento de que no es una dictadura que se ejerza al servicio del bien público o del destino patrio, sino al servicio de la blasfemia y de la ordinariez... (*OC*, II, 1 176.)

Se ha desvanecido la última posibilidad de que José Antonio salga libremente de la cárcel, ya que el jefe de la Falange sabe que el Gobierno tratará por todos los medios posibles de mantenerlo apartado de la vida pública.

Entretanto, ayudado por el fracaso de Gil Robles en las elecciones de febrero, Calvo Sotelo se va convirtiendo cada vez más en el jefe indiscutible de las masas derechistas. La opinión de Salvador de Madariaga merece nuestra atención: «Era hombre de menos atractivo, pero de más potencia y don de mando que el deli-

42. ANTONIO GIBELLO, *José Antonio. Apuntes para una biografía polémica* (Madrid, Doncel, 1974), p. 286.
43. Sobre las elecciones de Cuenca, véase GIL ROBLES, pp. 547-558.

cado y en el fondo escéptico José Antonio, y su voz potente fue como un clarín que llamaba a filas a los reclutas del fascismo.» [44]

Esta voz la escucha José Antonio desde Alicante. En opinión del jefe de la Falange, Calvo Sotelo está aprovechando su encarcelamiento para convertirse él en jefe del fascismo español. José Antonio se lanza al ataque y publica en la revista falangista clandestina *No Importa* (20 de junio de 1936) un artículo titulado «Vista a la derecha. Aviso a los "madrugadores". La Falange no es una fuerza cipaya». El «madrugador» aludido es, sin lugar a dudas, el mismo Calvo Sotelo:

Nunca veréis al «madrugador» en los días difíciles. Jamás se arriesgará a pisar el umbral de su Patria en tiempos de persecución sin una inmunidad parlamentaria que le escude.[45] Jamás saldrá a la calle con menos de tres o cuatro policías a su zaga. Su cuerpo no conocerá las cárceles ni las privaciones.

Pero —eso sí— si otros a precio de las mejores vidas —¡muertos paternos de la Falange!— logran hacer respetable una idea o una conducta, entonces el «madrugador» no tendrá escrúpulo en falsificarla. Así, en nuestros días, cuando la Falange a los tres años de esfuerzo recoge los primeros laureles públicos —¡cuán costosamente regados con sangre!—, el «madrugador» saldrá diciendo: «¡Pero si lo que piensa la Falange es lo que yo pienso! ¡Si yo también quiero un Estado corporativo y totalitario! Incluso no tengo inconveniente en proclamarme "fascista".»

Algunos ingenuos camaradas hasta agradecerían esta repentina incorporación. Creerán que la Falange ha adquirido un refuerzo valioso. Pero lo que quiere el «madrugador» es suplantar a nuestro movimiento, aprovechar su auge y su dificultad de propaganda, encaramarse en él y llegar arriba antes de que salgan de la cárcel nuestros presos y de la incomunicación nuestras organizaciones. En una palabra: madrugar. (*OC*, II, 1 009.)

Pues bien, en el juicio de Alicante, José Antonio aduce este artículo como una prueba más de que entre él y «las derechas» no existía la menor relación, y se refiere a un ataque que el artículo provocó en el diario monárquico *La Época*:

Sabe perfectamente el Tribunal que en esta comarca, en esta región de Levante, predomina, entre el elemento militar, la Unión Militar Española. La U.M.E. tenía un Jefe con el que soñaba, que era el pobre Calvo Sotelo, y tenía un órgano en la Prensa que es *La Época*, que es el pequeño foco intelectual militar ultrarreaccionaria, y Calvo Sotelo era el Profeta. *La Época*

44. SALVADOR DE MADARIAGA, *España. Ensayo de historia* (Madrid, Espasa-Calpe, 12.ª ed., 1978), p. 383.
45. Al caer la dictadura de Primo de Rivera, Calvo Sotelo se fugó a Portugal, estableciéndose luego en París. José Antonio le despreciaba por no haberse quedado en España y defendido la labor de la dictadura. Calvo Sotelo no volvió al país hasta ser amnistiado en abril de 1934.

me tenía la simpatía que demuestra este tremendo artículo ofensivo publicado en primero de julio en contestación a mi artículo a que me refería antes... Estando yo en la Cárcel se me injuria. Éste es el pago de la U.M.E., que no tiene fuerza en casi ninguna región de España, pero en esta Alicante sí [...] Dije exactamente lo que respondió a la situación de mi espíritu, y lo dije con tal fijeza que entonces fue cuando *La Época*, el órgano de la U.M.E. de los madrugadores, de los que aspiraban a valerse de mí insistieron, escribiendo ese artículo que también dejo entregado a la consideración del Tribunal.[46]

El artículo de *La Época* a que se refiere tan insistentemente José Antonio nunca ha sido localizado hasta ahora. Y no es sorprendente, porque no existe en ninguna hemeroteca o museo de España, que nosotros sepamos, una colección de *La Época* que contenga los números del diario correspondientes a junio y julio de 1936 (*La Época* desapareció, claro está, al estallar el Movimiento), y la viuda del marqués de Valdeiglesias, director del rotativo, tampoco los tiene en su archivo personal.[47] Es una suerte, por lo tanto, que la hemeroteca de la Biblioteca Británica (British Library) de Londres sí guarde entre sus magníficos fondos una copia microfilmada de los últimos números de *La Época* y, concretamente, del número del 1 de julio de 1936. Allí, en primera plana, y algo mutilado por la censura, hemos encontrado el «tremendo artículo ofensivo» que tanto hirió los sentimientos del jefe de la Falange. Es un texto estilísticamente torcido en el cual no se nombra directamente a José Antonio, pero a la segunda o tercera lectura su intención queda clarísima :

UN NUEVO ESTILO Y UNA UNIDAD DE DESTINO [48]

Nos producía tanto rubor la posibilidad de que nuestras palabras aparecieran en contradicción con el más leve de nuestros gestos, que nos vedamos cualquier exteriorización del deseo imperioso que sentíamos de un nuevo estilo para toda la política española.

Ciertamente no habíamos hecho pasar nuestro deseo por el registro de la propiedad intelectual; jamás nos asaltó una preocupación de originalidad ni nos produjo inquietud que alguien nos regateara la cualidad de primeros usufructuarios.

Nos preocupaba solamente —y eso en la medida que puede preocupar lo que se hace sin esfuerzo— no romper la línea por donde imaginábamos que nos llevaba el nuevo estilo.

No nos hubiéramos perdonado nunca la vanidad de disputar

46. Mancisidor, pp. 209, 212.
47. El marqués de Valdeiglesias describe los últimos momentos de la larga vida de *La Época* (1849-1936) —decano de la prensa madrileña— en su libro *Así empezó...* (Madrid, G. del Toro, 2.ª ed., 1974), pp. 13-20.
48. Evidente alusión a la terminología falangista.

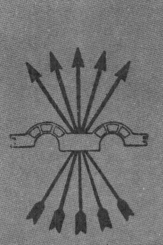

Arriba

Núm. 33 · Madrid, 21 de febrero de 1936 · Año II

El 28 de marzo de 1935 se dijo en ARRIBA: "Recordad el vaticinio, lectores: antes de la primavera del año próximo tendremos a Azaña en el poder."

Sucedió lo que debía suceder

Como veníamos prediciendo hace un año, triunfaron las izquierdas y ya hay Gobierno presidido por el señor Azaña. Una hora interesante y peligrosa. Nuestra serenidad.

Hora expiatoria — Recapitulación de textos

Para la Falange los resultados de la consulta son desastrosos por todo el país, y no se elige a un solo candidato de la organización.

Jorge Vigón.

«Si Vigón, tú y demás gentecilla de "La Época" me creyerais ya vencido y fracasado...» (Carta de José Antonio a J. I. Escobar, marqués de Valdeiglesias, julio 1936.)

Marqués de Valdeiglesias.

un puesto, la insania de fomentar desconfianzas y discordias, ni la puerilidad de patalear histéricamente contra un aguijón, cuando no podíamos aplastar con el aguijón, sino el avispero, la avispa culpable, por lo menos.[49]

Ni es preciso decir que padecemos tan aguda anafilaxia para el ridículo, que no hubiéramos podido conciliar el sueño si un día nos hubiéramos sorprendido con espíritu de segundo de la clase, verdes de contrariedad por el éxito escolar del más inteligente, más estudioso, o simplemente más afortunado.

Este satisfactorio resultado de la introspección que acabamos de realizar, un poco rápidamente por la costumbre —que no nos cansaremos de recomendar a todos—, ha venido a robustecer la idea que venía halagándonos considerablemente de que es el nuestro temperamento de políticos y no de ensayistas.

El político es el hombre que no declara producto estancado las ideas que adopta, y que —en algunos casos— produce. Le nacen, cuando le nacen, con una tendencia expansiva en cuya realización goza y de la que arranca su propia acción.

El ensayista, en cambio, no es un realizador; su preocupación más aguda es la de que las gentes de tal o cual cenáculo elogien su talento, aunque —como es de rigor— no dejen de juzgarle severamente apenas ha vuelto la espalda. La tarea a que se entrega más asiduamente es la de convencer a quienes le rodean de que esta o aquellas expresiones felices son parte de su fértil ingenio. A veces —aunque ello no sea frecuente— también reclama la maternidad de una idea.

Maternidad —nos urge decirlo— no está escrito aquí por equivocación. El temperamento de este tipo de ensayista es esencialmente femenino. Gusta de lo brillante, de lo vistoso y de lo nuevo; su vida espiritual es un torneo de coqueterías, una carrera de intrigas y un infierno de celos. Es amable y es agria; sonríe y hiere; no tolera la proximidad de otra inteligencia, y vive, por ello, la tragedia de entregar la suya a un círculo de íntimos a los que desprecia. Por eso cuando quiere bañar el alma en el gozo de un elogio que estima, en busca de él se evade de los suyos hacia el grupo de las amigas inteligentes y bellas, o de los adversarios menos enconados. Adversarios y amigas, cuyo contacto difícilmente le perdonarían esos otros admiradores a quienes en el fondo él quiere poco.

Pero cuando al ensayista le aflige además un deseo incontenido de mando, deja de ser un ejemplar literario pintoresco, para ser un peligro nacional en potencia. Peligro tanto más grave cuanto más le adornen esas cualidades accesorias que son la simpatía, la fluidez verbal, la prestancia física y el valor. Por eso cuando ellas se acumulan en el ensayista, si la cultura, la inteligencia y un verdadero amor a la patria no sirven de correctivo a la frivolidad de su espíritu inquieto y disperso, es preciso vigilar muy de cerca a este futuro portador de daños irreparables.

49. Alusión al hecho de que José Antonio («la avispa culpable») está encarcelado y, así, fuera del alcance.

En un caso de ésos, nosotros pondríamos la esperanza en el ridículo. Un día pudiera declinar su estrella, en el horizonte de los menos ingenuos, por no haber sabido vencer el impulso antiestético de una rabieta histérica.[50] Otro, para los más sabiondos, perderá cuando les descubra el disparatorio de sus interpretaciones históricas. Los espíritus sensibles padecerán considerablemente cuando le vean esforzarse por abrir a codazos el paso a primera fila.

Y si un día, cuando las angustias de la patria reclamen la formación [*faltan unas diez palabras quitadas por la censura*] de la «unidad de destino» —al que algún día en una escapada erudita le buscaremos el verdadero padre [51]— tiente el diablo la vanidad del ensayista para que abra una brecha de recelos y de desconfianzas, entonces en el ánimo de los hombres de bien se labra[rá] angustiosamente la condenación que se reserva para las acciones irrevocablemente imperdonables.

Se comprende que este «tremendo artículo ofensivo», de paternidad desconocida aunque probablemente escrito por Jorge Vigón, sacara de quicio al «futuro portador de daños irreparables» encarcelado en Alicante. Antes de leer el artículo —alguien le contó lo que decía— José Antonio le escribió una carta furiosa al director de *La Época*, José Ignacio Escobar, marqués de las Marismas (y, después, al morir su padre, marqués de Valdeiglesias). Esa carta fue encontrada entre los papeles dejados por el jefe de la Falange en su celda, y publicada por Indalecio Prieto en 1967.[52] No sabemos a ciencia cierta si es copia de una carta mandada a Escobar o sólo borrador de una misiva nunca enviada. De todos modos es el texto más violento que conocemos de José Antonio, y el que más claramente revela su capacidad para el abuso personal:

4 de julio, 1936
J. I. Valdeiglesias

Me dicen que *La Época* —ese modesto sapo semiclandestino que sigues editando con las pesetas que nos timaste a unos pocos, entre otros a mí [53]— se mete conmigo.

Excuso decirte el inmenso regocijo que ello me proporciona. Si Vigón,[54] tú y demás gentecilla de *La Época* me creyerais ya

---

50. Probable alusión al proceso de José Antonio del 28 de mayo de 1936, al final del cual, al escuchar el jefe de la Falange la sentencia dictada contra él por tenencia ilícita de armas, agredió violentamente al secretario del juicio oral, quien se defendió arrojando a la cabeza del prisionero un tintero. *La Época* (19 de junio) describió con todo detalle y evidente satisfacción este incidente, que dio lugar a otro proceso por desacato.

51. ¿Referencia a José Ortega y Gasset?

52. PRIETO, pp. 137-138.

53. ¿Entregaría José Antonio un donativo a *La Época*? Sobre este particular no poseemos documentación.

54. Jorge Vigón y Suerodíaz, colaborador de *La Época*, teniente coronel del Ejército y miembro de Acción Española.

vencido y fracasado, sería natural que me guardaseis todas las consideraciones, aumentadas por mi estado actual de preso en que me es imposible contestar adecuadamente a las canalladas.

Pero no podéis conservar respecto de mí ni siquiera la serenidad (no digo la caballerosidad que desconocéis) porque os desasosiega y os irrita ver que, preso y todo, sigo representando en España mucho más que *La Época*, tú, Vigón y toda vuestra risible compañía.

Ya comprenderéis que me doy cuenta muy bien de que lo que os duele no es mi discrepancia, en algún punto, con las derechas; lo que os duele es la conciencia de vuestra resentida inferioridad: a ti, personalmente, el ser feo, tonto, inútil, mil veces derrotado en empresas amorosas y, por último, hijo de una madre y de un padre de los que no te puedes enorgullecer.

Así sois todos: vencidos, resentidos, envidiosos... ¿Cuántos fracasos íntimos no se agitan en la rabia con que me favorece Vigón?

Podéis seguir mordiendo en ese papelucho que —para redoblar vuestra ira— no lee nadie. Si valieseis la pena de que se os tuviera odio, ¿qué mayor delicia para mi odio que saberos recomidos, recocidos, impotentes en vuestra envidia?

¡A fastidiarse, amigos!

El 13 de julio de 1936, a las tres de la madrugada, es asesinado Calvo Sotelo. José Antonio se entera de lo ocurrido aquella noche. Recuerda Margarita Larios: «El día que asesinaron a Calvo Sotelo fui, como todos los días, dos veces a la cárcel, una vez por la mañana y otra vez por la tarde, pero al enterarme de la muerte de Calvo Sotelo volví a la cárcel para darles la noticia, ya que era sumamente grave y triste.» [55] ¿Cómo reaccionaría José Antonio al conocer la nueva? Cabe pensar que, al reflexionar sobre ella, el jefe de la Falange vería las ventajas que para él significaba la desaparición de su rival monárquico. José Antonio, en los últimos momentos de la conspiración, confía plenamente en el éxito del golpe, y piensa que pronto habrá recobrado su libertad. A la cabeza de sus huestes, y con la *muerte providencial* del hombre fuerte de las derechas en que se había ido convirtiendo Calvo Sotelo, la posición de José Antonio se le antojaría inexpugnable.

Dentro de muy pocos días, sin embargo, los sueños de poder del jefe de la Falange serían definitivamente desechados.

55. Carta al autor de doña Margarita Larios, 30 de noviembre de 1979.

V. La Falange y la conspiración

José Antonio Primo de Rivera, hijo de un distinguido general, dictador de España, antiguo oficial· del Ejército él mismo y hombre que cree profundamente en las virtudes de la profesión de armas, tiene forzosamente que haber pensado continuamente, a partir de la fundación de la Falange, en la probabilidad de una necesaria colaboración con los militares antiizquierdistas. ¿Podría la Falange conquistar el Estado ella sola? Mediante las urnas, en absoluto. La situación española no se correspondía ni con la alemana ni con la italiana, y la Falange llegaba tarde sobre el escenario político para poder adquirir una sólida militancia de base, o una fuerza electoral suficiente para llevarla «democráticamente» al poder. Dijera lo que dijera en público, José Antonio sabía que, tarde o temprano, un acuerdo con los militares era indispensable.

Según Ledesma Ramos, José Antonio, recién nombrado jefe único de F.E. de las J.O.N.S., entró en contacto poco después de los sucesos revolucionarios de octubre de 1934 con un grupo de generales que trataban de organizar un golpe de Estado.[1] Había llegado entonces el general Franco a Madrid a hacerse cargo del Estado Mayor Central del Ejército, y mucha gente, incluido José Antonio, albergaba la esperanza de que se produjera bajo su dirección un golpe militar:

> Por aquellos días, el General Franco vino a Madrid a hacerse cargo del Estado Mayor Central del Ejército, como Jefe del mismo. La cobardía gubernamental no le permitió ser Ministro de Guerra, cargo en el que quedó «el notario español en Rusia», don Diego Hidalgo. No obstante, la llegada del General Franco al Palacio de Buenavista llena de esperanzas a los españoles y a los falangistas. Ignoro si en aquellos días el futuro Caudillo de España contestaría por escrito o verbalmente a José Antonio, pero sí me consta que en el ánimo de éste se abrió por unas horas la ilusión de que el Ejército tomase la dirección del Estado, una vez más en peligro por la timidez, la falta de energía y la insólita carencia de virilidad de los gobernantes.[2]

1. Roberto Lanzas, ¿Fascismo en España?, pp. 204-207.
2. Ximénez de Sandoval, p. 263. José Antonio le había escrito a Franco, el 24 de septiembre de 1934, una carta que, andando el tiempo, sería famosa (OC, I,

129

El golpe de Estado no se produjo. Un mes después, en su «Carta a un militar español», el jefe de Falange expone otra vez su concepto de las dos Españas, y llega a la conclusión de que «sólo en un caso triunfaría el movimiento nacional en su intento de asalto al Poder: si las fuerzas armadas se pusieran de su parte o, al menos, no le cerraran el camino». El Ejército «es el único instrumento histórico de ejecución del destino de un pueblo. No puede conducirse a un pueblo sin la clara conciencia de ese destino». Pero ¿qué tipo de Estado debe imponer el Ejército? Que los militares dirijan su mirada hacia Europa, hacia Italia y Alemania:

> Europa ofrece ricas experiencias que ayudan a acertar: los pueblos que han encontrado su camino de salvación no se han confiado a confusas *concentraciones de fuerzas*, sino que han seguido resueltamente a una minoría fervientemente nacional, tensa y adivinadora. En torno a una minoría así puede polarizarse un pueblo; un amorfo agregado de personas heterogéneas no puede polarizar nada [...] Los rumbos abiertos a otros países superpoblados, superindustrializados, convalecientes de una gran guerra, se abrirán mucho más llanos para nuestra España semipoblada y enorme, en la que hay tanto por hacer.

El Ejército, pues, debe poner su confianza en aquellos civiles «en quienes encuentre más semejanza con el Ejército mismo; es decir, en aquellos en quienes descubra, junto al sentido militar de la vida, la devoción completa a dos principios esenciales: la Patria —como empresa ambiciosa y magnífica— y la justicia social sin reservas —como única base de convivencia cordial entre los españoles». Lo cual quiere decir: en aquellos civiles que pertenecen a Falange Española y que abrigan «la esperanza de imperar».[3]

Este documento, prototipo de la «Carta a los militares de España» redactada por José Antonio en la cárcel de Alicante en mayo de 1936, demuestra claramente su convicción de que, sin el apoyo del Ejército, la Falange no tiene ni tendrá la posibilidad de conquistar el poder. Excepción hecha de unas eufóricas vacilaciones, de las cuales hablaremos más adelante, José Antonio no modificaría su posición con respecto al Ejército.

El próximo hito importante en el camino de la Falange hacia la insurrección armada fue la reunión de la primera Junta Política de Falange, celebrada en Gredos el 16 de junio de 1935. Fue entonces cuando, en palabras de Francisco Bravo, se tomó «la de-

434-436). La desilusión de José Antonio al no producirse el golpe fue compartida por mucha gente de derechas. Cfr. Sainz Rodríguez, p. 211: «Fue aquella represión un momento en que, si hubiese habido una cabeza directora y una mayor energía, puede que lo que se hizo en 1936 con muchas dificultades, originando una guerra civil, hubiese podido realizarse con más facilidad mediante un golpe de Estado en 1934. El ambiente era lo más propicio...»
3. *OC*, II, 464-469.

cisión oficial y terminante de la Organización de ir a la guerra civil y santa, para el rescate de la Patria».[4] De los veinte asistentes, aproximadamente, a la reunión, el único en publicar sus recuerdos de lo que allí se debatió fue Bravo, por lo cual su testimonio tiene una capital importancia. El falangista salmantino explica cómo José Antonio les expresó en aquella ocasión su convicción de que las izquierdas ganarían las próximas elecciones —ya estaba lanzada la idea de un bloque electoral unido— y de que hacía falta adelantarse a la revolución roja al organizar un golpe de Estado. Según Bravo, José Antonio les dijo que, una vez ganadas las elecciones por las izquierdas:

> A nosotros se nos plantearán días tremendos, que habremos de soportar con la máxima entereza. Pero creo que, en vez de esperar la persecución, debemos ir al alzamiento, contando, a ser posible, con los militares, y si no, nosotros solos. Tengo el ofrecimiento de diez mil fusiles y de un general. Medios no nos faltarán. Nuestro deber es ir, por consiguiente, y con todas las consecuencias, a la guerra civil.[5]

Bravo evoca a continuación la exultación de los falangistas reunidos al escuchar la buena nueva,[6] y luego recuerda los planes expuestos por José Antonio y según los cuales pensaba organizar una marcha sobre Madrid, reminiscente de la de Mussolini sobre Roma:

> Haríamos concentrar en un punto próximo a la frontera portuguesa —luego me enteré que se había elegido Fuentes de Oñoro, en mi provincia salmantina— unos miles de nuestros hombres. Allí serían armados. Allí aparecería a su frente un general, del que se nos ocultó el nombre, pero cuya figura maciza y fuerte vagaba por nuestras mentes, tal como si lo viéramos al frente ya de nuestras centurias. Y nos lanzaríamos a la lucha, planteando un hecho consumado a los patriotas de corazón que no tuvieran borrado el sentido del honor y de la vergüenza [...] Y así fue acordado que Falange —que iría a las próximas elecciones para hacer propaganda y nada más— cifrara todos sus anhelos en la preparación para la guerra insurreccional.[7]

En 1945, Julián Pemartín resumió sucintamente los acuerdos tomados en Gredos:

> José Antonio convocó esta reunión clandestina en la que, al decidirse la marcha resuelta hacia la insurrección armada, el Jefe

4. FRANCISCO BRAVO, *José Antonio, el hombre...*, p. 159.
5. Ibíd., p. 162.
6. Cfr. JOSÉ LUNA MELÉNDEZ, «Anécdotas de José Antonio», en *José Antonio, fundador y primer jefe...*, p. [157]: «Al consultar uno a uno sobre la opción por la revolución armada, y llegarme el turno a mí, recuerdo perfectamente bien que, sin más palabras, opté por la revolución armada.»
7. BRAVO, ibíd., pp. 163-164.

Nacional recibió plenos poderes para dirigir los contactos conspiratorios con los elementos afines al Ejército.[8]

Pues bien, ¿quién fue el general cuyo «ofrecimiento» había recibido José Antonio y con quien, lógicamente, el jefe falangista habría tratado a fondo los problemas relacionados con un posible alzamiento? La *Historia de la cruzada española*, en su descripción de la reunión de Gredos (1940, VIII, pp. 358-359), utiliza el relato de Bravo publicado el año antes y añade algunos detalles nuevos procedentes, por lo visto, de Rafael Sánchez Mazas y José María Alfaro, testigos presenciales los dos de cuanto ocurrió en Gredos:

> José Antonio habló de la actitud de ciertos generales. Indicó que el que más simpatía contaba en el país y más confianza inspiraba era Franco. Y se refirió a otros, especialmente a Mola y Goded, con los que ya había hablado en el verano del año 1934 (p. 359).

En 1964, en su libro *José Antonio íntimo*, Agustín del Río Cisneros y Enrique Pavón Pereyra fusionaron sendas versiones de Francisco Bravo y la *Cruzada* para producir un texto que titularon «Temas y conceptos que explayó José Antonio en la reunión celebrada en Gredos los días 15 y 16 de junio de 1935, ocasión en que la junta política decidió ir al alzamiento». Los recopiladores no explican al lector que a Bravo y a la *Cruzada* ellos han añadido por su cuenta detalles suyos. Así, por ejemplo, la frase que acabamos de citar de la *Cruzada* reza en la versión de Del Río y Pereyra:

> José Antonio habló de la actitud de ciertos generales. Indicó que el que más simpatía contaba en el país y más confianza inspiraba era Franco. Mencionó por vez primera a Yagüe, a Moscardó, a los activistas afiliados al Movimiento en las plazas africanas. Y se refirió a otros, especialmente a Mola y Goded, con los que ya había hablado en el verano de 1934. (*OC*, II, 712.)

¿Cuál es la fuente de la información sobre Yagüe, Moscardó y los otros «activistas» insertada por los recopiladores? No nos lo dicen. Su texto —más bien improvisado zurcido— no puede servir como fuente fidedigna sobre lo dicho por José Antonio bajo aquellos pinos de Gredos, y asombra que un conocido historiador haya podido pensar que «tiene tal trascendencia que merece la transcripción íntegra» o que «es también importante la revelación de las conversaciones previas de Primo de Rivera con Mola y Goded en el verano de 1934».[9]

Repetimos, pues, la pregunta: ¿quién fue el general que se había

8. Julián Pemartín, *Almanaque de la primera guardia* (Madrid, Editora Nacional, 1945), página correspondiente al 16 de junio de 1935.
9. Ricardo de la Cierva, pp. 570-572.

Falange llegaba tarde
sobre el escenario político
para poder adquirir
una sólida militancia
de base, o una fuerza
electoral suficiente
para llevarla
«democráticamente» al poder.
(En la foto,
José Antonio hablando
en un mitin de Falange.)

José Antonio
en unos ejercicios
de tiro celebrados
en la reunión de Gredos.

Reunión de la primera
Junta Política de Falange,
celebrada en Gredos
el 16 de junio de 1935.

ofrecido a José Antonio? De los falangistas que asistieron a la reunión de Gredos quedan poquísimos: José María Alfaro, Manuel Valdés Larrañaga, Raimundo Fernández Cuesta y Pepe Sainz. Hemos conectado con los tres primeros. José María Alfaro no recuerda nada de una referencia de José Antonio a un general. Tampoco han podido ayudarnos en este sentido los otros dos supervivientes con quienes hemos hablado. Estamos, pues, en el campo de la especulación. Nosotros pensamos que el candidato más probable es Sanjurjo, hipótesis que se apoya en el hecho de que dicho general no sólo era amigo de José Antonio sino que estaba a la sazón exiliado en Portugal y hubiera podido acudir fácilmente y sin atraer la atención a la frontera española para reunirse con los falangistas concentrados en Fuentes de Oñoro.

La idea de la marcha sobre Madrid, por lo visto muy cara a José Antonio, fue desechada durante los siguientes meses. Se ha afirmado que fue el propio general Franco, jefe del Estado Mayor Central en la época, quien vetó el proyecto, de acuerdo con el comandante Bartolomé Barba, jefe de la U.M.E.[10]

La reunión de Gredos coincidió con la concesión por los fascistas italianos de una subvención mensual de 50 000 liras a José Antonio, concesión decretada por el conde Ciano, yerno de Mussolini, con el posible conocimiento del Duce. La operación, estrictamente secreta, fue organizada desde París por el agregado de prensa de la embajada italiana, Landini, y José Antonio siguió cobrando la subvención hasta su ingreso en la cárcel Modelo de Madrid en marzo de 1936. El historiador y economista Ángel Viñas, de quien tomamos estos datos, estudia el tema a fondo en su documentadísimo libro *La Alemania nazi y el 18 de julio*, y calcula que, de haber percibido todas las mensualidades correspondientes a dicho período, la Falange cobró el equivalente (en 1975) de 7 285 714 pesetas.[11]

A cambio de estas facilidades, José Antonio suministró a los italianos, en el otoño de 1935, un informe sobre la situación política española, que reproducimos en apéndice. En él, entre otras cosas, José Antonio subraya —¿para qué lo ocultaría?— el carácter fascista de la organización que dirige: «La Falange Española de las J.O.N.S. ha logrado convertirse en el único movimiento fascista de España, lo cual era difícil, habida cuenta del carácter individualista del pueblo.» En la última parte del informe consta una alusión a un posible asalto al poder por la Falange que encaja con las discusiones de Gredos, y con un episodio que será narrado en un momento:

10. Maximiano García Venero, p. 104.
11. Ángel Viñas, *La Alemania nazi y el 18 de julio* (Madrid, Alianza, 1977), pp. 299-303.

Si la revolución socialista estalla contra el Gobierno, la Falange, al lado de la Guardia Civil, podrá apoderarse de algunos pueblos, quizá incluso de una provincia, y proclamar la revolución nacional contra un Estado impotente que no ha sabido ahorrar al país varias revoluciones en un año. El Gobierno, bastante incomodado con los socialistas, encontrará muy difícil enviar tropas contra el fascismo, y si éste ha logrado ganar la adhesión de la Guardia Civil y de las fuerzas militares en el territorio ocupado· es seguro que las tropas expedicionarias hagan causa común con ellos. Se hubiera podido desarrollar perfectamente ese plan en Asturias en el mes de octubre de 1934 si Falange hubiera sido tan fuerte como ahora.[12]

Durante el verano y otoño de 1935 los contactos entre José Antonio y los militares continuaron. Al mismo tiempo el jefe falangista no dudaba en expresar públicamente su convicción de que la guerra civil se aproximaba. El 17 de noviembre, al cerrarse el Segundo Consejo Nacional de la Falange en el cine Madrid, José Antonio arremetió contra el Parlamento («Aquello se cae a pedazos, se muere de tristeza, todo es aire de pantano insalubre, todo es barrunto de una muerte próxima y sin gloria») y pronosticó, viendo ya venir la revolución soviética:

En esta hora solemne me atrevo a formular un vaticinio: la próxima lucha, que acaso no sea electoral, que acaso sea más dramática que las luchas electorales, no se planteará alrededor de los valores caducados que se llaman derecha e izquierda; se planteará entre el frente asiático, torvo, amenazador, de la revolución rusa en su traducción española, y el frente nacional de la generación nuestra en línea de combate. (*OC*, II, 806.)

Poco tiempo después, en *Arriba*, José Antonio exclama: «Os espera muy pronto una nueva revolución comunista», frase que, en opinión de Ricardo de la Cierva, demuestra que José Antonio «se ha dejado impresionar en demasía por la propaganda comunista tras octubre».[13] Pero el hecho es que, *a partir de sus primeros discursos públicos en 1930*, José Antonio veía cerner sobre España la amenaza soviética. Así, en un mitin organizado por la Unión Monárquica Nacional el 5 de octubre de aquel año, se desahogó el futuro jefe de la Falange de esta forma:

No hay más que dos caminos en estos momentos trascendentales: o la revolución o la contrarrevolución. O nuestro orden tradicional o el triunfo de Moscú, que ha abolido la religión, la familia, el pudor y el amor a la Patria. *(Aplausos.)* Porque sabed que la III Internacional ha gastado en Europa, durante uno solo de los últimos meses, 36 millones de dólares en propaganda.

12. Viñas, p. 424.
13. De la Cierva, p. 574.

Sabed que sostiene en España tres periódicos comunistas, y no menos de doscientos propagandistas del comunismo. Y Moscú será lo que triunfe si triunfa la revolución. No será una revolución contra la Monarquía, sino la subversión completa del orden social... (*OC*, I, 62.)

Es difícil creer que el José Antonio de 1935 creyera seriamente que los rusos proyectaban apoderarse de España e imponer el comunismo. Sin embargo, lo afirma en mitin tras mitin. Nos parece evidente que José Antonio y la Falange querían la guerra, no para impedir que se produjera una revolución soviética, sino para imponer un sistema fascista que barriera una vez para siempre, no ya el comunismo, sino la misma democracia. Y para conquistar el Estado había que atemorizar a la derecha y al Ejército con la horrenda visión de la embestida de las hordas marxistas, sedientas de sangre burguesa y decididas a imponer en España la dictadura del proletariado.

En diciembre de 1935, al ser nombrado presidente del Consejo Manuel Portela Valladares —masón odiado tanto por la Falange cuanto por Gil Robles—, José Antonio decidió que había llegado el momento de armas tomar. Se trata del famoso episodio de Toledo, al que especialistas desde Southworth hasta Ricardo de la Cierva han negado realidad histórica, pero que, sin embargo, ocurrió. En vez de recurrir a la descripción del episodio dada por otros autores, escuchemos a dos protagonistas de lo ocurrido: José María Alfaro y Raimundo Fernández Cuesta. El primero nos ha dicho:

El anecdotario es muy curioso, y totalmente cierto. Se produjo el 27 de diciembre y era el día 28 cuando partimos, el día de los Inocentes. Aquel día 27 convocó José Antonio una reunión, porque acababa de producirse el nombramiento de presidente del Consejo de Ministros de Portela Valladares. Y José Antonio nos habló de que había que evitar que eso siguiera adelante. Entonces él tuvo la idea de que, para arrastrar al Ejército, a que no le había dicho nada, pues había que hacer el amago de sublevación, simbólicamente, sobre la Academia de Toledo, que era la cosa madre: Toledo, la Academia Militar, la Infantería, todo eso. Entonces, yo me opuse a esto. Yo era entonces bastante travieso y opositor. Dije que eso era una locura, y que si se intentaba simplemente sacar una sección, pues en las calles de Toledo bastaba dejar caer los tiestos para acabar con la sublevación. Todos allí le apoyaron a él y a la tesis ésta. Entonces dije: «pues sí, que se vaya a hablar con Moscardó». Porque Moscardó era entonces, de los dos coroneles —el que dirigía la Academia y el que era jefe de la Escuela de Gimnasia del Ejército— el más antiguo, y por tanto el que tenía el mando de la plaza.[14]

14. Según CABANELLAS, p. 1 239, Moscardó nació en 1878.

Ciano, unos años más tarde, a su llegada a Barcelona.

La reunión de Gredos coincidió con la concesión por los fascistas italianos de una subvención mensual de 50 000 liras a José Antonio, concesión decretada por el conde Ciano, yerno de Mussolini, con el posible conocimiento del Duce.

El Duce.

El general Mola se convertiría en director de la conspiración.

Ahora le voy a contar unos detalles muy curiosos. Entonces yo le dije a José Antonio, como me había opuesto, cuando se decidió yo le dije: «Para que no creas que me he opuesto porque tenía miedo, yo te pido que me dejes ir, aunque estoy absolutamente en contra.» Me dijo: «Bueno, con tan poca convicción no vayas.» Digo: «No, a lo mejor más vale el celo de un escéptico que el entusiasmo de un encendido.»

Aquella noche teníamos una reunión, una comida, de una cosa que se llamaba «Los amigos de Carlos Magno». Estos amigos de Carlos Magno era un club de *gourmets*, y yo pertenecía a eso.[15] Entonces le dije a José Antonio —porque estas reuniones las teníamos de smoking y las celebrábamos en un hotel que ha decaído mucho, el hotel París, en la Puerta del Sol a la entrada de la calle de Alcalá, donde había un precioso comedor de los tiempos de Alfonso XII y un cocinero excelente—, le dije: «No podré ir a eso.» José Antonio también pertenecía a ese grupo. Dije: «Yo no podré ir, lo siento», porque yo había sugerido a los invitados. «No te preocupes —me contestó—. Tú puedes ir después, y además así, si las cosas van muy mal, tienes una espléndida coartada porque van a declarar 18 personas y todo el personal que tú estabas en Madrid aquella noche.»

Recuerdo que me esperaron Fernández Cuesta y un mecánico para llevarnos en el coche porque Sainz estaba en Toledo, era el jefe del Turismo allí.[16] Fernández Cuesta me esperó en el café Lion, frente a Correos. Y allí nos encontramos y salimos después de que yo hubiera ido a casa a cambiar el smoking y tal. Saldríamos a las dos de la madrugada. Fuimos a Toledo y me acuerdo de que pasamos lo que quedaba de la noche en un pequeño hotel que nos había buscado Sainz, una media fonda. A las seis de la mañana nos levantamos —hacía un frío espantoso—, y bajamos a la vega, con una niebla de esas del río, a ver si nos encontrábamos con Moscardó en la Escuela de Gimnasia, que estaba en la vega. Y hablamos con él. Y entonces le dijimos: «Mire usted, esto anda muy mal. Aquí no se sabe lo que va a pasar, en fin, no se sabe si detrás de esto viene inevitablemente el Frente Popular.» Lo que sucedió, efectivamente, porque eso se veía venir. Después del fracaso de la C.E.D.A. era muy difícil el triunfo de la derecha. El Frente Popular llegaba. Entonces él estaba conforme, era hombre en aquel tiempo de pocas palabras, probablemente cauteloso, viendo venir a esos alucinados, y dijo: «Bueno, no puedo decidir yo solo, tengo que consultar, tengo que pensar en mis oficiales.» «Muy bien.» Y entonces nos preguntó dónde íbamos a estar y contestamos que, a la hora que él nos dijese, estaríamos en la oficina de Turismo, diríamos que estábamos viendo un programa para que no corriera la voz de que había allí unos tipos que querían hacer la sublevación.

Y estando en el estudio vi llegar a dos hombres y pensaba

15. Cfr. J. MIQUELARANA, «Las cenas de Carlomagno», en *José Antonio, fundador y primer jefe...*, p. [33].
16. José Sainz Nothnagel.

que venían a arrestarnos. Pero no, era el ayudante de Moscardó. Y entonces nos dijo esta cosa increíble: que el coronel estaba perfectamente convencido de que José Antonio Primo de Rivera estaba unido a sus posiciones patrióticas, pero que él no tomaría ninguna iniciativa si no tenía la evidencia de que al frente de esa iniciativa se pondría el general Franco. Es la primera vez que hablé con un militar así, y que me dijo esto. Con lo cual ya quedamos en decírselo a José Antonio. Nuestra misión había terminado. Franco, claro, estaba en Madrid, era todavía Jefe del Estado Mayor Central, con Gil Robles y Moscardó había ido a consultar con él.[17]

La versión de Raimundo Fernández Cuesta concuerda perfectamente con la de José María Alfaro, excepción hecha de unos pequeños detalles sin importancia:

Cuando llegó al poder el Gobierno Portela Valladares, en el año 1935, no sé por qué se le ocurrió a José Antonio entonces la idea de que la primera línea de Madrid —la línea combativa de Falange— se podría entrar en el Alcázar de Toledo (lo que luego ocurrió en la guerra) con los cadetes, con los alumnos de la Academia Militar, y lanzar por radio un mensaje invitando a la sublevación, al alzamiento nacional contra el Gobierno. Esperaba que eso produjese el efecto de que se sumiese España. Y claro, para eso quería contar con el gobernador militar de Toledo, que entonces era el coronel Moscardó, jefe de la Escuela de Gimnasia. No sé por qué proceso esto le ocurrió a José Antonio, pero lo cierto es que me llamó y me dijo: «Mira, si no te es inconveniente te vas con Alfaro, os vais a Toledo y le proponéis esto al coronel Moscardó a ver si está conforme.» Bueno, cogimos el tren [18] —yo no conocía al coronel Moscardó ni lo había visto en mi vida—, y entonces me fui directamente a ver a los jefes de Falange en Toledo a que me presentasen a Moscardó, a quien yo no conocía.

El jefe de Falange de Toledo se llamaba José Sainz Nothnagel —por parte de su madre era de familia alemana—. Éste era encargado —yo no sé si estaba al frente, pero por lo menos encargado— de la oficina de Turismo. Entonces le fuimos a ver y le pedimos que nos hiciera el favor de presentarnos a Moscardó. Efectivamente, bajamos por la mañana a la Escuela de Gimnasia y nos presentó al coronel Moscardó, a quien yo no había visto en mi vida. Y le hicimos —le ensayamos— la propuesta de José Antonio, y yo lo que temía era la reacción de ese señor («Bueno, los detenemos a ustedes por venir...»), pero no, al contrario, fue muy amable y dijo: «Me parece muy bien. Ahora yo, lo que no puedo es hacerlo sin consultar con una persona. Yo voy ahora mismo, voy a Madrid, veo a esa persona —no nos

17. Testimonio de don José María Alfaro, recogido por nosotros en magnetófono, Madrid, 11 octubre 1979.
18. Desliz de la memoria. Es seguro, como nos ha dicho don José María Alfaro, que fueron en coche a Toledo.

dijo quién era, pero era Franco, que era Jefe del Estado Mayor Central— y si está conforme, pues nada, hecho. Esperen ustedes aquí hasta la tarde que yo vuelva, y yo o un ayudante mío les dirá lo que hay que hacer.»

Va a Madrid. Luego, ya por la tarde, nos llamó, nos entrevistamos con —yo no sé entonces lo que era, capitán o comandante, luego ha llegado a general, era ayudante de Moscardó y se llamaba Carvajal— quien nos dijo: «El coronel nos dice que ha consultado con esa persona, pero que esa persona dice que le parece bien en principio, pero que no cree que es el momento oportuno.» Eso es todo lo que hubo.[19]

Gracias a Maximiano García Venero tenemos también el testimonio del propio Moscardó acerca de la visita que le hicieron Alfaro y Fernández Cuesta. En el curso de un almuerzo celebrado en Madrid hacia 1953, dijo quien cobró fama mundial durante el cerco del Alcázar de Toledo:

El año 1935, estando yo en Toledo, vino a visitarme, en nombre de José Antonio Primo de Rivera, el secretario general de la Falange, Raimundo Fernández Cuesta. Nos reunimos en lugar discreto y me formuló una proposición de tipo revolucionario.

José Antonio pretendía reunir a unos centenares de falangistas en el Alcázar de Toledo, y contando con los cadetes, acometer el alzamiento nacional, que sería secundado en otras partes de España. Escuché con atención a Fernández Cuesta, a quien declaré la imposibilidad en que estaba de tomar una decisión tan grave.

—Tengo que consultar —le dije—. Y voy a hacerlo ahora mismo. Usted puede esperarme en Toledo.

Recuerdo las precauciones que tomé para trasladarme a Madrid. Invocando un pretexto, rogué a un amigo que me facilitara su automóvil; me apeé en una calle cualquiera e indiqué al conductor que volvería allí mismo pasado un par de horas. Me encaminé a consultar con quien yo consideraba autorizado para decidir. Le pareció, como a mí, muy hermoso e impresionante el proyecto de José Antonio, mas formuló una serie de consideraciones relativas sobre todo a la oportunidad, y que no le permitían dar su parecer favorable.

A mi regreso a Toledo, informé a Raimundo Fernández Cuesta, sin mencionar, como tampoco lo hago ahora, el nombre de la persona a quien consulté.

Forzosamente, he considerado luego aquel proyecto como una premonición cumplida con exactitud: los falangistas y los cadetes se reunieron, con otros españoles, en el reducto del Alcázar.

Comenta Maximiano García Venero, presente durante el almuerzo: «La persona consultada fue el general Franco.»[20]

19. Testimonio de don Raimundo Fernández Cuesta, recogido por nosotros en magnetófono, Madrid, 7 noviembre 1979.
20. MAXIMIANO GARCÍA VENERO, p. 66.

Conviene comentar la opinión de José María Alfaro según la cual Franco le informaría *a Gil Robles* de la visita a Toledo de los emisarios de José Antonio. Se puede afirmar tajantemente que el jefe de la C.E.D.A. no sabía nada del asunto, habiendo cesado como ministro de Guerra el 12 de diciembre de 1935, dos semanas antes, cuando fue sustituido por el general Molero. Las páginas dedicadas por Gil Robles, en su libro *No fue posible la paz*, a describir los acontecimientos de esos caóticos días —escándalo del «estraperlo», maquinaciones del presidente de la República Alcalá Zamora, quien se niega a entregar el poder a Gil Robles, caída del Gobierno radical-cedista, formación del de Portela Valladares, discusiones cada vez más positivas sobre la formación de un bloque electoral unido de izquierdas, evidencia creciente de que serán pronto disueltas las Cortes— nos explican el apremio de José Antonio en que se produjera cuanto antes un golpe de Estado.

La disolución de las Cortes se decreta muy pronto, efectivamente: el 7 de enero de 1936. Cinco días después se publica el manifiesto electoral de la Falange, mencionado antes, y el 15 se firma el pacto del Frente Popular. Las energías de la Falange se consumen, hasta el 16 de febrero, en la organización de mítines y de propaganda electoral.

Entre el 16 de febrero y el 14 de marzo, fecha de la detención de José Antonio, éste estrecha sus contactos con varios militares.

El 8 de marzo —los primeros pasos de la conspiración han sido dados ya—, se reúnen en Madrid para coordinar sus planes varios generales rebeldes, convocados por Mola. Según la *Cruzada*, éstos serían, además de Mola: Franco, Orgaz, Villegas, Fanjul, Rodríguez del Barrio, Ponte, Saliquet, García de la Herrán, González Carrasco y Varela.[21] Este último representa a Sanjurjo, quien, durante la reunión, es aceptado formalmente como director de la conspiración (Sanjurjo, que reside todavía en Portugal, se encuentra en Berlín en esas fechas).[22] Está también presente el teniente coronel Valentín Galarza, dirigente de la U.M.E. (Unión Militar Española) y enlace entre Mola y los conspiradores madrileños.[23] Es posible que José Antonio asistiera también a la reunión, pues B. Félix Maíz, ayudante de Mola, habla de una entrevista del general y el jefe de la Falange «celebrada en Madrid el día 8 de marzo de 1936». Maíz afirma que, en un cuaderno de Mola, se recogen unas palabras pronunciadas por José Antonio en aquella ocasión: «Mi general, son muchos los problemas que tenemos en las altu-

---

21. *Cruzada*, IX, p. 469. Hay unas discrepancias en cuanto a la identidad de los asistentes. Según Viñas, p. 129, los militares reunidos serían «Mola, Orgaz, Villegas, Fanjul, Varela, Franco, Galarza y, posiblemente, Rodríguez del Barrio, Saliquet, González Carrasco y Kindelán». La reunión tuvo lugar en el piso del agente de Bolsa y diputado de la C.E.D.A. José Delgado y Hernández de Tejada, situado en la calle del general Arrando, núm. 19.

22. Viñas, p. 129.

23. Gil Robles, p. 702.

ras del partido. Espero que todos se resuelvan. Yo le comunicaré mis noticias.»[24]

En la reunión de los militares, según testimonio de la *Cruzada*, «se acordó emprender con la mayor rapidez los trabajos conducentes a la averiguación y recuento de todos los elementos con quienes se podía contar, así civiles como militares, para una acción defensiva de España si, como se temía por la marcha de las cosas, se producía una situación de gravísimo peligro para la patria».[25] Por otras fuentes sabemos que los generales reunidos elaboraron planes mucho más concretos entonces, fijando la fecha del 20 de abril para un golpe de Estado, intento que fracasó al enterarse el Gobierno de lo que se tramaba. A partir de entonces, el general Mola se convertiría en director de la conspiración, y Pamplona en «el eje de la resistencia contra la República del Frente Popular».[26]

El 12 de marzo, Franco —en vísperas de su salida para Canarias— se entrevista con José Antonio en la casa del padre de Ramón Serrano Suñer en Madrid. Según la *Cruzada*, «Primo de Rivera le expuso cuál era la situación de la Falange y le dio a conocer numéricamente los elementos de que disponía en Madrid y provincias, para un momento dado. El general Franco le recomendó que continuara en relación con el teniente coronel Yagüe, al cual conocía el señor Primo de Rivera por haberse entrevistado con él en aquella misma casa».[27] Serrano Suñer, que estuvo presente durante la entrevista, da de ella una versión más pintoresca en sus *Memorias*:

> Fue una entrevista pesada y para mí incómoda. Franco estuvo evasivo, divagatorio y todavía cauteloso. Habló largamente; poco de la situación de España, de la suya y de la disposición del Ejército, y mucho de anécdotas y circunstancias del comandante y del teniente coronel tal, de Valcárcel, Angelito Sanz Vinajeras, «el Rubito», Bañares, etc., o del general cual, y luego también de cuestiones de armamento, disertando con interminable amplitud sobre las propiedades de un tipo de cañón (creo recordar que francés) y que a su juicio debería adoptarse aquí. José Antonio quedó muy decepcionado y apenas cerrada la puerta del piso tras la salida de Franco [...] se deshizo en sarcasmos hasta el punto de dejarme a mí mismo molesto.[28]

Es seguro que José Antonio estaba ya en contacto, además de con Franco, con el general Yagüe, el único falangista entre aquellos generales rebeldes.[29]

24. B. Félix Maíz, *Mola, aquel hombre* (Barcelona, Planeta, 2.ª ed., 1976), p. 238.
25. *Cruzada*, IX, p. 467.
26. Gil Robles, pp. 702-703.
27. *Cruzada*, IX, pp. 467-468.
28. Ramón Serrano Suñer, *Memorias* (Barcelona, Planeta, 1977), p. 56.
29. Entrevista con Ramón Serrano Suñer, *Dolor y memoria de España...*, página 205; De la Cierva, pp. 752-753.

Herbert Southworth opina que, a raíz de esos contactos establecidos entre José Antonio y los conspiradores militares, el papel de la Falange quedaba claramente definido. Consistía, además de la ayuda que sería prestada al estallar la sublevación, en desestabilizar todo lo posible la situación política y social actual del país. Según el historiador norteamericano (quien a nuestro juicio tiende a subestimar el grado de violencia ejercido por varios sectores *de las izquierdas*):

> Las actividades de los falangistas descubren que ya se había asignado un papel al movimiento: sembrar el terror en las calles para crear aquella atmósfera de miedo a la «dictadura del proletariado». Esta campaña de terror en las calles fue dirigida por José Antonio Primo de Rivera, y nunca se insistiría bastante en el hecho de que la Falange elevó el rango social del pistolero al mezclar, con los profesionales reclutados en el lumpemproletariado, doctores, abogados y aristócratas fascistas.[30]

El 11 de marzo un grupo de pistoleros falangistas casi logra asesinar a Luis Jiménez de Asúa, profesor de Derecho Penal de reputación internacional y uno de los padres de la Constitución de la Segunda República, matando a su policía de escolta. Comenta Ricardo de la Cierva: «Los falangistas, exasperados justamente por el asesinato en grupo de sus jóvenes, no miden bien las trágicas consecuencias que para ellos mismos tendría la decisión de esta represalia truncada, que, en definitiva, causó, a distancia, la muerte violenta de José Antonio y, por supuesto, su detención del 14 de marzo.»[31] El 14 de marzo, efectivamente, son detenidos José Antonio y todos los miembros de la Junta Política que pueden ser localizados por la policía. Ingresan en la cárcel Modelo.

Si en Gredos, en junio de 1935, la Falange había decidido «ir, con todas sus consecuencias, a la guerra civil», tal decisión ganó arrolladora fuerza a partir del encarcelamiento de José Antonio y de la entrada en clandestinidad de la organización. «Quedaba una clara alternativa —comenta Payne—. O bien renunciar totalmente a la lucha o bien intentar un golpe, solos o en colaboración con otros, contra el régimen republicano. Obviamente, sólo la segunda opción parecía razonable.»[32]

La cárcel Modelo es una institución notablemente liberal, y los jerarcas falangistas, a través de las numerosas visitas que reciben, y de su correspondencia, pueden reestructurar con relativa facilidad la cadena de mandos de la organización. Se establece en Madrid un centro de coordinación, y José Antonio delega considerable autoridad en su hermano Fernando.[33] A finales de marzo, el

---

30. SOUTHWORTH, *Antifalange*, p. 102.
31. DE LA CIERVA, pp. 694, 698.
32. PAYNE, pp. 102-103.
33. Ibíd., p. 103.

El 11 de marzo un grupo de pistoleros falangistas casi logra asesinar a Luis Jiménez de Asúa, profesor de Derecho Penal de reputación internacional y uno de los padres de la Constitución de la Segunda República, matando a su policía de escolta. (En la foto, Jiménez de Asúa comenta el suceso con Azaña.)

José Antonio delega considerable autoridad en su hermano Fernando. A finales de marzo, el jefe nacional encarga a Manuel Hedilla la misión de organizar a los elementos de la conspiración por Castilla, León, Galicia y el Norte.

Boda de Fernando Primo de Rivera.

El 14 de marzo son detenidos
José Antonio y todos los miembros
de la Junta Política que pueden
ser localizados por la policía.
(Fotos de la ficha policial de José Antonio.)

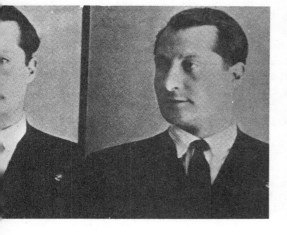

En la noche del 5 al 6 de junio,
José Antonio y Miguel
son trasladados a Alicante.

M. Hedilla rodeado de los miembros del Consejo
Nacional de F.E. y de las J.O.N.S., noviembre 1936.

jefe nacional encarga a Manuel Hedilla la misión de organizar a los elementos de la conspiración por Castilla, León, Galicia y el Norte. Hedilla viaja incansablemente por dichas zonas, contribuyendo enormemente al éxito allí de la sublevación.[34]

Entretanto José Antonio recibe dos cartas, muy cariñosas, del general Sanjurjo, residente en Portugal, quien le felicita por su «patriotismo y virilidad, de que tan necesitada está nuestra pobre Patria, que atraviesa en estos momentos horas tan amargas». Sanjurjo recibe visitas constantes de muchos jóvenes falangistas, y desea que pronto se halle en libertad José Antonio «con todos los valientes que te siguen».[35] Estas cartas, que serían utilizadas contra José Antonio durante su juicio, revelan la buena amistad que unía a los dos conspiradores, y hacen pensar otra vez en el misterioso general con quien decía contar el jefe de la Falange en Gredos en junio de 1935.

También entra José Antonio en contacto por estas fechas con los carlistas,[36] mientras las filas de la Falange son engrosadas por numerosos tránsfugas de la J.A.P., la organización de juventudes de la C.E.D.A., desilusionados con la política de Gil Robles. El jefe de la J.A.P., Ramón Serrano Suñer, empieza a colaborar estrechamente con José Antonio.[37] Todo esto contra el trasfondo de una creciente oleada de violencia y de «asesinatos cruzados».

Con el fracaso de la candidatura de José Antonio en las elecciones de Cuenca a principios de mayo, que ya hemos comentado, éste comprende que el Gobierno está decidido a guardarlo en la cárcel, sean cuales sean los cargos que haga falta componer contra él.

José Antonio ha mantenido su amistad con Antonio Goicoechea, iniciada en 1934 al firmarse el pacto entre Renovación Española y la Falange. Goicoechea le visita frecuentemente en la cárcel, y una carta que le dirige el jefe de la Falange el 20 de mayo de 1936 demuestra su confianza en el líder monárquico: «... mi situación de preso me impide realizar muchas gestiones, aunque no dirigir el movimiento, que crece por días con toda eficacia. Si en esas gestiones cerca de personas que no pueden venir a visitarme quisiera usted asumir mi representación, se lo agradecería mucho, pues tengo pruebas reiteradísimas de su leal manera de comportarse como amigo.»[38]

La situación de la Falange es cada día más difícil, con deten-

34. García Venero, *passim*.
35. Bravo, *José Antonio ante la justicia roja*, pp. 46-47.
36. Payne, pp. 109-110.
37. Ibíd., p. 104.
38. Sainz Rodríguez, p. 222. Hay una copia de esta carta en los Archivos Nacionales, Washington, D.C., T-586, roll 1062, fotograma 063036 (véase Ángel Viñas, recensión de *Testimonio y recuerdos* de Sainz Rodríguez publicada en *La Calle*, Madrid, núm. 4, 18-24 abril 1978, p. 48). Según Viñas, la carta empieza: «Veo como usted la trágica situación de España y considero que hay que pensar con urgencia en remedios extraordinarios...»

ciones diarias y la disrupción continua de su cadena de mandos y red de enlaces. José Antonio, que nunca se ha fiado de los militares, piensa, sin embargo, que ha llegado el momento de abrir negociaciones concretas con ellos, y somete el tema a la consideración de la Junta Política reunida en la cárcel Modelo. El testimonio de Manuel Valdés Larrañaga demuestra que entre los falangistas había serias divergencias al respecto:

> Según iban desarrollándose las cosas, y según iban tomando parte grupos ajenos a la Falange en lo que podíamos decir el Movimiento, dentro de la dirección de la Falange hubo un sector que opinó que debíamos abstenernos de participar.
> Este sector presionó sobre José Antonio, y éste, entonces, sometió el tema a consulta de la Junta Política. Se discutió ampliamente, y como consecuencia de la discusión hubo dos cartas, dirigidas a José Antonio. Una carta de un camarada que no menciono, de gran importancia en la Falange, ya muerto, que opinaba que la Falange debía abstenerse públicamente de participar porque se consideraba que iba a ser totalmente mistificada por el Movimiento. En contra de esa carta hubo otra, que redacté yo, y que dirigí a José Antonio, en la que hacía un conjunto de consideraciones y aconsejaba la participación efectiva en el Movimiento.[39]

Como resultado de esta reunión, José Antonio decide conectar con Mola, director de la conspiración militar, a quien ya conoce. El 27 de mayo, Rafael Garcerán, ex pasante del jefe de la Falange, es liberado de la Modelo. José Antonio le ha encomendado que se entreviste con Mola en su nombre. La reunión tiene lugar algunos días después, a finales de mayo o principios de junio. Según la *Cruzada*, cuya información procede, es de suponer, del propio Garcerán, éste le comunica a Mola la fuerza de que podría disponer la Falange en los primeros momentos de una sublevación —«unos 4 000 hombres como vanguardia de choque»— y le explica el funcionamiento de la organización.[40] Años después recordaría Garcerán: «José Antonio había redactado una larga carta dirigida al general Mola [...] Mola me recibió, leyó la carta muy elogiada por él y me dio una respuesta verbal para José Antonio. Expresaba su agradecimiento por la actitud del jefe de la Falange.» [41] B. Félix Maíz, ayudante de Mola que llevaba un «diario de la conspiración», describe la visita de Garcerán en términos que demuestran que tuvo lugar antes del traslado de José Antonio a Alicante:

> El señor Garcerán ha conversado extensamente con el general, tratando diversos aspectos sobre la aportación del Partido de Falange al Movimiento. En nombre de Primo de Rivera ha hecho

39. *Testimonio de Manuel Hedilla* (Barcelona, Acervo, 1977), pp. 125-126.
40. *Cruzada*, IX, p. 511.
41. GARCÍA VENERO, p. 197.

a Mola confidencias sobre personas y funcionamiento orgánico del Partido. Ha manifestado, al mismo tiempo, su creencia en la posibilidad de un traslado de cárcel para el Jefe de Falange. Pronto recibirán todos los Jefes que ostentan la responsabilidad de la organización una orden en previsión de la desarticulación que supone el traslado con relación a los contactos que hoy existen.[42]

Es posible que la «larga carta dirigida al general Mola» de que habla Garcerán no sea otra que el manifiesto «A los militares de España», redactado por José Antonio el 4 de mayo (si podemos fiarnos de la fecha que se le ha asignado tradicionalmente).

Este manifiesto es un documento escrito en el más característico estilo joseantoniano: la revolución roja se cierne sobre España, organizada desde Moscú, y pretende «disgregar a España en repúblicas soviéticas»; la política del Frente Popular pone en litigio «la existencia de España»; sólo el Ejército, secundado por la Falange, puede salvar la situación. Y hay que actuar con prisa antes de que sea demasiado tarde:

> Sí; si sólo se disputara el predominio de este o del otro partido, el Ejército cumpliría con su deber quedándose en sus cuarteles. Pero hoy estamos en vísperas de la fecha, ¡pensadlo, militares españoles!, en que España puede dejar de existir. Sencillamente: si por una adhesión a lo formulario del deber permanecéis neutrales en el pugilato de estas horas, podréis encontraros de la noche a la mañana con que lo sustantivo, lo permanente de España que servíais, ha desaparecido. Éste es el límite de vuestra neutralidad: la subsistencia de lo permanente, de lo esencial, de aquello que pueda sobrevivir a la varia suerte de los partidos. Cuando lo permanente mismo peligra, ya no tenéis derecho a ser neutrales. Entonces ha sonado la hora en que vuestras armas tienen que entrar en juego para poner a salvo los valores fundamentales, sin los que es vano simulacro la disciplina. Y siempre ha sido así: la última partida es siempre la partida de las armas. A última hora —ha dicho Spengler—, siempre ha sido un pelotón de soldados el que ha salvado la civilización [...] Sin vuestra fuerza —soldados— nos será titánicamente difícil triunfar en la lucha. Con vuestra fuerza claudicante es seguro que triunfe el enemigo. Medid vuestra terrible responsabilidad. El que España siga siendo depende de vosotros. Ved si esto no os obliga a pasar sobre los jefes vendidos o cobardes, a sobreponeros a vacilaciones y peligros. El enemigo, cauto, especula con vuestra indecisión. Cada día gana unos cuantos pasos. Cuidad de que al llegar el momento inaplazable no estéis ya paralizados por la insidiosa red que alrededor se os

42. B. Félix Maíz, *Alzamiento en España. De un diario de la conspiración* (Pamplona, Editorial Gómez, 1952), p. 129. La referencia a Garcerán consta en una entrada del diario de Maíz correspondiente al 8 de junio, y se deduce que la visita tuvo lugar unos días antes.

teje. Sacudid *desde ahora mismo* sus ligaduras. *Formad desde ahora mismo* una unión firmísima, sin esperar a que entren en ella los vacilantes. Jurad por vuestro honor que no dejaréis sin respuesta el toque de guerra que se avecina... (*OC*, II, 989-990.)

¿Cómo reaccionaría en su fuero interno el general Mola al leer este documento? Podemos suponer que el tono de éste —un tanto paternalista— no le agradaría del todo, como tampoco la creencia, expresada en discreta sordina, de que la futura España será forzosamente de corte nacionalsindicalista. Es cierto que en este documento, como en otros de José Antonio dirigido a los militares, se nota una sobrevaloración de la fuerza y de la importancia de Falange en relación con el Ejército, lo cual necesariamente irritaría a los conspiradores militares no falangistas.

En la noche del 5 al 6 de junio, José Antonio y Miguel son trasladados a Alicante, no sin una escena en la cárcel digna del jefe de la Falange en sus más enardecidos momentos combativos: «Mi despedida de la Moncloa —confía a una amiga— fue un nuevo espectáculo de esas cóleras bíblicas en que he caído últimamente con alguna reiteración» (*OC*, II, 1 181).

Desconcierto de los demás falangistas encarcelados en la Modelo, que temen que se le aplique a José Antonio la nefasta «ley de fugas». Al día siguiente, el segundo número de la revista falangista clandestina *No Importa* anuncia que el Jefe Nacional ya no está en la cárcel Modelo, da algunos detalles sobre su alborotada salida de ella, y repite el rumor de que lo han llevado a Alicante. Muy pronto se comprueba que el rumor es cierto, y que los hermanos han llegado sanos y salvos al puerto levantino.

Ha empezado otra etapa de la conspiración falangista contra el Gobierno del Frente Popular.

Entre el 6 de junio y el 18 de julio, José Antonio recibe —aunque parezca mentira— *más de 1 800 visitas de toda España,*[43] y cientos de cartas, incluso del extranjero, unos por correo normal y otros, más confidenciales, a través de visitantes y enlaces.[44] Las cartas y paquetes, a menudo voluminosos y certificados, no son sometidos a la menor censura *hasta el 4 áe agosto,* es decir, *hasta pasados 19 días después de iniciada la sublevación.*[45] En cuanto a la prensa, José Antonio y Miguel leen, hasta el 16 de agosto, fecha de su entrada en régimen de incomunicación, *El Liberal* de Murcia y el izquierdista *Heraldo de Madrid.*[46] Hasta el 16 de agosto tienen acceso también a la radio republicana.[47] No se verifican cacheos en las celdas de los hermanos hasta primeros de julio. Tampoco son cacheados los visitantes antes de esa fecha, y a par-

43. MANCISIDOR, p. 73.
44. BRAVO, *José Antonio ante la justicia roja,* pp. 39, 60.
45. MANCISIDOR, p. 134; BRAVO, *José Antonio ante la justicia roja,* p. 60.
46. BRAVO, ibíd., pp. 51, 87.
47. MANCISIDOR, p. 85.

tir de entonces sólo los varones, quedando totalmente libres de tal
control las muchas mujeres que acuden a ver a José Antonio.[48]
El trato de tolerancia observado con los dos hermanos por el director de la cárcel, Teodorico Serna Ortega, fue objeto durante el
juicio de durísimas críticas, y fueron procesados en relación con él
tanto el director (que no compareció, habiendo sido aparentemente asesinado en Madrid) cuanto el director interino, Manuel Molins
Martínez, y otros varios oficiales de prisiones. No cabía duda de
que José Antonio había disfrutado de una libertad inconcebible en
un prisionero político de tal importancia, pudiendo entablar con
sus visitantes, entre las once de la mañana y el anochecer, toda
clase de discusiones sobre la situación del país y la marcha de la
conspiración. A veces prisioneros y visitantes se despedían al estilo fascista, brazo en alto, sin que el director se inmutara.[49] Y por
lo que tocaba a las conversaciones mantenidas en el locutorio de
abogados entre José Antonio y su pasante Manuel Sarrión u otros
togados implicados en la conspiración, no se ejercía el menor control de cuanto se dijera.[50] A un miembro del Jurado le causaba
especial extrañeza la libertad de correspondencia de que gozaban
los prisioneros, mantenida hasta el 4 de agosto, e interrogó al director interino, Molins Martínez, al respecto:

> JURADO: La correspondencia de entrada y salida, ¿tuvo tole-
> rancia?, ¿iba sin censurar?
> PROCESADO: Entraron y salieron las cartas todas sin censurar,
> por no poder impedirlo nadie, sino el Juzgado o el Gobierno
> Civil. Yo no podía ejercer el cargo de Gobernador Civil y no
> establecí censura mientras no me lo ordenaron las autorida-
> des que podían hacerlo.[51]

El fiscal también le interroga al oficial Francisco Perea Pérez
al respecto:

> FISCAL: ¿Usted tuvo conocimiento de que la correspondencia
> era muy numerosa?
> PROCESADO: Ha habido días de cinco cartas, otros de tres, etc.
> Paquetes también.
> FISCAL: ¿En qué fechas?
> PROCESADO: Hasta el cuatro de agosto en que se me encargó
> de la censura de la correspondencia y se acabó todo eso.[52]

48. Ibíd., pp. 47, 129-130.
49. Ibíd., pp. 48, 120.
50. Ibíd., p. 135.
51. Ibíd., p. 131.
52. Ibíd., p. 134. En su declaración en el sumario, el mismo Francisco Perea
afirma que «con respecto a la correspondencia, ésta era bastante copiosa; de cinco, ocho, diez, doce y catorce cartas diarias, y que raro era el día que no se reci-
bía algún certificado, siendo algunos de éstos voluminosos» (BRAVO, *José Antonio
ante la justicia roja*, p. 60).

Aunque fueron retiradas las acusaciones contra todos los oficiales de Prisiones procesados, no cabe duda de que la laxitud de éstos había facilitado en gran parte los múltiples contactos establecidos entre José Antonio y sus cómplices, y, así, la preparación de la sublevación.

Sólo se ha publicado una muy pequeña selección de las cartas escritas por José Antonio en Alicante, y es de suponer que quedan muchas por descubrir todavía. De las conocidas, sendas misivas dirigidas en esos momentos a Onésimo Redondo (17 de junio) y a Francisco Bravo (18 de junio) dan fe de la preocupación del jefe falangista entonces por asegurar que todos los afiliados de la Falange estén debidamente encuadrados o bien en *escuadras* (los de la primera línea) o *células* (los de la segunda). «Creo que constituidos así —le confía José Antonio a Redondo—, no hay poder humano contra nosotros» (*OC*, II, 1 178). Y a Bravo: «Es perfectamente realizable, y a ello aspiro, que ni un solo militante ande como una rueda loca, sino que todos estén inscritos en células y escuadras» (*OC*, II, 1 179).

La habitual desconfianza sentida por José Antonio hacia los conspiradores militares cristaliza otra vez en una circular «urgente e importantísima», fechada el 24 de junio, que cursa a todas las jefaturas territoriales y provinciales de la Falange. El jefe nacional está preocupado por las noticias que va recibiendo y según las cuales algunos falangistas de provincias están dibujando planes de actuación local en colaboración con los militares. No hay que tener automáticamente fe en los militares, insiste José Antonio, a pesar del gran respeto acordado al Ejército por la Falange. En política, la Falange «no se considera menos preparada que el promedio de los militares. La formación política de los militares suele estar llena de la más noble ingenuidad [...] Es corriente que un político mediocre gane gran predicamento entre militares sin más que manejar impúdicamente algunos de los conceptos de más hondo arraigo en el alma militar». Esta circular, nada halagüeña para el orgullo militar, demuestra claramente que, al redactarla, José Antonio sigue soñando utópicamente en el gran Estado nacional-sindicalista a que abrirá paso el golpe. En dos párrafos que resultarían proféticos, dice el jefe de la Falange:

La participación de la Falange en uno de esos proyectos prematuros y candorosos constituiría una gravísima responsabilidad y arrastraría *su total desaparición, aun en el caso de triunfo.* Por este motivo: porque casi todos los que cuentan con la Falange para tal género de empresas la consideran no como un cuerpo total de doctrina, ni como una fuerza en camino para asumir por entero la dirección del Estado, sino como un elemento auxiliar de choque, como una especie de fuerza de asalto, de milicia juvenil, destinada el día de mañana a desfilar ante los fantasmones encaramados en el Poder.

Consideren todos los camaradas hasta qué punto es ofensivo para la Falange el que se la proponga tomar parte como comparsa en un movimiento que no va a conducir a la implantación del Estado nacionalsindicalista, al alborear de la inmensa tarea de reconstrucción patria bôsquejada en nuestros 27 puntos, sino a reinstaurar una mediocridad burguesa conservadora (de la que España ha conocido tan largas muestras), orlada, para mayor escarnio, con el acompañamiento coreográfico de nuestras camisas azules. (*OC*, II, 1 013.)

Esta circular, tan férvidamente falangista, no significaba una ruptura con los conspiradores militares, como han dicho algunos, sino el empeño de José Antonio, perfectamente lógico, de que todas las negociaciones con el Ejército las llevara él personalmente «o la persona que él de modo expreso designe» (*OC*, II, 1 013).

Mola conoce en seguida la circular, que sin duda le produce un disgusto por su agresivo tono falangista tan parecido al de la «Carta a los militares de España» del 4 de mayo.[53] Pero, como director supremo de la conspiración militar, sigue elaborando impertérrito sus planes, y por lo visto hace llegar a José Antonio poco tiempo después una *circular reservada* suya en la cual la evidencia de la primacía militar en la organización de la conspiración es arrolladora.[54] Mola, que confía ya en poder contar con el apoyo de los carlistas, tan importante o más que el de la Falange, no está dispuesto a hacer concesiones a una organización cuya fuerza real es constantemente sobrevalorada por su jefe, por más señas encarcelado.

José Antonio se pliega a la realidad de la situación y modifica su posición —influido, acaso, por una visita del carlista conde de Rodezno[55]—, y en una segunda circular, fechada el 29 de junio, dibuja ya las condiciones en que los jefes territoriales y provinciales podrán concertar pactos locales con los militares «para un posible alzamiento inmediato contra el Gobierno actual». Muestra una especial preocupación porque la Falange mantenga «sus unidades propias, con sus mandos naturales y sus distintivos», e insiste en que sólo en situaciones excepcionales podrán pasar éstas bajo mandos militares. En esta segunda circular ya no se menciona el Estado nacionalsindicalista.[56] José Antonio ha tenido que transigir (después de todo, decía admirar a los ingleses), dándose cuenta de que lo que más importa es derribar el Gobierno del Frente Popular. Al ser suprimida toda referencia al soñado Estado falangista, es cierto que este documento no ostenta el característico estilo retórico de José Antonio.

Un ejemplar de esta circular cayó en manos de los republica-

53. Maíz, *Mola, aquel hombre*, p. 88.
54. F. Bravo Morata, *Franco y los muertos providenciales*, p. 121.
55. Gil Robles, p. 718.
56. *OC*, II, 1 016-1 017.

nos y fue publicado en el periódico *CNT* el 30 de julio de 1936 bajo el título «Hay carceleros traidores. Los fascistas presos no están incomunicados». Por milagro el recorte del periódico no se adujo como prueba durante el juicio de José Antonio.

Para coordinar las relaciones entre la Falange y los militares, José Antonio nombra por estos días un triunvirato formado por Manuel Hedilla, Manuel Mateo y su hermano Fernando, en quien tiene una ilimitada confianza.[57]

Y siguen las visitas a la cárcel de Alicante, convertida en verdadero hormiguero de la conspiración falangista.

El 8 o 9 de julio se trasladan a Alicante Carmen Primo de Rivera, Margarita Larios —joven esposa de Miguel Primo de Rivera— y la tía «Má».[58] Hasta su detención el día 18, Carmen y Margarita ven diariamente a los dos presos.[59] Han sido acompañadas hasta Alicante por Fernando Primo de Rivera, que habla largamente con José Antonio, recibe sus instrucciones y vuelve a Madrid el 10.[60]

Al día siguiente, 11 de julio, Manuel Hedilla cena con Pilar y Fernando Primo de Rivera en Madrid. Fernando le informa de que el alzamiento tendrá lugar entre el 15 y el 20 de julio, y le lee las líneas escritas por José Antonio según las cuales Hedilla debe marcharse en seguida a Galicia.[61]

Dos días después Fernando Primo de Rivera es detenido.[62]

El 12 de julio, José Antonio escribe a Ernesto Giménez Caballero, quien acaba de dedicarle una serie de artículos sobre el anarquismo español, publicados en el diario *Informaciones* (la dedicatoria dice, sencillamente, «A José Antonio»). La carta es reveladora del estado de ánimo del jefe de Falange en los momentos inmediatamente anteriores a la sublevación, y demuestra a la vez su creciente euforia —piensa que pronto estará en libertad— y su temor de que el golpe que se avecina no desemboque en el Estado que él y sus compañeros «nacionalsindicalistas» desean ver implantado en España:

> Puedo decirte que estoy mejor que nunca de salud, a Dios gracias, y en plena forma de ánimo. Esos casi cuatro meses de cárcel me han permitido calar más adentro en algunas cosas, y aparte de eso, a fuerza de tender cables, estoy ya en contacto con cuanto puede haber en España, en este momento, de eficaz. Hasta tal punto, que sin la Falange no se podría hacer nada en este momento, como no fuera un ciempiés sin salida.
>
> Créeme que no he descansado en la adopción de estas pre-

57. GIL ROBLES, p. 718.
58. Doña María Jesús Primo de Rivera y Orbaneja, «segunda madre» de José Antonio.
59. CARLOS ROJAS, *Prieto y José Antonio*, pp. 159-160.
60. *Testimonio de Manuel Hedilla*, p. 124.
61. Ibíd., y GARCÍA VENERO, p. 136.
62. Y asesinado, el 22 de agosto de 1936, en la matanza de la cárcel Modelo.

cauciones, porque me horroriza el temor de que la ocasión grave y magnífica que estamos viviendo aborte una vez más, o, lo que es peor, dé a luz un monstruo. Si eso pasa, no será por mi culpa.

Una de las cosas temibles sería la «dictadura nacional republicana». Estoy conforme contigo al ver en su defensa un síntoma de reconocimiento de nuestras posiciones. Hasta ahí bien. Lo malo sería la experiencia Maura-Prieto, con una excitación artificial de los negocios, las obras públicas, etc., para fingir una prosperidad económica sin levantar nada sobre fundamentos hondos.[63] Al final del ciclo de febril bienestar sobrevendría una gran crisis económica sobre un pueblo espiritualmente desmantelado para resistir el último y decisivo ataque comunista (lo nuestro en un período de calma burguesa no es donde alcanza su mejor cultivo). Otra experiencia falsa que temo es la de la implantación por vía violenta de un falso fascismo conservador, sin valentía revolucionaria ni sangre joven. Claro que eso no puede conquistar el Poder; pero ¿y si se lo dan?

Porque ninguna de las dos cosas ocurra, trabajo, como te digo, sin tregua y con no poco éxito. Ya faltan pocos días me parece para que la vía quede completamente libre y despejada. Y entonces creo que nada nos detendrá. (*OC*, II, 1 184-1 185.)

El 13 de julio por la mañana vuelve José Finat, conde de Mayalde, a Madrid desde Saint Jean de Luz. Al llegar a su casa, llama por teléfono a Fernando Primo de Rivera, con quien ha quedado en ir a Alicante para quedarse allí toda la semana y organizar la evasión de José Antonio.[64] La mujer de Fernando le informa de la detención de su marido durante la noche y del asesinato de Calvo Sotelo. Finat corre a la Dirección General de Seguridad y logra ver a Fernando, encerrado con otros presos en los calabozos del edificio de la Puerta del Sol. Éste le dice que Rafael Garcerán le entregará los papeles que hay que llevar a José Antonio. «¿Y qué pasará con el plan de evasión en el que habíamos quedado?», le pregunta Finat. «Tú verás con José Antonio lo que se puede hacer», le contesta Fernando. «Ya ves que yo ya no puedo hacer nada.» Finat ve en seguida al director de Seguridad, Alonso Mallol, y, ejerciendo su autoridad como diputado (de la C.E.D.A.), logra que Fernando sea trasladado aquel mismo día a la cárcel Modelo. Allí le ve Finat otra vez por la tarde, y Fernando le da una carta y otras cosas para José Antonio.

Finat sale para Alicante a eso de la una de la madrugada del 14 de julio, llegando a la cárcel a las 5 de la mañana:

63. Miguel Maura había propuesto efectivamente —en *El Sol*— la formación de una «dictadura nacional republicana». A raíz de ello le escribe José Antonio el 28 de junio de 1936 (*OC*, II, pp. 1 182-1 183). Según una revelación subsecuente de Maura, Azaña compartía la idea de tal dictadura republicana en julio de 1936, lo mismo que Mola (DE LA CIERVA, p. 755).

64. Reproducimos en apéndice las declaraciones de don José Finat sobre este proyecto de evasión.

La ceremonia de la cárcel era siempre la misma. Yo llegaba, preguntaba por el director —a cualquier hora del día o de la noche—, le enseñaba mi carné de diputado y le dejaba mi pistola sobre la mesa. Así le llevé a José Antonio las dos pistolas que luego le encontraron. Pidió dos pistolas y yo se las llevé en los bolsillos de mis pantalones, y al llegar allí, a la prisión, saqué mi pistola, mi Browning, y la entregué, pero tenía las otras dos en mis bolsillos. Y pasé a ver a José Antonio, quien estaba excitadísimo porque no encontraba a Rafael Alberola [65] para que llevara su carta a Mola. Y dice: «Pues mira, vas a tener que ir tú a Mola, a llevar la carta a Mola.»

En dicha carta, muy larga según Finat, José Antonio animaba a Mola a que no demorase por más tiempo la sublevación. El jefe de la Falange le insta a Finat que le diga al general «que siempre oí decir a mi padre que si se retrasa una hora, su golpe de Estado hubiese fracasado». José Antonio añade :

Y además le dices de mi parte que no van a hacer unas maniobras, que van a hacer una revolución, y que la revolución tiene un cuarto de hora, y si ese cuarto de hora se pierde, ha fracasado la revolución. Que no crea él que esto es como una película, que si las bailarinas no levantan 50 centímetros las piernas, las piernas no valen; no, aquí hay que salir y decidirnos a todo, y no importa que las piernas se levanten 50 centímetros o 45. Y además le dices que si él no se decide e inicia el Movimiento, lo iniciaré yo desde aquí.[66]

Según declaraciones anteriores de Finat, José Antonio también le entregó unas instrucciones para su hermano Fernando y para Rafael Garcerán. Éstas contendrían la consigna: «Éste es el momento único. De lo contrario, todo quedará otra vez en palabras.» [67]

Finat sale de Alicante alrededor de las siete de la mañana, llegando cansadísimo a Madrid a mediodía. Allí recoge algunos documentos que le entrega Ramón Serrano Suñer para Mola, y continúa su viaje a Pamplona.[68] A la mañana siguiente, 15 de julio, ve a Mola :

Yo nunca había visto al general. Era un hombre muy alto, muy feo, de gesto antipático y duro, y muy desconfiado, muy nervioso. Yo le enseñé la carta de José Antonio. La abrió, y entonces, nada más leerla, dijo: «Estoy de acuerdo con José Antonio en absoluto. Empezaremos cuanto antes. Un enlace mío va camino

65. Diputado de la C.E.D.A. por Alicante.
66. Testimonio de don José Finat, conde de Mayalde, recogido por nosotros en magnetófono, Madrid, 7 de noviembre de 1979.
67. Detalles en ARRARÁS, IV, pp. 399-400; PAVÓN PEREYRA, *De la vida de José Antonio*, pp. 166-168; *OC*, II, pp. 1 185-1 186.
68. ARRARÁS, IV, p. 400.

de Alicante y lleva órdenes para la guarnición y la fecha en que habrá de sublevarse.»[69]

Parece ser que, efectivamente, José Antonio recibe la visita del capitán Sabás Navarro, que «trae un mensaje urgentísimo de Mola», el 14 de julio, después de la partida de Finat.[70]

El 15 de julio llega a la cárcel de Alicante el pasante de José Antonio, Manuel Sarrión, que lleva a Madrid otras instrucciones para Rafael Garcerán, entre ellas el encargo de que «a la primera noticia de la sublevación de Alicante, le procure por todos los medios un avión de la Compañía Comercial L.A.P.E., para que se pueda trasladar a Madrid». José Antonio ordena que en la capital los falangistas salgan a la calle con la tropa, «y nombra aquellos edificios públicos sobre los cuales se debe actuar en el primer momento».[71] También manda con Sarrión un manifiesto, fechado el 17 de julio, lo cual hace suponer a Arrarás «que el enlace de Mola habría logrado pasar a José Antonio la fecha del Alzamiento». Aunque los historiadores Manuel Aznar y Ricardo de la Cierva dudan de la autenticidad de este documento[72] —último manifiesto del jefe de la Falange— ha sido aceptado como genuino por otros especialistas en el tema de la conspiración, y no cabe duda de que su estilo es netamente joseantoniano. Reproducimos íntegro este manifiesto (*OC*, II, 1 021-1 022) en que la Falange se une, esta vez sin condiciones previas, a la sublevación militar:

> Un grupo de españoles, soldados unos y otros hombres civiles, no quieren asistir a la total disolución de la Patria. Se alza hoy contra el Gobierno traidor, inepto, cruel e injusto que la conduce a la ruina.
> Llevamos soportando cinco meses de oprobio. Una especie de banda facciosa se ha adueñado del Poder. Desde su advenimiento no hay una hora tranquila, ni hogar respetable, ni trabajo seguro, ni vida resguardada. Mientras una colección de energúmenos vocifera —incapaz de trabajar— en el Congreso, las casas son profanadas por la Policía (cuando no incendiadas por las turbas), las iglesias entregadas al saqueo, las gentes de bien encarceladas a capricho por tiempo ilimitado; la ley usa dos pesos desiguales: uno para los del Frente Popular, otro para quienes no militan en él; el Ejército, la Armada, la Policía, son minados por agentes de Moscú, enemigos jurados de la civilización española; una Prensa indigna envenena la conciencia popular y cultiva todas las peores pasiones, desde el odio hasta el impudor; no hay pueblo ni casa que no se hallen convertidos en un infierno de rencores: se estimulan los movimientos separa-

---

69. Declaraciones de don José Finat al autor (véase nota 66) y a ARRARÁS, IV, p. 400.
70. DEL RÍO CISNEROS y PAVÓN PEREYRA, *Los procesos de José Antonio*, p. 410.
71. ARRARÁS, IV, p. 400.
72. MANUEL AZNAR, *Historia militar de la guerra de España* (Madrid, Editora Nacional, 5.ª ed., 1970), I, p. 40; DE LA CIERVA, p. 752.

tistas; aumenta el hambre, y, por si algo faltara para que el espectáculo alcanzase su última calidad tenebrosa, unos agentes del Gobierno han asesinado en Madrid a un ilustre español, confiado al honor y a la función pública de quienes lo conducían. La canallesca ferocidad de esta última hazaña no halla par en la Europa moderna y admite el cotejo con las más negras páginas de la Checa rusa.

Éste es el espectáculo de nuestra Patria en la hora justa en que las circunstancias del mundo la llaman a cumplir otra vez un gran destino. Los valores fundamentales de la civilización española recobran, tras siglos de eclipses, su autoridad antigua, mientras otros pueblos que pusieron su fe en un ficticio progreso material ven por minutos declinar su estrella; ante nuestra vieja España misionera y militar, labradora y marinera, se abren caminos esplendorosos. De nosotros, los españoles, depende que los recorramos. De que estemos unidos y en paz, con nuestras almas y nuestros cuerpos tensos en el esfuerzo común de hacer una gran Patria. Una gran Patria para todos, no para un grupo de privilegiados. Una Patria grande, unida, libre, respetada y próspera. Para luchar por ella rompemos hoy abiertamente contra las fuerzas enemigas que la tienen secuestrada. Nuestra rebeldía es un acto de servicio a la causa española.

Si aspirásemos a reemplazar un partido por otro, una tiranía por otra, nos faltaría el valor —prenda de almas limpias— para lanzarnos al riesgo de esta decisión suprema. No habría tampoco entre nosotros hombres que visten uniformes gloriosos del Ejército, de la Marina, de la Aviación, de la Guardia Civil. Ellos saben que sus armas no pueden emplearse al servicio de un bando, sino al de la permanencia de España, que es lo que está en peligro. Nuestro triunfo no será el de un grupo reaccionario ni representará para el pueblo la pérdida de ninguna ventaja. Al contrario: nuestra obra será una obra nacional, que sabrá elevar las condiciones de vida del pueblo —verdaderamente espantosas en algunas regiones— y le hará participar en el orgullo de un gran destino recobrado.

¡Trabajadores, labradores, intelectuales, soldados, marinos, guardianes de nuestra Patria: sacudid la resignación ante el cuadro de su hundimiento y venid con nosotros por España una, grande y libre. Que Dios nos ayude! ¡Arriba España!

Alicante, 17 de julio de 1936.

JOSÉ ANTONIO PRIMO DE RIVERA

Las últimas instrucciones de José Antonio fueron dadas a conocer el 16 de julio por Sarrión a los enlaces militares, Alberto Álvarez Rementería y el capitán Fernández, en la casa de éste en Madrid.[73]

El mismo día José Antonio manda un mensaje al general Gar-

73. DEL RÍO CISNEROS y PAVÓN PEREYRA, *Los procesos de José Antonio*, p. 410.

cía Aldave, el comandante militar de Alicante que, en los últimos momentos, «se rajaría».[74]

El 17, recibe la visita del falangista alicantino Antonio Maciá, entregándole una alocución dirigida a los oficiales del regimiento de Tarifa. Maciá lleva este documento en su propia mano al cuartel de Benalúa, donde lo confía a los tenientes Lupiáñez y Pascual, ambos falangistas. Con éstos Maciá coordina los detalles del apoyo que, a partir de las 5 de la tarde del día 19 de julio, prestarán los falangistas a la sublevación militar.[75]

Durante el mismo 17 de julio, José Antonio les entrega a Carmen Primo de Rivera y Margarita Larios unas instrucciones para los falangistas de Alcoy.[76]

Durante los días 16 y 17 de julio, el oficial de prisiones Abundio Gil observa que José Antonio y Miguel están arreglando sus maletas y ordenando sus papeles, «dando la sensación de que tenían propósito de ausentarse».[77]

En la mañana del 18, José Antonio se entera del éxito del alzamiento en África.[78] Durante el día se desplazan a Alcoy Carmen Primo de Rivera y Margarita Larios, acompañadas de la tía «Má», que no quiere perderse la aventura. A su vuelta a Alicante son detenidas las tres.[79] «Desde que me arrestaron el 18 de julio —nos dice doña Margarita Larios— «no volví a ver a José Antonio hasta el día del juicio.»[80]

A partir del 18 de julio, José Antonio no recibe más visitas de enlaces.

¿Cuándo se entera el jefe de la Falange de que ha fracasado el intento de sublevación de la guarnición alicantina? Según la declaración del oficial encargado de la vigilancia de José Antonio y de Miguel, sería el 19 cuando «por la ventana de su celda dijo José Antonio a José María Maciá, que con otros presos políticos se encontraba en la celda a éstos destinada, que el general García Aldave se había rajado».[81] Al ser interrogado el mismo oficial, Abundio Gil, durante el juicio oral, uno de los jurados le pregunta: «¿No ha podido observar que una vez empezados los sucesos revolucionarios, extrañado de que el Regimiento no se hubiera unido al grupo de falangistas, en uno de los días dijera indignado [José Antonio]: "¡Aldave se nos ha rajado!"» «Sí», contesta el procesado.[82]

Se comprende que los nervios de José Antonio y los demás

74. Ibíd.
75. *Cruzada*, XXIII, pp. 539-540.
76. Rojas, p. 160.
77. Bravo, *José Antonio ante la justicia roja*, p. 32.
78. *Cruzada*, XXIII, p. 540.
79. Rojas, p. 160.
80. Carta de doña Margarita Larios al autor, fechada el 30 de noviembre de 1979.
81. Bravo, *José Antonio ante la justicia roja*, p. 32.
82. Mancisidor, p. 109.

falangistas encarcelados estuviesen tensísimos durante aquel 19 de julio y que, con cada hora que pasaba sin que se asaltara la cárcel, se fuese imponiendo la triste evidencia de que, efectivamente, el golpe había fracasado en Alicante.

Entre el 19 de julio y el 4 de agosto, como hemos visto, la correspondencia de José Antonio sigue sin censura. Podemos suponer que, por ello, el preso recibiría todavía alguna información sobre la situación y cursaría algunos mensajes. Lo cierto es que, a partir del 4 de agosto, cuando se suprimió la correspondencia, se acabó definitivamente la posibilidad de que José Antonio pudiese influir directamente en los acontecimientos que ensangrentaban a España.

Durante su proceso, José Antonio insistiría una y otra vez en que no había tenido arte ni parte en la conspiración contra el Gobierno, y que la derecha, su enemigo de siempre, aprovechó su encarcelamiento para iniciar un movimiento suyo que no tenía nada que ver con la Falange. «Yo sabía que ese movimiento se preparaba y luego explicaré cómo trabajé para impedir que se produjera. Será porque los de Falange se hayan dejado ganar por la sugestión de algún otro», dice en un momento.[83] En otro, al afirmar uno de los testigos que «Falange Española está en el movimiento», José Antonio le espeta: «Pero ¿tiene alguna prueba el testigo de que ello responda a órdenes que les haya dado el Jefe desde esta cárcel?»[84] Otra vez, en un lance atrevidísimo, José Antonio llega hasta declarar: «Quizá dentro de un año hubiera habido Revolución Nacional-Sindicalista y que la hubiera capitaneado yo, pero sin esta incomunicación de mi encierro, no hubiera habido lo de ahora.»[85]

José Antonio luchaba por su vida y, en vista de ello, se le pueden perdonar estas tergiversaciones y otras muchas que pronunció durante el juicio, haciéndose el inocente. Pero la verdad del caso es que, como queda demostrado en este capítulo, José Antonio, si no el director supremo de la conspiración, como suponen algunos miembros del Tribunal Popular, era uno de sus principales promotores. Y como tal no podía sustraerse, en aquellas condiciones, a que le condenaran a muerte.

83. Ibíd., pp. 79-80.
84. Ibíd., p. 154.
85. Ibíd., p. 213.

VI. La entrevista de Jay Allen con José Antonio en la cárcel de Alicante

Hemos visto que, a partir del 16 de agosto de 1936, José Antonio y Miguel quedaron totalmente incomunicados. Desde aquel momento hasta poco antes de empezar su juicio no pudieron leer ningún periódico ni recibir cartas ni, con una sola excepción, visitas.

La excepción, realmente insólita, fue la llegada a la cárcel del periodista norteamericano Jay Allen, a quien José Antonio había conocido unos años antes en Madrid, pero cuyo nombre tenía ya olvidado. Al redactar su testamento, pocas horas antes de morir, José Antonio se referiría a la visita de Allen en estos términos:

> El aislamiento absoluto de toda comunicación en que vivo desde poco después de iniciarse los sucesos sólo fue roto por un periodista norteamericano, que con permiso de las autoridades de aquí, me pidió unas declaraciones a primeros de octubre. Hasta que, hace cinco o seis días, conocí el sumario instruido contra mí, no he tenido noticias de las declaraciones que se me achacaban, porque ni los periódicos que las trajeran ni ningún otro me eran asequibles. (*OC*, II, 1 098.)

Jay Allen —norteamericano de origen irlandés— fue el corresponsal del *Chicago Daily Tribune* y del *News Chronicle* de Londres en la España republicana, y ya era bien conocido en los círculos políticos madrileños cuando, en junio de 1933, el nuevo embajador de Estados Unidos, Claude Bowers, luego autor de *Misión en España* (1954), presentó sus credenciales a Alcalá Zamora.[1] Allen se identificaba con las tendencias progresistas de la República —Gerald Brenan, que le conocía bien, nos ha dicho que era socialista y gran amigo de Francisco Largo Caballero[2]—, se interesaba vivamente por la cultura española y, ya hacia 1936, hablaba con bastante facilidad el castellano. Según Herbert Southworth, era también amigo de Álvarez del Vayo, Negrín y Quintanilla.[3] Una nota publicada por el *News Chronicle* el 14 de agosto de 1936 informa

---

1. CLAUDE BOWERS, *Misión en España* (Barcelona, Grijalbo, 1977), p. 6.
2. Conversación del autor con Gerald Brenan, Málaga, 9 de diciembre de 1979. En la *Memoria personal* de Brenan (Madrid, Alianza, 1978), hay varias referencias a Allen, vecino, en 1936, del gran hispanista inglés.
3. HERBERT R. SOUTHWORTH, *Antifalange*, p. 144.

161

que el periodista norteamericano vivía en su casa de Torremolinos, entregado a la redacción de un libro sobre España, cuando estalló la sublevación de los militares. Durante julio y agosto, Allen publicaba casi diariamente en el *News Chronicle* y el *Chicago Daily Tribune* unos reportajes sobre la guerra absolutamente excepcionales. Dichos reportajes nunca han sido recogidos en su totalidad. Entre ellos habría que destacar la famosa interviú con Franco, celebrada en Tetuán el 27 de julio de 1936 y publicada en el *News Chronicle* el día 29 del mismo mes,[4] y el sensacional artículo sobre la masacre de Badajoz publicado en ambos diarios el 30 de agosto de 1936, artículo éste que se comentó en la prensa del mundo entero. No cabe duda de que Allen fue uno de los corresponsales extranjeros que más hábilmente actuaron durante la guerra española.

Pues bien, si la interviú con Franco había constituido una auténtica primicia de Allen, la celebrada con José Antonio dos meses después revistió características casi más sensacionales. Tuvo lugar, como recuerda el jefe falangista ya condenado a muerte, «a primeros de octubre». La interviú está fechada, exactamente, el 3 de octubre, aunque la conversación se celebrara posiblemente el día antes. Parece seguro que Allen fue el último extranjero que habló con José Antonio, y es posible incluso que fuese la última persona, ajena a la cárcel, que le viera antes de iniciarse el sumario. La interviú tiene, por tanto, un indudable interés. Se publicó primero en el *Chicago Daily Tribune* el 9 de octubre de 1936 y, luego, el 24 de octubre, en el *News Chronicle*. A pesar de lo que se ha venido suponiendo, las dos versiones no concuerdan totalmente. Es más: hay entre ellas importantes divergencias. La versión del *Chicago Daily Tribune* nunca se conoció en España, y la damos íntegra en el apéndice, páginas 304-313. Extractos de la versión del *News Chronicle* sí se publicaron pronto en España, y desempeñaron un destacado papel en el proceso de José Antonio. Creemos úti dar primero una traducción completa de la interviú publicada en Londres, remitiendo al apéndice (pp. 300-304) con el texto inglés. Una advertencia: en el *News Chronicle*, a diferencia del *Chicago Daily Tribune*, no se consigna la fecha de la interviú, 3 de octubre, ni se alude al hecho de que había salido dos semanas antes en Chicago. Eran dos omisiones que tendrían importantes consecuencias para José Antonio, como luego veremos.

4. La entrevista, que se publicó en el *News Chronicle* el 29 de julio de 1936, ha sido dada a conocer en traducción castellana por Fernando Díaz Plaja en *Historia 16*, Madrid, núm. 40 (agosto de 1979), pp. 20-22.

Cómo localicé al líder de la Falange Fascista de España en la cárcel de Alicante

JAY ALLEN ENTREVISTA AL HIJO DE PRIMO

Republicanos armados le vigilan
Prisionero retador en vísperas del juicio

De JAY ALLEN

Corresponsal especial del News Chronicle *en España*

(Sin censura)

Cuando los militares se sublevaron contra la República española, sus aliados, los 80 000 jóvenes fascistas de la Falange Española, se encontraban sin líder.

Ello es que su jefe y fundador, el agresivo José Antonio Primo de Rivera, de 30 años de edad —hijo mayor del general que fue dictador de España durante los «siete ignominiosos años», como decían antes los republicanos— estaba encarcelado en Alicante desde marzo.[5]

Muchas veces ha sido detenido, encarcelado, puesto en libertad, condenado a muerte y dado por muerto.

En la confusión de las primeras semanas se nos dijo en Gibraltar, fuente de las más disparatadas habladurías de la guerra, que se había escapado del leal Alicante y que capitaneaba una columna rebelde cerca de Albacete, en la llanura de La Mancha.

Abofeteó a Llano

El mismo general Franco me dijo en Tetuán el 27 de julio que esto no era verdad, añadiendo, preocupado, que no tenía noticias de José Antonio.[6]

A un periodista francés simpatizante le confesó el general Mola en Burgos que creía que Primo había muerto, y añadió que todo se hacía para mantener en la ignorancia a los muchachos de la Falange.

Luego, una noche le oí al general Queipo de Llano proclamar en Radio Sevilla que el hijo del finado dictador (quien, entre paréntesis, le dio una paliza en un café madrileño) estaba herido pero bien escondido, aparentemente en territorio republicano. Cuando los rebeldes entrasen en Madrid sería llevado triunfalmente a hombros en la camilla.

No se cree en la palabra de Queipo: nadie que le conozca, por lo menos, ni a decir verdad nadie que escuche cada noche esas extravagantes emisiones.

5. Equivocación de Allen, puesto que José Antonio estuvo encarcelado en la cárcel Modelo de Madrid desde marzo de 1936 hasta su traslado a Alicante a principios de junio.

6 Este aserto de Franco no figura en el texto de la interviú publicada por Allen en el *News Chronicle* del 29 de julio de 1936. Véase nota 4.

A lo mejor tenía razón Mola. Parecía lógico que los republicanos de Alicante, donde, según nos dicen, los anarquistas son fuertes, le hubiesen ajustado desde el primer momento las cuentas al archienemigo de la República.

La familia en la cárcel

Yo lo sentía, pues a mí me caía bastante simpático José Antonio como persona por frívolas, equivocadas y peligrosas que considerase sus ideas políticas.

Acabo de tener una conversación con José Antonio... con el José Antonio de carne y hueso, que sigue igual, aparte los cinco kilos que ha ganado.

Está donde estaba —donde ha estado siempre— en la cárcel provincial de Alicante. Acabo de regresar de allí.

Le encontré con su hermano Miguel. Hacía con él su diaria hora de ejercicio en el patio de la cárcel. Su hermana Carmen y su tía María están en la cercana cárcel de mujeres.

Cuando regresé al hotel Palace, que está lleno de los diplomáticos de Italia, de Alemania y de Portugal, que se encuentran establecidos aquí —a causa del clima, se supone (entre paréntesis, las autoridades locales les llaman «la Santa Trinidad»)—, unos amigos que me vieron llegar en un coche erizado de fusiles me preguntaron dónde había estado.

«A ver al joven Primo.»

Y todos rieron, pensando que era un buen chiste, aunque un tanto macabro, puesto que el joven Primo (como todo el mundo «sabía») había sido matado hacía ya mucho tiempo.

Era en Madrid donde oí por casualidad cierta conversación. Me volví y pregunté: «¿Tengo que darme por aludido, o qué?»

«Si no se lo cree, vaya a comprobarlo usted mismo», dijo Rodolfo Llopis, subsecretario de la Presidencia del Consejo.

APASIONADO ATAQUE CONTRA GIL ROBLES

Fui a Alicante.

En la bahía se hallaban buques de guerra, muchos buques de guerra de «la Santa Trinidad».

En los hoteles, los refugiados, como era natural, dramatizaban sobre sus experiencias, especialmente en los problemas que tenían con las autoridades locales, que controlaban rigurosamente a todos los que salían de España.

El hecho de que ciertas Embajadas extranjeras estén facilitando pasaportes a españoles de la derecha no ha ayudado a mejorar la situación.

Todo el mundo refería cómo el gobernador civil, D. Francisco Valdés,[7] no tenía ninguna autoridad, cómo los anarquis-

7. Francisco Valdés ·Casas, sobre cuya persona se encuentran bastantes detalles en EMILIO CHIPONT, *Alicante 1936-1939* (Madrid, Editora Nacional, 1974), y

164

*tas eran los jefes, cómo Valdés apenas se atrevía a salir de
su oficina por temor a que le pegasen un tiro.*

De eso no sé nada; pero vino a comer. Y cuando daba órdenes la gente obedecía.

«No te dejarán nunca ver a Primo, porque está muerto», me
dijeron conocidos míos de «La Santa Trinidad». Algunos decían
en voz baja: «¡O mutilado!»[8]

Es verdad que había dificultades. Valdés dijo que podía verle.
El camarada José Prieto, un ciudadano delgado y fuerte, en
camisa azul, con una estrella roja en el pecho, y una pistola a su
lado, dijo: «No.»

Él es presidente de una famosa Comisión de Orden Público,
y sugiere respetuosamente al gobernador, que es un asunto muy
delicado, demasiado.

«Pero Madrid está de acuerdo», dijo el gobernador.

«Incomunicado»

Se convocó una reunión de la Comisión, y me invitaron a co-
nocerla. Era una sesión plenaria, y estaban presentes dos representantes de todos los partidos del Frente Popular. Pronuncié
un discurso en mal castellano.

Pensé cuán desagradable podría ser tener que hacer frente a
estos hombres de ojos agudos, totalmente imbuidos de ideales
de la justicia y acción revolucionaria, con mi vida en peligro y
con un sentimiento de culpabilidad.

Vuelve el Comité.

El camarada Prieto dice: «Primo está preso a disposición de
nuestro Gobierno en Madrid. No es anormal que esté preso con
toda garantía de seguridad e... ¡*incomunicado!*

»A pesar de ello, si usted puede organizar que alguien en
Madrid autorice esta entrevista, desde luego la puede celebrar.
Perdónenos: en un asunto de este tipo, todas las precauciones
son pocas.»

Sabía lo que pensaba. Muchas personas querrían combinar
la huida de José Antonio, aunque dudo que entre ellas se encuentre Franco.

A la cárcel

A las nueve de la mañana llega la delegación: los camaradas
Prieto, Carmelo Alberola, Martín Bautista y comisario José Cases, periodista hasta hace poco.

Me llevan a un coche. Otros huéspedes se miran y se mues-
tran manifiestamente contentos de que vaya yo y no ellos.

Vicente Ramos, *La guerra civil (1936-1939) en la provincia de Alicante* (Alicante,
Ediciones Alicantinas, 1973-1974, 3 tomos).

8. Cfr. Ximénez de Sandoval, p. 586: «En los primeros días de octubre, salido
no se sabe de dónde, corría por cada rincón de Salamanca el horrendo rumor de
que los rojos habían castrado a José Antonio.»

Las puertas de la cárcel se abren. La gente mira. Probablemente están deseando que el prisionero bajo guardia sea portugués. El director de la cárcel se inclina.

Avanzamos delante de puertas de celda en fila. «Los prisioneros están haciendo ejercicio en el patio», dice el guardia.

Se consigue hacer funcionar el viejo cerrojo. Pasamos a la fuerte luz del sol. Dos hombres jóvenes, morenos y de buen aspecto, con sucios pantalones blancos, camisas de cuello abierto y con alpargatas raídas, se aproximan rápidos. Es la primera visita que reciben desde hace meses.

Pistolas en las celdas

José Antonio, el más delgado de los dos, me da la mano cortésmente. Le es difícil disimular su desilusión al ver que se trata únicamente de mí. Los cuatro camaradas del Comité se retiran algunos pasos.

«Vamos a ver, ¿no fue hace dos años, cuando comimos en el Savoy, en Madrid, con el Príncipe?» [9]

Los camaradas aguzaron el oído. Dije muy profesionalmente: «¿Empezamos con la interviú?»

Dijo con una sonrisa encantadora, mirando a los camaradas que pueden ser mañana sus verdugos:

«Con mucho gusto, pero la cosa es que yo no sé nada. Estoy aquí desde marzo.» [10]

Los camaradas se miran. Ya me habían dicho que encontraron dos pistolas y cien cartuchos en las celdas de los hermanos después de estallado el alzamiento y, en fecha tan avanzada como agosto, unos mapas que indicaban la situación militar en las Islas Baleares.

Los camaradas sonrieron maliciosamente.

Primo es abogado, un abogado agudo. Pero va a defenderse a sí mismo, solo. No me incumbía agravar aún más su difícil tarea.

Dije: «A ver si hablamos de lo que pasó antes; de Gil Robles, por ejemplo.»

Gil Robles culpable

«Gil Robles tiene la culpa de todo —dijo apasionadamente—. Durante dos años, cuando hubiera podido hacerlo todo, no hizo nada.

»Y Casares Quiroga, por su política de provocación.»

Tenía los ojos clavados en mí. Quería noticias, se desvivía por tener noticias. ¿Qué le podía decir? Se me adelantó, diciendo: «Pero ¿qué pasa ahora? No sé nada.»

9. Según me aclara Herbert Southworth, se trataba del príncipe Bibesco, embajador de Rumania en Madrid.
10. José Antonio no podía haber dicho esto. Véase la nota 5.

Saturday NEWS CHRONICLE October 24, 1936 15

How I Found Leader of Spain's Fascist Phalanx in Alicante Prison

JAY ALLEN INTERVIEWS PRIMO'S SON

ARMED LOYALISTS KEEP WATCH

Captive Defiant on Eve of Trial

From JAY ALLEN
"News Chronicle" Special Correspondent in Spain
(Uncensored)

WHEN the military rose against the Spanish Republic their allies, the 80,000 youthful Fascists of the Spanish Phalanx, were leaderless.

For their chief and founder, the pugnacious 30-year-old Jose Antonio Primo de Rivera—eldest son of the general who was Dictator of Spain for the "seven ignominious years," as the Republicans used to say—had been in gaol at Alicante since March.

Many times he has been arrested, imprisoned, released, sentenced to death and reported dead.

In the confusion of the first weeks we heard in Gibraltar, fount of most of the best rumours of the war, that he had escaped from loyal Alicante and was leading a rebel column near Albacete, upon the plain of La Mancha.

Thrashed de Llano

General Franco himself told me in Tetuan on July 27 that this was untrue, and added ominously that he had heard nothing of Jose Antonio.

To a sympathetic French journalist in Burgos, General Mola confessed his fears that Primo was dead, and added that everything was being done to keep the boys of the Phalanx in ignorance.

Then one night I heard General Queipo de Llano proclaim over the Seville Radio that the late Dictator' soon—who, by the way, once gave him a beating in a Madrid cafe—was wounded but safely hidden, supposedly in loyal territory. When the rebel troops entered Madrid he would be carried in triumph on a stretcher.

One does not believe Queipo—no one who knows him, at least, or for that matter no one who listens nightly to those astonishing broadcasts.

Mola was probably right. It seemed only too natural that the Republicans of Alicante, where we hear the anarchists are strong, should have settled accounts with the arch-enemy of the Republic at the very start.

Family in Gaol

I was sorry, because I rather liked Jose Antonio as a person—however frivolous, misleading and dangerous I thought his politics.

I have just had a talk with Jose Antonio . . . to Jose Antonio in the flesh, unchanged save for the five kilos he has put on.

He is where he was—where he has been all the time—in the provincial prison in Alicante. I have just come from there.

I found him with his brother Miguel, taking their daily hour of exercise in the prison patio. Their sister Carmen and their aunt Maria are in the women's prison nearby.

When I came back to the Palace Hotel, which is full of the diplomats of Italy, Germany and Portugal, who are established here—because of the climate, one assumes (incidentally, the local authorities call them the "Holy Trinity")—friends who saw me drive up in a car bristling with rifles asked me where I had been.

"To see young Primo."

And they all laughed, thinking that a good, if rather grim joke, because young Primo (as everybody "knew") was long since slain.

It was in Madrid that I overheard a certain conversation. I turned and asked: "Is this for my benefit or what?"

"If you don't believe it go and see for yourself," said Rodolpho Llopis, Under-Secretary of the Presidency of Council.

JOSE ANTONIO PRIMO DE RIVERA

Passionate Outburst Against Gil Robles

I went to Alicante.

In the bay there lay warships, many warships of the "Holy Trinity."

In the hotels, the refugees quite naturally dramatised their experiences, particularly their miseries with local authorities who were exercising rigorous control over everyone leaving Spain.

The fact that certain foreign Embassies are facilitating passports to Spaniards of the Right has not helped matters.

Everyone was telling how the Civil Governor, Don Francisco Valdes, had no authority, how Anarchists were bosses, how Valdes hardly dared stir from his office lest he should be shot.

I don't know about that; but he came to lunch. And when he gave orders people moved.

"They'll never let you see Primo because he's dead," acquaintances among the "Holy Trinity" told me. Some whispered: "Or mutilated."

It is true there were difficulties. Valdes said I could see him. Comrade Jose Prieto, a wiry citizen in a blue shirt with a redstar breast pistol at his side, said "No."

He is chairman of a famous Commission of Public Order, and respectfully suggests to the Governor that it is far too delicate a matter.

"But Madrid is agreeable," said the Governor.

"INCOMUNICADO"

A meeting of the Commission was called, and I was asked to meet it. It was a plenary session, and two representatives of all parties of the Popular Front were present. I made a speech in bad Castilian.

I thought how unpleasant it might be to face these keen-eyed men, who were thoroughly imbued with ideals of revolutionary justice and dispatch, with my life at stake and with a guilty conscience.

The Committee returns.

Comrade Prieto says: "Primo is held at the disposition of our Government at Madrid. It's not unnatural that he should be held safely and incomunicado.'

"However, if you can get somebody in Madrid to authorise this interview, you can have it, of course. So please excuse us; but in a matter of this kind, no precautions are too great."

I knew what he was thinking. Plenty of people would like to engineer the escape of Jose Antonio, though I doubt if Franco would.

INTO THE PRISON

At nine in the morning the delegation calls—Comrades Prieto, Carmelo Albeenia, Martin Bautista and Commissar Jose Cases, until recently a journalist.

They escort me to a car. Other guests look at each other and are clearly glad it is I and not they.

The gates of the prison swing back. Paonie look. They probably hope the foreigner under guard is Portuguese. The governor of the prison bows.

We advance past rows of cell doors. "The prisoners are taking exercises on the patio," the guard says.

The ancient lock is negotiated. We step into bright sunlight. Two young men, dark and handsome, clad in soiled white breeches, shirts with open collars, and frayed rope-soled sandals, trot up eagerly. This is the first visit they have had for months.

PISTOLS IN CELLS

Jose Antonio, the slighter of the two, shakes hands politely. He finds it hard to conceal his disappointment that it is only me. Four comrades from the Committee stand back a few paces.

"Let's see, it was two years ago, wasn't it, that we lunched at the Savoy, Madrid, with the Prince?"

The comrades pricked up their ears. I said very professionally: "Suppose we get on with the interview?"

He said, with a charming smile, looking at the comrades who may tomorrow be his executioners:

"With pleasure, but you see I know nothing. I've been here since March."

The comrades look at one another. They had already told me they had found two pistols and 100 cartridges in the brothers' cells after the rebellion broke out, and, as long ago as August, maps showing the military situation in the Balearic Islands.

The comrades smiled knowingly.

Primo is a lawyer and a keen one. But he is his own sole defence. It was not up to me to make his difficult job harder.

I said: "Suppose we talk about what happened before—about Gil Robles, for instance."

GIL ROBLES TO BLAME

"Gil Robles is to blame for everything," he said with passion. "For two years when he might have done everything but did nothing.

"And Casares Quiroga, for his policy of provocation."

He kept his eyes on me. He wanted news, craved for news. What could I tell him? He beat me to it, saying: "But what's going on now? I don't know."

I said: "I am sure our friends here did not bring me here to inform you, but suppose I ask some hypothetical questions which you can answer or not?"

"All right."

"What would you say if I told you I thought General Franco's movement had got out of hand and, whatever it is intended to be, is now simply old Spain fighting for lost privileges?"

"I know nothing. I hope it is not true, but if it is, it is a mistake."

"CAN'T HOLD SPAIN"

"If I said that your boys are fighting side by side with mercenaries in the service of the landowners?"

"I'd say it is untrue."

He looked at me searchingly and said: "You remember my stand and my speeches in the Cortes? You know I said that if the Right after October kept on their negative policy of repression, Azana would be back in power in no time.

"It's the same now. If it is simply to turn the clock back, they're wrong. They can't hold Spain, if it's only that.

"I stood for something else—something positive. You have read my programme of national syndicalism and agrarian reform and all that."

I said, "Apparently, the Spanish people never believed in your sincerity."

He said, "I was sincere. I could have become Communist and won popularity."

I said, "But your boys now. . . ."

"I hope and think that what you say is untrue. But, remember, they had no leadership after I was arrested, and remember that there were many other people goaded to violence by Casares' policy of provocation."

FRANCO'S POLICY

The comrades glowered.

I said, "But I seem to remember that you introduced political gunmen in Madrid."

"Nobody ever proved that. My boys may have killed, but after they attacked."

I wanted to cite cases to the contrary, but I was too well aware that the comrades were eyeing this so handsome and so assured young aristocrat who had brought, by their lights, such horror to Spain, so I refrained.

I said: "What would you say if I told you that Franco, the Nationalist patriot, had brought Germans and Italians into it, pledging Spanish territory—Majorca to the Italians, the Canaries to Germany—and brought Europe closer to war than ever?"

"I'd say it was untrue!" he snapped. And he went on:

"I know nothing. I don't even know whether I shall be part of the new Government, if we win." We all gulped. He continued:

HOW FRANCO MAY FAIL

Jose Says Reaction Is Not Enough

"I do know that if this movement does win and it turns out to be nothing but reaction, then I'll withdraw my Phalanx and I'll . . . I'll probably be back here in this or another prison in a very few months!"

REACTION

He seemed wonderfully confident. If it was bluff, it was fine bluff.

I said: "But, good God, Jose Antonio, you talk more intelligently about Spain than anybody I know, and yet what else could such a movement be? These people are fighting to win back and not to reform themselves."

"Well, if that is so, they are wrong. They will provoke still worse reaction. They will precipitate Spain into more horror.

"They will have to cope with me. You know that I have always fought them. They called me a heretic and a Bolshevik. I . . ."

I did not like the look in the eyes of the committee. They had stood back and said nothing, but they were looking—I know what they were thinking about boys who hired gunmen or played at gunmen before, and now roam rebel Spain "liquidating" not Marxists alone, but all liberal elements they can set hands on.

"HE WILL BE TRIED"

I said: "Franco told me that Spanish Fascism is not comparable with other Fascisms, but is simply for the defence of the Church."

Jose Antonio looked annoyed. "The trouble with all Spaniards is that they won't give up ten minutes of time in order to get a fair estimate of people or things. I shall prove . . ."

The atmosphere was becoming too thick. I said: "I have got to catch a plane. I will say good-bye." We shook hands.

On the way back, one comrade broke the silence and said: "Did you notice he had gained weight?"

He had.

They looked at me furtively—to see how far I had been won over by their prisoner's magnificent presence and by the fine show he gave us.

But that was my secret. They clearly had misgivings, but were wise enough not to pry.

I asked: "What are you going to do with him?"

"There will be a trial." They exchanged looks.

It will be a trial, not only of the man, but of Spanish Fascism. I cannot for the life of me imagine any circumstances which would save this young man. His situation is very bad. The least I can do is not to aggravate it.

M.C.C. Up Against Big Stand

PERTH (W.A.), Friday.

Worried by casualties—Fagg kept wicket with a bruised thumb instead of Ames who had originally been chosen—the M.C.C. found powerful opposition here today from Badcock and Horrocks.

This pair, adding 278 in an unfinished partnership of 3½ hours, are approaching the record stand in Australia for the second wicket: 334 by Bradman and the late Archie Jackson for N.S.W. against S.A. in 1930-31.

EXPENSIVE ERRORS

Badcock hooked and pulled with Bradman-like audacity and hit eighteen 4's, but at 13 and 36 he offered chances to Verity and Wyatt. Horrocks, a former Lancashire League player, has hit two 6's off Verity and thirteen 4's.

During the day Hardstaff, in taking a hard drive, split his finger; the wound bled profusely, but the Notts man eventually resumed. Fishlock still wore a bandage on his hand, and failure to accept an easy chance at mid-on offered by Horrocks was not therefore surprising.

At an earlier stage here today Allen (a 6 and five 4's) and Copson added 78 for the last wicket in less than an hour.

STATEMENT BY ALLEN

Alluding to current reports, Allen said today there was no question of sending to England for an extra wicketkeeper; that Ames was not suffering from any serious trouble, and that Duckworth was not being risked in view of future engagements.

Meanwhile Wade, the Essex wicketkeeper, who travelled with the M.C.C. team in a private capacity, is keeping fit at a gymnasium here in case of emergency.

M.C.C.

WESTERN AUSTRALIA

—Reuter.

DULEEP TO PLAY AGAIN

BOMBAY, Friday.

The famous England and Sussex cricketer, Prince K. S. Duleepsinhji, who, owing to ill-health, has played very little serious cricket in the last four years, is to captain the Hindus in the annual quadrangular cricket tournament in December.—Reuter.

SPEND TOMORROW WITH US

TWENTIETH SUNDAY AFTER TRINITY

«Usted conoce mi programa y sabe que nosotros estamos frente a todo cuanto signifique una restauración o la vuelta a los antiguos tiempos», declaró José Antonio a Jay Allen, uno de los corresponsales extranjeros que más hábilmente actuaron durante la guerra española.

Dije: «Estoy seguro de que nuestros amigos no me han traído aquí para que le informe, pero vamos a ver si le hago unas hipótéticas preguntas a las cuales usted puede contestar o no.»

«De acuerdo.»

«¿Qué diría usted si le dijese que, a mi juicio, el movimiento del general Franco se hubiera desmandado y que, fuera cual fuera su propósito inicial, representa ahora sencillamente a la Vieja España que lucha por sus privilegios perdidos?»

«Yo no sé nada. Espero que no sea verdad, pero si lo es, es un error.»

No podrán controlar a España

«¿Y si yo le dijese que sus muchachos están combatiendo codo a codo con mercenarios al servicio de los terratenientes?»

«Diría que no es verdad.»

Me clavó una mirada penetrante y dijo: «¿Usted se acuerda de mi actitud firme, y de mis discursos, en las Cortes? Usted sabe que dije que si la derecha, después de octubre,[11] seguía con su política represiva negativa, Azaña volvería al poder en poquísimo tiempo.

»*Pasa lo mismo ahora. Si lo que hacen es simplemente para retrasar el reloj, están equivocados. No podrán controlar a España.*

»Yo representaba otra cosa, algo positivo. Usted ha leído mi programa de sindicalismo nacional, reforma agraria y todo aquello.»

Dije: «Por lo visto el pueblo español nunca creyó en su sinceridad.»

Dijo: «Yo era sincero. Yo hubiera podido hacerme comunista y conseguir la popularidad.»

Dije: «Pero sus muchachos ahora...»

«Yo espero y pienso que lo que usted dice no es verdad. Pero no olvide usted que ellos no tenían líder después de mi encarcelamiento, y no olvide usted que también otras muchas personas eran empujadas a la violencia por la política de provocación de Casares.»

La política de Franco

Los camaradas miraron ceñudos.

Dije: «Pero a mí me parece recordar que fue usted quien introdujo los pistoleros políticos en Madrid.»

«Nadie lo probó nunca. Mis muchachos habrán podido matar, pero después de haber sido atacados por ellos.»

Yo quería aducir casos que probaban lo contrario, pero era demasiado consciente de que los camaradas tenían los ojos clavados en este joven aristócrata de tan buen aspecto y tan seguro

11. José Antonio se refiere, claro está, a la revolución de Asturias de octubre de 1934.

de sí, que había traído, según ellos, tantos horrores a España, y me frené.

LA FORMA EN QUE FRANCO PUEDE FRACASAR

José dice que no basta la reacción

Dije: «¿Qué diría usted si le dijese que Franco, el patriota nacionalista, había traído aquí a alemanes e italianos, prometiendo entregar territorio español —Mallorca a los italianos, las Islas Canarias a los alemanes— y que había llevado a Europa más cerca que nunca de la guerra?»

«¡Diría que no es verdad!», contestó bruscamente. Y continuó:

«Yo no sé nada. Ni sé si estaré incluido en el nuevo Gobierno, si ganamos.» Todos contuvimos la respiración. Continuó:

«Yo sí sé que, si este movimiento gana y resulta que no es más que reacción, entonces retiraré a mi Falange y yo... ¡volveré probablemente a estar aquí, o en otra cárcel, dentro de pocos meses!»

Reacción

Parecía espléndidamente seguro de sí mismo. Si se trataba de un farol, era un farol magnífico.

Dije: «Pero José Antonio, por Dios, usted habla sobre España más inteligentemente que nadie que yo conozca. ¿Cómo podría ser de otra forma un movimiento así? Esta gente lucha por recobrarse, no por reformarse.»

«Si eso es así, están equivocados. Provocarán una reacción aún peor. Precipitarán a España en más horrores.

»Tendrán que cargar conmigo. Usted sabe que yo siempre he luchado contra ellos. Me llamaban hereje y bolchevique. Yo...»

No me gustaba la expresión en los ojos del Comité. Se habían apartado y no decían nada, pero miraban, yo sé lo que pensaban de los jóvenes que antes alquilaban a pistoleros o jugaban a pistoleros, y que ahora merodean por la España rebelde «liquidando» no sólo a marxistas, sino a todos los elementos liberales a quienes pueden echar mano.

Será juzgado

Dije: «Franco me dijo que el Fascismo Español no se puede comparar con otros fascismos, y que es simplemente una defensa de la Iglesia.» [12]

José Antonio pareció molesto. «El problema con todos los españoles —dijo— es que no dedicarán diez minutos de su tiem-

---

12. Tampoco figura esta opinión de Franco en la interviú del 29 de julio de 1936. Véase nota 4.

po a hacer una estimación objetiva de las personas o de las cosas. Yo probaré...»

La atmósfera se estaba cargando demasiado. Dije: «Tengo que coger un avión. Me voy a despedir.» Nos dimos la mano.

Mientras regresábamos, uno de los camaradas rompió el silencio y dijo: «¿Notó usted que había engordado?»

Era cierto.

Me miraron furtivamente para ver hasta qué punto había sido conquistado por la magnífica presencia de su prisionero y por la brillante representación que nos había ofrecido.

Pero eso era secreto mío. Se veía que estaban molestos, pero tuvieron la sensatez de no entremeterse.

Pregunté: «¿Qué van a hacer ustedes con él?»

«Habrá un juicio.» Cambiaron entre sí unas miradas.

Será un juicio no sólo del hombre sino del fascismo español. Me es imposible imaginar cualquier circunstancia que salve a este joven. Su situación es muy seria. Lo menos que puedo hacer es no agravarla.

Unos quince días después de la publicación de esta interviú en Londres se reprodujeron extractos de ella en la prensa republicana. *El Sol* de Madrid, por ejemplo, destacó el 8 de noviembre las críticas de José Antonio a Gil Robles y a Franco («Primo de Rivera repudia a Gil Robles y critica la actitud del general Franco»), mientras otros diarios de la capital también parafrasearon algunos párrafos de las declaraciones del jefe falangista, difundidos por la agencia Febus. Que sepamos, no se aludió a la interviú en la prensa nacionalista.

Por lo que respecta a la región levantina, extractos de la interviú se dieron a conocer el 7 de noviembre de 1936 en *El Pueblo* de Valencia, *El Día* de Alicante y *El Liberal* de Murcia, y el 8 de noviembre en *Diario de Alicante*. A lo mejor salieron también en otros periódicos que no hemos consultado. En las cuatro versiones que tenemos delante, procedentes de los diarios mencionados, se da a entender que la entrevista entre el reportero norteamericano y José Antonio tuvo lugar *hace poco*, y no se consigna en absoluto la fecha 3 de octubre que, como ya hemos señalado, sólo se dio en el *Chicago Daily Tribune*. De estas cuatro versiones vamos a reproducir aquí la de *El Liberal* de Murcia (p. 3), puesto que fue ésta la citada en el proceso de José Antonio. Como podrá apreciar el lector, el artículo no da sino una pobre idea de la totalidad de la interviú publicada en Londres.

UNAS DECLARACIONES DE JOSÉ ANTONIO PRIMO DE RIVERA

Si los rebeldes se proponen llevar a cabo una restauración, no estaría de acuerdo con ellos

LONDRES. Un enviado especial del diario londinense *News Chronicle* ha celebrado recientemente una entrevista con el jefe de Falange Española José Antonio Primo de Rivera, en la cárcel de Alicante.

El interviuvado manifestó que Gil Robles le merece toda clase de desprecios, pues tuvo en su mano reorganizar España durante la época en que ocupó un alto cargo ministerial y no quiso hacerlo durante los dos años que permaneció en el Gobierno.

No cree Primo de Rivera que el movimiento realizado por el ex general Franco represente a la España vieja, estimando como un gran error el hecho de que así fuese.

Dijo también que no puede creer que los falangistas luchen al lado de los mercenarios traídos desde otros territorios.

—Recordará usted —continuó diciendo al periodista— lo que varias veces expuse en mis discursos del Parlamento, durante mi campaña de diputado. No me cansaré de repetir que si la política que se sigue por los nuevos gobernantes, de triunfar el movimiento, es negativa, Azaña no tardaría mucho tiempo en reconquistar el Poder.[13] Si ahora Franco tratase de restaurar el régimen antiguo, ocurriría exactamente igual. Usted conoce mi programa y sabe que nosotros estamos frente a todo cuanto signifique una restauración o la vuelta a los antiguos tiempos.

—¿Qué diría usted —preguntó el enviado del *New* [sic] *Chronicle*— si supiera que Franco ha logrado la colaboración de alemanes e italianos a cuenta de la concesión de determinadas posiciones estratégicas y puertos de España y sin tener en cuenta el peligro que con ello existe sobre una nueva guerra europea?

—Yo no sé nada de eso. Lo único que puedo decirles es que ignoro si formaría parte del Gobierno que se constituiría; pero si Franco intentase realizar una restauración o lograse llevarla a cabo, yo volvería a la cárcel. Si no a ésta, precisamente, a otra. Y, desde luego, estoy en un desacuerdo completo con todo lo que se refiere a la vuelta a los tiempos pasados. — Febus.

Jay Allen sabe —lo dice explícitamente— que su presencia en la cárcel de Alicante, su conversación, en castellano, con José Antonio, sus preguntas, las respuestas del jefe falangista (escuchadas por los enardecidos miembros del Comité de Orden Público), todo esto pudiera agravar la situación de un hombre que pronto será juzgado por un Tribunal Popular. Un Tribunal que ya había sentenciado a muerte a numerosos falangistas.[14] Y, al redactar su

---

13. Esta frase está muy mal traducida o parafraseada. El jefe de la Falange había dicho, según Allen: «Usted sabe que dije que si la derecha, después de octubre, seguía con su política represiva negativa, Azaña volvería al poder en poquísimo tiempo.»

14. Véase, al respecto, VICENTE RAMOS, pp. 90-91, 182-194.

interviú, una vez regresado al hotel, Allen se da cuenta del posible peligro que supondrá para el prisionero de Alicante la publicación de sus declaraciones. Pues bien, a pesar de las buenas intenciones del periodista, y de su discreción en la cárcel, no cabe duda de que la interviú dañó efectivamente a José Antonio ante el Tribunal que iba a condenarle a muerte.

Antes de referirnos al papel desempeñado en el proceso por la interviú, o mejor, por la *versión* de la interviú publicada en *El Liberal* de Murcia, creemos imprescindible atraer la atención del lector hacia otro artículo aparecido en la prensa de aquellos días y utilizado contra José Antonio en relación con las declaraciones hechas a Allen. Se trata de un reportaje sobre los supuestos contactos subversivos establecidos por el general Sanjurjo y José Antonio con los nazis, reportaje sensacional que se publicó primero en el extranjero (no hemos podido averiguar dónde) y que luego fue difundido, en extracto, por la prensa republicana a finales de octubre de 1936. Tenemos delante de nosotros fotocopias de tres versiones del artículo. La primera salió en *Heraldo de Madrid,* con fecha 24 de octubre, bajo el título «La ayuda militar y económica del nazismo a los rebeldes. Primo de Rivera conferenció secretamente con Hitler. La venta de la soberanía nacional por Sanjurjo». La segunda se publicó el 25 de octubre en *El Pueblo* de Valencia, titulada «La intentona fascista. José Antonio Primo de Rivera conferenció hace algún tiempo con Hitler para preparar lo que ahora está sumiendo en la tragedia al pueblo español». La tercera salió el 25 de octubre en *El Liberal* de Murcia —el mismo diario donde se publicaría el 7 de noviembre la interviú de Jay Allen con José Antonio que acabamos de leer— y reproducimos ésta a continuación, puesto que fue la versión citada en el proceso del jefe de la Falange:

LA PREPARACIÓN DEL MOVIMIENTO INSURRECCIONAL DE ESPAÑA

JOSÉ ANTONIO PRIMO DE RIVERA CELEBRÓ VARIAS ENTREVISTAS CON HITLER

ANTE LOS INCONVENIENTES QUE SE PRESENTABAN, FALANGE ESPAÑOLA PIDIÓ SU COLABORACIÓN A LOS GENERALES DEL EJÉRCITO

MADRID. Según las informaciones publicadas por un periódico extranjero acerca de la preparación del movimiento subversivo en España se confirma que no fue el difunto general Sanjurjo el primero que llevó a cabo negociaciones con las autoridades alemanas. Antes había estado alojado en Berlín el jefe nacional de Falange Española, José Antonio Primo de Rivera, quien tomó parte en un mitin, en el que también hizo uso de la palabra Mosley.

Más tarde Heff [*sic*] [15] preparó una entrevista secreta de

15. Rudolf Hess.

Primo de Rivera con Hitler, cuya entrevista tuvo lugar en una finca de la Alta Baviera.

Se sabe que, ante las dificultades con que se tropezaba para la preparación de la subversión, el jefe de Falange fue advertido de la conveniencia de solicitar la colaboración de los generales del Ejército de España, proponiéndose esta colaboración al general Sanjurjo, a quien lograron convencer para que se embarcase en una segunda aventura similar a la del 10 de agosto.

También estuvo en Berlín el general Fanjul, aunque sólo se relacionó con autoridades secundarias.

Sanjurjo trató de disimular su salida de Portugal diciendo que para nada le interesaba lo que pudiese suceder en España, y que se dirigía a Berlín con objeto de asistir a los juegos olímpicos, agregando que se había apartado de la política.

Durante su estancia en Berlín llevóse a cabo un pacto entre él y las autoridades alemanas, con la colaboración de Hitler, en cuyo documento se convino el envío de armas y municiones a los facciosos, los que designaron a Sanjurjo jefe del nuevo Estado fascista.

Al tercer Reich se le prometió, a cambio de su colaboración, que le serían cedidas varias bases navales españolas, algunas posiciones estratégicas en Marruecos y la explotación de las minas de mercurio de Almadén.

Más tarde fue modificado el pacto, al iniciarse la ayuda de Italia.

De la parte política fue encargado el corresponsal literario de *ABC* en Roma Eugenio Montes, el cual se entrevistó en Alemania con Alfredo Rosemberg, encargado del departamento de Asuntos Exteriores. Montes consiguió con sus artículos e informaciones que el expresado diario madrileño se inclinase al lado del fascismo, facilitando la sublevación registrada. — Febus.

José Antonio niega ante el juez instructor, que tiene a la vista el artículo de *El Liberal* que acabamos de reproducir, haber ido a Alemania con el propósito de conseguir apoyo nazi para una conspiración contra la República.[16] No oculta, sin embargo, «que en los años 1933 y 1934 fue recibido, en breves visitas, por los señores Mussolini y Hitler», ni que «ha estado en Italia varias veces, la última a principios de verano del año 1935».[17] Estas visitas, según el prisionero, no tenían nada que ver con cualquier conato de conspiración, como tampoco las cartas del general Sanjurjo que le han incautado. Al referirse otra vez el juez al artículo de *El Liberal* (sin nombrar concretamente el periódico), José Antonio insiste:

16. Sobre la visita de José Antonio a Berlín a principios de mayo de 1934, sus contactos con los nazis y la posibilidad de que la Falange haya buscado apoyo financiero alemán, véase el imprescindible libro de Ángel Viñas, *La Alemania nazi y el 18 de julio*, pp. 123-128. Las páginas del mismo autor sobre la visita a Berlín de Sanjurjo en 1936 son igualmente importantes, ibíd., pp. 128-132.

17. Francisco Bravo, *José Antonio ante la justicia roja*, pp. 76-77. El jefe de la Falange visitó a Mussolini en octubre de 1933, poco antes del mitin del teatro de la Comedia. De su visita a Italia en 1935 los historiadores, que sepamos, no se han ocupado todavía.

Que fue la única entrevista a que antes ha hecho referencia la que celebró con Hitler en Alemania; que no se celebró ningún acto ni mitin en Alemania en que tomase parte el declarante, ni tampoco Mosley, pues no conoce a dicho señor.[18] Preguntado si durante su estancia en Alemania solicitó de Hees [sic] le preparara una entrevista con Hitler y ésta tuvo lugar en una finca de Alta Baviera, contesta: Que no ha sido jamás presentado al señor Hees [sic] ni ha hablado con él de ningún asunto.[19]

El fiscal, Vidal Gil Tirado, a la vista del sumario no dudó en aceptar como verídico el relato publicado por *El Liberal* de Murcia, que «no ha sido rectificado ni contradicho».[20] Vidal terminó sus conclusiones provisionales pidiendo que durante el juicio se pudiera disponer de un ejemplar de aquel número del periódico murciano.[21]

En el texto del sumario, publicado en 1941 por Francisco Bravo, no se menciona la visita de Jay Allen a la cárcel de Alicante. La primera alusión a la entrevista a que dio lugar se encuentra en la admisión de prueba, donde el fiscal solicita que se una «un ejemplar del diario *El Liberal* de Murcia que habla de unas declaraciones de José Antonio Primo de Rivera a un enviado especial de un periódico extranjero»,[22] solicitud con la cual se solidariza el propio jefe de Falange:

> Muy encarecidamente ruego la inclusión de ese documento aportado por el señor Fiscal, que es la interviú, que con autorización de la Comisión de Orden Público, fue celebrada por un periodista extranjero.[23]

Hubiera sido muy importante que en estos primeros momentos del proceso José Antonio señalara que la entrevista con Allen había tenido lugar *a principios de octubre*, fecha que recuerda en su testamento cuando ya es demasiado tarde. No lo hizo, ni tampoco durante el juicio oral, lo cual dio lugar a que el fiscal insistiera en que el jefe falangista, al enterarse (no se sabe cómo, pues estaba totalmente incomunicado) de que había salido en *El Liberal* de Murcia, con fecha 25 de octubre, un artículo peligrosísimo para él, organizara la visita de Allen para que éste le hiciera una interviú hipócrita, exculpatoria, en el mismo periódico. Es decir, que el fiscal cree que la visita de Allen tuvo lugar *después de publicado*

---

18. Esto no era cierto, ya que sir OSWALD MOSLEY, en su autobiografía *My Life* (Londres, Book Club Associates, 1968), p. 421, habla de una visita que le hizo José Antonio a Londres «en los años treinta». El encuentro tuvo lugar precisamente en el «cuartel general» que tenían los fascistas ingleses en el barrio de Chelsea.
19. BRAVO, *José Antonio ante la justicia roja*, pp. 77-78.
20. MANCISIDOR, p. 43.
21. Ibíd., p. 49.
22. Ibíd., p. 51.
23. Ibíd., p. 52.

el artículo de El Liberal *de Murcia donde se habla de las relaciones de Sanjurjo y José Antonio con los alemanes.*

El error del fiscal se puede considerar en cierto modo disculpable, ya que la versión de la interviú que tiene delante salió en *El Liberal* de Murcia el 7 de noviembre sin mencionar la fecha de la publicación de la entrevista en Londres (24 de octubre), pero diciendo que el encuentro de Allen y José Antonio se celebró «recientemente». No creemos que obrara de mala fe el fiscal al llegar a la conclusión que vamos comentando. Pero lo cierto es que habría sido fácil corregir su error desde el primer momento y antes de que el asunto se enredase y adquiriese categoría inverosímil. Después de todo, Allen estuvo acompañado durante su estancia en Alicante y su visita a la cárcel por varios miembros del Comité de Orden Público, entre ellos el comunista José Prieto quien, además, compareció ante el Tribunal. Por otro lado su visita a la cárcel tenía forzosamente que haberse consignado en los registros oficiales. Pero la fecha de la entrevista no se demostró, tremendo error de José Antonio y que tuvo fatales cosecuencias.

Veamos ahora los párrafos del texto taquigráfico del juicio donde insiste el fiscal sobre la íntima relación existente entre la interviú de Allen y el artículo de *El Liberal* de Murcia del 25 de octubre:

FISCAL: Usted, a propósito, buscó una conferencia, una entrevista con un enviado especial de un periódico de Londres, recientemente, y cuando el movimiento estaba ya en su auge, preparada, o espontáneamente ese enviado especial se le presentó solicitando interviuvar a usted.

JOSÉ ANTONIO: Yo no podía pedir nada porque estaba incomunicado y una mañana me dicen: «Viene a verle un periodista extranjero —no inglés sino norteamericano— acompañado de varios miembros de la Comisión de Orden Público. La entrevista me hizo poquísima gracia, porque... ¡un incomunicado ponerse a hacer declaraciones! Pero como siempre es bueno hacer una declaración sincera, hice algunas declaraciones recogidas, con alguna fidelidad, en los extremos que más me pueden perjudicar en ese periódico de Murcia que tuvo la amabilidad de enseñarme el señor Fiscal.

FISCAL: A pesar de eso que depuso usted en el sumario ¿no es más cierto que buscó usted esta entrevista como medio de sincerarse puesto que la publicó *El Liberal* de Murcia, con conocimiento de la información extranjera publicada por *El Liberal*, con fecha veinticinco de octubre, puesto que ésta fue el seis, siete u ocho de noviembre?

JOSÉ ANTONIO: Aseguro, absolutamente, que no, que ésta fue tramitada por entero por la Comisión de Orden Público. Ni siquiera recuerdo cómo se llama el periodista, aunque le conozco desde hace varios años, tres o cuatro, de Madrid. Y recuerdo que le conocí porque almorzamos juntos, invitados por un amigo común rumano, antifascista furibundo.[24]

FISCAL: ¿Recuerda que en esa entrevista hizo manifestaciones de desagrado y menosprecio hacia Gil Robles, porque éste durante su mandato en el bienio negro radicalcedista, no hubiese hecho lo que podía hacer, porque de esa manera hubiera hundido el izquierdismo y a las organizaciones sindicales?

JOSÉ ANTONIO: Sería ridículo. Eso está en pugna. Jamás he dicho semejante cosa y le diré otras cosas que me perjudicarán luego. Esta entrevista está llena de disparates.[25]

FISCAL: ¿Censuró usted el período álgido de Lerroux-Gil Robles, como gobernantes, a ese enviado especial?

JOSÉ ANTONIO: Sí, señor. Y también el de Casares Quiroga, como gobernante.

FISCAL: ¿Le preguntó ese enviado especial, si usted aceptaría un puesto, de triunfar la Revolución, en el Gobierno que llegara a constituirse o en la Asamblea o lo que fuera?

JOSÉ ANTONIO: No me lo dijo en esos términos. Ahora, me hizo declarar mi punto de vista sobre esa rebelión. Me dijo: «Se han unido todas las fuerzas antiguas.» Si es así, le dije que yo estaba en contra del movimiento. No creo que el Ejército se haya sublevado para restaurar la política antigua. Si lo hubiera hecho no creo que algunos de los que figuran se hubieran adherido, pero ello sería la razón para que volviese pronto el régimen de izquierdas.

FISCAL: Añadía usted que eso daría motivo a que Azaña volviese a reconquistar el Poder.

JOSÉ ANTONIO: Exacto.[26]

Viene a continuación una frase del fiscal cuyo verbo carece de sujeto gramatical y cuyo sentido parece, al principio, oscuro: «A mi juicio guarda una relación directa.» ¿Qué es lo que guarda «una relación directa», y con qué? Nos consta que la frase significa que, para el fiscal, la interviú de Allen, más correctamente *las preguntas* de Allen, tienen una relación velada con el artículo de *El Liberal* de Murcia del 25 de octubre en el cual se hablaba de la cesión por los conspiradores antirrepublicanos de trozos de territorio nacional a alemanes e italianos. Es evidente que el fiscal sigue creyendo que José Antonio organizó la visita de Allen, entre otras razones, para que éste le confirmara que el pacto acordado por él y Sanjurjo en Alemania se hubiese llevado a efecto. José Antonio, como es natural, se esfuerza por negar que hubiera cualquier conexión entre los dos artículos pero, otra vez, deja pasar inexplica-

24. Es decir, el príncipe Bibesco. Véase nota 9.
25. Efectivamente, la interpretación que da el fiscal al juicio de José Antonio sobre Gil Robles («Gil Robles tiene la culpa de todo. Durante dos años, cuando hubiera podido hacerlo todo, no hizo nada») es muy parcial.
26. MANCISIDOR, pp. 74-76.

«Si Franco intentase realizar una restauración o lograse llevarla a cabo, yo volvería a la cárcel. Si no a ésta, precisamente, a otra. Y, desde luego, estoy en un desacuerdo completo con todo lo que se refiera a la vuelta a los tiempos pasados.» (Dos imágenes de José Antonio.)

Allen: «Muchas personas querrían combinar la huida de José Antonio, aunque dudo que entre ellas se encuentre Franco.»
(Fachada de la prisión de Alicante, donde se fusiló a José Antonio.)

blemente la ocasión de establecer la anterioridad de la visita del periodista norteamericano:

FISCAL: A mi juicio guarda una relación directa. Recuerde usted que le hizo la siguiente pregunta: «Qué diría usted si supiera que Franco ha logrado la colaboración de alemanes e italianos a costa de la concesión de determinadas porciones peninsulares y puertos de España, y sin tener en cuenta el riesgo que existe para una nueva guerra.» ¿Le hizo esta pregunta? ¿Cree que tenía relación con el otro informe que dijo entendía el Ministerio Fiscal que había relación tan directa, de que efectivamente en sus visitas de usted, había una relación de causa efecto y después de esas visitas señalar las posiciones estratégicas,[27] no cree que exista relación entre esa pregunta y la anterior?

JOSÉ ANTONIO: No puedo explicar relación alguna de hechos que no sean míos. No sé ni por qué el periodista me preguntó eso, ni por qué lo ha publicado *El Liberal* de Murcia. Estoy contestando con bastante sinceridad. El periodista me hizo la pregunta y le di la respuesta vituperando todo pacto en que se enajenase todo o parte del territorio o de la riqueza española.

FISCAL: Nada más.[28]

Es evidente, en resumen, que, para el fiscal, José Antonio se asusta al leer en *El Liberal* de Murcia el alegato de que él y Sanjurjo acordaron un pacto con los alemanes según el cual, a cambio de la entrega de armas y municiones a los rebeldes españoles, se les cedería «varias bases navales españolas, algunas posiciones estratégicas en Marruecos y la explotación de las minas de mercurio de Almadén». El líder falangista, comprendiendo el grave peligro que supone para él la publicación de este informe, organiza la visita de Allen y hace que le pregunte, entre otras cosas, qué pensaría si supiera «que Franco ha logrado la colaboración de alemanes e italianos a cuenta de la concesión de determinadas posiciones estratégicas y puertos de España». José Antonio, desde luego, contesta rotundamente: «Yo no sé nada de eso», contestación, en opinión del fiscal, a todas luces mentirosa. Al final de este interrogatorio y al pronunciar las palabras «Nada más», el fiscal cree que ha demostrado satisfactoriamente la participación de José Antonio en las negociaciones con los alemanes.

En el informe del fiscal, que sigue al juicio oral, éste empieza a conceder, pero de muy mala gana, que posiblemente José An-

27. Referencia al hallazgo en la celda de José Antonio de un mapa en el que, según el oficial de prisiones Abundio Gil, «se habían señalado los frentes en que se verificaba la lucha de las fuerzas leales contra los elementos facciosos, cuyo mapa estaba en lugar ostensible de la celda, en unión de un croquis en el que se habían señalado con lápiz azul y rojo la situación de las fuerzas combatientes» (BRAVO, *José Antonio ante la justicia roja*, p. 28).

28. MANCISIDOR, p. 76.

tonio no buscó la entrevista con Allen («Yo no creo que se haya buscado de propósito, sino que ha llegado como un maná»),[29] pero insiste en que, de haber sido posible desmentir la veracidad de la información publicada por *El Liberal* de Murcia el 25 de octubre José Antonio o sus amigos lo habrían hecho. Es un argumento idiota, ruin incluso, puesto que el fiscal sabe perfectamente que en estos momentos, y desde el primer día del alzamiento, los falangistas están sometidos a una tenaz persecución en toda la zona republicana. ¿Cómo podían, pues, escribir los amigos de José Antonio a la prensa «roja» para desmentir tales alegatos? Era ridículo. Declara el fiscal:

> Lo mismo que hice constar en el escrito de conclusiones provisionales hoy lo ratifico, no desmentido ni contradicho por nadie, sin que valga alegar, como ha de repetir la defensa en su momento oportuno —o por lo menos no tendrá eficacia ni vida jurídica—, que quien está encerrado en una prisión no puede desmentir ni contradecir aquello que consta en un editorial de un periódico de gran rotación como es *El Liberal* de Murcia, porque a eso alego que no es él solo sino que hay muchos más, tan elevados como él, o por lo menos que son lugartenientes de la misma importancia política en cuanto a falangistas identificados con él en absoluto, y entre ellos hubiera estado ese Sarrión, que con frecuencia le ha visitado, que era su pasante y que le hizo varias visitas en la Prisión, para desmentirlo en otro periódico o en el mismo. ¿Rectificarlo?, no lo hace [...] El mutismo más absoluto es el que ha reinado en cuanto a la protesta o contradicción.[30]

En el informe de la defensa, que sigue al del fiscal, José Antonio se refiere sarcásticamente a estas acusaciones:

> El Fiscal no ha aportado ninguna prueba respecto a este aspecto. La única sombra de prueba es que Sarrión, que no sé si vive en estos momentos,[31] el Abogado y compañero mío de despacho (está justificado que viniera mucho a verme porque, por fortuna, mi despacho era bastante próspero y de actividad), no ha rectificado una información tomada por *El Liberal* de Murcia, y en vista de que Sarrión, el pobre Sarrión, no ha rectificado al

29. MANCISIDOR, p. 182. Quizá influyera en este cambio el testimonio de José González Prieto, miembro, como hemos visto, del Comité de Orden Público que acompañó a Allen a la cárcel y estuvo presente durante la interviú con José Antonio. Prieto compareció ante el Tribunal Popular, como testigo, durante el proceso del jefe de la Falange. Preguntado por éste: «¿Cree usted que funcionando la Comisión de Orden Público pude yo por carta hacer un requerimiento para que viniera un periodista norteamericano?», Prieto contestó en seguida: «Vino espontáneamente» (MANCISIDOR, pp. 153-154).
30. MANCISIDOR, pp. 179-180.
31. La sospecha de José Antonio estaba bien fundada. Sarrión estaba ya muerto, víctima de una «saca» de la cárcel Modelo ocurrida a principios de noviembre de 1936 (testimonio de don Manuel Valdés Larrañaga, Madrid, 16 de enero de 1979).

murciano y el murciano no ha rectificado al inglés, yo tuve que haber ido a Alemania. ¿Qué culpa tengo yo de todo esto? [32]

A esta defensa de José Antonio hacía oídos sordos el fiscal. Dada la importancia concedida por éste a ambos reportajes de *El Liberal* de Murcia; dado el hecho de que José Antonio no llegó a establecer que la visita de Allen había tenido lugar *tres semanas antes de publicado el informe de El Liberal*; y dada la escasez de otros documentos acusatorios relacionados con la conspiración y utilizados por el fiscal contra José Antonio, cabe preguntarse si, sin los dos artículos de *El Liberal*, basados ambos en reportajes extranjeros truncados, traducidos y sin garantías de veracidad, se habría librado el jefe falangista de la pena capital. Aunque no es probable, lo cierto es que los dos artículos de *El Liberal*, especialmente el primero de ellos, crearon en Alicante un ambiente de odio hacia José Antonio que hubiera sido difícil de contrarrestar. Y José Antonio, como hemos visto, no llevó bien su defensa en lo relacionado con dichos artículos.

En la zona republicana no se publicó el texto íntegro de la interviú de Jay Allen con José Antonio. En la zona nacionalista no se dieron a conocer, que sepamos, ni extractos de ella hasta la publicación, en 1939 y ya terminada la guerra, del libro de Francisco Bravo *José Antonio. El hombre, el jefe, el camarada*.

Bravo relata cómo llegó el número del *News Chronicle* que contenía la interviú a Burgos «en los primeros días de noviembre de 1936», y cómo hizo que un camarada suyo con conocimientos del inglés lo tradujera al castellano. El autor explica que «la traducción es defectuosa, pues precisamente el día en que al camarada de referencia se le encomendó dicha tarea salió para el frente de Madrid con la Bandera de Castilla que mandara el bravo Fernández Silvestre. El apremio de tiempo dificultó la labor del traductor» (p. 137).

Bravo opina que «el relato está plagado de tendenciosas mentiras» (no dice cuáles) y dictamina que «no es posible reproducirlo ni aun a esta distancia en el tiempo y en la historia [...] es una retahíla de cosas incomprensibles» (pp. 137-138). En cuanto a Allen, éste «reúne las características ignorancias frecuentes en la profesión —Bravo también era periodista— y su parcialidad a favor de los rojos perturba del todo sus palabras» (p. 138). Estos juicios de valor de Bravo son bastante desquiciados, puesto que el comentario de Allen, que ya conoce el lector, es notable por su sobriedad, y hasta por su laconismo, y se sobreentiende, por más señas, que el reportero norteamericano siente poca simpatía por el Comité de Orden Público cuyos miembros le han puesto tantas trabas. Nada de esto capta o quiere captar Bravo y, en vista de lo que considera la nocividad del texto del *News Chronicle*, que le

32. MANCISIDOR, p. 202.

180

hace decir a José Antonio «infamias que ningún español honrado pudo creer jamás» (p. 138), se propone reproducir sólo «algunos párrafos» de él. He aquí la versión de Bravo que luego correría una peculiar suerte a manos de futuros «estudiosos» de José Antonio:

«Fui a Alicante. Todo el mundo comentaba cómo el gobernador civil Francisco Valdés carecía de autoridad; cómo los anarquistas eran los amos; cómo Valdés no se atrevía a moverse de su despacho por miedo a ser asesinado.

»Para conseguir la entrevista es verdad que hubo dificultades. Valdés me dijo que lo podría ver. El camarada José Prieto, un ciudadano con mono azul y pistola al cinto, me dijo: "No." Es el presidente de una famosa Comisión de Orden Público. Sugirió al gobernador que era un asunto muy delicado.

»—Pero Madrid está de acuerdo —le replicó el gobernador.

»Se celebró una reunión de la Comisión y se me dijo que asistiera. Era plenaria y acudieron dos representantes de los partidos del Frente Popular. Pronuncié un discurso en mal español. ¡Lo desagradable —apostilla Jay Allen— que sería encontrarse con estos hombres, imbuidos de ideales de revolución social y de justicia revolucionaria, con la vida en peligro y la conciencia culpable!

»El Comité vuelve. El camarada Prieto dice:

»—Primo de Rivera está a disposición de nuestro Gobierno de Madrid; es, por lo tanto, natural que se le guarde seguro e incomunicado. Sin embargo, si usted consigue que alguien en Madrid autorice esta "interview", puede desde luego hacerla. Perdónenos, pero en asuntos de esta naturaleza toda precaución es poca.»

En la prisión

«A las nueve de la mañana —Allen debió conseguir el permiso— la Delegación me viene a buscar. Son los camaradas Prieto, Carmelo Alberola, Martín Bautista y el comisario José Cases, hasta hace poco periodista.

»Me acompañan a un auto. Los otros huéspedes del hotel se miran entre sí y se nota que se alegran de que me haya tocado a mí y no a ellos.

»Las puertas de la cárcel se abren. El director de la prisión saluda. Pasamos por filas de puertas de celdas. "Los presos están haciendo ejercicio en el patio", dice el guarda.

»La vieja cerradura funciona. Salimos a la luz del sol. Dos hombres jóvenes, morenos y guapos, en "breeches" blancos, camisas con el cuello abierto y alpargatas, miran hacia arriba, a nosotros, con interés. Ésta es la primera visita que reciben en meses.

»José Antonio, el más delgado de los dos, me da la mano cortésmente. Encuentra difícil disimular su desilusión al ver que soy solamente yo. Los cuatro camaradas del Comité están a pocos pasos.

»—¿No fue hace dos años cuando comimos juntos en el Savoy, de Madrid, con el Príncipe?

»Los camaradas escuchan con interés. Digo, muy profesionalmente:

»—¿Seguimos con la "interview"?

»Me contesta con una sonrisa encantadora, mirando a los camaradas que mañana pueden ser sus ejecutores.

»—Con gusto —le dice José Antonio—, pero yo no sé nada. Estoy aquí desde marzo.

»Los camaradas se miran. Ya me habían dicho que habían encontrado dos pistolas y cien cartuchos en las celdas de los hermanos, después de haber estallado la rebelión, además de mapas que indicaban la situación de las islas Baleares. Los camaradas se cruzan miradas de inteligencia. Primo de Rivera es abogado, y de los buenos; pero él es su única defensa. Yo no debía agravar su situación.»

Después de unas cuantas preguntas, prosigue el reportero:

«Tenía sus ojos posados en mí. Quería noticias; ardientemente las deseaba. ¿Qué podía decirle yo? Se me adelantó diciendo:

»—Pero ¿qué está pasando ahora? No sé nada.

»Le dije:

»—Estoy seguro que estos amigos no me han traído aquí para informarle, pero le haré unas preguntas hipotéticas que usted puede contestar o no.

»—Está bien.

»—¿Qué pensaría usted si le dijese que yo opino que el movimiento del general Franco se ha salido de su cauce, cualquiera que fuese, y que ahora en adelante, simplemente la vieja España lucha por perdidos privilegios?

»—Yo no sé nada, pero no creo que sea verdad. Si lo es, es un error.

»—¿Y si le dijese que sus muchachos están luchando al servicio de los terratenientes?

»—Le diría a usted que no.

»Me miró escrutadoramente y dijo:

»—¿Se acuerda de mi posición y de mis discursos en las Cortes?

»Y continuó:

»—Usted sabe que yo dije que si las derechas, después de octubre de 1934, se mantenían con una política negativa de represión, Azaña volvería al Poder muy pronto. Ahora ocurrirá lo mismo. Si lo que hacen es únicamente retrasar el reloj, están equivocados. No podrán sujetar a España si sólo hacen esto. Yo defendía algo distinto, algo positivo. Usted ha leído el programa de nuestro nacionalsindicalismo, el de reforma agraria y todo lo nuestro. Yo era sincero. Podría haberme hecho comunista y haber conseguido popularidad...

»Le dije —prosigue Allen:

»—Pero sus muchachos ahora...

»—Creo y deseo que lo que usted me dice no es verdad. Pero recuerde que no tenían jefatura después de que fui arrestado y acuérdese también que había mucha gente empujada a la violencia por la política provocativa de Casares Quiroga.

»Los camaradas se miraban.

»Yo dije:

»—Pero creo recordar que usted introdujo una política de pistoleros en Madrid...

»—Nadie ha sido capaz de probar eso. Mis muchachos habrán podido matar, pero después de haber sido atacados.»

Después de otras cosas, hay en la charla esta frase de José Antonio:

«Yo sé que si este movimiento gana y resulta que no es nada más que reaccionario, entonces me retiraré con Falange y yo... volveré a esta o a otra prisión dentro de muy pocos meses.»

«—Parecía lleno de extraordinaria confianza —apostilla el inglés. Y dice exclamativamente—: ¡Sí, era un "bluff" magnífico!»

La charla termina con estos párrafos:

«Les pregunté a los camaradas que me acompañaron:

»—¿Qué van a hacer ustedes con él?

»—Habrá un juicio. —Y se cambiaron unas miradas.

»Será juzgado no solamente el hombre, sino el fascismo español. No puedo de ninguna manera imaginarme ninguna circunstancia que pueda salvar a este joven. Su situación es muy mala. Lo menos que yo puedo hacer es no agravarla» (pp. 138-142).

Si se compara nuestra traducción completa de la interviú de Allen con la versión dada por Bravo, es fácil darse cuenta de los trozos suprimidos. Faltan especialmente: casi toda la primera parte donde se habla de la famosa bofetada asestada por José Antonio a Queipo de Llano (de la cual hablaremos en el próximo capítulo) y donde Allen expresa su adversa opinión del «virrey de Andalucía»; la alusión a los buques de guerra de «La Santa Trinidad» (Portugal, Alemania e Italia) fondeados en el puerto de Alicante; la opinión de Allen, sacrilegísima, respecto a la indiferencia de Franco ante la suerte de José Antonio («Muchas personas querrían combinar la huida de José Antonio, aunque dudo que entre ellas se encuentre Franco»); las críticas de José Antonio a Gil Robles; la observación de Allen a José Antonio, según la cual «el pueblo español nunca creyó en su sinceridad»; la referencia a los «mercenarios» al lado de quienes luchaban los falangistas; la pregunta tocante a la traición de Franco al prometer entregar Mallorca a los italianos y las islas Canarias a los alemanes; y gran parte de la última sección donde José Antonio critica a la derecha española y Allen le recuerda lo que le había dicho Franco, para quien «El Fascismo Español no se puede comparar con otros fascismos y [...] es simplemente una defensa de la Iglesia».

Según Herbert Southworth, la versión de Bravo consiste en «algunos párrafos truncados, mal traducidos, y algunos de ellos inventados».[33] Truncados, sí, pero no creemos que ni mal traduci-

33. SOUTHWORTH, *Antifalange*, p. 147.

dos ni menos inventados. Es más, nos parece que los pasajes traducidos siguen con bastante fidelidad el texto inglés, lo cual nos hace pensar que el traductor amigo de Bravo conocía bien el idioma. El error de Southworth estriba, sin duda, en la suposición de que el texto londinense de la interviú, el único conocido en España, corresponde al pie de la letra al del *Chicago Daily Tribune*, lo cual no es exacto como podrá comprobar el lector al consultar los apéndices de nuestro libro.

En 1956 Agustín del Río Cisneros y Enrique Pavón Pereyra reprodujeron la versión de Bravo en su recopilación *Textos inéditos y epistolario de José Antonio* (Madrid, Ediciones del Movimiento), páginas 377-379, sin citar su fuente: «Extracto de la entrevista celebrada por el reportero Jay Allen, para el periódico *News Chronicle*, de Londres, edición del 24 de octubre de 1936.» Los recopiladores siguieron fielmente el texto de Bravo, con una sola, y creemos intencionada, excepción: en el párrafo final de la versión de Bravo leemos «Será juzgado no solamente el hombre, sino el fascismo español». En el de Del Río Cisneros y Pavón Pereyra, «fascismo» ha sido sustituido por «falangismo». Ya se empeñaba la propaganda franquista en desterrar la palabra «fascismo» de todo cuanto se publicaba en torno a los orígenes de la Falange y a los contactos del régimen con Hitler y Mussolini.

En su libro *Los procesos de José Antonio* (Madrid, Ediciones del Movimiento, 1963), páginas 167-170, Del Río Cisneros y Pavón Pereyra reprodujeron la misma versión de la interviú, señalando esta vez que la tomaban del libro de Bravo. Seguía en su sitio, sin embargo, la tergiversada referencia al «falangismo».

En la última edición de las llamadas *Obras completas* de José Antonio (Madrid, Instituto de Estudios Políticos, 1976, dos tomos), recopiladas por el mismo señor Del Río Cisneros, «falangismo» sigue impertérrito en su sitio en lugar de «fascismo» (*OC*, II, p. 1 025), pero la referencia a la fuente, es decir, al libro de Francisco Bravo, ha desaparecido otra vez, siendo sustituida por la siguiente información: «La traducción corresponde al capitán Fernández Silvestre, caído pocos días después en la marcha sobre Madrid.» Estos detalles proceden de una equivocada lectura de la introducción de Bravo a su versión donde, como hemos visto, se dice que quien tradujo la entrevista fue un «camarada» que salió poco después «para el frente de Madrid con la Bandera de Castilla *que mandara el bravo Fernández Silvestre*». El hecho es que no sabemos quién tradujo la interviú, y a lo mejor no lo sabremos nunca, ya que ha muerto Francisco Bravo.

Hacemos votos porque, en la próxima edición de las sedicentes *Obras completas* del fundador de la Falange y en cuantos libros sobre éste se escriban en adelante, se corrijan, en lo que toca a la entrevista de Jay Allen con José Antonio, los errores y tergiversaciones que desde hace más de cuarenta años se vienen repitiendo.

184

VII.   José Antonio:
aspectos del hombre (1)

> Dejo mi biografía para los historiadores su-
> perficiales. Claro está que una biografía in-
> terna halagaría mi parecer; aunque es de
> suponer que esa labor sólo podría realizarla
> alguien que contase con una documentación
> exhaustiva y se propusiese, además, una in-
> dagación introvertida de mi persona.

José Antonio Primo de Rivera [1]

Este libro no pretende ser una biografía de José Antonio, y menos
la «biografía interna» a que él mismo se refiere en las palabras que
acabamos de citar. Es cierto, a pesar de ello, que al investigar sobre
la actuación política y conspiradora del jefe de la Falange no hemos
podido menos de reflexionar constantemente sobre la cuestión de
la verdadera identidad íntima de este hombre que a veces parece
tan enigmático. ¿Cómo fue realmente José Antonio antes de que la
mitificación le convirtiera en semidiós? ¿Cómo eran sus sueños noc-
turnos y, acaso, sus pesadillas? ¿Cuáles sus amores? ¿Y por qué
ocultos motivos decidió embarcarse en la aventura de organizar
el fascismo español siendo de una clase social totalmente distin-
ta a la de la que habían salido Mussolini y Hitler? José Antonio no
ha tenido todavía su biógrafo (hagiógrafos sí), por lo cual quedan pendientes respuestas adecuadas a tales preguntas. La «documentación exhaustiva» de que habla el mismo interesado, ¿existe en algún sitio? Los herederos del Ausente sí guardan papeles
inéditos suyos. ¿Serán dados a conocer? ¿Contienen revelaciones
importantes sobre la personalidad de su autor o sobre la Falange?
¿Tienen interés literario? [2]
    No deja de ser extraño que todavía, tratándose de quien se tra-

---

1. Pavón Pereyra, *De la vida de José Antonio*, p. 9. Según Pavón se trata de
un autógrafo fechado el 11 de mayo de 1934 en Chamartín de la Rosa y propiedad
de la condesa de Yebes.
2. Don Miguel Primo de Rivera y Urquijo, sobrino de José Antonio y en cuyo
poder obran los papeles inéditos del jefe de la Falange, tiene el proyecto de publicar un libro sobre su tío en el cual dará a conocer parte de ese material.

ta, no tengamos sobre él un sólido estudio que satisfaga a cuantos deseen saber cómo fue el auténtico José Antonio. En espera de que se realice tal trabajo, quisiéramos comentar aquí, en seis o siete apartados, algunos aspectos de la personalidad y de la vida del jefe de la Falange que nos han llamado especialmente la atención y que, con toda seguridad, merecen una investigación más pormenorizada de la que nosotros les podemos consagrar.

1. El Héroe fascista

Consustancial con el fascismo es la obsesión con el Héroe, el César, el Superhombre, el Padre Omnipotente, en quien se concentran todos los poderes del Estado y se expresan todos los profundos anhelos de la raza. La teoría fascista del Héroe es plenamente desarrollada en España, antes del nacimiento de la Falange, por Ernesto Giménez Caballero, en su libro, tantas veces mencionado por nosotros, *Genio de España* (1932). Giménez Caballero adulaba a Mussolini, arquetipo del César fascista («la tierra de Italia, lo genuino de Italia», divinidad agrícola, expresión a la vez moderna y antiquísima del genio nacional), y recoge en su libro algunas palabras que escribió a raíz de su primera, y deslumbradora, visita a la Italia fascista en 1928. Son palabras bellas —nadie negará que este escritor tenga excelente pluma— y altamente expresivas en cuanto al poder carismático del Padre Omnipotente reverenciado por los italianos:

> A Mussolini, donde se le encuentra en realidad —o sea en espíritu, en fantasma, en obsesión, en imagen inesperada y repetida— no es tanto en Roma, ni en los palacios, como por los vicos, por las campiñas, por las villas, por los lugares donde erró de niño, vagabundo rural y robanidos. Todos los muros del agro italiano portan en su pantalla blanca la aparición, alucinante y negra, de la faz del Duce. Como divinidad vigilante, la efigie de Mussolini emerge de las casas, de las granjas, de los establos. Pintada con molde de metal y fucsina, como letra o cifra de una expedición. Y junto a esa efigie, intimidante, la otra no menos agresiva del manganello, de la porra, del clásico basto, de la milenaria clava de Hércules.[3]

José Antonio también admiraba a Mussolini, y no sólo a través del *Genio de España* de Ernesto Giménez Caballero. El golpe de Estado del general Miguel Primo de Rivera, padre de José Antonio, había tenido lugar en 1923, al año escaso de ser nombrado primer ministro Mussolini, en octubre de 1922, y entre el Duce y

---

3. ERNESTO GIMÉNEZ CABALLERO, *Genio de España* (ed. de 1939), p. 130.

186

el dictador español se forjaron unas buenas relaciones, que se comentarían seguramente en casa de los Primo de Rivera. El futuro jefe de la Falange conoció por primera vez a Mussolini, en audiencia rituaria, al poco tiempo de asumir el poder su padre, visitando Roma con un grupo de estudiantes de la universidad de Madrid.[4] Luego, por su propia cuenta, volvió a visitar al Duce en octubre de 1933, tres semanas antes del acto del teatro de la Comedia. «El "Héroe" —comenta Ximénez de Sandoval en frase característica—, sintiendo en su alma el dedo agudo del Destino que le señala para Héroe, quiere ir a conocer de cerca —y a solas— al Héroe» (p. 106).

José Antonio volvió a Madrid entusiasmado con Mussolini y dispuesto a arremeter contra los críticos del fascismo italiano. En un artículo titulado justamente «Al volver. ¿Moda extranjera el fascismo?», publicado el 23 de octubre en *La Nación*, ataca a Gil Robles y proclama: «Sólo se logra la unidad fuerte y emprendedora si se pone fin a todas esas luchas con mano enérgica al servicio de un alto pensamiento y un entrañable amor. Pero esa manera fuerte y amorosa de pilotar a los pueblos se llama hoy, en todas partes, "fascismo"» (*OC*, I, 181-182).

Unos meses después, José Antonio, ya fundada la Falange, explicaría los «triunfos» y las «glorias» del fascismo italiano como resultado de la unión del país «bajo una mano recia y firme que vale más que todos los párrafos del Parlamento» (*OC*, I, 298).

Ramiro Ledesma Ramos, que escrutaba con ojos aguileños los primeros pasos de la Falange, no dudaba de la inspiración netamente mussoliniana de ésta. «En un todo se sujetaba al molde fascista italiano —escribe en *¿Fascismo en España?*—. En un todo aparece como inspirada y dependiente de sus ideas, objetivos y estilos» (p. 137).

José Antonio no reveló públicamente los temas tratados en su entrevista con el Duce —se supone que hablarían entre otras cosas de la inminente fundación del partido fascista español (hemos visto que el acto de la Comedia se reseñó en el diario de Mussolini, *Il Popolo d'Italia*)—, pero sí describió en seguida sus impresiones del hombre. En un breve prólogo destinado a una edición española del libro del Duce *El Fascismo*, editado a finales de 1933, José Antonio expresa su admiración por las calidades humanas de Mussolini («Aquella entrevista me hizo entrever mejor el fascismo de Italia que la lectura de muchos libros»), y se pregunta: «¿Qué aparato de gobernar, qué sistema de pesos y balanzas, consejos y asambleas puede reemplazar a esa imagen del *Héroe hecho Padre*, que vigila junto a una lucecita perenne el afán y el descanso de su pueblo?» (*OC*, I, 184; el subrayado es nuestro).

Mussolini entregó a José Antonio una foto suya dedicada, que

4. *OC*, I, 181.

éste enmarcó y colgó en su despacho de abogado al lado de un retrato de su padre.

Finalmente, se podría ver otra admisión de la deuda de José Antonio con Mussolini en una frase pronunciada por el jefe de la Falange en las Cortes el 20 de febrero de 1934: «Mi jefe político directo, a pesar de contar con toda mi admiración, no es el canciller Hitler» (*OC*, I, 309).

Benito Mussolini, el *Héroe hecho Padre*. Pero si la admiración sentida por José Antonio hacia el Duce era incondicional, su relación con su propio progenitor era más ambigua. No nos referimos al amor filial de José Antonio por el dictador, al parecer entrañable, sino a sus discrepancias políticas con él, que indudablemente existían. Don Miguel no era un conductor de pueblos hecho a la imagen de Mussolini, a pesar de sus «atisbos y visos fascistas»,[5] y no cabe duda de que José Antonio, aunque defendió valientemente su nombre en las Cortes y en la calle, como veremos, sabía que le faltaban las cualidades *cesáreas* que poseían el Duce y Hitler. Esto lo ha visto claramente Ramón Serrano Súñer: «En relación con la política del Dictador, José Antonio tuvo siempre algunas reservas. Primero las formulaba privadamente y más tarde, ya entregado a su política, manifestó públicamente que a la Dictadura le faltó una gran idea central, una doctrina, una dialéctica elegante y fuerte» (p. 473). Es decir, que le faltó una gran idea central *fascista, imperialista*.

Acaso fuera el paulatino reconocimiento de esta deficiencia lo que le empujó a José Antonio a emprender, él, el camino fascista para tratar, en cierto modo, de convertirse en el Héroe cabal que no pudo ser su padre, y así completar la labor de éste. Y desde luego, una vez lanzada la Falange, no faltaban personas que se esforzaran en convencerle de su destino cesáreo, máxime después de su nombramiento como Jefe Único de F.E. de las J.O.N.S. en octubre de 1934. Francisco Bravo, por ejemplo, era especialista en este tipo de insinuaciones («Era él; se veía que era él»), y recuerda una conversación con José Antonio en Fuenterrabía en agosto de 1935. Bravo le pregunta si ha leído *La lección de César* de Roux. Sí, lo conoce José Antonio, y Bravo le manifiesta:

> En ese libro, tan actual, hay un pasaje que puede serte aplicado. Recuerda esta frase, referida a César: «Los aristócratas han sido siempre los revolucionarios más seguros. Es la selección la que hace las revoluciones; el pueblo no pasa de los motines.» Los que te reprochan el venir de casta aristocrática, el ser hostil a toda zafiedad e inaccesible a lo vulgar, no caen en la cuenta de que hacen tu mejor elogio como jefe de un gran movimiento de renovación espiritual, que está destinado a influir decisivamente en la vida de nuestra España.

5. García Venero, p. 130.

José Antonio poseía como pocos el pudor de las almas grandes cuando se alude a su psicología. Sólo quien como yo, insobornable, incapaz de soborno, le gritaba la verdad sobre los riesgos que la adulación puede causar a los poderosos, podía permitirse tal audacia. José Antonio sonreía irónico cara al mar, rechazando mis palabras, y recuerdo que dijo:

—Julio César es posiblemente la figura más grande de la Historia de Occidente. A lo largo del tiempo viene a ser nuestro maestro. Lo que realiza Mussolini es lo mismo que él ya ensayó. Fue un gran revolucionario; el profeta de una nueva edad clásica e imperial. Ya veremos si nosotros somos capaces de mostrar un alma tan magnánima y un temple tan firme como el suyo.[6]

Algunos meses después —y aquí no se trata de una conversación vagamente recordada—, José Antonio alude al «César» en términos que hacen pensar que sería por entonces tema de reflexión suyo constante. «Ninguna revolución produce resultados estables si no alumbra a su César», explica el jefe de la Falange en *Arriba*. «Sólo él es capaz de adivinar el curso histórico soterrado bajo el clamor efímero de la masa. La masa tal vez no lo entienda ni lo agradezca; pero sólo él la sirve» (*OC*, II, 770-771).

Fundamental en relación con el tema del Héroe, del César, es la cuestión de la violencia joseantoniana, que pasamos a comentar con cierto detenimiento.

2. José Antonio y la violencia

José Antonio era de más de mediana estatura y de complexión fuerte. Sus puñetazos llegaron a ser famosos y eran muy aplaudidos por sus seguidores falangistas, quienes veían en ellos la prueba de su hombría y de su capacidad como jefe fascista. Ya en sus días estudiantiles José Antonio se había destacado como buen manipulador de los puños: de ello queda constancia en la *biografía apasionada* de Ximénez de Sandoval, y un compañero de José Antonio en la Facultad de Derecho de Madrid nos ha hablado de la enérgica participación de éste en muchas refriegas de entonces.[7] Esta experiencia le sería muy útil al futuro jefe de la Falange cuando, al caer la dictadura de su padre en 1930, se sentía frecuentemente llamado a defender con bofetadas su buen nombre.

Una de las primeras hazañas pugilísticas de José Antonio a tener resonancia pública ocurrió en una Junta General del Colegio

6. BRAVO, *José Antonio. El hombre...*, p. 168.
7. Entrevista del autor con don José Luis Díez Pastor, Madrid, 22 de octubre de 1979.

Entre el Duce y el Dictador español
se forjaron unas buenas relaciones,
que se comentarían seguramente
en casa de los Primo de Rivera.
(Viaje de Primo de Rivera a Italia
poco después del golpe de Estado de 1923.)

Mussolini entregó
a José Antonio una
foto suya dedicada,
que éste enmarcó
y colgó en su despacho
de abogado al lado
de un retrato de su padre.

Don Miguel
no era Conductor
de pueblos hecho
a la imagen
de Mussolini.

Si la admiración sentida
por José Antonio hacia
el Duce era incondicional,
su relación con su propio
progenitor era más ambigua.
(Dos fotos de la familia
Primo de Rivera.)

de Abogados, y fue seguida por otra aún más sonada. Relata José María Gil Robles:

> Como el político conservador Rodríguez de Viguri, que sería ministro de Economía unos días más tarde en el Gobierno del general Berenguer, aludiera al episodio de «La Caoba», mujer de mala vida conocida del dictador, se lanzó contra él violentamente José Antonio Primo de Rivera. A la mañana siguiente le envió, además, sus padrinos: el duque de Tetuán y un antiguo ayudante de su padre. Los del señor Rodríguez de Viguri fueron el general Cavalcanti y don Miguel Maura, quien zanjó hábilmente la cuestión. Otro grave incidente ocurrido en el café Lion d'Or, del cual fue protagonista el general Burguete, desembocó en un consejo de guerra, por ser José Antonio Primo de Rivera alférez de complemento, y en la consiguiente expulsión del Ejército (p. 426, nota).

Al nombrar al general Burguete protagonista de dicho episodio está equivocado el ex jefe de la C.E.D.A., ya que el general agredido fue Gonzalo Queipo de Llano, futuro «virrey de Andalucía» y responsable, a pesar de sus antecedentes republicanos, de la muerte de innumerables *rojos* sevillanos a partir de julio de 1936.[8]

El episodio del Lion d'Or —café situado en la calle de Alcalá, 18, hoy el Nebraska— tuvo lugar en febrero de 1930. Queipo de Llano, que acudía diariamente a este local para reunirse con un grupo de amigos, fue agredido violentamente por José Antonio, su hermano Miguel, su primo Sancho Dávila y otros acompañantes.

Queipo odiaba al general Primo de Rivera, quien le había quitado de su destino en África y mandado encarcelar. En su libro *El general Queipo de Llano perseguido por la Dictadura*, publicado en diciembre de 1930 —libro, por cierto, muy poco conocido—, Queipo habla de «las injusticias que fueron jalonando el camino de la Dictadura» y llama a Primo de Rivera, ya muerto, «un hombre de quien afirmaron eminencias médicas que era un caso patológico digno de ser asistido en una clínica de psiquiatría».[9] Queipo, que nunca tuvo pelos en la lengua, expresaba públicamente, nada más caer la dictadura, el desprecio que sentía por Primo —y por el hermano de éste, José— y no nos puede sorprender que sus palabras atrajeran la atención de José Antonio, ni que éste decidiera asestarle al general uno de sus célebres puñetazos.

Poco después del incidente, Queipo, al ponerse a redactar su libro, se refirió a él en estos términos:

8. Es cierto, sin embargo, que José Antonio tuvo en la prensa una violenta polémica con Burguete, en 1931, que terminó en un desafío (ARRARÁS, II, páginas 149-150).
9. GONZALO QUEIPO DE LLANO, *El general Queipo de Llano perseguido por la Dictadura* (Madrid, Javier Morata, 1930), p. 7.

No; no es el momento de la justicia para mí, como lo demuestra otro hecho que durante unos días ocupó la atención pública. En forma reñida con todas las reglas de la caballerosidad, en local poco propicio para que pudiera rechazar la agresión, fui agredido con alevosía por los hijos y familiares del general Primo de Rivera, en cuadrilla. Rechacé la agresión con violencia, aunque no quedé lo satisfecho que hubiera quedado si se me hubiera agredido al aire libre y en paraje solitario, como el que tengo que atravesar todas las noches para ir a mi casa.

Quise enviar los padrinos a tres de ellos, y aquellos a quienes designé al objeto: comandante de Artillería Otero y de Infantería Pareja, me dijeron que no tenía derecho a hacerlo, puesto que contrariaría los dictados de los llamados códigos del honor al dar beligerancia a quienes así habían procedido.

Como aquéllos y yo sufrimos contusiones (la mía, de un puñetazo que recibí por sorpresa, de mano provista de un objeto metálico), intervino la justicia civil y la militar, y como ésta no mostrase la diligencia en ella frecuente, pasado un mes, al ser requerido por el Juzgado civil, conseguí que se inhibiese en favor del militar, el cual no efectuó un careo ni un reconocimiento de los culpables (pp. 14-15).

Estos párrafos, y los que les siguen, fueron escritos antes de iniciarse el proceso contra José Antonio. Ya en prensa el libro, Queipo recibió la grata noticia de que el sumario había vuelto a entrar en actividad, y comenta en nota a pie de página:

Están, pues, procesados los dos hijos mayores del dictador y el hijo del marqués de Villafuente Bermeja, señor Sancho Dávila, dueño de la casa del Círculo Mercantil de Cádiz, quienes, a pesar de haber agredido alevosamente a un general del Ejército siendo ellos oficiales de complemento en activo, no sólo no están presos, sino que no sufrieron aún veinticuatro horas de arresto (p. 16).

El consejo de guerra, sin duda con gran satisfacción del general ultrajado, expulsó a José Antonio del Ejército, en marzo de 1932.[10]

La censura no permitió que la prensa se refiriera abiertamente al episodio de las bofetadas asestadas a Queipo de Llano, y cuando *Heraldo de Madrid* publicó, el 13 de marzo de 1930, una importante interviú de César González Ruano con José Antonio, no hubo la más mínima referencia a lo ocurrido en el Lion d'Or. Tampoco en la versión de la interviú dada a conocer por *La Nación* al

10. Hasta pasar a la situación de retirado extraordinario, Emilio R. Tarduchy fue defensor de José Antonio en el consejo de guerra. Hablando de las bofetadas de su cliente, Tarduchy escribiría: «José Antonio entonces, ante aquellas innobles o imbéciles actitudes que le herían en lo más íntimo de su ser, no reacciona como hombre de leyes, sino sencillamente *como hombre en la más completa acepción de la palabra*» (en *José Antonio, fundador y primer jefe...*, p. [130]. El subrayado es nuestro).

día siguiente. Se había hablado del asunto, sin embargo, y al recoger González Ruano la entrevista en su libro *El momento político de España a través del reportaje y la interviú*, editado en Madrid hacia finales de 1930, se reintegró el pasaje suprimido por la censura. Como podrá apreciar el lector, la versión de José Antonio no corresponde exactamente a la del general abofeteado:

—¿Piensa dedicarse a la política?

—No lo sé. Por ahora tengo bastante con ejercer mi carrera y estudiar continuamente en ella. Por lo demás, esas cosas son como las bofetadas: no se anuncian, se dan.

—A propósito de bofetadas que harán época. Tengo entendido que en la cuestión con Queipo de Llano hubo varias.

—La verdad sobre esto es muy sencilla. Yo no tengo nada de *chulo* ni de reñidor. Puede que no haya pegado más de tres puñetazos en mi vida. Pero ese señor Queipo... Imagínese que este señor escribió una carta soez a mi tío José, hablando de no sé qué humillaciones de que creía haber sido objeto y llamándole cretino, y hablando de que quería procurar liquidar cuentas pendientes. Esto era intolerable y cobarde tratándose de mi tío. ¿Usted conoce a don José Primo de Rivera y a Queipo?

—Ni a uno ni a otro.

—Bien. Pues Queipo es fuerte, mucho más alto que yo, espadachín, con fama de pendenciero. Mi pobre tío es un anciano enfermo, imposibilitado en absoluto para ningún combate. Entonces fui a la casa de Queipo y éste no me recibió. Le busqué en el café Lion d'Or por la noche. Conociendo que a su tertulia acuden varios enemigos de mi padre, no quise ir solo. Me acompañaron mi hermano Miguel y mi primo Sancho Dávila. Ellos no conocían a Queipo ni yo tampoco. Tuve que preguntar a un camarero que quién era, y entonces yo solo fui a él, y mostrándole la carta le pregunté si era suya. Me contestó afirmativamente, devolviéndomela en actitud retadora, y yo le di un golpe en la cara. El señor Queipo intentó, a pesar de ir yo desarmado, agredirme y trataba de pegarme con un bastón, mientras otros amigos suyos se repartían en la labor, unos para pegarme con bastones y otros sujetándome por detrás. Acudieron mi primo y mi hermano, y ya no se pudieron contar las bofetadas. El señor Queipo se quedó rezagado, y yo pude llegar hasta él y descargarle, frente a frente, mi puño, haciéndole rodar sin sentido.[11]

Entretanto, Miguel Primo de Rivera no se quedaba a la zaga. El 15 de marzo de 1930, dos días después de publicar su entrevista con José Antonio, César González Ruano dio a conocer, en *El Día Gráfico* de Barcelona, una interviú celebrada con un tal capitán Antonio Reixach, con quien Miguel acababa de batirse en duelo. El trance había tenido lugar en la finca pamplonense de

---

11. No hemos podido localizar un ejemplar del libro de González Ruano, por lo visto rarísimo, y citamos de GARRIGA *La España de Franco*, pp. 18-19.

Juan Antonio Ansaldo, futuro entrenador de la «Falange de la sangre».[12]

Después del consejo de guerra, José Antonio habló otra vez con González Ruano del asunto de Queipo:

> —Se me llega a acusar, como consecuencia de uno de esos incidentes, de «insulto de obra a superior», por ser militar de complemento; y yo mismo, al comparecer ante el Consejo de Guerra, expliqué mi conducta de manera contundente. «¿Por qué, hombre de leyes, no acudía a ellas para ver en qué artículo del Código estaba comprendida la injuria que se infería a un padre expatriado y, en cambio, recurría públicamente a la violencia?» Pesaba sobre mí —dije ante los jueces— la tradición militar de una familia.[13]

Guillermo Cabanellas comenta que «A este incidente no se le concede trascendencia por parte de los biógrafos de José Antonio Primo de Rivera, ni por aquellos que han escrito sobre la vida del general Queipo de Llano: se corre sobre ello un tupido velo».[14] Es cierto, y se comprende fácilmente, además, que el régimen de Franco corriera dicho velo sobre un episodio donde se ve claramente no sólo la violencia de José Antonio, sino su marcada falta de respeto hacia quien sería uno de los puntales del Movimiento. Francisco Bravo Martínez, el primer biógrafo del fundador de la Falange, no menciona el incidente en su libro, publicado en 1939, mientras que, dos años más tarde, Ximénez de Sandoval dice sólo que el «antagonista» de lo ocurrido fue «un famoso General, conspirador a la sazón con todos los elementos republicanos» (p. 71). Mucho más recientemente, en 1974, Antonio Gibello pasa sobre este episodio como sobre ascuas en su libro sobre Primo de Rivera:

> Con la muerte de su padre entra José Antonio en un período febril de actividad [...] Sus intervenciones públicas en aquellos años fueron sonadas. Tanto como las bofetadas que en más de una ocasión *se vio forzado a repartir* [el subrayado es nuestro] para mantener cerradas las bocas infamantes y calumniadoras. Es una batalla en la que participan, al alimón, José Antonio y Miguel y, a veces, su primo Sancho Dávila. De aquel empeño, duramente mantenido, saldría fortalecida y definida la creciente personalidad de José Antonio (p. 66).

¿Queipo de Llano le guardó rencor a José Antonio por este episodio? Es probable. Según el historiador Ramón Garriga, «Queipo no figuraba entre los que saben perdonar» y, cuando se trataba de liberar a José Antonio, prisionero en Alicante en octubre

---

12. Sobre este episodio véase también ANSALDO, pp. 83-84.
13. Citado por PAVÓN PEREYRA, *De la vida de José Antonio*, p. 33.
14. CABANELLAS, I, p. 166, nota 26.

de 1936, quien fue entonces jefe supremo del Ejército de Andalucía «no dio ninguna idea constructiva ni hizo gestión directa importante para el buen éxito de la operación de liberación».[15]

Existe una característica anécdota de esta época referida a Ximénez de Sandoval por Luis de Urquijo, marqués de Bolarque:

> Entonces nos veíamos todas las tardes. Había caído la Dictadura y estábamos ensayando una comedia. José Antonio era buen actor y hacía los papeles de galán en un teatro de salón. Una tarde nos dijo: «Me vais a perdonar si falto veinte minutos al ensayo; tengo un quehacer urgente, pero en seguida vuelvo.» Así lo hizo. Al día siguiente nos enteramos de que en esos veinte minutos había abofeteado a una persona que se atrevió a molestar a su padre. Al volver al ensayo nadie le notó la menor excitación y siguió ensayando como si nada le hubiese sucedido. Ésta fue, sin duda, su primera actuación en la calle, en la que, como en todas las que la siguieron, se produjo con la mayor arrogancia y movido por una causa noble (pp. 67-68).

No sabemos si José Antonio era admirador del Valle-Inclán de las *Sonatas* y las *Comedias bárbaras*, pero lo cierto es que entre el marqués de Estella (nombre, por más señas, valleinclanesco), don Juan Manuel Montenegro y el marqués de Bradomín hay unas marcadas semejanzas, especialmente en lo que se refiere al machismo de los tres caballeros. Al leer la anécdota de Luis de Urquijo, nos vino a las mientes un pasaje de la *Sonata de otoño* en el cual cruza rápido la escena Montenegro:

> Es verdad que era magnífico aquel don Juan Manuel Montenegro. Sin duda le pareció que no acudían a franquearle la entrada con toda la presteza requerida, porque hincando las espuelas al caballo, se alejó al galope. Desde lejos, se volvió gritando:
> —No puedo detenerme. Voy a Viana del Prior. Tengo que apalear a un escribano.[16]

Se podrían citar muchísimos más episodios, escalonados entre 1930 y 1936, en los que afloró la irreprimible violencia joseantoniana. Mencionaremos sólo tres o cuatro de ellos.

El primero tuvo lugar en las Cortes, a mediados de diciembre de 1933, es decir, poco tiempo después de ser elegido diputado José Antonio y de fundarse la Falange. Se debatía entonces el tema de las responsabilidades contraídas por la dictadura, y en un discurso se refirió Indalecio Prieto a la Compañía Telefónica Nacional, cuyo contrato con el Estado español él consideraba no sólo deficiente, sino que «todos sus aspectos constituyen un latrocinio».

---

15. GARRIGA, *La España de Franco*, pp. 20-22.
16. RAMÓN DEL VALLE-INCLÁN, *Sonata de otoño* (Buenos Aires, Losada, 1940), p. 46.

Recuerda Serrano Suñer la reacción, ante este alegato de José Antonio, quien además había trabajado como abogado para tal compañía:

> Al escuchar estas palabras José Antonio (que por cierto se encontraba en el extremo opuesto del hemiciclo), gritando ¡mentira canalla!, saltó como un tigre para abofetearlo y se produjo gran alboroto, peleando a puñetazos los diputados socialistas con algunos de la derecha, simpatizantes o amigos de José Antonio [...] A don Santiago Alba Bonifaz, que presidía la sesión le costó mucho trabajo restablecer el orden.[17]

Esta hazaña de José Antonio llegó a ser casi mítica, y habiendo sido dirigidos esta vez sus puñetazos contra un *rojo*, los nacionalistas no tenían para qué silenciar el episodio en los escritos de guerra y posguerra sobre el Ausente. El salto de tigre descrito años después por Serrano Suñer había sido evocado ya en una variada gama de metáforas, y Sancho Dávila y Julián Pemartín, por ejemplo, recordaron en 1938 que el jefe falangista había saltado sobre *tres* escaños, nada menos, «para caer en tromba contra el calumniador Prieto y los miembros de la minoría socialista que le rodeaban».[18]

El violento comportamiento del novel y agresivo diputado chocó incluso a gentes de derechas, como observa el 23 de diciembre de 1933 *Heraldo de Madrid* en un artículo de fondo titulado: «El caso Primo de Rivera. ¿Se puede hablar de Felipe II? Entonces, ¿por qué no hablar del que fue dictador?»:

> De aquí en adelante, pues, cuando uno quiera tratar de lo ocurrido durante esos seis años y pico vergonzosos habrá un hombre que salte el escaño en nombre del amor filial [...] Se comprende que un hijo se indigne al oír hablar mal de su padre. Es humano. Pero cuando se habla mal de él como simple padre de familia. Ahora bien: un padre de familia se apodera del Estado y lo representa unos años, lo zarandea y hasta hace tabla rasa de los derechos de los ciudadanos; ése ya no es tal padre de familia para quien le juzga. Es un gobernante o «así». Y su hijo, si no tiene más que corazón, o esta víscera domina su inteligencia, no debe presentar su candidatura a diputado a Cortes. Debe limitarse a ser hijo [...] Haciéndonos eco de la voluntad de algunas personas que se dirigen a nosotros confesándonos que votaron al hijo del dictador, hemos de decir que le votaron como diputado, no como boxeador (p. 16).

El segundo episodio a que queremos referirnos fue narrado hace cuarenta años, con evidente delectación, por Raimundo Fer-

17. RAMÓN SERRANO SUÑER, prólogo al libro de CARLOS ROJAS, *Prieto y José Antonio*, p. 6.
18. DÁVILA y PEMARTÍN, p. 120.

nández Cuesta. Se trata de una actuación de José Antonio incompatible, a nuestro juicio, con el respeto al prójimo, y más afín al comportamiento de un gángster de Chicago que al de un privilegiado y acomodado aristócrata español:

> A raíz de la dominación de la intentona de octubre [de 1934], y cuando los periódicos hablaban de las posibles severísimas sanciones que alcanzarían a los responsables, así como las detenciones de los miembros de la Generalidad, vimos en el Savoy, de Madrid, al político catalanista Sbert. José Antonio, pensando en lo repugnante que era el ver a aquel hombre en tal lugar, mientras no sólo había sido partícipe de una intentona revolucionaria sofocada hacía horas, sino también, y hasta desde el punto de vista de su posición política, compañero de quienes se decía padecían los mayores riesgos en aquel momento, nos comunicó su proyecto: había que decir a aquel hombre que abandonase inmediatamente el local. Y así lo hizo. Y Sbert cumplió, cabizbajo y temeroso. Como también se pusiese en pie la señora que le acompañaba, José Antonio le hizo saber que por ella no iba la indicación, pero con voz estridente la acompañante dijo que se marchaba. Por cierto que un matrimonio inglés que cenaba en una mesa llamó también al *maître* y le preguntaron (sic) si ellos tenían también que marcharse.[19]

El lector habrá notado que el narrador no vacila en subrayar la *cobardía* del político catalán al recibir la amenaza de los falangistas. Sbert, siendo un separatista y un rojo —es decir, «un enemigo de España»— ¿cómo podía irse de otra forma que «cabizbajo y temeroso»?

Un mes después, en la sesión de Cortes del 6 de noviembre de 1934, José Antonio profirió esta idea: «Lo que tiene que hacer el señor presidente es dejar que nos peguemos alguna vez.» Se adelantó en actitud retadora el diputado del Partido Radical Álvarez de Mendizábal. Sigamos la versión del episodio dada por Ramón Serrano Suñer en 1938, versión que demuestra cierta violencia también en el entonces ministro del Interior:

> Un diputado cretino replicó con ese desgarro zafio propio del régimen: «Tú no pegas ni con engrudo.» José Antonio vocalizó a la maravilla un epíteto incontestable y rotundo ante el que no cabía quedar impasible. El diputado avanzó. José Antonio le dejó llegar, en pie tras la barrera de su escaño, y cuando estuvo a tiro le lanzó un puñetazo que le hizo ir rodando hasta el banco de los ministros. Tras esto, sin inmutarse lo más mínimo, le dijo con elegancia: «Deme S. S. las gracias, porque por una vez, y aunque ha sido rodando, le he hecho llegar al banco azul.»[20]

19. XIMÉNEZ DE SANDOVAL, p. 270.
20. RAMÓN SERRANO SUÑER, entrevista publicada en *Dolor y memoria de España...*, p. 204; *OC*, I, 470; CABANELLAS, I, p. 255. Se trata probablemente del episodio

NO IMPORTA

BOLETIN DE LOS DIAS DE PERSECUCION

Año I   6 de Junio de 1936   Núm. 4

JUSTIFICACION DE LA VIOLENCIA

En medio de la mediocridad nacional, la Falange irrumpe como un fenómeno desconocido hasta ahora. No por la originalidad—con ser mucha—de su programa, sino porque es el único movimiento que no se limita a agrupar a sus partidarios por la vaga coincidencia en su programa, sino que trata de formarlos por entero, de infundirles, religiosamente, una moral, un estilo, una conducta...

El Jefe Nacional de Falange Española y cinco camaradas más, son sacados violentamente de la cárcel modelo de Madrid y trasladados a sitio desconocido

En contra de todo derecho, en contra de toda legalidad, abusando cobardemente del poder público, José Antonio Primo de Rivera ha sido víctima de una injusticia más que añadir a las muchas que con él se vienen cometiendo, pero ésta de un alcance cuyas consecuencias aun desconocíamos.

El viernes día cinco del actual a las nueve y media de la...

...dad de Oviedo. Ha triunfado el octubre sangriento y repulsivo de 1934, que ahora se ensalza a los cuatro vientos mientras se persigue a los que en octubre defendieron abnegadamente al Estado español. Estamos en guerra. Por eso el Gobierno beligerante se preocupa poco menos de los cobardías y de la fuerza conservadora: lo que absorbe su atención es el preparar la victoria completa. El Gobierno no pierde su tiempo en matar moscas: se da prisa en aniquilar todo aquello que pueda constituir una defensa de la civilización española y de la permanencia histórica de la...

Espigando en los escritos y discursos del jefe de la Falange sería fácil reunir una pequeña antología de jugosas observaciones acerca del tema de la violencia y de su legitimidad como instrumento político. (Artículo justificando la violencia aparecido en una publicación clandestina de Falange.)

Ansaldo: «José Antonio parecía preparado, más bien que para jefe de Falange, para presidente de la "Liga Mundial Antifascista".»

Juan Antonio Ansaldo, el encargado de organizar los atentados y represalias de «La Falange de la sangre».
(En la foto, de izquierda a derecha, Onésimo Redondo, J. A. Primo de Rivera y J. A. Ansaldo.)

Mencionemos finalmente un episodio en el cual, por una vez, llevó la peor parte José Antonio. Se trata de lo ocurrido el 28 de mayo de 1936 al escuchar el jefe de la Falange la sentencia dictada contra él por tenencia ilícita de armas. Narra *La Época* el 19 de junio:

> Una vez que se dio lectura de la sentencia, que fue condenatoria, el expresado procesado profirió el grito de «¡Arriba España!», y al ser reprendido por el señor presidente del Tribunal para que se abstuviera de proferir frase alguna y de que constase en acta lo ocurrido, dicho procesado repitió el grito, y al ser reprendido nuevamente, profirió las frases de «¡Abajo la Magistratura cobarde!», «La Guardia Civil detendrá dentro de poco a muchos magistrados cobardes», «¡Qué vergüenza esta indecente chusma!», todo ello en forma muy excitada.
>
> El citado presidente dio por terminado el acto y ordenó se despejase la sala; pero antes de ello el procesado se dirigió al Tribunal, y especialmente al señor presidente, al que preguntó: «¿Qué hace la gente en la sala?», refiriéndose al público que se hallaba presenciando el acto, y como el señor presidente le dijera que se iba a proceder a leer el acta del juicio, el procesado dijo: «Yo me marcho; que se vayan a hacer...», dirigiéndose a los señores magistrados, y a continuación esta otra frase: «Pueden ustedes llevar a efecto o hacer las falsificaciones que quieran», marchándose del local seguidamente. Entonces el señor presidente sometió al señor fiscal la cuestión de si entendía debía permanecer el público en la sala durante la lectura del acta, respondiendo éste afirmativamente.
>
> Una vez retirados el presidente y señores magistrados del local, el mencionado procesado se dirigió al oficial habilitado, don Felipe Reyes de la Cruz, que actuaba en funciones de secretario en el citado juicio oral, el cual se hallaba aún revestido de la toga y birrete, ultimando la ordenación de papeles para abandonar el local, al que dijo en tono excitadísimo: «Ya habrá usted tenido tiempo con esos canallas de falsificar el acta», y al responderle el secretario que eran intolerables esas palabras, recibió en la parte izquierda de la frente un puñetazo; al verse agredido en forma brusca e inesperada el repetido señor Reyes, y al ver al señor Primo de Rivera en una actitud amenazadora, y ante la inminencia de una agresión tan súbita e inesperada como la expresada, le arrojó un tintero que tenía sobre la mesa, sufriendo con tal motivo el señor Primo de Rivera una herida en la cabeza, de la que según el dictamen médico, curará sin defecto ni deformidad dentro de los quince días.

A estos episodios se podrían añadir muchos más. No hay duda de que José Antonio se volvía a veces, literalmente, «incontrola-

---

recordado por Agustín Aznar en el cual José Antonio, después de abofetear a un diputado, vuelve a su escaño y prosigue su discurso como si no hubiera pasado nada (ROJAS, *Prieto y José Antonio*, p. 208).

ble», presa de una violencia, de una «cólera bíblica», capaz de atemorizar a sus propios colaboradores y que le llevaba a cometer atropellos de la peor especie.

Otro indicio de este gusto por la violencia son las frecuentes referencias en José Antonio, así como en otros líderes y escritores fascistas, a la administración del ricino —«el eficaz y desagradable purgante» en palabras de Ximénez de Sandoval (p. 131)— a enemigos e incluso, como castigo, a los afines que hubiesen incurrido en algún error o estupidez. Francisco Bravo, al referirse a la composición de *Cara al sol*, recuerda una típica amenaza del Fundador: «Irá el músico. Si falta alguno, mandaré que se le administre el ricino» (p. 172), y las páginas de Ximénez de Sandoval contienen unas quince referencias al uso de las asquerosas y humillantes «sanciones "laxantes"» (p. 278).

Unos ejemplos. Al pedir Ximénez de Sandoval que José Antonio le preste el manuscrito de la música del himno falangista, éste le contesta entre serio y jocoso: «Mañana me lo devuelves si no quieres que se te dé ricino» (p. 450), y en otra ocasión José Antonio les explica a sus compañeros:

> No sois lo suficientemente jóvenes para ricinar a un comunista o asaltar un quiosco de periódicos. Para eso hace falta tener menos de veinte años y la alegre irresponsabilidad de la adolescencia (p. 296).

Al hablar del nacimiento de *Arriba*, Ximénez de Sandoval recuerda:

> Como Aizpurúa vivía en San Sebastián la mayor parte del tiempo, José Antonio encargó a Gaceo y a Cadenas ocuparse del periódico con amplias facultades para administrar ricino incluso al Jefe Nacional si se descuidaba en tener a tiempo los trabajos (p. 301).

Y termina una descripción de un encuentro entre José Antonio y Gregorio Marañón así:

> Pàra muchos incapaces de comprender a José Antonio será una desilusión saber que no amenazó a Marañón con el ricino jonsista (p. 454).

Que los españoles aprendiesen rápidamente a temer la predilección de los falangistas por administrar ricino a sus enemigos queda claro en el libro de Ximénez de Sandoval, especialmente en la descripción que nos ofrece el autor del estreno de una farsa suya, *Hierro y orgullo*, el 21 de febrero de 1936:

—Por cierto —me dijo Cadenas— que acabo de oír una cosa muy chusca en el vestíbulo: un señor le preguntaba su opinión a otro sobre la obra, y éste ha respondido: «No me parece mal. Pero aunque fuese la mayor paparrucha, hay que aplaudirla mucho.» «¿Por qué?» «Porque los autores son fascistas —¿no ha visto usted a Primo de Rivera?— y si no aplaudimos son capaces de darnos un vaso de ricino a la salida» (p. 513).

Se podría sostener que José Antonio no era plenamente responsable de su comportamiento violento, de sus arranques furiosos, de sus «cóleras bíblicas». Estos rasgos, según tal enfoque, serían producto de un acondicionamiento defectuoso o hasta de factores hereditarios provenientes de no se sabe qué antepasados, y no reflejaban la verdadera personalidad del hombre que, en general, se mostraba generoso y amable. Es una interpretación hacia la cual ha tendido Ramón Serrano Suñer, para quien la violencia sería pasión propia de la familia Primo de Rivera, compartida por dos generaciones.[21] Pero el hecho es que la *teoría de la violencia* elaborada en los escritos y discursos del jefe de la Falange —se supone que con plena conciencia, fríamente— concuerda estrechamente con lo que sabemos de sus violentas actuaciones en cafés, las Cortes y otros sitios poco aptos para tales escenas. El mismo José Antonio siempre decía que carecía de adrenalina y que, por tanto, raras veces sentía miedo físico («El valor personal es cuestión de adrenalina. Yo tengo una reacción lenta»),[22] y nos consta que, a diferencia de sus reacciones violentas espontáneas, otras actuaciones agresivas eran llevadas a cabo de forma perfectamente premeditada.[23] Habría que tener en cuenta, además, que el libro de Georges Sorel, *Reflexiones sobre la violencia*, tan admirado de Mussolini, y el *Mein Kampf* de Hitler, eran lecturas asiduas de José Antonio.[24]

Espigando en los escritos y discursos del jefe de la Falange sería fácil reunir una pequeña antología de jugosas observaciones acerca del tema de la violencia y de su legitimidad como instrumento político. Traeremos a colación solamente cuatro citas que nos parecen especialmente significativas o características.

La primera se toma de una carta, fechada el 2 de abril de 1933, que escribió José Antonio a Julián Pemartín en relación con la polémica suscitada en la prensa madrileña por la aparición de *El Fascio*. José Antonio no acepta que el fascismo tenga *necesaria-*

21. Declaración de Ramón Serrano Suñer a Carlos Rojas, *Prieto y José Antonio*, p. 208.
22. XIMÉNEZ DE SANDOVAL, p. 448.
23. Cfr. SAINZ RODRÍGUEZ, p. 222: «Él hacía más bien alarde de una actitud de fuerza y de violencia, pero, en realidad, si alguna vez la adoptó fue porque lo creía conveniente para el prestigio de su organización [...] Era un hombre frío, moderado y de buen juicio.»
24. XIMÉNEZ DE SANDOVAL, p. 217; SAÑA, II, p. 6.

mente que implantarse violentamente, pero argumenta que, en la ausencia de otros medios, la violencia es legítima:

> La violencia no es censurable sistemáticamente. Lo es cuando se emplea contra la justicia. Pero hasta Santo Tomás, en casos extremos, admitía la rebelión contra el tirano. Así, pues, el usar la violencia contra una secta triunfante, sembradora de la discordia, negadora de la continuidad nacional y obediente a consignas extrañas (Internacional de Amsterdam, masonería, etc.), ¿por qué va a descalificar el sistema que esa violencia implante? (*OC*, I, 165.)

La segunda referencia la tomamos del famoso discurso pronunciado por José Antonio en el mitin del teatro de la Comedia del 29 de octubre de 1933:

> Y queremos, por último, que si esto ha de lograrse en algún caso por la violencia [el «esto» siendo la salvación de España por la vía fascista], no nos detengamos ante la violencia. Porque, ¿quién ha dicho —al hablar de «todo menos la violencia»— que la suprema jerarquía de los valores morales reside en la amabilidad? ¿Quién ha dicho que cuando insultan nuestros sentimientos, antes que reaccionar como hombres, estamos obligados a ser amables? Bien está, sí, la dialéctica como primer instrumento de comunicación. Pero no hay más dialéctica admisible que la dialéctica de los puños y de las pistolas cuando se ofende a la justicia o a la Patria. (*OC*, I, 194.)

Al referirse a la fusión de Falange Española con las J.O.N.S., José Antonio recordaría en marzo de 1935:

> Aquel acto fue el primero de su propaganda, y con el brío de todas las cosas pujantes, concluyó a tiros. Casi siempre, el empezar a tiros es la mejor manera de llegar a entenderse. (*OC*, I, 568.)

Y, en julio del mismo año, expresaría su insatisfacción política de esta forma:

> Nosotros no nos conformamos con nada de esto. No nos conformamos con que no haya tiros en las calles porque se diga que las cosas andan bien; si es preciso, nosotros nos lanzaremos a las calles a dar tiros para que las cosas no se queden como están. (*OC*, II, 732.)

José Antonio, al referirse a la violencia en sus escritos y discursos, se expresa bastante más sobriamente que los jerarcas jonsistas, a quienes, además, culpó durante el juicio de Alicante de gran parte de la reputación por la violencia atribuida a la Falange.[25] A pesar de ello, los pasajes que acabamos de aducir —y otros muchos desparramados por la obra joseantoniana— no pecan precisamente de mansedad. Demuestran, al contrario, que José Antonio cree que en la defensa de ciertos principios la violencia no sólo está justificada sino que es recomendable. Estos principios incluyen la idea de que un español no tiene el derecho de ser masón.

Los pasajes citados revelan, además, que para el líder falangista la violencia está ligada a nociones de virilidad, de imperio, de dominio y de superioridad, tanto en el campo personal como en el político. Para nosotros, lo más notable del discurso de la Comedia no es la referencia a «la dialéctica de los puños y de las pistolas», sino la idea de que reaccionar violentamente ante un supuesto insulto es «reaccionar como hombres». Para José Antonio, el verdadero hombre, el hombre realmente viril —es decir, el héroe— reacciona violentamente cuando se siente insultado, y no razonablemente. Nos parece un concepto bastante limitado de la virilidad, y desde luego cuestionable. Además la cosa se vuelve muy complicada cuando se trata de un supuesto insulto a «la Patria», ya que el concepto que tiene Fulano de su patria a lo mejor no corresponde al que tiene de ella Mengano.

Poco después del acto de la Comedia se fundó la Falange, y dadas las ideas de José Antonio sobre la violencia no nos puede sorprender que, entre los «puntos iniciales» de la nueva agrupación, en el apartado correspondiente a «Conducta», figurasen unas directivas muy concretas al respecto:

> La violencia puede ser lícita cuando se emplea por un ideal que la justifique;
> La razón, la justicia y la Patria serán defendidas por la violencia cuando por la violencia —o por la insidia— se las ataque.[26]

Juan Antonio Ansaldo conocía mejor que nadie, por haber sido el encargado de organizar los atentados y represalias de «La Falange de la sangre», la actitud de José Antonio con respecto a la violencia, y por eso su juicio sobre el tema nos parece de trascendental importancia. En opinión de Ansaldo, José Antonio no era un hombre realmente violento:

> La más extraña paradoja en la vida de este hombre es la de haberse visto *precisado* a abrazar aquellas bárbaras doctrinas fascistas, que por mucho que sea el oropel filosófico con que se vistan, muestran siempre, en su fondo, los básicos sentimientos de crueldad, barbarie, violencia y tiranía que les dieron vida —¡y muerte!— y que son tan viejos como el anhelo primitivo de

25. MANCISIDOR, p. 59.
26. *F.E.*, 7 de diciembre de 1933, p. 7.

Alfonso García Valdecasas: «José Antonio habló de "la dialéctica de los puños y de las pistolas". Lo que desgraciadamente se anunciaba allí era una guerra civil.»

Indalecio Prieto: «José Antonio no cayó en cuenta de que las pistolas sirven mal para prologar diálogos. Y tras las pistolas vinieron los fusiles, las ametralladoras, los tanques, los aviones; vino, en fin, el colosal fratricidio.»

José Antonio a Rafael Sánchez Mazas: «¡Qué razón la tuya al reprender con inteligente acierto mi dura actitud irónica ante casi todo lo que da vida! Para purgarme quizá se me haya destinado esta muerte en la que no cabe la ironía.»

...en la soledad de su incomunicación, José Antonio ha aprendido la dura lección de que la única política viable es la política de la transigencia. (En la foto, rincón de la prisión de Alicante donde fue fusilado J. A. Primo de Rivera.)

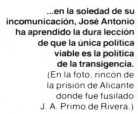

imponerse, «ya que no por la razón, por la fuerza» a sus semejantes, para explotarlos y esclavizarlos.

José Antonio no era así. Por ello, su repugnancia ante la lucha violenta que el partido naciente debía arrostrar para subsistir, era profunda, y causa de no pocas desavenencias entre los dos sectores de la Falange: el intelectual y el combatiente (p. 81).

Aquí la palabra más relevante es *precisado*, que. nos hemos tomado la libertad de subrayar. ¿Por qué se vio José Antonio *precisado* a emprender el camino de la violencia fascista? ¿Qué le forzaba a ello? Si no le gustaba realmente la violencia, incluso la suya, ¿por qué se embarcó en tal aventura? A nuestro juicio sólo puede explicar su conducta la imperiosa, arrolladora necesidad síquica, mencionada antes, que le impulsaba a conquistar para sí la categoría de Héroe adquirida por Mussolini pero no plenamente por su padre. Al presenciar el fracaso de don Miguel Primo de Rivera, fracaso seguido a los pocos meses por la muerte, José Antonio parece haber experimentado el apremiante afán de continuar y desarrollar la labor del dictador y, de algún modo, vengarse de las afrentas recibidas. La vía fascista le parecía ofrecer la posibilidad de lograr este propósito, teóricamente al menos. Y si al principio José Antonio creía en la posibilidad de una conquista *legal* del Estado, sin derramamiento de sangre, pronto se dio cuenta de su error. Entonces había que tomar una decisión: o bien retirarse o continuar adelante a sabiendas de las consecuencias sanguíneas inevitables. Y José Antonio decidió seguir adelante. Sigue Ansaldo:

> JAN [27] decía muchas veces —a José Antonio mismo, en varias ocasiones— jugando un poco la paradoja irónica, que este personaje, dotado de tales cualidades y conocimientos, parecía preparado, más bien que para jefe de Falange, para presidente de la «Liga Mundial Antifascista». Ello no quiere decir que la suavidad de su espíritu civilizado embotara la hombría y decisión tradicionales en los Primo de Rivera.
>
> Fríamente desafió el peligro más inmediato cientos de veces, y cuando fue necesario, venciendo su repugnancia profunda, él mismo empuñó la pistola y no la enfundó jamás, sin haber satisfecho el honor (p. 82).

A este comentario de Ansaldo sobre la *frialdad* de la violencia joseantoniana, podríamos añadir otro de José Finat, conde de Mayalde, pronunciado en el curso de una emisión de radio en 1938: «José Antonio era un formidable hombre de acción que concebía y ejecutaba la violencia con su cabeza asombrosamente fría y supo ganarse no sólo la inteligencia, sino el corazón de los suyos, porque era el más fuerte y el más audaz.» [28]

27. Es decir, el propio Ansaldo. El libro se narra en tercera persona, ¡por un caniche!
28. *Radio Nacional*, núm. 4 (4 de diciembre de 1938), p. 2. Le agradezco a mi

Indalecio Prieto, meditando sobre la violencia del jefe de la Falange, comenta: «No cayó en cuenta de que las pistolas sirven mal para prologar diálogos. Y tras las pistolas vinieron los fusiles, las ametralladoras, los tanques, los aviones; vino, en fin, el colosal fratricidio» (p. 144). Más emocionantes para nosotros que las palabras del dirigente socialista, sin embargo, son las que nos dijo don Alfonso García Valdecasas, uno de los primeros colaboradores de José Antonio, y orador del acto del teatro de la Comedia. Con ellas terminamos este apartado en el cual, sin ánimo de *juzgar* a José Antonio, hemos tratado de comprender de algún modo su tendencia a la violencia:

> Yo nunca había preconizado la violencia. Y el único punto en que yo discrepé del discurso de José Antonio fue en el tema de la violencia, de «la dialéctica de los puños y de las pistolas», porque mi tesis siempre ha sido que la violencia es lícita para repeler la violencia, pero que no es lícito introducir la violencia. Si a mí me pegan violentamente, yo me puedo defender violentamente. Pero José Antonio habló de «la dialéctica de los puños y de las pistolas», que fue una cosa desdichada, y muy peligrosa porque, además, no iba a ser una dialéctica de los puños y de las pistolas sino una dialéctica de fuerzas armadas, que es muy distinta. Lo que desgraciadamente se anunciaba allí era una guerra civil.[29]

3. Ironía y sarcasmo

> La ironía tiene una virtud. Conduce a los hombres a ser moderados y razonables. Los descompone dulce y burlonamente después de haberles producido una ira personal.
>
> JOSÉ ANTONIO PRIMO DE RIVERA [30]

Hemos hablado hasta aquí de la violencia *física* de José Antonio, de su poco respeto a veces para los *cuerpos* de sus adversarios, y de sus ideas sobre el tema de la utilización de la violencia como

---

amigo Eutimio Martín el haberme proporcionado esta referencia. Añado por mi parte que en la versión de la emisión impresa algunos meses después en *Dolor y memoria de España en el II aniversario de la muerte de José Antonio*, p. 43, la censura suprimió la referencia de Finat a la violencia del jefe de la Falange, rezando ahora dicho pasaje: «José Antonio era un formidable hombre de acción, y supo ganarse, no sólo la inteligencia, sino el corazón de los suyos, porque era el más fuerte y el más audaz.»

29. Entrevista del autor con don Alfonso García Valdecasas, Madrid, 8 de octubre de 1979.

30. *OC*, II, 921.

instrumento político. Pero cabría esperar que los futuros biógrafos del jefe de la Falange investigasen también su sarcasmo, forma de violencia a veces más brutal que una bofetada.

Sobre el aspecto irónico-sarcástico del carácter de José Antonio han discurrido numerosas personas que le conocieron de cerca. Así, para Serrano Suñer, «una de las notas más acusadas del carácter de José Antonio, ya patente en aquellos años de su formación, fue la ironía» (p. 462), mientras que para Francisco Bravo «la tendencia irónica» fue «característica suya vital».[31] Entre la ironía y el sarcasmo hay un lindero muy tenue, y a menudo lo cruzaba José Antonio. Bravo, al hablar de la «feroz maestría del sarcasmo» del Jefe, recuerda como ejemplo de ella la observación de José Antonio sobre el director general de Seguridad al ser detenido a raíz de los sucesos del 10 de agosto de 1932 (la «sanjurjada»):

—¿Por qué se me trae aquí detenido? —preguntó, alterado, a un policía encargado de tramitar su detención.

—Porque, dado su apellido, se cree que esté complicado en la sublevación del día 10.

—Es decir, que se me detiene por ser hijo de padre honrado y conocido. A Angelito Galarza, el director general de esta casa, no le podrían detener nunca por eso.[32]

Hemos visto en otro capítulo la tremenda carta escrita por José Antonio, pero por lo visto no enviada, al marqués de Valdeiglesias el 4 de julio de 1936 en relación con un artículo ofensivo para el jefe de la Falange publicado en *La Época* (véase 124-128). Allí también se ve claramente la tendencia de José Antonio, cuando ofendido, a responder con injurias de marcado acento personal y sarcástico, hasta el punto de aludir a supuestos fallos paternos.

Menos conocida que estos casos es una cruel alusión de José Antonio a la defectuosa pronunciación de la erre en Ramiro Ledesma Ramos, y a su condición de mero funcionario de Correos. Ledesma Ramos, al separarse el 16 de enero de 1935 de F.E. de las J.O.N.S., fundó *La Patria libre*, revista cuyo primer número vio la luz el 16 de febrero del mimo año. Salieron cinco números de la revista antes de la aparición de *Arriba*, el nuevo semanario falangista, el 21 de marzo, lo cual le permitió a Ledesma montar una agresiva campaña contra «las ineptas jerarquías de F.E.», entonces sin periódico, y «los errores y el espíritu desviado» de José Antonio. Ledesma, a pesar de sus críticas, se mantuvo dentro de límites abusivos aceptables. No así José Antonio, que arremetió contra él en el primer número de *Arriba* en un artículo anónimo

31. BRAVO, *José Antonio. El hombre...*, p. 191.
32. Ibíd., p. 188.

titulado «Aviso a los navegantes. Arte de identificar "revolucionarios"». El Jefe no se ciñe a una crítica doctrinal de su adversario:

Quienquiera se tropiece con un feroz «revolucionario» —o «gevolucionario», según dicen algunos guturalizando la erre—, con uno de esos «revolucionarios» tan feroces, tan feroces que juzgan falsos revolucionarios a todos los demás, debe plantearse a sí mismo, como tema de investigación instructiva, la pregunta siguiente: ¿De qué vive este sujeto?

Porque hay tremebundos «revolucionarios» que ganan, por ejemplo, en una oficina pública, cuatrocientas cincuenta pesetas al mes; y que gastan dos o tres mil entre viajes, alojamiento independiente, invitaciones a cenar y salario de tres pistoleros en automóvil para protección de sus preciosas vidas... Que este movimiento pujante ponga en zozobra a los fabricantes de falsos «patriotismos» y «estados corporativos» fiambres no tiene nada de particular; pero que al servicio de esos fabricantes haya tipos de «revolucionarios» afectadamente mal vestidos y sucios, con la boca llena de demagogias «corajudas», es una inmundicia. Las agrupaciones sanas eliminan esa inmundicia, normalmente, sin aspaviento ni sorpresa. (*OC*, I, 584-585.)

José Antonio no perdió su gusto por la ironía y el sarcasmo ni cuando luchaba para salvarse la vida. Dos párrafos de su informe de la defensa nos parecen especialmente característicos a este respecto. En el primero se trata de la tercera visita de Margarita Larios a la cárcel de Alicante el 13 de julio de 1936, visita considerada sospechosa por el fiscal. Dice José Antonio:

Una visita de mi cuñada el día de la muerte de Calvo Sotelo. ¡Sospechosa visita! Pues todo lo contrario. Calvo Sotelo murió una madrugada. Cualquier persona bien informada, los representantes de la prensa ·local pueden recordarlo, a las siete o a las ocho de la madrugada, podían ya saber que habían asesinado a Calvo Sotelo. Mi cuñada, que por lo visto tiene un hilo especial con sus amigos para comunicar, se enteró de este suceso cuando ya había oscurecido. La noticia era, en efecto, algo interesante porque supone algo de prolongación familiar. ¡Seis años de trabajar junto con mi padre! Mi cuñada, la que tenía hilo especial de información y espionaje, se enteró de que ha muerto Calvo Sotelo cuando hace diez o doce horas que no hay quien lo ignore.[33]

A continuación se refiere José Antonio a las dos pistolas encontradas en su celda, pistolas que, como ya hemos dicho, le fueron entregadas por José Finat, conde de Mayalde, en su última visita a Alicante el 15 de julio. He aquí cómo despacha este asunto José Antonio:

33. Mancisidor, p. 205.

Las pistolas aparecen el dieciséis de agosto. Dos pistolas. Han podido venir de los siguientes modos: o lanzadas por encima de una tapia, cosa hacedera según creencia de algunos Oficiales de Prisiones que conocen otros casos en que esto ha ocurrido; o han sido facilitadas por el locutorio de Abogados; o ese iracundo testigo que dice que le consta, que lo sabe, porque se lo ha dicho un moribundo o alguien que sabía que estaba a punto de morir, que han sido introducidas en una paella; o en una cuarta forma, que el Oficial de esta Prisión señor Muñoz dice, que quizá de haber sido introducidas en paellas no hubiera sido en una sino en dos. De modo que han venido por el aire, por el locutorio de Abogados, por una paella o por dos.[34]

No cabe duda de que la «feroz maestría del sarcasmo» de la cual era dueño José Antonio daba lugar, a veces, a un humor brillante y mordaz a expensas de otras personas. Del peligro moral que esto constituía para él estaba muy consciente el jefe de la Falange, quien, en sus momentos tranquilos, solía lamentarse de una tendencia que sabía deletérea. Entre las nobilísimas cartas escritas por José Antonio en vísperas de su ejecución figura una realmente conmovedora, dirigida a Rafael Sánches Mazas, en la cual se ve claramente la insatisfacción experimentada por el condenado a muerte al meditar sobre su carácter:

> Perdóname —como me tenéis que perdonar cuantos me conocisteis— lo insufrible de mi carácter. Ahora lo repaso en mi memoria con tan clara serenidad que, te lo aseguro, creo que si aún Dios me evitara el morir sería en adelante bien distinto. ¡Qué razón la tuya al reprender con inteligente acierto mi dura actitud irónica ante casi todo lo de la vida! Para purgarme quizá se me haya destinado esta muerte en la que no cabe la ironía. (*OC*, II, 1 189.)

Nosotros creemos que, de no haber encontrado la muerte aquella madrugada del 20 de noviembre de 1936, José Antonio habría tenido palabra y tratado de superar las deficiencias de su carácter, evolucionando hacia una posición humana más razonable y tolerante. Los papeles encontrados en su celda, que comentaremos en nuestro último capítulo, así lo sugieren, revelándonos a un hombre quien, en la soledad de su incomunicación, ha aprendido la dura lección de que la única política viable es la política de la transigencia.

34. Ibíd.

VIII. José Antonio:
aspectos del hombre (2)

1. El autoperfeccionista y el intelectual

José Antonio era un empedernido autoperfeccionista, si se nos permite utilizar este vocablo (pensando en el inglés *self improver*). Existen numerosos testimonios sobre su capacidad para el trabajo, especialmente en relación con su carrera de abogado, tan querida por él, y muchos amigos suyos nos han hablado de su tremendo afán por liberarse económicamente de su padre y alcanzar su independencia profesional. Hemos visto que José Antonio era impulsado por una poderosa motivación síquica hacia la meta heroica. Menos conocidos, acaso, son su ambición intelectual y literaria y su deseo de desarrollar su talento lingüístico, asistiendo a clases de latín dadas por Agustín Millares [1] y perfeccionando, en una escuela de lenguas madrileñas, sus conocimientos de inglés y francés, idiomas que hablaba bien.[2]

Don José María Alfaro, cuyo relato de su expedición a Toledo con Fernández Cuesta escuchamos antes, nos ha contado una anécdota que demuestra a la perfección la tendencia de José Antonio a no dejar pasar nunca la ocasión de *mejorarse* intelectualmente:

> Un día estábamos en un bar que se llamaba Bakanik, que ha desaparecido, y que estaba en la calle que hoy se llama Héroes del 10 de agosto y entonces Olózaga. Allí conocí a Hemingway en aquella época. Entonces, un día estábamos citados allí varios con José Antonio —gentes distintas, chicas y tal— y estábamos allí Rafael Sánchez Mazas y yo, que habíamos llegado antes que José Antonio. Estábamos hablando —le gustaba mucho a Rafael Sánchez Mazas el hacer grandes interpretaciones históricas— y entonces estaba diciendo Rafael lo que era la conjuración de Catilina, que era la conjuración de señoritos de Roma y tal. Llegó José Antonio y dijo: «Sigue, sigue, me interesa mucho lo que estáis vosotros hablando...» Luego vinieron otras personas y el tema se cambió. Después José Antonio me dijo que al día si-

1. Declaraciones al autor del conde de Mayalde, Madrid, 7 de noviembre de 1979.
2. Declaraciones al autor de doña Pilar Primo de Rivera, Madrid, 2 de diciembre de 1979.

guiente quería hablar conmigo —probablemente nada político sino, a lo mejor, algo relacionado con una excursión o con un almuerzo, no recuerdo exactamente— y me pidió que fuera a su despacho por la mañana, al despacho que tenía en la calle de Alcalá Galiano.

Llegué allí a eso de las once, once y media, y entré. Entonces el secretario, Andrés de la Cuerda, un poco adusto, cancerbero, me dice: «No se puede entrar.» «Pero me ha citado José Antonio. Me ha dicho que venga, es que me lo ha dicho él.» Luego me dice Cuerda: «Mira, es que José Antonio me ha mandado comprar unos libros esta mañana, cuando llegó a las nueve y media, y se ha encerrado allí con ellos y me ha dicho que le dejásemos en paz, que quería trabajar.» Digo: «¿Y qué libros ha comprado?» Y me contesta Cuerda: «Pues, una edición en latín de *La conjuración de Catilina* y un vocabulario en latín.»

Esta anécdota es auténtica, y muy explicativa de él. Se había puesto inmediatamente a estudiar el tema. Yo entré allí, pero no le dije nada, claro.

José Antonio era un intelectual serio. Y él escribió incluso una novela que mandó destruir. No sé si habrá desaparecido, creo que sí. A mí me había leído algunos capítulos. Empezaba con un viaje en que se conocía que el protagonista era viajero en un tren. Era un poco proustiana. Él debió de escribir tres o cuatro capítulos. A mí por lo menos me leyó dos o tres en una tarde así. Le gustaba leer y olvidarse de la política. Yo pienso que hubo momentos en que él se sintió prisionero de la política. En su mentalidad esto era muy lógico.[3]

Hay unas interesantes declaraciones acerca de esta novela de José Antonio, hechas por la recitadora Myrtia de Osuna en 1938 al periodista granadino Eduardo Molina Fajardo:

La novela de José Antonio era de análisis psicológico, un poco autobiográfico. De ella no he olvidado nunca el comienzo, ya que desde las primeras líneas se iniciaba con un estudio profundo que atraía toda la atención. Describe un viajero sentado en un vagón de primera clase, y pinta con párrafos maravillosos la laxitud que siente, que le invita a abandonarse en su ensimismamiento. Y la lucha interna, psíquica, entre el deseo que le invade repentinamente, de recoger un periódico, y el abandono de la mano en el bolsillo, que parece muerta...

La novela, que era la mayor ilusión literaria de José Antonio, aún no tenía nombre, y estaba muy adelantada cuando él ingresó en la Cárcel Modelo. En una de mis visitas le pregunté por ella, afirmándome que allí pensaba continuarla: ¡no sé si la terminaría!

Recuerdo una tarde que veníamos de dar un pequeño paseo por el Pardo, en compañía de Sánchez Mazas. José Antonio a la llegada a Madrid nos propuso la lectura de algunos trozos de

3. Testimonio de don José María Alfaro, recogido por nosotros en magnetófono, Madrid, 11 de octubre de 1979.

su novela, para lo que tuvo que excusarse de asistir a una reunión política. Y en un saloncito del piso cuarto del «Capitol» nos reunimos a escucharle. Parecía un niño-poeta que leyera por vez primera a personas extrañas su libro de poesías. Y Rafael Sánchez Mazas, que siempre actuaba de crítico, aprobaba con la mirada los párrafos, entusiasmándose con lo que oía. Al terminar la lectura, José Antonio sonreía con su clara risa de siempre.[4]

Poco tiempo después, Raimundo Fernández Cuesta recordaba en una entrevista que la novela se titulaba *El navegante solitario*, y que José Antonio «nos la iba leyendo a todos» en la cárcel Modelo de Madrid.[5]

El borrador de los cuatro o cinco capítulos terminados de la novela de José Antonio no ha desaparecido, y obra en poder de sus herederos.[6] Es poco probable que se publique, por desgracia, en vista del deseo del jefe de la Falange, expresado en su testamento, de que sus herederos «revisen mis papeles privados y destruyan todos los de carácter personalísimo, los que contengan trabajos meramente literarios y los que sean simples esbozos y proyectos en período atrasado de elaboración» (*OC*, II, 1 100).

Según declaraciones de su hermano Miguel, José Antonio también trabajaba a finales de su vida en la redacción de una obra teatral, «una comedia dramática, de ambiente político y social de actualidad española».[7]

Es poco probable, a nuestro juicio, que los borradores literarios de José Antonio tuviesen, o tengan, mucha calidad, ya que, de haber tenido verdadera vocación de creador imaginativo, algo habría terminado o publicado antes de llegar a los 33 años. Por lo que toca a la poesía, los pocos versos suyos dados a conocer revelan unas dotes mínimas, a pesar de lo cual a José Antonio le gustaba alardear del *estilo poético* de la Falange, organización que, de verdad, tenía muy poco de poética, y que se aplicaba este adjetivo para enmascarar a veces «una radical impotencia de autodefinición».[8]

A nuestro juicio el talento literario de José Antonio encuentra su mejor expresión en la prosa de sus artículos políticos de índole polémica, mordaz o satírica, donde a veces su verbo adquiere acentos netamente originales.

4. EDUARDO MOLINA FAJARDO, «¡Aquella novela que empezó a escribir José Antonio!», *Fotos*, Santander, 12 de febrero de 1938.
5. ALFREDO R. ANTIGÜEDAD, *José Antonio en la cárcel de Madrid (del 14 de marzo al 6 de junio de 1936). Interesante reportaje con Raimundo Fernández Cuesta* (Cegama, Guipúzcoa, Imprenta Ernesto Giménez, s.f., ¿1938?).
6. Declaraciones al autor de don Miguel Primo de Rivera y Urquijo, Madrid, 22 de enero de 1980.
7. ALFREDO R. ANTIGÜEDAD, *José Antonio en la cárcel de Alicante. Un gran reportaje con Miguel Primo de Rivera* (Madrid, Imprenta de Ernesto Giménez, s.f., ¿1939?).
8. EUTIMIO MARTÍN, «Falange y poesía», *Historia 16*, Madrid, núm. 30 (octubre de 1978), p. 128.

José Antonio se consideraba un intelectual, pero al mismo tiempo desconfiaba de los intelectuales españoles, culpándoles de que «no vibraron ante el advenimiento de la Dictadura en tono intelectual», de haber sido incapaces de entender a aquel «extraordinario ejemplar humano» y de haber abierto en torno suyo «como un desierto» (*OC*, I, 112-115). Con tal carga de resentimiento contra los intelectuales, no es sorprendente que José Antonio no se diera cuenta de que por los años veinte y treinta España vivía un período de florecimiento cultural absolutamente excepcional, en todas las ramas. Hay momentos en que, al leer los artículos y discursos del jefe de la Falange, uno tiene la sensación de que él no está en contacto con el mundo real que le rodea. La Falange se jactaba de recoger todas las «auténticas esencias españolas», pero la verdad es que existía, culturalmente, en un limbo, desconectado de las corrientes vitales del momento. José Antonio nunca se liberó de las limitaciones de su posición de 1931:

> Llegará un día en que se juzgue, desde la altura del tiempo, qué era más grande: si el Dictador o el ambiente intelectual de este rincón del mundo hacia 1923. ¿Dará la Historia la razón a los intelectuales? Por de pronto, no se les puede ocultar un mal síntoma: mientras ellos están acordes en desdeñar al general Primo de Rivera, hay muchos cerebros fuera de España para los que, mientras nuestra literatura contemporánea se cuenta en muy poco y nuestra ciencia en casi nada, el general Primo de Rivera, como figura histórica, representa mucho. (*OC*, I, 115.)

No creo que haga falta imprimir aquí una lista de las muchísimas personas de talento que, en todos los campos culturales, trabajaban entonces en España. Sólo una contumaz ceguera ideológica podía impedir que José Antonio se diese cuenta de ello.

El Madrid de antes de la guerra civil era una ciudad muy pequeña, y los intelectuales se conocían. No deja de ser significativo, por ello, que José Antonio no tuviera estrecha amistad con ningún intelectual o escritor relevante fuera del grupo falangista. De haber tenido verdadera pasión por la poesía, por ejemplo, es inconcebible que José Antonio no hubiera llegado a conocer bien a algún miembro de la llamada «generación del 27». Pero tal amistad no existía, lo cual nos hace pensar que no era el «intelectual ciento por ciento» de que tanto nos han hablado los apólogos del jefe de la Falange. Veamos un caso específico: el de la supuesta amistad existente entre José Antonio y Federico García Lorca.

2. José Antonio y Federico García Lorca

Parece seguro que José Antonio admiraba la obra de Federico García Lorca, aunque en sus escritos conocidos hasta la fecha no hay ni una sola referencia al poeta granadino. Ximénez de Sandoval afirma, en unos renglones dedicados a los versos del jefe de la Falange:

> Muy difundidos han sido dos pequeños poemitas —llenos de todo el encanto de la espontaneidad— compuestos con arreglo a las normas líricas de la época «Marinero en tierra» de Rafael Alberti, «Canciones» de Federico García Lorca y «Víspera del gozo» de Pedro Salinas, tres poetas a quienes admiraba grandemente (p. 58).

De los dos poemitas en cuestión, que para el biógrafo de José Antonio tienen «un estilo de maravilloso laconismo lírico, al que corresponderá —más tarde— el laconismo militar de la poesía épica de los discursos», el primero nos parece más cerca de Antonio Machado que de los otros poetas mencionados:

> Jardín de Paterna [9] el tiempo
> se cayó en un pozo blanco
> debajo del limonero. (1930.)

> Vivamos en el mundo.
> Pero tengamos nuestro mundo aparte
> en un rincón del alma.
> Un mundo nuestro
> donde tus horas y mis horas pasan
> íntimamente, luminosamente,
> sin que nos turbe nadie. (1925.)

En otro pasaje, Ximénez de Sandoval recuerda que José Antonio no se recataba en proclamar delante de amigos de Acción Española que, como poeta andaluz, prefería a Lorca a Pemán, lo cual era casi una blasfemia (p. 417), mientras que el jefe de la Falange seguía también con interés el desarrollo de la dramaturgia lorquiana (p. 235).

Después de la guerra, falangistas, francofalangistas y propagandistas del régimen no dudaron en afirmar que Lorca había sido el poeta *preferido* de José Antonio ni que éste le consideraba el vate mejor dotado para cantar a la nueva España nacionalsindicalista. Serrano Suñer, por ejemplo, escribe en 1948:

9. Pensamos que el poema alude al pueblo gaditano Paterna de Rivera, cerca de Jerez, y no a la Paterna valenciana.

Muchos amigos de Lorca eran falangistas y, en realidad, su muerte fue para la Falange doblemente trágica: porque venía a convertir a Lorca en bandera del enemigo, ¡y con qué impiedad lo usó éste como bandera!, y porque ella misma perdía un cantor, el mejor dotado, seguramente, para cantar aquella ocasión —única— de regeneración española revolucionaria que la Falange soñaba.[10]

La cosa era ridícula, ya que no existe la menor indicación de que Lorca se sentía atraído por la Falange, a pesar de lo que se haya dicho al contrario. Es más: los manifiestos políticos y antifascistas firmados por el poeta, y que han sido recogidos en abundancia si no en su totalidad, demuestran que, lejos de ser «protofalangista», Lorca se identificaba abiertamente con la democracia republicana.[11]

Pues bien, José Antonio admiraba la obra de García Lorca, pero ¿se conocían personalmente los dos hombres? Ximénez de Sandoval manifiesta tajantemente que no, recordando en primer lugar un fracasado intento de José Antonio por entrar en contacto con el poeta. Aunque Ximénez de Sandoval no precisa la fecha de tal intento, podemos estar seguros de que tuvo lugar el 27 de febrero de 1935, día del «reestreno» de *Bodas de sangre* por Lola Membrives:

A Federico García Lorca —a quien admiraba extraordinariamente y de quien decía que sería el poeta de la Falange— no hubo modo de presentárselo, aun cuando una vez me invitara el Jefe a ver a «Bodas de sangre» en el Coliseum, y entráramos en el camarín de Lola Membrives para ver si estaba y conocerle (página 417).

Casi exactamente un año después —el 21 de febrero de 1936— se estrenó en el teatro Lara la farsa de Ximénez de Sandoval y Sánchez Neyra, *Hierro y orgullo*. Se encontraban en el auditorio José Antonio y García Lorca, y recuerda Ximénez de Sandoval:

Quería yo aprovechar la ocasión para presentar a José Antonio a García Lorca, que estaba en el teatro. Pero el poeta granadino no quiso entrar en el escenario, precisamente porque estaba el Jefe de la Falange. Le mandé a buscar con algún amigo y respondió que entraría al final.

José Antonio se marchó, dejando encantados a cuantos tuvieron ocasión de oírle en aquel momento (p. 515).

10. «Sobre la muerte del poeta García Lorca. Aclaraciones del ex ministro español de Asuntos Exteriores, señor Serrano Suñer», *El Universal Gráfico*, México, 3 de mayo de 1948.
11. Ian Gibson, *Granada en 1936 y el asesinato de Federico García Lorca* (Barcelona, Editorial Crítica, 1979), pp. 289-313.

Ximénez de Sandoval recuerda que José Antonio no se recataba en proclamar delante de amigos de Acción Española que, como poeta andaluz, prefería Lorca a Pemán, lo cual era casi una blasfemia.

Homenaje a García Lorca celebrado en Madrid, febrero de 1936. Entre otros, M.ª T. León y R. Alberti.

Velada en memoria de Menéndez y Pelayo, en los salones de Acción Española. (De izquierda a derecha, J. A. Ansaldo, B. de los Ríos, J. M. Pemán, L. Araujo Costa y P. Sainz Rodríguez.)

Lorca a Celaya (en la foto): «¿Sabes que todos los viernes ceno con José Antonio? Pues te lo digo. Solemos salir juntos en un taxi con las cortinillas bajadas, porque ni a él le conviene que le vean conmigo, ni a mí me conviene que me vean con él.»

Gabriel Celaya: «Federico me presentó a José Antonio una noche de whiskies en "Casablanca".» (En la foto, F. García Lorca con J. Guillén.)

Ésta es la última alusión a García Lorca contenida en la primera edición del libro de Ximénez de Sandoval. En una nota a la tercera edición (1963), el autor añadió este comentario:

> En una conferencia pronunciada por mí en los Colegios Mayores «José Antonio», de Madrid, y «San Jorge», de Barcelona, y en el Instituto de Cultura Hispánica en 1962 y 1963, he explicado las razones por las que José Antonio y García Lorca pudieron llegar a ser amigos y la sinrazón por la que no lo conseguimos cuantos teníamos interés en ello (p. 349).

En 1978, poco antes de su muerte, el autor de la *biografía apasionada* de José Antonio seguía creyendo que los dos hombres no se conocían.[12]

El lector habrá observado que Ximénez de Sandoval nos da a entender que, en ambos estrenos, José Antonio fue incapaz de arriesgarse a hablar con García Lorca sin la mediación de sus acólitos falangistas, lo cual nos parece bastante inverosímil. Si José Antonio hubiese deseado de veras conocer al poeta de Granada, ¿qué duda cabe de que lo habría organizado él mismo entonces, o en cualquier otra ocasión? La información sobre el asunto dada por Ximénez de Sandoval nos parece, por tanto, poco fiable, y además otra fuente demuestra que los dos hombres sí se conocían, si no íntimamente.

Se trata del testimonio del poeta vasco Gabriel Celaya. Mencionemos en primer lugar un artículo suyo publicado en Roma en 1966, y reeditado hace poco en España.[13] En dicho artículo Celaya recuerda, a base de su diario, un encuentro con García Lorca en San Sebastián el 8 de marzo de 1936, el día después de que el poeta pronunciara una conferencia sobre el *Romancero gitano* en el Ateneo donostiarra, y seis días antes de la detención en Madrid de José Antonio. Lorca había citado a Celaya en el hotel Biarritz, donde paraba, y cuando llegó allí el poeta se encontró, con desagrado, que Lorca estaba acompañado del arquitecto José Manuel Aizpurúa: joven culto, amante de la poesía, pero también fundador de la Falange de San Sebastián. Celaya se negó a darle la mano o hablarle y Lorca se ponía cada vez más nervioso. Por fin se despidió el falangista:

> Me preguntaba Federico por qué yo no había querido saludar a José Manuel Aizpurúa, y por qué, entre los dos, le habíamos creado una situación absurdamente tensa. Yo trataba de explicárselo con frenesí, quizá con sectarismo, y él, incidiendo en lo

12. Declaraciones de Ximénez de Sandoval el 17 de marzo de 1978 a Miguel García Posada, quien ha tenido la amabilidad de comunicárnoslas.
13. GABRIEL CELAYA, «Un recuerdo de Federico García Lorca», *Realidad. Revista de cultura y política*, Roma, abril de 1966. Reimpreso en Gabriel Celaya, *Poesía y verdad. Papeles para un proceso* (Barcelona, Planeta, 1979), pp. 145-151.

humano, trataba de explicarme que Aizpurúa era un buen chico, que tenía una gran sensibilidad, que era muy inteligente, que admiraba mis poemas, etc. Hasta que al fin, ante mi cada vez más violenta cerrazón, reaccionó, o quizá quiso que abriera los ojos de sorpresa, con la confesión de lo terrible:

—José Manuel es como José Antonio Primo de Rivera. Otro buen chico. ¿Sabes que todos los viernes ceno con él? Pues te lo digo. Solemos salir juntos en un taxi con las cortinillas bajadas, porque ni a él le conviene que le vean conmigo, ni a mí me conviene que me vean con él.

Al contar Lorca esto a Celaya, ¿le decía la verdad o bromeaba? ¿Es concebible que, en aquellos días postelectorales tan tremendos, cuando la Falange estaba hostigada por todos lados, José Antonio tuviera la posibilidad de cenar como norma *todos los viernes* con quien fuera? Creemos que no. Y creemos que, de haber sido tan amigos José Antonio y Lorca, la Falange lo habría sacado a relucir muy pronto después, o aun durante, la guerra civil, máxime en vista de los alegatos, tan difundidos, de que ella había intervenido en la muerte del poeta granadino. Además ningún íntimo de José Antonio con quien hemos hablado sabe nada de tal amistad, ni Pilar Primo de Rivera, ni Raimundo Fernández Cuesta, ni José María Alfaro, ni Manuel Valdés Larrañaga, ni Ernesto Giménez Caballero...

A pesar de ello, es cierto que José Antonio y García Lorca se conocían aunque no fuesen precisamente amigos. Al acudir a Gabriel Celaya para que nos aclarara algunos detalles de su artículo, nos habló de las famosas tertulias del café La Ballena Alegre:

Nosotros teníamos una tertulia donde íbamos a tomar el café todos los días, en un sitio que se llamaba La Ballena Alegre, en los bajos del Lion. A esta tertulia íbamos, pues, estudiantes de la Residencia, que muchos eran actores de la Barraca, del teatro de Federico, iban el mismo Federico, Eduardo Ugarte, que era el otro codirector, con Federico, de la Barraca, muchos residentes y muchos amigos. Y allí nos reuníamos todos los días en el mismo sitio. Todavía tengo ahí una jarra de La Ballena Alegre, que en sus tiempos estaba firmada por todos pero que se ha borrado con el tiempo. Nosotros estábamos allí en una mesa. Y en la mesa de enfrente había otra tertulia, que era todos los fundadores de la Falange: José Antonio Primo de Rivera, Jesús Rubio (que después fue ministro), José María Alfaro... Nos conocíamos todos y nos insultábamos, pero era todo como un juego porque nos decíamos: «¡Cabrones! ¡Fascistas! ¡Rojos!» Esto sería el año 34. «¡Cabrones! ¡Fascistas! ¡Rojos!» No sé qué. ¡Era una cosa!, y siempre nos estábamos insultando. O sea, no había hostilidad. Las tertulias eran separadas y en los periódicos nos metíamos unos con otros, pero no había una cosa de guerra, era cosa de amigos, de intelectuales, de estudiantes, y nos veíamos en las mismas exposiciones, en los mismos conciertos, en las mismas obras de teatro. Madrid era muy pequeño.

Entonces no debe chocar tanto que Federico conociera a José Antonio. José Antonio era un orteguiano, leía mucho a Ortega y Gasset. Ortega fue el editor del *Romancero gitano*, la *Revista de Occidente*, y claro, había una especie de contactos. Yo, por eso, cuando cuento eso de Federico, cuando él me dijo eso de que todas las semanas cenaban un día juntos, pues a lo mejor era una exageración de Federico porque Federico era muy fantasioso, pero que él conocía a José Antonio, esto es verdad, esto es completamente cierto. Estas cosas que te cuento de La Ballena Alegre, esto de que nos gastábamos bromas unos a otros y nos decíamos «¡Cabrones!», «¡Rojos!», «¡Fascistas!», como en broma, y que luego estábamos juntos tomando una cerveza en el bar del teatro, esto ya no parece verosímil, sin embargo ¡era así! [14]

A José Antonio me lo presentó Federico en Casablanca una noche de whiskys. Yo no había ido con Federico, había ido con un grupo de la Residencia, vamos, de la misma tertulia, y allí estaba ya Federico con José Antonio. Casablanca era un cabaret, como se decía entonces, un sitio de baile, nocturno. Y allí fuimos después de cenar y allí estaba ya Federico. «Oye, ven aquí —me dice—, te voy a presentar a José Antonio, vas a ver que es un tío muy simpático.» Y nos presentó. Yo sólo estuve en Madrid hasta el 35 —yo en la primavera del 35 terminé la carrera y me marché a San Sebastián, de modo que eso sería el 34—. Así que es totalmente cierto que Federico y José Antonio se conocían.[15]

Lorca, hombre eminentemente sociable y, por más señas, conocidísimo en Madrid, tenía centenares de «amigos» y no es de sorprender que conociera a José Antonio ni que éste le tuviera afecto. Ahora, sigue sin ser demostrado el que fuesen realmente amigos. Estamos seguros de que, de haberlo sido, se sabría perfectamente y que, además, quedaría alguna constancia documental de su amistad. Pero no hay tal constancia, o por lo menos no ha aparecido todavía. En un artículo sobre la muerte de García Lorca escrito por un admirador del fascista francés Robert Brasillach, se llegó a afirmar hace algunos años que: «Existe una correspondencia entre Lorca y José Antonio, y una carta del supuesto "Aragon español" al jefe de la Falange empieza con "Mi gran amigo". A principios de 1936, la dirección de la Falange le

---

14. Sobre esta famosa tertulia falangista, véanse los artículos recogidos en *Dolor y memoria de España...*: SAMUEL ROS, «José Antonio en "La Ballena Alegre"» (pp. 209-210); VÍCTOR DE LA SERNA, «Voz y diálogos de José Antonio con sus amigos» (pp. 208-209), y J. MIQUELARANA, «José Antonio, hombre» (pp. 239-241). En su última carta a Rafael Sánchez Mazas, escrita el día antes de su ejecución, José Antonio le pide: «Abraza a nuestros amigos de las largas tertulias de la Ballena...» (*OC*, II, 1 190). Recomiendo a mis lectores una visita a La Ballena Alegre, que ha sido conservada cariñosamente en su estado primitivo de antes de la guerra. Se encuentra en el sótano del café Lion, frente a Correos.

15. Entrevista del autor con don Gabriel Celaya, recogida en magnetófono, Madrid, 8 de noviembre de 1979.

ofreció a Lorca, se nos ha dicho, un puesto importante. Demoró su contestación.» [16] Todo esto nos parece un bulo. De existir dichas cartas es evidente que se habrían publicado hace mucho tiempo, y por muchas indagaciones que hemos hecho nadie, ni la propia familia de José Antonio, nos ha podido dar información acerca de ellas.

Creemos, en fin, que entre José Antonio y Lorca no hubo amistad, y que eso de las cenas semanales era una invención más del fantasioso poeta andaluz.

El 16 de agosto de 1936, José Antonio, encarcelado en Alicante, entró en régimen de incomunicación con el mundo exterior. Tres días después Lorca fue asesinado en Viznar por los sublevados. Cuando la noticia de su muerte llegó a Madrid a principios de septiembre, y de allí a las provincias, siendo comentada en toda la prensa de la zona republicana, José Antonio no pudo enterarse de la tragedia, a no ser que le informara de ella algún carcelero. Pero, levantada su incomunicación poco antes de empezar su juicio en noviembre, parece ser que alguien le habló de la muerte del poeta, pues en una nota añadida por Ximénez de Sandoval a la tercera edición (1963) de su biografía del jefe de la Falange leemos: «Por Miguel [Primo de Rivera] sé que se enteró del trágico fin del gran poeta granadino en los días de su proceso —en que se levantó la incomunicación a ambos hermanos— y le impresionó mucho» (p. 349).

No hay razón de dudarlo. José Antonio, sabiendo en su fuero interno que a él sólo un milagro le podía salvar, no pudo menos de lamentar la injusta muerte de aquel inolvidable casi contertuliano de La Ballena Alegre. Ni, posiblemente, de ver en ella una prefiguración de su propio enfrentamiento con fusiles contrarios.

3. El parlamentarismo

> El ser rotas es el más noble destino de todas las urnas.
>
> JOSÉ ANTONIO PRIMO DE RIVERA (1933) [17]

Hemos visto los encarnizados ataques de la revista *F.E.* al sistema parlamentario liberal. El mismo José Antonio se refirió numerosas veces en las Cortes a su falta de creencia en la democracia y los votos («No creo que sea el Parlamento el instrumento mejor

---

16. SAINT-PAULIEN, «Sur la vie et la mort de Federico García Lorca», *Cahiers des Amis de Robert Brasillach*, Lausanne, núm. 10 (Navidad de 1964), pp. 7-10.
17. *OC*, I, 189.

para guiar la vida de los pueblos»),[18] y no ocultó nunca su confianza en que pronto «España y Europa cuajarán en otras formas políticas».[19] Formas, desde luego, de tipo fascista:

> En cambio, con lo que queremos nosotros, que es mucho más profundo, en que el obrero va a participar mucho más, en que el Sindicato obrero va a tener una participación directa en las funciones del Estado, no vamos a hacer avances sociales uno a uno, como quien entrega concesiones en un regateo, sino que estructuraremos la economía de arriba abajo de otra manera distinta, sobre otras bases. (*OC*, I, 475.)

A pesar de todo ello, José Antonio reveló desde sus primeras actuaciones en las Cortes, a partir de diciembre de 1933, no sólo unas dotes oratorias y polémicas considerables, y unas réplicas rapidísimas y a veces maliciosas o humorísticas al ser interrumpido, sino un verdadero talento para la labor parlamentaria, una positiva fruición al participar en ella. «Atracciones atávicas» las calificó su amigo Miguel Maura.[20] Los colegas falangistas de José Antonio se dieron cuenta en seguida de la fuerza que ejercían dichas atracciones en su jefe. «Desde las primeras semanas de las Cortes —observa Ramiro Ledesma Ramos en *¿Fascismo en España?*— pudo advertirse su afición a la cosa parlamentaria, faltando poquísimas tardes a las sesiones. Ese perfil parlamentarista gustaba poco al Partido, era bastante impopular entre los militantes, máxime cuando, ni siquiera a los efectos de la propaganda, advertía nadie la eficacia más mínima» (p. 180).

Este juicio de Ledesma Ramos era injusto e inexacto. En sus intervenciones parlamentarias José Antonio no sólo ganó por su talento el oído, y el respeto, de muchos diputados de tendencias políticas diferentes de la suya, sino que utilizó al máximo su presencia en la Cámara para hacer oír la voz, y los puntos de vista, de la Falange. Comenta Francisco Casares en 1938, desde una óptica falangista:

> Había que dar la batalla a las viejas ideas. Era preciso enfrentarse, para demolerlas, con las antiguas doctrinas. Y, para ello, el mejor procedimiento era el de tipo directo: el de acudir al terreno en que el adversario se emplazaba y plantear allí la batalla que, por el momento, sólo podía librarse con las armas de la dialéctica. No había contradicción entre el pensamiento y la actitud. Para batir el enemigo, cuando éste se hace fuerte en sus propios baluartes, no hay otro arbitrio que el de asaltarlos. Y fue en el Parlamento mismo, en el teatro de la farsa democrática, donde se lanzó, fina y sutil en la forma, vigorosa y cer-

18. *OC*, II, 855.
19. *OC*, I, 451.
20. Gil Robles, p. 433.

tera en el contenido, la palabra impresionante de aquel hombre singular que se señaló la misión de enderezar los mejores ataques polémicos contra todo un sistema tristemente enquistado en el espíritu y en la vida de España.[21]

José Antonio alude varias veces en las Cortes al fenómeno del fascismo, para presentarlo como un nuevo, creativo y eminentemente *positivo* movimiento europeo. En su primera intervención parlamentaria (19 de diciembre de 1933), interrumpe unas observaciones de Gil Robles sobre el fascismo para manifestar: «De izquierdas o de derechas es mala solución. Una integral, autoritaria, es una buena solución» (*OC*, I, 234). Otro día habla de «ese fenómeno político y social del fascismo que se está produciendo en España, como en toda Europa» (*OC*, I, 278), especificando luego:

> El fascismo es una inquietud europea, una manera nueva de concebir todo: la Historia, el Estado, la llegada del proletariado a la vida pública; una manera nueva de concebir todos los fenómenos de nuestra época e interpretarlos con sentido propio. El fascismo triunfó ya en varios países, y ha triunfado en algunos, como en Alemania, por la vía democrática más irreprochable. (*OC*, I, 282.)

Por lo que tocaba a la Falange, José Antonio hizo una eficaz propaganda en las Cortes al no desperdiciar ocasión para insistir en que la reputada violencia de la organización que dirigía siempre había sido respuesta a agresiones previas de comunistas y socialistas. En los discursos, o interrupciones, de José Antonio, la Falange aparece siempre como *la víctima* de tales ataques, y cabe suponer que, dadas las artes persuasivas del Jefe, esta propaganda tuvo su impacto tanto en la Cámara cuanto en el país en general.

José Antonio era un buen parlamentario, confiado y distendido, y perfectamente consciente de su dominio como orador. Serrano Suñer manifiesta que fue «uno de los diputados a quienes la Cámara escuchaba con mayor atención» (p. 88), mientras que la descripción de Francisco Casares, muy anterior, parece no pecar demasiado de exageración:

> Cuando José Antonio pedía la palabra, recorría el hemiciclo ese rumor sordo, casi incoercible, pero perfectamente típico, que precede a los momentos emocionales. Cuando se ponía en pie, ante su escaño, para decir sus definiciones y construir sus réplicas, se producía el característico silencio con que las asambleas evidencian un interés y una curiosidad. Los escaños se poblaban.

21. FRANCISCO CASARES, «Primo de Rivera en el escaño parlamentario», *Dolor y memoria de España...*, p. 120.

J. A. Primo de Rivera
en las Cortes, junto
al almirante Carranza.

J. A. Primo de Rivera
hablando en un mitin.

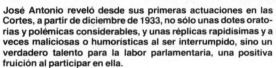

José Antonio reveló desde sus primeras actuaciones en las Cortes, a partir de diciembre de 1933, no sólo unas dotes oratorias y polémicas considerables, y unas réplicas rapidísimas y a veces maliciosas o humorísticas al ser interrumpido, sino un verdadero talento para la labor parlamentaria, una positiva fruición al participar en ella.

El jefe de Falange lamentaba
profundamente la miseria del campo
español, o gran parte de él,
sufriéndola como un insulto
y una vergüenza para España.

Un hombre cuya personalidad era una extraña mezcla de violencia y ternura, confianza en sí y timidez.

A las puertas y a los espacios cercanos a la mesa presidencial, acudían en tropel los diputados de las más diversas tendencias. En las tribunas se acallaban las charlas distraídas que acusaran indiferencia o desgana. En los pupitres de los relatores de Prensa se advertía la atención y la vigilancia de lo que podía elevar en dignificación —aunque el hecho inspirara notorias mortificaciones— del debate vulgar, o la discusión emplebeyecida.[22]

Las intervenciones de José Antonio (con las excepciones *bélicas* a las que aludimos antes) se desarrollaban según las más puras tradiciones liberales. Hay un episodio que para nosotros lo ejemplifica de forma inolvidable. Mariano Arrazola Macera, diputado radical, había hecho unas explicaciones en relación con un proyecto de ley encaminado a fiscalizar más estrictamente la tenencia de armas de fuego. José Antonio se permitió referirse a dicho diputado como «el señor representante de la Comisión», lo cual le irritó a Arrazola, que pidió que se le llamara por su nombre. El «antidemocrático» e irónico jefe de la Falange contestó:

> Ya lo sé; pero es que es un uso parlamentario —y lo digo yo, que soy el menos parlamentario de los diputados que aquí se sientan— el que se designen unos a otros por el cargo que ocupan. Con mucho gusto le llamaré a su señoría señor Arrazola, pero conste que esto entronca con los mejores usos del Parlamento británico. (*OC*, I, 498.)

José Antonio, buen hombre de leyes, conoce al dedillo no sólo las Constituciones de 1876 y de la Segunda República, sino la de la, por él, tan despreciada Sociedad de Naciones (véase el debate sobre la cuestión italoetíope). Y hay varias ocasiones en que se muestra dispuesto a participar constructivamente en la labor legislativa del Parlamento. Durante el debate sobre armas de fuego, por ejemplo (en el cual, como jefe de una organización paramilitar, José Antonio tenía un especial y personal interés), estuvo en excelente forma, mostrándose muy complacido del respeto con que sus palabras fueron escuchadas. Era su primera intervención en la preparación de un proyecto de ley, y no cabe duda de que la efectuó de forma impecable (y acaso para algunos falangistas) *sospechosamente* parlamentaria:

> Yo creo que el señor ministro, aunque conserve apego a lo que él primero planeó y después la Comisión ha desarrollado, debe estar convencido de que indudablemente, tal como está, este proyecto de ley no puede pasar a la *Gaceta*. Yo también lo he creído modestamente, y he presentado también enmiendas a casi todos los artículos. La discusión de enmienda por enmienda comprendo que va a ser enojosísima, pero es la única manera de

22. Ibíd., pp. 120-121.

226

remediar los que considero defectos del dictamen, salvo que el señor ministro pueda convencer a la Comisión de que lo retire para nuevo estudio, y entonces este diputado, que obtiene de la Cámara la benevolencia de hacerse oír, se prestaría con mucho gusto a asistir, sin voto, como manda el Reglamento, a las reuniones de la Comisión y poner a su disposición todos estos datos, todos estos esfuerzos y muchos más, para ver si de esta manera logramos que el proyecto de ley se imponga al país no porque unos votos aplasten a unas opiniones disidentes, sino porque, en realidad, hayamos hecho entre todos una obra legislativa un poco más perfecta. *(Muy bien.)* (*OC*, I, 493-494.)

Varias enmiendas propuestas por José Antonio fueron aceptadas, y el jefe de la Falange no pudo ni quiso ocultar su satisfacción por ello: «Agradezco mucho a la Comisión que haya aceptado con esto lo fundamental de mis enmiendas y la que introduce el principio del arbitrio judicial en este durísimo precepto de ley. Se lo agradezco muy sinceramente, y me felicito del resultado de mis esfuerzos» (*OC*, I, 503).

Las intervenciones parlamentarias de José Antonio giran casi siempre en torno a tres o cuatro obsesiones principales: «unidad de destino en lo universal», la falta de una gran empresa, misión o quehacer nacional, la corrupción del sistema democrático y la necesidad de una reforma agraria auténticamente radical. Quisiéramos destacar aquí la de la reforma agraria, que siempre fue preocupación del jefe de la Falange, quien lamentaba, profundamente, la miseria del campo español, o gran parte de él, sintiéndola como un insulto y una vergüenza para España. Hay varios pasajes en sus discursos donde se siente el latido de una innegable sinceridad cuando se aborda este tema. Por ejemplo, al describir José Antonio su visita a un olvidado pueblo andaluz llamado Prado del Rey:

Las calles eran una especie de torrentera sobre las cuales se abrían unos cubiles inferiores a los cubiles donde se aloja a las bestias en las granjas. Había gentes allí que no tenían la menor noticia de lo que era la cultura, la convivencia humana, la comodidad ni la sanidad. Como era un día crudo, nosotros íbamos en automóviles, y, como es natural, llevábamos nuestros abrigos. Cuando intentamos hacer propaganda electoral, las gentes de Prado del Rey salieron de sus casas y nos empezaron a tirar piedras. Yo os aseguro que en lo profundo de mi corazón deseaba que no me diera en la nuca ninguna; pero os aseguro que en lo profundo de mi corazón reconocía que nosotros, que íbamos en automóviles, que llevábamos abrigos relativamente agradables, suscitábamos todas las disculpas para que aquella gente de Prado del Rey nos tirase en la nuca todas sus piedras. (*OC*, I, 378.)

El 23 de julio de 1935, José Antonio pronunció en las Cortes uno de sus mejores, y más *revolucionarios*, discursos, donde atacó a las derechas por la contrarreforma agraria que estaban empeñadas en llevar a cabo. José Antonio reconocía que, durante el bienio azañista, la República había tratado de poner en marcha una genuina reforma agraria y encontraba intolerable que las derechas sólo pensaban en deshacer la labor emprendida. «La vida rural española es absolutamente intolerable», declara el jefe de la Falange, dejando bien sentado que, de acceder su partido al poder, no dudará en organizar una masiva repoblación del campesinado, de acuerdo con las necesidades del país como totalidad y no sólo con los intereses de los terratenientes. En una frase memorable José Antonio señala que «Hay sitios donde el latifundio es indispensable; el latifundio, no el latifundista, que éste es otra cosa» (*OC*, II, 737), y las reacciones de varios diputados derechistas durante su intervención indicaron la hostilidad que provocaban sus palabras. El programa electoral falangista elaborado algunos meses después —ya nos hemos referido a él— demostraba que José Antonio estaba decidido a que la gran España nacionalsindicalista llevase a cabo una implacable redistribución de la propiedad territorial nacional. Y esto, a nuestro juicio, habría que tenerlo en cuenta al tratar de obtener una visión cabal de un hombre cuya personalidad era una extraña mezcla de violencia y ternura, confianza en sí y timidez.

Para terminar estas breves observaciones diremos que, para nosotros, es penoso pensar en la contribución que hubiera podido hacer José Antonio a la democracia española, poniendo a su servicio sus talentos y el entrañable amor que sentía por su patria.

4. «Ella»

El viernes 15 de junio de 1935 van llegando al parador de Gredos, incomparablemente situado en Hoyo del Espino, casi todos los componentes de la Junta Política de F.E. de las J.O.N.S., convocados por José Antonio, como vimos antes, para deliberar sobre la conveniencia o no de que la organización se prepare en serio para sublevarse contra la República. A la noche llega en coche desde Badajoz José Antonio, quien ha defendido allí a unos falangistas implicados en tiroteos con los marxistas. Relata Ximénez de Sandoval:

> Abrazó a los camaradas que le esperaban y, después de lavarse, bajó al comedor con su habitual hambre de lobo. Escoltado por sus camaradas, entra en el comedor. Hay poca gente. Gredos no es un sitio demasiado a mano para ir a comer desde Madrid. Gredos es un lugar para reposo, para meditación, para trabajo

o para comienzos de luna de miel. En un rincón, iniciando la suya —se ha casado en Madrid por la mañana— está «Ella». José Antonio la ve en seguida. «Ella» le ve también y baja los ojos. El marido, probablemente, advierte la presencia de José Antonio. La situación es violentísima para los tres. José Antonio, en hombre de mundo, avanza hacia los recién casados. Besa la mano de su antigua novia y estrecha la del marido. Les felicita y vuelve a su mesa, con el corazón lleno de amargura. Nadie advierte nada en su rostro. El hambre de lobo se le ha pasado súbitamente (p. 367).

La versión, algo melodramática, dada por Ximénez de Sandoval de esta inesperada confrontación, procedente de Rafael Garcerán, contiene varios errores y no menos suposiciones del *apasionado* biógrafo de José Antonio. José María Alfaro nos informa, por ejemplo, que al darse cuenta los falangistas de la presencia de «Ella» en el parador, él y Rafael Sánchez Mazas salieron al encuentro de José Antonio para prevenirle y así ahorrarle la violencia que le pudiera producir un repentino encuentro con su antigua novia:

> José Antonio se había retrasado, y entonces, cuando la vimos a ella allí con el marido, fuimos Rafael y yo los que salimos al cruce del camino a decírselo. Llega José Antonio y dice: «Pero ¿qué hacéis aquí?» Y Rafael contesta: «Allí están hablando, ya sabes cómo se ponen de pesados, con la demagogia, con la política y tal, y hemos venido paseando...» Pero José Antonio se dio cuenta de que eso no era verdad, y entonces le dijimos que «por cierto nos hemos encontrado con que está Fulana de Tal». José Antonio no dijo nada, subimos al coche suyo y llegamos a Gredos.[23]

¿Quién fue «Ella»? Pensamos que, después de tantos años, nadie se opondrá a que hablemos del tema. La ex novia del jefe de la Falange pertenecía a una de las familias más antiguas, más aristocráticas y más ricas de España. Se llamaba Pilar Azlor de Aragón y Guillamas, duquesa de Luna, y era hija mayor de los duques de Villahermosa, descendientes de los reyes de Aragón, concretamente de Alonso de Aragón, hijo natural de Juan II, hermano de Fernando el Católico.

Pilar se había casado en Madrid el 12 de junio de 1935 —no el 15, como dice Ximénez de Sandoval— con el oficial de Marina de guerra, Mariano de Urzaiz y Silva, hijo de la condesa del Puerto y nieto de la duquesa de San Carlos. La boda se había celebrado con gran lujo en el palacio de los Villahermosa, cerca del Ritz, con la asistencia de una impresionante nómina de duques y duquesas, marqueses y marquesas, condes y condesas, vizcondes y vizconde-

23. Testimonio de don José María Alfaro, recogido por nosotros en magnetófono, Madrid, 11 de octubre de 1979.

sas y hasta de algún que otro miembro de la alta burguesía. El Papa había mandado su bendición. Según la prensa los recién casados emprenderían «un largo viaje de novios por el extranjero», por lo cual es de suponer que, al pasar la noche del 15 de junio en Gredos, iban rumbo a Lisboa.[24]

Las relaciones de José Antonio y la duquesa de Luna parecen haber empezado allá por el año 1927 o 1928, viéndose contrariadas poco tiempo después por el padre de Pilar, el duque de Villahermosa. Éste, «monárquico furibundo» según el testimonio de otra hija suya, era enemigo acérrimo de don Miguel Primo de Rivera, a quien culpaba del descrédito en que había caído Alfonso XIII [25] y a quien, posiblemente, le guardaba rencor también por la mínima reforma agraria que había tratado de llevar a cabo, y que le hubiera podido afectar adversamente como gran terrateniente.[26] También hay que tener en cuenta la posibilidad —dada como cierta por Ximénez de Sandoval— de que al padre de Pilar le era intolerable pensar que ésta, procedente de la más alta alcurnia de la nobleza española, pudiera casarse con el simple titular de un marquesado reciente e hijo, por más señas, de un hombre detestado.[27]

Al proclamarse la República, el duque de Villahermosa cerró su palacio madrileño y se fue con su familia a sus tierras de Aragón y de Navarra —Pedrola, cerca de Zaragoza, y Javier, a unos pocos kilómetros de Sangüesa— sólo volviendo a la capital para la boda de Pilar en 1935.[28]

A pesar de la prohibición paterna, las relaciones de José Antonio y Pilar continuaron secretamente durante los primeros años de la década de los treinta. Ella pasaba temporadas en Madrid, los dos se escribían y, a veces, José Antonio visitaba Zaragoza y veía subrepticiamente a su novia. Papel importante en estos encuentros desempeñaba Ramón Serrano Suñer (de cuya boda con la cuñada de Franco sería testigo José Antonio en febrero de 1932). Serrano residía entonces en Zaragoza, siendo, por lo tanto, vecino de los Villahermosa. En una entrevista de 1938 habló de los amores de José Antonio y Pilar:

> Recuerdo el día que me lo comunicó con un aire endiabladamente adolescente. Y sus frecuentes conversaciones sobre «ella» durante meses y años; los elogios sobre el color, sobre el tamaño, sobre el acento y sobre todo sobre las cartas, «que estaban llenas de rigor literario». Recuerdo también sus estratagemas de malhechor furtivo para llegar hasta ella o hacerle llegar la carta o el regalo en la misma capilla del Pilar. Sus lances a lo

24. *ABC*, Madrid, 13 de junio de 1935, p. 21; *Ya*, Madrid, 13 de junio de 1935, p. 7.
25. Testimonio de la marquesa de Narros, Madrid, 22 de enero de 1980.
26. Testimonio de don José María de Areilza, Madrid, 5 de noviembre de 1979.
27. XIMÉNEZ DE SANDOVAL, pp. 61-64.
28. Véase nota 25.

Romeo y Julieta y sus torturas, vacilaciones, decisiones y nostalgias últimas. Pocas veces se da un hombre portador de tantas cualidades; pero la propia exigencia o la mala fortuna las frustraron para el encuentro definitivo.[29]

Hoy, cuarenta años después, don Ramón Serrano Suñer añade algunos detalles a este relato. Está seguro de que José Antonio llegó a la capital aragonesa el 11 de octubre de 1931, en vísperas del festival de la Virgen del Pilar —día de su novia, claro está—, cuando los aragoneses afluyen a la catedral de Zaragoza a oír misa y comulgar. En aquella ocasión, José Antonio se las ingenió para arrodillarse al lado de Pilar en la «santa capilla», como uno de tantos fieles, y entregarle su regalo : una pulsera de oro.

Serrano Suñer cree que José Antonio estaba seguro entonces de que, a pesar de todos los problemas surgidos, se casaría con Pilar. Todavía no se había fundado la Falange, su carrera de abogado se prometía cada vez más brillante, y siempre había la posibilidad de vencer la oposición del duque de Villahermosa. Serrano Suñer cuenta que un día, entre bromas, José Antonio le dijo, refiriéndose a Pedrola, maravillosa sede de la familia Villahermosa a orillas del Ebro : «Aquí dentro de poco tiempo te invitaré a cenar con nosotros. Pero tendrás que traer el esmoquin, porque por la noche nos "vestiremos".»[30]

El castillo de Pedrola tiene una aureola de fama literaria por ser, en opinión de los eruditos, escenario de las aventuras de don Quijote y Sancho Panza con los duques (Parte II, capítulos 30 a 57), aventuras que incluyen las de la dueña Dolorida, el caballo Clavileño y, especialmente, la Ínsula Barataria (identificada por algunos con un remanso del Ebro que forma parte de la finca de Pedrola). Según Martín de Riquer, «Verosímilmente, estos famosos duques que tan importante papel desempeñan en la segunda parte del *Quijote* son los de Luna y Villahermosa, don Carlos de Borja y doña María Luisa de Aragón».[31] Por lo cual, de haberse casado con Pilar, José Antonio habría entrado en una familia rica no sólo en tierras, sino en peregrinas asociaciones cervantinas.

También es de notar que, ya muerto José Antonio, Franco instaló su Cuartel General en el castillo de Pedrola desde que acabó la guerra en el norte hasta la terminación de la batalla del Ebro, en noviembre de 1938.[32]

¿Cuándo se rompieron las relaciones entre José Antonio y la duquesa de Luna? Según hemos podido colegir al hablar con amigos de ambas personas, eso sería después de fundada la Falange

---

29. Entrevista con Ramón Serrano Suñer publicada en *Dolor y memoria de España...*, pp. 203-204.

30. Testimonio de don Ramón Serrano Suñer, Madrid, 20 de diciembre de 1979.

31. MIGUEL DE CERVANTES, *Don Quijote de la Mancha*, Texto y notas de Martín de Riquer (Barcelona, Editorial Juventud, 1965, 2 tomos), II, pp. 757-758, nota 5.

32. Véase nota 26.

en 1933. Serrano Suñer recuerda que José Antonio le dijo en una ocasión que él no tenía el derecho de continuar con ella en momentos en que la lucha entre la Falange y la izquierda se volvía cada vez más sangrienta. Lo que sí parece cierto es que, aun después de rotas, José Antonio guardaba la esperanza de que se pudiesen reanudar un día, y creía que Pilar no se casaría con otra persona.[33]

Por todo ello la experiencia de aquella noche del parador de Gredos fue para él, en opinión de José María de Areilza, un choque sicológico, «una amargura en su vida sentimental»,[34] y es posible incluso que influyera en su decisión de lanzarse sin contemplaciones a la sublevación contra la República.

33. Véase nota 25.
34. Véase nota 26.

IX. José Antonio: mito, utilización y balance final

¿Hizo Franco todo lo posible por salvar al jefe de la Falange? Una mayoría de los investigadores serios que han estudiado el tema de los varios intentos realizados por los nacionalistas en este sentido (algunos de los cuales eran dignos de la imaginación de un Ian Fleming), parecen opinar que no.[1] Alguna ayuda sí prestó Franco antes de ser designado «Jefe del Gobierno» (29 de septiembre de 1936) y de proclamarse a sí mismo «Jefe del Estado» dos días después. Pero a partir de entonces la evidencia sugiere que el Caudillo «por la gracia de Dios» se fue convenciendo cada vez más de que no le interesaba para nada la vuelta de José Antonio a la zona nacional.

El 6 de octubre de 1936 se presentó en Salamanca el consejero de la Embajada alemana en Lisboa, el conde Eckhart Du Moulin. Éste entregó a Franco la felicitación de Hitler por su elevación a la Jefatura del Estado, y mantuvo con el nuevo Caudillo una conversación cuyo contenido fue transmitido el 8 de octubre al Ministerio de Asuntos Exteriores en Berlín. Franco había expresado su convencimiento de que Madrid caería pronto, y según Du Moulin:

> De momento se insiste primordialmente en la unificación de «ideales» dentro del Frente Blanco. La propaganda marxista ha creado la impresión, también extendida en el extranjero, de que la victoria del Gobierno Nacionalista restauraría los antiguos privilegios de la nobleza y de la Iglesia. No existe tal propósito, ni deben caber dudas al respecto. La cuestión de la monarquía carece de urgencia. De momento no se debate si luego se hará un esfuerzo para devolver a España el régimen monárquico. Es absolutamente imprescindible crear una común ideología entre las fuerzas aliadas en la liberación: el Ejército, los fascistas, las organizaciones monárquicas y la católica C.E.D.A. Pero es preciso proceder con guantes de seda.[2]

1. Véanse especialmente: CARLOS ROJAS, *Prieto y José Antonio*; ÁNGEL VIÑAS, «Berlín: Salvad a José Antonio», *Historia 16*, Madrid, núm. 1 (mayo 1976), pp. 41-56, núm. 2 (junio 1976), pp. 45-55; RAMÓN GARRIGA, *La España de Franco*; FEDERICO BRAVO MORATA, *Franco y los muertos providenciales*.
2. *Documents on German Foreign Policy, 1918-1945, Ser. D, vol. III: Germany and the Spanish Civil War, 1935-1939* (Washington, Government Printing Office, 1950), p. 107. Citamos de ROJAS, p. 200.

Es evidente que la llegada de José Antonio a Salamanca no sólo podría estorbar el proceso de unificación en la cual ya pensaba Franco, sino que significaría el posible fracaso de sus planes para consolidar su poder personal. Franco sentía antipatía por José Antonio. En parte, sin duda, por el episodio de Cuenca de mayo de 1936 en el cual el jefe de la Falange se opuso terminantemente a que el nombre de Franco figurara a su lado en la lista electoral de las derechas. Y en parte por la actitud de José Antonio en los últimos meses anteriores al Alzamiento —actitud sobre la cual Franco tendría seguramente informes— cuando el prisionero de Madrid y luego de Alicante reclamaba para la Falange un papel utópico dentro de la conspiración. Es posible también, aunque de ello no tenemos prueba documental alguna, que Franco conociera una versión de la entrevista celebrada en Alicante por Jay Allen con José Antonio, en la cual éste expresó su desconfianza en los dirigentes y promotores del Movimiento militar y sus dudas sobre sus motivos («Tendrán que cargar conmigo. Usted sabe que yo siempre he luchado contra ellos»). Si José Antonio hubiese llegado a Salamanca en octubre o noviembre de 1936, no cabe duda de que la posición de Franco habría sido mucho más difícil. Cinco meses después pudo deshacerse el Caudillo fácilmente del jefe provisional de la Falange, Manuel Hedilla, quien, en fin de cuentas, era de procedencia obrera y carecía de verdadera personalidad política y dotes de mando. Pero con José Antonio las cosas habrían pasado de otra manera, no sólo por el indudable carisma del jefe de la Falange y la adulación que sentían hacia él todos los sectores de la organización, sino porque era también hijo de un famoso militar que había sido dictador de España, y tenía estrechas relaciones con influyentes gentes de derechas que antes habían apoyado a su padre. Para Ramón Garriga, que conoció al dedillo la Salamanca de la guerra, hervidero de intrigas, rumores y envidias:

> La presencia de José Antonio en la zona nacional hubiera significado para Franco algo más que la existencia de un peligroso adversario. Estoy seguro que no hubiéramos tenido el Caudillo «por la gracia de Dios», y que de no entrar por la ruta de la reconciliación nacional, que era el deseo ardiente que abrigaba el corazón de Primo de Rivera, hubiera sido debido a la caída del fundador de Falange en suelo franquista [3] [...] Franco ambicionaba el poder personal y nada hizo para salvar al hombre que se hubiera transformado en un gran obstáculo para llegar él a ser el Caudillo Nacional, ambición que le dominaba.[4]

Guillermo Cabanellas, autor de *La guerra de los mil días*, suscribe la opinión de Garriga:

3. GARRIGA, *La España de Franco*, p. 17.
4. Ibíd., p. 43

Pestaña publicada
en el número 1
de la revista «Vértice»
dando cuenta
del Decreto de Unificación.

El Caudillo «por la gracia de Dios»
se fue convenciendo cada vez más de que
no le interesaba para nada la vuelta de José Antonio
a la zona nacional. (Manifestación en Salamanca, 1937.)

La llegada de José Antonio a Salamanca no sólo podría estorbar
el proceso de unificación en la cual ya pensaba Franco, sino
que significaría el posible fracaso de sus planes para
consolidar su poder personal. (En la foto, jura de los consejeros
del Primer Consejo Nacional de F.E.T. y de las J.O.N.S.
en el monasterio de las Huelgas, diciembre de 1937.)

La propaganda hecha, al ser exaltado Franco a la jefatura del Gobierno, se había encuadrado así: «Una Patria, un Estado, un Caudillo.» Los falangistas, por su cuenta, habían agregado: «Una Patria: España; un Estado: nacionalsindicalista; un Caudillo: José Antonio.» Con la muerte de Primo de Rivera, la bomba de tiempo que iba a estallar en plazo no lejano, quedó convertida en una burbuja. Entonces nace la gloria de José Antonio Primo de Rivera; porque, ya muerto, no hace sombra a nadie. Puede exaltarse su nombre, glorificársele, sin que el Caudillo pierda con el culto a la personalidad que se le rinde. Se le trata como a una divinidad. Es *El Ausente*. El culto a José Antonio Primo de Rivera constituye una válvula de escape que Francisco Franco deja a los falangistas (p. 934).

Hemos escuchado la opinión de dos historiadores reputados sobre este tema. Escuchemos ahora la de dos ex políticos, Pedro Sainz Rodríguez y José María Gil Robles. Sainz Rodríguez, monárquico de toda la vida, miembro de la Real Academia Española y férvido hombre de letras, tiene ahora ochenta años. Nos ha dicho en respuesta a nuestra pregunta: «¿Qué habría pasado, a su juicio, de presentarse en Salamanca José Antonio?»:

Todo hubiera dependido de la actitud de José Antonio. Si José Antonio hubiera tomado la actitud que tomaron los monárquicos de someterse a Franco, no habría pasado nada. Pero si hubiera tomado la actitud de Hedilla le hubiera pasado lo que pasó con éste. Hubiera tenido unos días de molestias y le hubieran detenido y se acabó.

—Pero si hubiesen tratado de encarcelar a José Antonio, ¿no se habrían sublevado los falangistas seriamente?

—Pero, ¡es que entonces la Falange era cuatro gatos! La Falange la llamaban el *refugium peccatorum*, porque toda la gente de izquierdas que tenía alguna responsabilidad, por haber robado, por haber asesinado, por lo que fuera, se hacía falangista, y no eran falangistas ni nada. Mire usted, cuando estalló el Movimiento —yo lo sé personalmente por las estadísticas de José Antonio—, en toda España habría 5 000 afiliados de Falange.[5]

—Ellos decían que había muchos más, 60 000...

—Nada, nada. 5 000, y hasta tengo la cifra apuntada, a base de lo que me dijo José Antonio en los últimos meses. Todo lo demás era propaganda, no verá usted una sola prueba documental. A ver dónde hay un documento. La Falange no era nada. Si la Falange hubiera sido una fuerza, ¿cómo hubieran consentido que a su jefe Hedilla le hubieran condenado a muerte? Esa sublevación que dicen que debía de haber provocado José Antonio,

---

5. Se trata, claro está, de la *primera línea* de la Falange. Cfr. Cabanellas, p. 350, nota: «Ni en toda España contaba Falange con esos 6 000 hombres.» Y Manuel Aznar, *Historia militar de la guerra de España*, I, p. 69: «Potencialmente, los "camisas viejas" ofrecían al Movimiento Nacional 10 000 o 12 000 combatientes.»

la pudo provocar lo mismo Hedilla, y ¿qué pasó? Que cuatro gatos se pegaron unos tiros, y se acabó.[6]

Es sorprendente constatar que José María Gil Robles tenía sólo 35 años cuando la C.E.D.A. salió victoriosa de las elecciones de 1933. Era sin duda uno de los políticos más dotados de la República, y uno de los más odiados por las izquierdas. Tiene hoy 81 años, conservando intactas sus facultades intelectuales. Gil Robles contestó a nuestra pregunta, midiendo bien sus palabras:

> Yo tengo una seguridad grande de que Franco no tuvo ningún disgusto en que desapareciera José Antonio. Tengo la evidencia de que si José Antonio hubiera estado en la zona nacional, o hubiera llegado a ella, se habrían enfrentado en un duelo a muerte, porque José Antonio nunca quiso una sublevación militar, y mucho menos que se instalara una dictadura militar. De eso tengo noticias exactísimas. Quería un golpe falangista. Podía admitir como un instrumento necesario la colaboración de militares, pero un golpe militar estructurado para dar lugar a una dictadura militar, ¡jamás! Esto es segurísimo.[7]

Pero José Antonio no llegó nunca a la zona nacional. La noticia de su fusilamiento se publicó inmediatamente en la prensa republicana, aunque no se le diese mucha importancia, y no puede caber la menor duda de que se supo en seguida en el Cuartel General de Franco, si no el mismo 20 de noviembre al día siguiente. ¿Cómo fue la reacción inmediata de Franco ante la nueva? No lo sabemos. Lo cierto es que había sido para él otra muerte «providencial». Relata Ramón Serrano Suñer en una página interesantísima, y hasta grotesca, de sus *Memorias*:

> Respecto al mismo José Antonio no será gran sorpresa, para los bien informados, decir que Franco no le tenía simpatía. Había en ello reciprocidad, pues tampoco José Antonio sentía estimación por Franco y más de una vez me había yo —como amigo de ambos— sentido mortificado por la crudeza de sus críticas. Allí en Salamanca me correspondía sufrir la contrapartida. A Franco el culto a José Antonio, la aureola de su inteligencia y de su valor, le mortificaban. Recuerdo que un día, en la mesa, a la hora del almuerzo, me dijo muy nervioso: «Lo ves, siempre a vueltas con la figura de "ese muchacho" (se refería a José Antonio) como cosa extraordinaria, y Fuset[8] acaba de suminis-

6. Testimonio de don Pedro Sainz Rodríguez, grabado por nosotros en magnetófono, Madrid, 23 de diciembre de 1979.
7. Testimonio de don José María Gil Robles, recogido por nosotros en magnetófono, Madrid, 12 de diciembre de 1979.
8. Se trata del comandante Lorenzo Martínez Fuset, asesor jurídico de Franco y canario de origen. Fue, en Granada, compañero universitario de Federico García Lorca, quien le dedicó unas páginas de su primer libro, *Impresiones y paisajes* (Granada, 1918). Sobre su nefasta actuación en relación con los fusilamientos de Salamanca, véase RAMÓN GARRIGA, *La señora de El Pardo* (Barcelona, Planeta, 1979).

trarme una información del Secretario del Juez o Magistrado que le instruyó el proceso de Alicante, que dice que para llevarle al lugar de ejecución hubo que ponerle una inyección porque no podía ir por su pie.»[9] Y lo decía con aire de desquite bien visible (p. 171).

En una ocasión anterior, el Caudillo había mostrado un sospechoso interés por el rumor según el cual José Antonio no había sido ejecutado sino entregado a los rusos, quienes habían procedido a castrarle. «Franco creía lo que quería creer», diría Dionisio Ridruejo al comentar la prontitud con que aquél aceptó dicho bulo. «José Antonio ya no podía hacerle sombra ni como hombre ni como mito. El primero había sido destruido por su castración, el segundo por el hecho de estar vivo y no un mártir.»[10]

El problema que se presentó para Franco, una vez muerto José Antonio, era saber si divulgar o no en zona nacional la noticia de su fusilamiento. Evidentemente, de anunciar públicamente la muerte del jefe de la Falange, había el peligro de provocar un tremendo desánimo entre los falangistas, que ya sumaban muchos miles, y así de dañar la efectividad del esfuerzo bélico nacional. Se decidió, pues, aplazar la difusión de la noticia hasta que la victoria fuese asegurada. Sin duda nadie previó entonces que la contienda pudiese durar todavía tantos meses.

Se fueron difundiendo cada vez más los mitos elaborados en torno al «Ausente», tema sobre el cual ha discurrido Rafael García Serrano en su *Diccionario para un macuto*:

> EL AUSENTE. Modo de aludir a José Antonio en la zona nacional. Parece que es invención debida al ingenio, la piedad y la camaradería de Víctor de la Serna. La expresión nació después del 20 de noviembre de 1936, pero entonces no lo sabíamos casi ninguno. Ignoro si el sebastianismo que siguió en nuestro lado a las noticias —un tanto confusas, nunca confirmadas y más de una vez tácitamente desmentidas— de la muerte de José Antonio, fue un hecho deliberadamente preparado, provocado al menos, por nuestra propaganda o nuestros elementales laboratorios de la guerra sicológica. Me inclino a suponer, y hablo por experiencia personal, que nació de un modo espontáneo, porque la gente de las banderas, el falangista de filas, creía metafísicamente imposible la desaparición de José Antonio.

9. Ramón Garriga aclara el asunto de la inyección en *La señora de El Pardo*: «Cuando José Antonio supo que sería fusilado a la mañana siguiente, se dedicó con calma y espíritu cristiano a escribir una serie de cartas a varias personas en las que de puño y letra pedía perdón por haberlas molestado con su carácter brusco; al terminar de escribir las numerosas cartas, pidió que se le diera algo para poder conciliar el sueño a fin de hallarse descansado y con las fuerzas necesarias para comparecer ante el pelotón que tenía que fusilarlo» (p. 112).

10. RONALD FRASER, *Recuérdalo tú y recuérdalo a otros. Historia oral de la guerra civil española* (Barcelona, Crítica, 1979, dos tomos), II, p. 19, nota.

Como proyectos a realizar durante mi gestión al frente de esta Consejería —a pesar de no ser partidario de anunciar programas, sino de dar cuenta de realizaciones— os diré que tengo en estudio un proyecto de decreto regulando la personalidad jurídica de las empresas colectivizadas ~~~~~ marco del Có~~~~~ Mercantil vigente. tea de so~~~~~ este proyecto a la apro~~~~ bación ~~~~ Gobierno, será, naturalmente ~~~~minado por el Consejo de Eco~~~.

consejero de Economía, Andrés ~~~~devila, después de hechas estas ma~~~~ ~~~~festaciones, se despidió amablemente ~~~~ los periodistas.

Franco ordena desarticular la organización de «Falange»

Hendaya, 3. — Por orden expresa y perentoria del Estado Mayor de Salamanca, en toda la España rebelde se desarrolla una violenta campaña para la sumisión de "Falange Española".

Los cuadros de mando nacionales o provinciales son perseguidos o encarcelados. Todas las organizaciones de Falange son desarticuladas. Esta campaña, de excepcional importancia política, ha sido inspirada —se asegura— por el cuñado de Franco, el diputado de "Acción Popular" Ramón Serrano Súñer.

Los jefes provinciales detenidos suman más de 200. La emoción causada por estos hechos es considerable. Manuel Hedilla, jefe nacional de Falange, continúa detenido. — Fabra.

El Caudillo pudo deshacerse fácilmente del jefe provisional de la Falange, Manuel Hedilla, quien, a fin de cuentas, era de procedencia obrera y carecía de verdadera personalidad política y dotes de mando.

Noticia aparecida en «Solidaridad Obrera» el 4 de mayo de 1937, en la que se atribuye la desarticulación de Falange a Serrano Súñer.

Franco ambicionaba el poder personal y nada hizo para salvar al hombre que se hubiera transformado en un gran obstáculo para llegar él a ser el Caudillo Nacional, ambición que le dominaba. (En la foto, Franco preside el traslado de los restos de José Antonio a El Escorial, 1939.)

García Serrano cita a continuación dos coplas de las muchas en las que se expresaban la angustia y la esperanza de los que ansiaban el retorno de un Héroe que temían no volviera nunca:

> Échale amargura al vino
> y tristeza a la guitarra.
> Compañero, nos mataron
> al mejor hombre de España.

> Montecico del Naranco,
> manantiales de aguas buenas,
> yo escribí en los arbolicos:
> ¡Viva Primo de Rivera! [11]

Son poemitas que, a nuestro juicio, expresan una emoción bastante más viva que la célebre «Corona de sonetos en honor de José Antonio» compuesta algunos años después por los poetas «oficiales» del régimen.

El Fundador había muerto, pero su espíritu sobrevivía, mal que le pesara a Franco, y éste, que no tenía ideas políticas desarrolladas (aunque sí, desde luego, netamente conservadoras), empezó a percatarse de que parte del ideario joseantoniano le pudiera servir en su intento de consolidar su poder personal.

Lo que había empezado como intuición de Franco cristalizó en un programa concreto con la llegada a Salamanca de Ramón Serrano Suñer el 20 de febrero de 1937. Serrano fue el verdadero arquitecto del famoso Decreto de Unificación del 18 de abril de 1937, según el cual se fundían la Falange y los carlistas en un nuevo y único partido del Estado, la Falange Española Tradicionalista de las J.O.N.S., se adoptaban como envoltorio doctrinal del Estado los primeros 26 puntos del programa de la Falange, y Franco se nombraba a sí mismo Jefe Nacional del Movimiento.

El decreto fue redactado en su casi totalidad por Ernesto Giménez Caballero bajo la supervisión de Serrano Suñer, que le añadiría unas doce líneas,[12] y lo reproducimos íntegro en apéndice para que el lector interesado lo pueda apreciar en toda su lozana ingeniosidad, o perversidad, porque, si el estilo y contenido del discurso de Franco son fieles a su pretendida inspiración joseantoniana, la promulgación del decreto significó en realidad la desaparición de la Falange tal como la concebía José Antonio, y su conversión en instrumento al servicio de Franco, que nunca había sido falangista ni había sentido simpatía por la organización o por su jefe.

Acabamos de recordar al lector que, a partir de la promulgación

---

11. RAFAEL GARCÍA SERRANO, *Diccionario para un macuto* (Barcelona, Planeta, 1978), pp. 506-509.

12. ERNESTO GIMÉNEZ CABALLERO, *Memorias de un dictador* (Barcelona, Planeta, 1978), p. 98.

del Decreto de Unificación, el Estado de Franco incorporaba los primeros 26 puntos del programa original de F.E. de las J.O.N.S. Prueba del cínico oportunismo con que procedían los consejeros del Caudillo fue la supresión —sin explicaciones públicas, claro está— del punto 27 de dicho programa, tan imprescindible en el pensamiento de José Antonio:

> Nos afanaremos por triunfar en la lucha con sólo las fuerzas sujetas a nuestra disciplina. Pactaremos muy poco. Sólo en el empuje final por la conquista del Estado gestionará el mando las colaboraciones necesarias, siempre que esté asegurado nuestro predominio.

Si el pensamiento de José Antonio había sido utópico en este aspecto, puesto que el predominio de la Falange nunca habría sido posible, en las circunstancias imperantes, sin el concurso del Ejército, el de los hombres de Salamanca era crudamente pragmático: lo único que importaba era ganar la guerra y consolidar el poder de Franco. Para que eso fuera posible, había que cortar las alas tanto a los falangistas como a los carlistas, sin perder, por ello, su acendrada colaboración en la guerra contra la República. Todo esto lo vio con claridad meridiana Giménez Caballero, que escribiría más de cuarenta años después en sus *Memorias de un dictador*:

> La única política posible en esos momentos era la de ganar la guerra. Y cualquier vacilación o pretensión de otros hombres resultaría mortal. Y además, ¿quién podía asegurar que Franco no era un político, un conductor de destinos humanos? Pues el solo hecho de estar ya en el Cuartel General de Salamanca, lo demostraba. (La Unificación era ganar la guerra. Los adversarios no se unificaron, se mataron entre sí, y la perdieron.) [13]

Pues bien, el trato dado por Franco a los falangistas disidentes, empezando con el desafortunado Manuel Hedilla, que fue condenado a muerte —pena conmutada cuarenta días después y sustituida por la sentencia a cadena perpetua— es sobradamente conocido y no necesita de más comentarios aquí.[14] Como apunta Ramón Garriga, con fría objetividad, la mayoría de los camisas viejas sobrevivientes, al meditar sobre lo ocurrido con Hedilla y otros compañeros, y sin duda también al convencerse con Giménez Caballero de que lo más importante era ganar la guerra, se cortaron la coleta (para recurrir a una expresión tauromáquica), y se entregaron mansamente a Franco. Típico caso de ello sería, según el citado historiador, Raimundo Fernández Cuesta: «Como un moderno Judas se olvidó de las enseñanzas de José Antonio para gozar de las prebendas que obtendría si se comportaba como un camisa azul

---

13. Ibíd., p. 96.
14. GARCÍA VENERO, pp. 411-434.

El culto a José Antonio Primo de Rivera constituye una válvula de escape que Francisco Franco deja a los falangistas. (Ofrenda floral en la tumba de José Antonio. De izquierda a derecha, Arrese, Serrano Suñer, Miguel Primo de Rivera y Girón.)

Pedro Sainz Rodríguez: «Si la Falange hubiera sido una fuerza, ¿cómo hubieran consentido que a su jefe Hedilla le hubieran condenado a muerte?»

FRANCO CONTRA FALANGE

SE HA DESENCADENADO EN LA RETAGUARDIA ENEMIGA UNA DURA Y PERSISTENTE REPRESION CONTRA FALANGE ESPAÑOLA

Bayona, 13.—Se reciben informaciones del campo rebelde español dando cuenta de una dura represión que está ejerciendo Franco entre los dirigentes del movimiento falangista, a muchos de los cuales se les llega a acusar de estar en relaciones con los gubernamentales. Se calcula que el número de falangistas detenidos se eleva a más de un millar.—Cosmos.

OJO CON LAS PROVOCACIONES

BULOS, IMPETUOSIDAD Y FALTA DE SENSATEZ

Por M. Rivas

A L socaire de los luctuosos sucesos de Barcelona, se tejen una infinidad de bulos que desprestigian a la totalidad del movimiento antifascista. Se pretende de nuevo por medio del bulo resucitar pasiones que todos tenemos el deber ineludible de evitar.

Se habla demasiado por parte de unos y de otros, de todos. Nadie debe darse engaño, ni nadie debe hacer caso a los alarmistas que circulan sueltos por nuestra retaguardia. Basta una simpleza dicha por cualquier irresponsable, para que en ciertas capas sociales se hagan eco de ella como verdad inconcusa.

Debemos darnos cuenta de que ha llegado el momento de refrenar nuestros impulsos, y se imponga por parte de todos los antifascistas la serenidad debida.

El alarmista, en el sitio donde se presente, debemos hacerle notar que prue...

«CATALUNYA COMARCAL»

El Boletín "Catalunya Comarcal", órgano de la Federació Comarcal de Catalunya, institució al servicio del pueblo, publica entre otros trabajos, de importancia, un notable artículo sobre "Orientación económica de Catalunya", en el cual se pone de relieve la importancia de las comarcas en el momento actual. Asimismo da cuenta de sus actividades y de los trabajos para la próxima instalación en su nuevo local social de la Avenida del Dr. Pavlov.

F.I.J.L. F.A.I.

JUVENTUDES LIBERTARIAS DE CATALUÑA

EN ESTA HORA GRAVE

MILITANTES DE LA C. N. T. CAMARADAS ANARQUISTAS. JOVENES LIBERTARIOS... TODOS UNIDOS COMO UN SOLO HOMBRE...

L A hora es grave. Como en los tenebrosos tiempos de la Monarquía, los hombres de la C. N. T. los anarquistas, los jóvenes libertarios, los que con entusiasmo y valor indomable expusieron sus vidas venciendo a las hordas malditas del fascismo, son perseguidos a sangre y fuego.

Los mismos procedimientos, las mismas persecuciones, el mismo odio se emplean contra nosotros por unos hombres que irónicamente afirman "luchar contra el fascismo y por el triunfo de la Libertad".

José Antonio en la cárcel
con Julio Ruiz de Alda
y Raimundo Fernández Cuesta.

Gil Robles: «Franco no tuvo ningún disgusto
en que desapareciera José Antonio.
Si José Antonio hubiera estado en la zona nacional,
o hubiera llegado a ella, se habrían enfrentado
en un duelo a muerte, porque José Antonio
nunca quiso una sublevación militar,
y mucho menos que se instalara una dictadura militar.»

dócil a los dictados del jefe del Movimiento Nacional. Se convirtió en el prototipo de los francofalangistas: azul por fuera y corrompido por dentro.» [15]

Arquetipo de los francofalangistas fue Ernesto Giménez Caballero quien, a raíz de la promulgación de la Unificación, se dedicó a divulgar la idea de que el Caudillo era el jefe *providencial*, enviado por el Dios católico para salvar a España: el Héroe cuya llegada él había vaticinado en su *Genio de España* de 1932. Pocos días después de la Unificación, Giménez publicó en Salamanca un pequeño folleto de quince páginas titulado *La Falange —hecha hombre— ¡conquista el Estado!* Este documento, tan desconocido que hasta el propio Giménez Caballero apenas lo menciona en sus recientes *Memorias*, contiene la mejor exposición que hemos encontrado de la posición (en opinión de muchos, *traición*) de los francofalangistas. Giménez Caballero mantiene la insostenible tesis de que, con el Decreto de Unificación, la Falange —es decir, la Falange de José Antonio— ha conquistado el Estado, gracias a Franco, y que pronto podrá embarcar en la gran aventura imperial, que siempre fue obsesión de los fascistas, como ya sabemos. Cerremos estas observaciones sobre la desaparición de la Falange joseantoniana al escuchar por última vez a Giménez Caballero:

El 19 de abril aparecía la Falange en un Decreto, ¡en la Ley!, unida a todo el país: añadiendo a sus dos gloriosos apellidos, de las dos etapas anteriores y preliminares: este nuevo, integrador y asumidor de toda la guerra nacional: «tradicionalista». *«Falange Española Tradicionalista de las JONS.»*

La Falange acababa de conquistar el Estado. A su frente no ya un estudiante, no ya un joven civil, sino el hombre con la categoría que hubiese tenido el José Antonio de «hoy»: con categoría de «General», de «Caudillo». De adalid de una guerra universal, que va a salvar al mundo.

El general Franco estaba a la cabeza de la «Falange Tradicionalista y de las JONS».

El «Estado» estaba conquistado. Faltaba ahora terminar de conquistar la «nación». Y después ¡Imperio!, al mundo [...] (pp. 11-12).

La Falange ya no se debe a sí misma. Se debe a España. Y, por tanto, a la salvación del mundo. Y el falangista que no lo sienta así es que ha dejado de ser falangista. Y como no ser hoy falangista —en este trozo de Patria que hoy defendemos— significa ser «rojo», ser «enemigo», el Caudillo de la Falange, el Caudillo de la varita mágica y estilográfica, sabrá lo que con ese claudicante deberá hacer. Porque la España nacional lo sabe perfectamente y ¡se lo exige! además de modo fulminante e implacable a su Guía (p. 14).

15. GARRIGA, *La España de Franco*, p. 46.

Al redactar estas líneas, Giménez Caballero estaba perfectamente enterado de que tanto en Salamanca como en todo el territorio nacional se fusilaba diariamente a cientos de «rojos». El Caudillo sabía muy bien *qué hacer con los «claudicantes»*, y poca falta hacía que Giménez Caballero le aconsejara al respecto. Pensamos sinceramente que José Antonio, de haber conocido este documento, donde no sólo se tergiversaba su concepto de la Falange sino que se hacía un llamamiento a la brutalidad, se habría disgustado profundamente.

Poco antes del 20 de noviembre de 1938, y ya ganada la batalla del Ebro, se anunció oficialmente la muerte del «Ausente», ocurrida hacía exactamente dos años. No será de más citar las palabras pronunciadas por el Caudillo en dicha ocasión, palabras que no podemos sino considerar cínicamente hipócritas y oportunistas:

«¡Españoles! Murió José Antonio, dicen los pregones. ¡Vive José Antonio!, afirma la Falange. ¿Qué es la muerte y qué es la vida?...

»Vida es la inmortalidad..., la semilla que no se pierde, que un día tras otro se renueva con nuevo vigor y lozanía... Ésta es la vida, hoy, de José Antonio.

»No murió el día que el plomo enemigo segó, en el patio de una cárcel, su juventud prometedora.

»Se desplomó la materia, pero vivió el espíritu. Marchó su doctrina con su inspirada canción de boca a boca, y en los campos y en las ciudades, en los frentes como en la retaguardia, en los rincones de las celdas de las cárceles sombrías como en los tenebrosos calabozos de las checas rojas, suena como un susurro la canción de la Falange.

»Se hace popular el himno de la camisa recién bordada, y es familiar la guardia perenne de los caídos sobre los luceros, y el yugo y las flechas, ennoblecidas por la sangre derramada, se convierten en emblema de los nuevos cruzados.

»Es el grito de los conjurados de ayer el lema de la nueva España. Resuena como impulso guerrero o como afirmación de fe, rememora en la paz de los claustros la catolicidad de las viejas cruzadas, invade los talleres con sanas alegrías, recorre las ciudades y se alberga en los campos, salva los montes y discurre en los valles, cruza fronteras y atraviesa los mares.

»El ¡Arriba España! alcanza los honores de la universalidad. Ésta es la nueva vida del mártir... fruto de aquella otra ejemplar y modelo constante para nuestras juventudes.

»Educado en la severa disciplina de un hogar castrense, templó su carácter en el culto a la Patria, alcanzando la serenidad y fortaleza del soldado.

»Su fuerte inteligencia y su sólida cultura dieron a su inspiración dimensión insospechada.

»Su fe religiosa y su hondo espíritu cristiano le abrieron los secretos de nuestra Historia, descubriéndole su verdadera magnitud.

»Soldado y poeta, sintió los nobles afanes de nuestra juventud, las santas inquietudes por la grandeza patria. Esa bendita impaciencia española de los siglos dorados de los que José Antonio es el espejo.

»Por ello vive entre nosotros y nuestra juventud le reconoce como símbolo de sus inquietudes y precursor de nuestro Movimiento.

»Mas si la dimensión grandiosa de su pensamiento de unidad y de universalidad se perdiese en el egoísmo aldeano y limitado de grupo o de partido..., si el espíritu monástico y castrense que siempre predicó se cambiase en torpes egoísmos o en concupiscencias ambiciosas, si la idea de servicio se trocase por la de ventaja, si la de disciplina y jerarquía se bastardease con reservas o con deslealtades, si a su estilo de lenguaje claro, justo y clásico sucediese el pedante gárrulo tan opuesto a aquél..., entonces habría muerto José Antonio y con él enterraríamos el sano espíritu de nuestro Movimiento.

»Al rendir hoy homenaje en este aniversario a nuestro caído, lo rendimos en él a todos los héroes y los mártires de nuestra causa, de los que José Antonio quiso ser y fue su adelantado.

»¡Dichosos los que muriendo como él viven para la Patria!

»Con su sangre gloriosa se han escrito los destinos de la nueva España que nada ni nadie logrará torcer.

»Así lo quieren los que por España mueren y así lo sintió el mártir que hoy honramos.

»José Antonio Primo de Rivera: ¡Presente! ¡Arriba España! ¡Viva España!»[16]

A partir de noviembre de 1938 el hombre de carne y hueso que había sido José Antonio Primo de Rivera, y que ya había adquirido un halo mítico durante los dos años anteriores, se convierte, con permiso de Franco, en una cuasi divinidad —Santo Patrono del régimen lo llama Payne[17]—, y sus escritos y discursos *seleccionados* en Biblia del Movimiento.

El libro *Dolor y memoria de España en el II aniversario de la muerte de José Antonio*, editado en Barcelona en 1939 al poco tiempo de terminar la guerra, recoge más de 130 artículos, discursos y necrologías publicados durante el aniversario. Es un documento de gran interés histórico, prueba de las tremendas emociones que se desencadenaron entonces, emociones hábilmente manejadas por el Estado franquista y tanto más fuertes en cuanto habían sido reprimidas durante dos años.

El culto a José Antonio llegó a tener proporciones hasta histéricas al ser localizados sus restos en Alicante a finales de la contienda. Entonces se organizó —noviembre de 1939— la increíble procesión funeral en la cual, a hombros de falangistas, se traslada a pie, desde Alicante a El Escorial —una distancia de más de

16. Citamos de *Doctrina e historia de la Revolución Nacional Española* (Barcelona, Editora Nacional, 1939), pp. 69-70.
17. PAYNE, p. 190.

246

Ramón Serrano Suñer:
«No será gran sorpresa,
para los bien informados,
decir que Franco (a José Antonio)
no le tenía simpatía.
Había en ello reciprocidad,
pues tampoco José Antonio
sentía estimación por Franco.»

cuatrocientos kilómetros— el féretro que contiene los últimos despojos del Fundador. Día y noche, sin que toque un momento el féretro la tierra, y con relevos constantes, la procesión avanza poco a poco hacia Madrid, seguida por una inmensa muchedumbre y alumbrada, durante las horas nocturnas, por flameantes antorchas. A veces se alfombra el camino del entierro con flores arrojadas desde el aire. En los campos lloran los campesinos, de rodillas, al paso del féretro. Es una procesión de inspiración netamente medieval —las fotos publicadas en la prensa de entonces [18] hacen pensar en *El séptimo sello* de Bergman, con su evocación de la danza macabra—, y sin duda los organizadores tenían presente también el precedente del entierro de Felipe *el Hermoso*, muerto en Brujas en 1478 y conducido a Granada por su esposa, doña Juana *la Loca*.

José Antonio fue enterrado al pie del altar mayor de San Lorenzo del Escorial, bajo las miradas de las estatuas de Felipe II y Carlos V y a dos pasos de la cripta donde reposan los reyes de España. No se podía haber escogido sitio más simbólico para el eterno descanso del fundador de la Falange.

Se decidió, sin embargo, que una vez terminada de construir la necrópolis del Valle de los Caídos, serían definitivamente sepultados allí los restos mortales de José Antonio. El traslado se efectuó, con toda la ceremonia correspondiente, en la primavera de 1959, dieciséis años antes de la muerte del Caudillo. Allí, hoy, el curioso puede meditar sobre la ironía de que, por razones de Estado, dos hombres que en vida se despreciaban hayan sido yuxtapuestos simbólicamente en la muerte. Para Indalecio Prieto, a quien admiraba José Antonio, éste era acreedor a más respeto:

> José Antonio [...] era hombre de corazón, al contrario de quien será su compañero de túmulo en Cuelgamuros. José Antonio ha sido condenado a una compañía deshonrosa, que ciertamente no merece, en el Valle de los Caídos. Se le deshonra asociándole a ferocidades y corrupciones ajenas (p. 133).

Hombre de corazón sí lo fue José Antonio. Pero también fascista. Deseaba implantar en España un sistema totalitario parecido al italiano y es posible que, de haber logrado su propósito, hubiera embarcado a este país en una aventura imperial al lado de Hitler y Mussolini, con terribles consecuencias para todos los españoles. La Falange, tres años antes del Alzamiento de 1936, ya empezaba a utilizar métodos violentos ofensivos —y no sólo defensivos, como siempre alegaba— incompatibles con el cristianismo, y no cabe duda de que, bajo el liderazgo de José Antonio, la organización ayudó a crear un ambiente de terror y de odio que hizo cada vez más difícil la pacífica convivencia del pueblo español. No cabe duda

18. Véanse especialmente los números 143, 144 y 145 de la revista *Fotos* de Madrid, correspondientes al 25 de noviembre, 2 y 9 de diciembre de 1939.

tampoco, a pesar del testimonio de José Antonio durante su juicio
—natural, además, en una persona que trata de salvarse la vida—
de que él y su organización estaban profundamente implicados en
la conspiración contra la República. No se puede eximir, pues, a
José Antonio de haber tenido su parte de responsabilidad por lo
que ocurrió a partir del 17 de julio de 1936. Además, la influencia
de las ideas joseantonianas sobre las personas que levantaron el
Estado de Franco fue nefasta —o por lo menos así nos parece a
nosotros—, proveyéndolos no sólo de una base ideológica de corte
fascista sino de una base asentada, además, sobre hipótesis y mitos desfasados acerca de la «esencia» de una «España eterna». Sin
la contribución póstuma de José Antonio, a decir verdad, es difícil
imaginar el Estado de Franco.

El balance, visto objetivamente, nos parece negativo.

A pesar de ello, todo lo que llevamos dicho no debe cegarnos
ante las calidades positivas de una persona que, al fin y al cabo,
creía sinceramente en lo que hacía, murió muy joven, a los 33 años
(después de pasar los últimos nueve meses de su vida en la cárcel)
y quien, antes de morir, parece haberse dado cuenta en cierta medida de sus errores.

Es difícil, desde luego, juzgar las reacciones de José Antonio al
enterarse de que ha fracasado el golpe militar en Alicante y de que
España se está convirtiendo en un gran lago de sangre. Pero —dejando aparte su testimonio durante el juicio, encaminado a salvar-
le la vida y forzosamente mentiroso a veces—, José Antonio tiene
indefectiblemente que haber meditado sobre el problema de su
propia culpabilidad en relación con la guerra. ¿Tenía la conciencia
limpia? ¿Estaba seguro de ello? ¿Podía realmente convencerse de
que la violencia de la Falange *siempre* había sido de orden únicamente defensivo? ¿Se acordaba de lo que había dicho sobre la justificación de la violencia en *No Importa*, el 6 de junio de 1936?:

> ¡Bien haya esta violencia, esta guerra, en la que no sólo defen-
> demos la existencia de la Falange, ganada a precio de las me-
> jores vidas, sino la existencia misma de España, asaltada por
> sus enemigos! Seguid luchando, camaradas, solos o acompaña-
> dos. Apretad vuestras filas, aguzad vuestros métodos. Mañana,
> cuando amanezcan más claros días, tocarán a la Falange los
> laureles frescos de la primacía en esta santa cruzada de violen-
> cias. (*OC*, II, 1 004.)

Nos parece imposible que José Antonio, incomunicado en su
celda y sabiendo que difícilmente podría sustraerse a la muerte, no
pasara momentos atormentados al meditar sobre su conducta en
relación con la cuestión de la violencia.

Existen indicios, además, de que, hecho un examen de conciencia, José Antonio vio su situación, y la de España, con otros ojos

y con una elasticidad de la cual Franco nunca habría sido capaz. En primer lugar, podemos aducir el testimonio de la carta, fechada el 9 de agosto de 1936, que mandara el jefe de la Falange a Diego Martínez Barrio, al enterarse de que éste se encontraba de paso en Alicante en su calidad de presidente de la Junta de Defensa de Levante:

> José Antonio Primo de Rivera. Prisión Provincial Alicante, 9 de agosto de 1936.
>
> Excmo. Sr. Don Diego Martínez Barrio
> Presidente de las Cortes.
>
> Respetado señor Presidente:
>
> Después de una detenida deliberación en conciencia y con la mira en el servicio de la España de todos, tan gravemente amenazada en los presentes días, me decido a solicitar una audiencia de usted. No sería difícil llevarla a cabo; podría trasladárseme una noche al Gobierno civil, como si fuera a ser interrogado por el gobernador y allí ser recibido por usted sin que se enterase nadie. La audiencia podría quizá ser útil y en ningún caso sería perjudicial. De todas maneras, usted será quien decida; yo creo que he cumplido con mi deber al escribirle estos renglones.
>
> Le da las gracias anticipadas por la atención que le preste, su respetuoso s. s. y amigo q. e. s. m.
>
> JOSÉ ANTONIO PRIMO DE RIVERA [19]

Martínez Barrio, consciente de la importancia del asunto, habló por teléfono inmediatamente con el jefe del Gobierno, José Giral, quien consultó con sus colegas y le llamó en seguida para informarle de que le parecía conveniente escuchar a Primo de Rivera, pero que no debía Martínez Barrio, presidente de las Cortes, celebrar la entrevista. Por común acuerdo se encargó de la misión a Leonardo Martín Echeverría, secretario de la Junta de Defensa de Levante, que acompañaba entonces a Martínez Barrio en Alicante.

Es interesante comparar la versión de la entrevista dada por Martínez Barrio con la del mismo José Antonio. Según aquél:

> Supe que el señor Primo de Rivera había propuesto al señor Martín Echeverría, para que éste, a su vez, lo trasladara al Gobierno, que se le permitiera salir de la prisión, donde se reintegraría al cabo de cierto tiempo, para lo cual daba su palabra de honor, con el fin de realizar una gestión en el campo rebelde orientada a la terminación de la guerra civil y al sometimiento de los militares y civiles rebeldes contra la República, al Gobierno legítimo. Hablaba también de unas soluciones intermedias que podrían ser base de esa negociación; pero recalcaba,

---

19. «Episodio de Alicante: sobre José Antonio Primo de Rivera», conferencia pronunciada en Méjico en 1941, publicada en *Homenaje a Diego Martínez Barrio* (París, 1978), pp. 183-189.

SENTENCIA CUMPLIMENTADA

Ha sido fusilado en Alicante el jefe de Falange Española, José Antonio Primo de Rivera

Conducta digna de imitarse

El rey de Inglaterra se pone en contacto con el pueblo, a quien promete ocuparse preferentemente de todos sus problemas más urgentes

Londres, 20. — Después de una per- que desde su llegada a Londres se de-

Alicante, viernes 20. (Por teléfono, de nuestro corresponsal).

Esta madrugada ha sido cumplida la sentencia dictada contra José Antonio Primo de Rivera. Junto con él han sido fusilados cuatro dirigentes más del movimiento fascista.

Los bulos de la prensa mercenaria

La legación de Yugoeslavia en París ha desmentido la información de algunos periódicos tendenciosos sobre la muerte del cónsul de Austria y Yugoeslavia en Bilbao, decretada por las autoridades vascas

Rafael García Serrano:
«La gente de las banderas, el falangista de filas, creía metafísicamente imposible la desaparición de José Antonio.»

La promulgación del Decreto significó la desaparición de la Falange tal como la concebía José Antonio, y su conversión en instrumento al servicio de Franco, que nunca había sido falangista ni había sentido simpatía por la organización o por su jefe.
(Franco y otros jerarcas, entre ellos Raimundo Fernández Cuesta, en un acto en honor del fundador de Falange.)

Ramón Garriga:
«Raimundo Fernández Cuesta se convirtió en el prototipo de los francofalangistas: azul por fuera y corrompido por dentro.»
(En la foto, con Queipo de Llano y Sancho Dávila.)

insistía, en la necesidad de que se pusiera término a la contienda que se había iniciado, porque creía él, como español, que la contienda sumiría en el caos y en la ruina a la patria.[20]

El Gobierno no aceptó la proposición. En opinión de Martínez Barrio, «no había posibilidad de arrancar a la acción de la justicia la persona del jefe de Falange Española» y además, a su juicio, la gestión habría fracasado totalmente, ya que los rebeldes nunca habrían depuesto las armas ante tal iniciativa. Para Martínez Barrio, la oferta de José Antonio demostraba que éste, viendo el fracaso del golpe militar, que se había convertido en guerra civil sangrienta, reconocía sus errores: «En la conciencia de uno de los directores de la rebelión —quizá el más inteligente y por ende el más peligroso— se manifestaba el remordimiento puesto que, desde la soledad de su celda, decía que era preciso realizar un esfuerzo para contener el peligro que gravemente amenazaba a la España de todos.» [21]

Veamos ahora el comentario de José Antonio sobre esta iniciativa. En su informe de la defensa, el jefe de la Falange se refiere a la carta que dirigió a Martínez Barrio y recuerda la visita de Echeverría quien, a pesar de haber sido convocado, no compareció ante el Tribunal Popular:

> Yo escribí [...] una carta a Martínez Barrio. La escribí a primeros de agosto con el pensamiento puesto en la tragedia actual y dije esto: Estoy viendo que España se está haciendo pedazos, y estoy viendo que esto puede ser la vuelta a las pequeñas guerras entre españoles y por este camino se puede retroceder en el orden social, político y económico y llegar a estados de confusión y oscuridad. Yo no puedo hacer más que una cosa: que ustedes me proporcionen un aeroplano; yo voy a la otra zona dejando empeñada mi palabra de volver, que avala el temor entrañable personal de mi familia: tengo mis hermanos y una tía mía que ha hecho las veces de madre. Aquí dejo esta prenda. Voy a la otra zona y voy a hacer una intervención para que cese esto.
>
> Se me dijo: creo que el Gobierno no podrá aceptar esta proposición.
>
> Yo les dije: Si puedo prestar este servicio, no a la República sino a la Paz de España, no voy a fingir celo repentino, aquí estoy.
>
> No se aceptó el servicio. Lo que yo ofrecí quizá no fuese posible, pero lo ofrecí y no vinieron a darme contestación. Es un círculo de indicios bastante más lleno que los indicios acusatorios del señor Fiscal.[22]

20. Ibíd., p. 188.
21. Ibíd., p. 189.
22. MANCISIDOR, pp. 211-212.

La descripción hecha por José Antonio de la carta que dice haber mandado a Martínez Barrio no corresponde en absoluto al texto dado a conocer por éste, fechado el 9 de agosto de 1936, que reprodujimos poco antes. Más bien parece ser paráfrasis del ofrecimiento que hizo el jefe de la Falange a Echeverría, secretario de la Junta de Defensa de Levante. En efecto, todo indica que José Antonio se ha confundido y que está pensando, no sólo en la entrevista con Echeverría sino en una carta que le dirigió a éste, carta a la cual alude en otro momento del juicio.[23] Apoya esta tesis el testimonio de un borrador dejado en su celda por el condenado a muerte. En este documento, publicado por Indalecio Prieto en 1947,[24] analiza Primo de Rivera, con la poca información a su alcance, la situación actual de la guerra y sus posibles resultados, y hace unas proposiciones concretas para que termine la mortal contienda. Los manuscritos publicados por Prieto no están fechados,[25] pero Payne considera que se redactaron «durante aquel mes de agosto» y que constituyen el borrador de una carta.[26] Estamos de acuerdo con el historiador norteamericano. Parece indudable, a nuestro juicio, que dichos papeles se redactaron en relación con la carta dirigida a Martínez Barrio el 9 de agosto de 1936; con la entrevista celebrada poco tiempo después entre José Antonio y Martín Echeverría; y, finalmente, con una carta dirigida por el jefe de la Falange a éste y cuyo texto definitivo se desconoce. Veamos este histórico documento, cuyo original hemos tenido el privilegio de consultar:[27]

Situación. No tengo datos de quién lleva la mejor parte.[28] Por lo tanto, pura síntesis moral:

A. Si gana el Gob: 1.º) fusilamientos; 2.º) predominio de los partidos obreros (de clase, de guerra); 3.º) consolidación de las castas de españoles (funcionarios cesantes, republicanización, etc.).

Se dirá: el Gob. no tiene la culpa. Los que se han sublevado son *los otros*.

No: una rebelión (sobre todo tan extensa) no se produce sin un profundo motivo.

¿Reaccionarismo social?

¿Nostalgia monárquica?

23. MANCISIDOR, p. 137: «¿Los amigos suelen escribir esas cartas? No, ¿verdad? ¿Escribí una carta al Delegado de la Junta de Gobierno señor Martínez Barrio? ¿Usted no la censuró? ¿Escribí otra a Martín Echeverría, Secretario de la Junta Delegada y Subsecretario de Agricultura?»

24. En *Mañana*, Méjico, 24 de mayo de 1947. Luego fue recogido por Prieto en el capítulo «El testamento de Primo de Rivera» incluido en su libro *Convulsiones de España*, I, pp. 135-144.

25. A pesar de ello, y no sabemos por qué motivos, Agustín del Río Cisneros les atribuye la fecha del 5 de noviembre de 1936 (*OC*, II, 1 026) y Carlos Rojas la del 6 de agosto (p. 165).

26. PAYNE, p. 133.

27. Gracias a la amabilidad de don Miguel Primo de Rivera y Urquijo.

28. José Antonio tuvo acceso sólo a la prensa republicana, claro está, lo cual impidió que pudiera tener una vista global de los acontecimientos.

No: este alzamiento es, sobre todo, de clase media. (Hasta geográficamente, las regiones en que ha arraigado más [Castilla, León, Aragón] son regiones de tono pequeño burgués).[29]

El motivo determinante ha sido la insufrible política de Casares Quiroga.[30]

Persecuciones.

Vejaciones.

Atropellos...

Ejemplo: yo. Mi actuación parlamentaria: [31]

Ref. agraria.[32]

Proposición acusatoria...[33]

Asunto de Guinea...[34]

Mi conducta política:

Persecución por las derechas.

Exclusión de candidaturas...[35]

Con esfuerzo y sacrificio he logrado disciplinar a una juventud a la deriva, que, probablemente, hubiera derivado hacia la acción estéril.

Llega el 16 de feb.   NUESTRA ACTITUD. SALIDA DEL BIENIO ESTÚPIDO.

Clausuras.

Tolerancia para los asesinatos de los nuestros.

Y a poco:

Registros.

Encarcelamientos (millares).

29. Cfr. PRIETO, p. 150: «Tan superficiales observaciones discurren por caminos erróneos. La sublevación tiene carácter militar; no descansa en el pueblo, sino en el ejército. Y el ejército se subleva en todas partes, sucumbiendo donde el pueblo, a través de las organizaciones sindicales y de partidos republicanos, puede oponerle fuerte resistencia y triunfando donde no encuentra semejante obstáculo. A virtud de esas evidentes circunstancias el movimiento se estrella en las regiones industriales y arraiga en las agrícolas.»

30. Casares Quiroga era *bête noire* de José Antonio. En la entrevista con Jay Allen dice éste: «Gil Robles tiene la culpa de todo [...] Y Casares Quiroga por su política de provocación.» Luego, durante el juicio, opina: «Yo creo que el Gobierno de Casares Quiroga tuvo en mucho la culpa de que pudiera estallar este movimiento» (MANCISIDOR, p. 199).

31. En el manuscrito consta una coma después de la palabra «parlamentario», que hemos cambiado en dos puntos de acuerdo con la frase, unas líneas abajo, «Mi conducta política: ».

32. Es decir, reforma agraria, tema que, como sabemos, preocupaba hondamente a José Antonio y sobre el cual pronunció una de sus más memorables intervenciones en las Cortes.

33. Referencia, en primer lugar, al «puesto de acusador» que se adjudicó el propio José Antonio durante el debate sobre el escándalo del «estraperlo» en octubre de 1935, cuando el jefe de la Falange terminó su intervención diciendo que el Partido Radical «tiene que desaparecer de la vida pública» (*OC*, II, 767-769), y luego al «escándalo Nombela» (véase próxima nota).

34. Alusión al mal llamado «escándalo Nombela», que siguió de cerca al del «estraperlo». Durante el debate en las Cortes sobre este asunto, José Antonio pronunció uno de sus discursos más lúcidos, manejando infinidad de cifras y conocimientos jurídicos y lanzando un feroz ataque contra Lerroux y sus radicales (*OC*, II, 842-856).

35. Referencia a las elecciones de febrero de 1936 y a las dificultades surgidas entre la Falange y el Frente Nacional Contrarrevolucionario en relación con la composición de las candidaturas.

Contra mí: procesos falsos.

¿Resultado?

Imposibilidad de la vida legal, controlada, como *partido*: reducción a la vida ilegal, incontrolable, en guerrillas.

No se puede aumentar indefinidamente la presión de una caldera. La cosa tenía que estallar. Y estalló. Pero ahora

B. ¿Qué va a ocurrir si ganan los sublevados?

Un grupo de generales de honrada intención; pero de desoladora mediocridad política.[36] Puros tópicos elementales (orden, pacificación de los espíritus...)

Detrás: 1) El viejo carlismo intransigente, cerril y antipático.

2) Las clases conservadoras, interesadas, cortas de vista, perezosas.

3) El capitalismo agrario y financiero, es decir: la clausura en unos años de toda posibilidad de edificación de la España moderna. La falta de todo sentido nacional de largo alcance.

Y, a la vuelta de unos años, como reacción, otra vez la revolución negativa.

Salida única:

La deposición de las hostilidades y el arranque de una época de reconstrucción política y económica nacional sin persecuciones, sin ánimo de represalia, que haga de España un país *tranquilo, libre y atareado*.

Mi ofrecimiento:[37]

1. Amnistía general.

2. Reposición de los funcionarios declarados cesantes a partir del 18 de julio.

3. Disolución y desarme de todas las milicias. La existencia comprobada de grupos organizados militarmente hará recaer la responsabilidad sobre las asociaciones o partidos con los que mantengan relación notoria.

4. Alzamiento del estado de alarma y de prevención. (Si por razones de orden público no se considera esto posible, modificación de la ley de O.p. en el sentido: 1) de que la prisión gubernativa no pueda durar más de quince días, ni ser impuesta más de dos veces cada seis meses; 2) que las clausuras de centros políticos se sujeten a las mismas normas; 3) que las multas gubernativas se hayan de imponer por resolución fundada y, no siendo impuestas en ampliación de preceptos fiscales, no se hagan efectivas sino después de agotados los recursos legales.)

5. Revisión de las incautaciones realizadas durante el período anormal, en orden a acomodarlas a preceptos vigentes antes del 18 de julio.

6. Declaración de inamovilidad de todos los funcionarios pú-

36. En el libro de Carlos Rojas, *Prieto y José Antonio*, publicado en 1977, se suprime, incomprensiblemente, la frase «pero de desoladora mediocridad política» (p. 166) aunque ya figuraba en las *Obras completas* editadas el año antes por Agustín del Río Cisneros (*OC*, II, 1 027).

37. En el manuscrito la palabra «ofrecimiento» consta al pie de una cuartilla, seguida de una coma que hemos tomado la libertad de convertir en dos puntos.

Hoy, el curioso puede meditar sobre la ironía de que, por razones de Estado, dos hombres (José Antonio y Franco) que en vida se despreciaban hayan sido yuxtapuestos simbólicamente en la muerte (en el Valle de los Caídos). (Franco deposita una corona en la tumba de José Antonio en la basílica del Valle de los Caídos, en cuyo templo fue enterrado posteriormente.)

El culto a José Antonio llegó a tener proporciones hasta histéricas al ser localizados sus restos en Alicante a finales de la contienda.
(El féretro con sus restos, a su paso por el puerto de Alicante, noviembre 1939.)

Indalecio Prieto: «José Antonio ha sido condenado a una compañía deshonrosa, que ciertamente no merece, en el Valle de los Caídos. Se le deshonra asociándole a ferocidades y corrupciones ajenas.»

blicos, salvo lo que dispusieran los reglamentos orgánicos de los distintos cuerpos vigentes el 18 de julio.

7. Supresión de toda intervención política en la administración de Justicia. Ésta dependerá del Tribunal Supremo, constituido tal como está y se regirá por las leyes vigentes antes del 16 de febrero último.

8. Implantación inmediata de la ley de reforma agraria.

9. Autorización de la enseñanza religiosa, sometida a la inspección técnica del Estado.

10. Formación de un Gobierno presidido por D. Diego Martínez Barrio, del que formen parte los señores Álvarez (D. Melquiades), Portela, Sánchez Román, Ventosa, Maura (D. Miguel), Ortega y Gasset y Marañón.

11. Redacción de un programa de política nacional reconstructiva y pacificadora.

12. Clausura de las Cortes durante seis meses y autorización al Gobierno para legislar dentro de las líneas del programa aprobado.

Antes de comentar este documento, reproduzcamos otro borrador encontrado en la celda del jefe de Falange. Se trata de una lista más detallada del gabinete de reconciliación propuesto por José Antonio, según Prieto formulado «más tarde» que los otros documentos, pero, a nuestro parecer, contemporáneo con ellos:

Presidencia.   Martínez Barrio.
Estado.   Sánchez Román.
Justicia.   Álvarez (D. M.).
Guerra.   El Presidente.
Marina.   Maura (M.).
Gobernación.   Portela.
Agricultura.   Ruiz Funes.
Hacienda.   Ventosa.
Instrucción Pública.   Ortega y Gasset.
Obras Públicas.   Prieto.
Industria y Comercio.   Viñuales.
Comunicaciones.
Trabajo y Sanidad.   Marañón.[38]

Hemos dicho que, en la cárcel de Alicante, se registran modificaciones en las actitudes, y hasta en el carácter, de José Antonio (recuérdese su carta a Rafael Sánchez Mazas, por ejemplo, en la cual se lamenta de su habitual ironía ante la vida). Pues bien, pensamos que estos documentos encontrados en la celda del jefe de la Falange son otra indicación de ello. Teniendo en cuenta que se redactaron a principios de agosto de 1936, al poco tiempo de convertirse el fracasado golpe militar en guerra civil, hay que deducir que José

38. Copiamos estos documentos de PRIETO, pp. 138-142. Están incluidos en OC, II, 1 026-1 029.

258

Antonio se dio cuenta muy pronto de la terrible seriedad de lo que pasaba y decidió que ahora lo único que importaba era encontrar cuanto antes una fórmula que permitiese terminar la contienda.

La fórmula propuesta por José Antonio, patéticamente utópica, parte de la base del acatamiento a la legalidad republicana —es decir, *se trata de que la República amnistíe a los responsables de la sublevación*— y habría sido rechazada, sin duda alguna, por los nacionales, empeñados en ganar la guerra aunque costara la vida a media España. Es de notar que la aceptación del programa de José Antonio habría significado la desaparición de la Falange y el derrumbamiento de sus sueños imperiales. El último José Antonio prefiere el restablecimiento de una República democrática a una España dominada por «un grupo de generales de honrada intención; pero de desoladora mediocridad política», una España en la cual la Falange no contaría para nada. Y, en vista de ello, elabora pragmáticamente un programa de doce puntos y una lista de gobierno de reconciliación que pudieran ser aceptables a los hombres de buena fe de los dos bandos.

Por lo que toca al programa, destacaríamos la importancia de los puntos 8 y 9, que nos parecen auténticamente joseantonianos: la reforma agraria siempre fue sincera preocupación del jefe de la Falange (en cuestión de expropiaciones estaba dispuesto a tomar medidas muy drásticas, como hemos visto), mientras que la fórmula esbozada en relación con la enseñanza religiosa es de una sensata, ponderada moderación.

Para poder apreciar mejor la significación de la lista de gobierno elaborada por José Antonio, ofrecemos a continuación unas rápidas viñetas de los hombres que la integran para llegar, después, a unas conclusiones acerca del pensamiento que anima al jefe de la Falange en los últimos meses de su vida.[39]

Diego Martínez Barrio (1883-1962)

Diputado del Partido Radical en las Cortes Constituyentes, Martínez Barrio fue escogido por el presidente de la República, Alcalá Zamora, para dirigir las elecciones de noviembre de 1933. «Resultó una excelente selección —escribe Jackson— porque era hombre de una entereza moral incuestionable y porque representaba casi el centro absoluto del espectro político.»[40] Martínez Barrio fue ministro de la Gobernación en el Gabinete Lerroux. En el verano de 1935, José Antonio le describe como «antiguo radical separado hace más de un año del presidente Lerroux», y ahora jefe de Unión

39. La mayoría de la información reunida en esta sección la tomamos de Cabanellas y Arrarás, *passim*, obras con índices onomásticos muy útiles.
40. JACKSON, p. 119.

Republicana, calificada por el jefe de la Falange como partido de las «izquierdas burguesas».[41] Martínez Barrio —destacado masón muy atacado por la revista falangista *F.E.*, como hemos visto— fue presidente de las Cortes del Frente Popular.

José Antonio tuvo acceso a la prensa y a la radio republicanas hasta el 16 de agosto de 1936, cuando entra en régimen de incomunicación. Hasta aquella fecha no cabe la menor duda de que estaba perfectamente enterado de cuantas noticias sobre el curso de la guerra se daban a conocer a través de dichos medios informativos. Por ello podemos tener la seguridad de que el jefe de la Falange estuvo al tanto del intento de Martínez Barrio para formar, en la madrugada del domingo 19 de julio de 1936, un gobierno de conciliación nacional, intento que fracasó ante la negativa de los comunistas y socialistas, y que fue ampliamente comentado en la prensa. *La Libertad* de Madrid, por ejemplo, recogió el 21 de julio las palabras de Martínez Barrio al salir de palacio en la mañana del 19: «Han surgido una serie de dificultades que han impedido constituir el Gobierno que yo intentaba. Como consecuencia he declinado el encargo y lo ha recibido don José Giral» (p. 3). A las siete de la tarde del mismo día, 19 de julio, el Gobierno dio por radio su versión de lo ocurrido, que probablemente escuchó José Antonio:

> Al dimitir anoche el Sr. Casares Quiroga se proyectó un Gobierno cuya composición tendía a facilitar una solución de concordia que permitiese el rápido acabamiento del grave conflicto planteado por quienes se rebelan contra el régimen republicano; pero pronto quedó evidenciado que no había caso para tan generosa iniciativa, por lo cual se creyó preferible desistir del intento, pues su fracaso, a todas luces seguro, ocasionaría la inmediata caída de un Ministerio al que no le era dable seguir política distinta...[42]

Martínez Barrio fue nombrado presidente de la Junta de Defensa de Levante al iniciarse la sublevación militar, recibiendo unas semanas después la carta que le dirige José Antonio desde la cárcel de Alicante. En vista de su actuación conciliadora, conocida del jefe de la Falange, no es de extrañar que éste le propusiese como presidente de su proyectado Gobierno.

Felipe Sánchez Román (1893-1956)

Catedrático de Derecho Civil de la Facultad de Derecho de la Universidad de Madrid, y profesor de José Antonio quien, en 1935, le describe como hombre «orgulloso y fríamente rencoroso, cuyos mé-

41. Véase el apéndice, p. 295.
42. *La Libertad*, Madrid, 21 de julio de 1936, p. 3.

José Antonio se dio cuenta
muy pronto que lo único
que importaba era encontrar cuanto
antes una fórmula que permitiese
terminar la contienda.

La reforma agraria siempre
fue sincera preocupación
del jefe de la Falange
(en cuestión de expropiaciones
estaba dispuesto a tomar
medidas muy drásticas).

El último José Antonio prefiere
el restablecimiento de una República
democrática a una España dominada
por «un grupo de generales
de honrada intención; pero
de desoladora mediocridad política»,
una España en la cual la Falange
no contaría para nada.
(Burgos, 1 octubre 1936:
Franco con los miembros
de la Junta de Defensa Nacional
tras ser proclamado
Jefe del Gobierno del Estado.)

ritos se han exagerado sobre manera».[43] Dicho rencor estaría relacionado, acaso, con los roces que tuvo Sánchez Román con don Miguel Primo de Rivera.[44] Fue miembro de la Agrupación al Servicio de la República, fundada en 1931, y creó, en 1935, el Partido Nacional Republicano, agrupación pequeña pero influyente en círculos académicos.[45] A pesar de haber auspiciado la creación del Frente Popular, siendo autor principal de su manifiesto, se negó a entrar en él a consecuencia de la incorporación de los comunistas.

Martínez Barrio nombra a Sánchez Román ministro sin cartera en su nonnato Gobierno de conciliación de la madrugada del 19 de julio de 1936, lo cual provoca las protestas de comunistas y socialistas, que le tienen por enemigo. A las 9 de la mañana del mismo día, en una reunión urgente convocada por Azaña —presidente de la República—, Sánchez Román plantea la necesidad de formar un Gobierno que intente pactar con los sublevados y evitar nuevos alzamientos. Hace la propuesta —rechazada por Largo Caballero— de que se traslade a Burgos un general para someter a la consideración de los militares rebeldes un proyecto en varios aspectos parecido al de José Antonio:

— Alto el fuego inmediato por ambas partes.
— Desarme de las milicias que existieran en las dos zonas o partes beligerantes.
— Sumisión de las fuerzas militares a los jefes del sector en que se hallaran al decretarse el armisticio.
— Incorporación, fiscalizada por las autoridades militares, de los trabajadores a sus tareas y prohibición de huelgas de todas clases.
— Constitución de un Gobierno Nacional, formado por todos los partidos políticos españoles, a excepción del Comunista.
— Reincorporación, sin represalias, de todos los españoles a los puestos que ocupaban el 18 de julio.
— Disolución de las Cortes.
— Constitución de un Consejo Consultivo Nacional, al que aportarían seis miembros cada partido con personalidad jurídica o técnica calificada para redactar un programa de Constitución Nacional en todos los órdenes, que se convertiría en programa de gobierno.
— El Consejo Consultivo decidiría el momento en que se apelaría a la opinión sobre: a) Elecciones; b) Régimen nacional.
— El régimen provincial y local, provisionalmente, se mantendría por medio de Juntas rectoras, nombradas con aquella proporcionalidad indicada, y que tendrían la exclusiva misión de que no se interrumpiera la marcha de la administración.
— Los alcaldes serían designados por sorteo entre una lista de

43. Véase el apéndice, p. 295.
44. DEL RÍO CISNEROS y PAVÓN PEREYRA, *José Antonio, abogado* (Madrid, Ediciones del Movimiento, 1963), p. 305.
45. JACKSON, p. 174.

mayores contribuyentes y personas que tuvieran prestigio y ecuanimidad. El mismo procedimiento debería seguirse con los Presidentes de Diputaciones.

— Las comisiones provinciales serían designadas provisionalmente, por insaculación entre contribuyentes, industriales, obreros, intelectuales.

— Los representantes de los dos bandos se comprometerían ante el país a aceptar la decisión de la opinión pública, realizarían una legítima oposición y una sincera fiscalización; pero renunciando al uso de la fuerza en pro de sus respectivos ideales políticos. El programa de reconstrucción nacional obligaría a todos hasta su completo desarrollo.[46]

¿Es posible que por la radio o la prensa republicanas José Antonio tuviera noticias de este proyecto de reconciliación ideada por su antiguo profesor? No lo descartamos, pensando además que sería otro motivo para que José Antonio incluyera a Sánchez Román en su propia lista de Gobierno.

Melquiades Álvarez (1864-1936)

Jefe del Partido Demócrata Progresista y decano del Colegio de Abogados de Madrid. Ensalza al general Sanjurjo después de los sucesos del 10 de agosto de 1932, y declara en discursos públicos que los socialistas son traidores de España. El 7 de julio de 1936 se anuncia en *El Liberal* de Madrid, y sin duda en otros periódicos, que Álvarez ha aceptado defender a José Antonio (se sabe que ha sido a instancias de éste) en su proceso por desacato a la justicia. Álvarez visita al director general de Seguridad, Alonso Mallol, para reclamar que el jefe de la Falange sea devuelto a Madrid a disposición del Tribunal de Urgencia.[47] Es asesinado en la matanza de la cárcel Modelo el 23 de agosto de 1936.

Miguel Maura y Gamazo (1887-1971)

Abogado y político del antiguo régimen que se declara partidario de la República en febrero de 1930. Admirado por José Antonio. Participa en el famoso «Pacto de San Sebastián» de agosto de 1930. Ministro de la Gobernación al proclamarse la República. Funda el Partido Republicano Conservador. Diputado en 1936. Entre el 18 y el 27 de junio de 1936 publica en *El Sol* una serie de seis artículos titulada «La República en lo presente y en lo por venir», pro-

46. CABANELLAS, p. 391, nota.
47. *Testimonio de Manuel Hedilla*, p. 115.

Lista del Gobierno de reconciliación nacional
preconizado por José Antonio desde la cárcel de Alicante
en agosto de 1936.

Diego Martínez Barrio, Presidencia y Guerra.

Felipe Sánchez Román, Estado.

Melquiades Álvarez, Justicia.

Miguel Maura y Gamazo, Marina.

Manuel Portela Valladares, Gobernación.

Mariano Ruiz Funes, Agricultura.

Juan Ventosa Calvell, Hacienda.

José Ortega y Gasset, Instrucción Pública.

Indalecio Prieto, Obras Públicas.

Agustín Viñuales Pardo,
Industria y Comercio.

Gregorio Marañón y Posadillo,
Trabajo y Sanidad.

poniendo como única solución al caos imperante la formación de una dictadura nacional republicana. En uno de dichos artículos Maura explica el crecimiento del fascismo español —«una realidad preocupante»— como inevitable reacción contra la anarquía del momento, y se refiere a la Falange (sin mencionarla por su nombre) en estos términos:

> Juventud magnífica de espíritu y de patriotismo, llena de abnegación y rebosante de valor personal, que llega hasta el desprecio temerario de la muerte, que al calor de un ideal —yo creo que no bien precisado— actúa violentamente en la guerra civil empeñada sobre el suelo español, aplicando la Ley de Talión a sus adversarios los marxistas...[48]

José Antonio lee los artículos de Maura y, el 28 de junio, le escribe acerca de ellos, agradeciéndole «las palabras de generoso elogio» dedicadas a la Falange, pero señalando las contradicciones de su propuesta, ya que la dictadura que preconiza Maura no puede ser, por definición, «republicana»: «Para salvar la contradicción tendrás que concluir aspirando a un régimen autoritario nacional capaz de hacer (¿recuerdas?) la revolución desde arriba, que es la única manera decente de hacer revoluciones. ¿Y a qué otra cosa aspiramos nosotros?» (OC, II, 1 182.)

A raíz de los artículos de Maura, José Antonio redacta una contestación para ser publicada en *Informaciones*, diario amigo de la Falange. Titulado «El ruido y el estilo», el artículo fue «tachado de arriba abajo» por la censura, como señala el jefe de la Falange en su carta a Maura, y sólo publicado en 1940, después de la guerra (OC, II, 976-978).

Manuel Portela Valladares (1868-1952)

Político conservador y destacado masón, es gobernador de Barcelona, fiscal del Tribunal Supremo y ministro de Fomento bajo la Monarquía. Mandado a Barcelona en 1923 para conjurar el golpe de Primo de Rivera, es devuelto a Madrid desde Zaragoza por el general Sanjurjo. Diputado en las Cortes Constituyentes, se le nombra gobernador general de Cataluña después de los sucesos de octubre de 1934, y ministro de la Gobernación del Gabinete Lerroux en mayo de 1935.

El nombramiento de Portela como presidente del Consejo el 14 de diciembre de 1935 provoca la decisión de José Antonio de inten-

48. MIGUEL MAURA, «Los Comités jacobinos del Frente Popular, el fascismo español y la gravedad de los problemas nacionales», *El Sol*, Madrid, 21 de junio de 1936, pp. 1 y 12.

tar la sublevación en Toledo (véanse pp. 136-140). Disuelve las Cortes el 7 de enero de 1936 y convoca elecciones para el 16 de febrero. Trata sin éxito de crear un partido centrista.

José María Gil Robles considera que «don Manuel Portela Valladares pasará, sin duda, a la historia como uno de los ejemplos más claros de falta de escrúpulos políticos» (p. 425). La opinión de José Antonio sobre Portela era parecida: éste se especializa en «una política de tipo irónico, goethiano, volteriano, maquiavélico. Sus enemigos han acertado al presentarle en sus caricaturas como un vizconde del siglo XVIII» (*OC*, II, 920). Al ganar las elecciones el Frente Popular, Portela se niega a permanecer ni un día más en la presidencia del Gobierno, por lo cual Alcalá Zamora convoca a Azaña para que asuma inmediatamente el poder. Iniciado el alzamiento, Portela intenta sumarse a los rebeldes, pero Franco le rechaza.

Mariano Ruiz Funes

Catedrático de Derecho Penal de la Universidad de Murcia, diputado de Izquierda Republicana, masón (según Arrarás) y ministro de Agricultura del Frente Popular. El 19 de julio de 1936, al declinar Martínez Barrio el encargo de formar Gobierno, Indalecio Prieto sugiere que éste se le entregue a Ruiz Funes, que tampoco lo acepta. En el Gobierno Giral —19 de julio al 5 de septiembre de 1936— Ruiz Funes ocupa la cartera de Agricultura y es miembro de la Junta Delegada de Levante, presidida por Martínez Barrio. No es sorprendente, pues, que José Antonio le retenga como ministro de Agricultura en su propia lista de Gobierno al lado de Martínez Barrio.

Juan Ventosa Calvell (1879-1959)

Su nombramiento en la lista de José Antonio debe ser considerado en parte como concesión a los intereses regionales conservadores. Ventosa fue diputado catalanista durante la Monarquía, ocupando la cartera de Hacienda en 1917 y la de Abastecimientos en 1918. Otra vez ministro de Hacienda en el último Gabinete de la Monarquía. Diputado de la Lliga Regionalista Catalana durante la República y, en las elecciones de 1936, candidato del Frente Nacional Contrarrevolucionario.

Hombre de negocios y economista de talento —autor de *La situación política y los problemas económicos de España* (Barcelona, 1932)— tenía dotes de orador, pronunciando un importante discurso en las Cortes el 16 de junio de 1936 sobre la situación anárquica del país.

José Ortega y Gasset (1883-1955)

Hemos hablado de la profunda influencia del pensamiento orteguiano en José Antonio, y no nos puede sorprender que el jefe de la Falange piense en el autor de *España invertebrada* al componer su proyecto de Gobierno. Acaso, al redactar la lista, recordara sus palabras acerca de Ortega, pronunciadas en las Cortes el 6 de junio de 1934, cuando se refirió al manifiesto de la Agrupación al Servicio de la República, «aquel memorable manifiesto de Ortega y Gasset, Marañón y Pérez de Ayala. Aquel manifiesto, que estaba escrito en la mejor prosa de estos maestros de la prosa, hablaba de poner proa a toda máquina hacia nuevos rumbos, de unirnos a todos en una empresa nueva, transparente y envidiable» (*OC*, I, 380).

El jefe de la Falange se había quejado, en un artículo publicado en la revista estudiantil falangista *Haz* el 5 de diciembre de 1935 («Homenaje y reproche a don José Ortega y Gasset»), de la retirada de la política del gran pensador:

> Los conductores no tienen derecho al desencanto. No pueden entregar en capitulaciones la ilusión maltrecha de tantos como les fueron a la zaga. Don José fue severo consigo mismo y se impuso una larga pena de silencio; pero no era su silencio sino su voz lo que necesitaba la generación que dejó a la intemperie. Su voz profética y su voz de mando. (*OC*, II, 830-831.)

Nadie como Ortega, pues, para volver a la política en esos momentos dificilísimos y participar creativamente en una gran obra de reconciliación.

Indalecio Prieto (1883-1962)

No es necesario comentar detalladamente la presencia de Prieto en esta lista, ya que es notorio el respeto sentido por José Antonio hacia el diputado socialista, cuya gestión a la cabeza de Obras Públicas durante el primer bienio republicano había sido elogiada incluso por sus enemigos políticos. En el momento en que José Antonio compone su lista de Gobierno, Prieto no es ministro, volviendo a ocupar una cartera —la de Marina y Aire— el 5 de septiembre de 1936, en el primer Gobierno Largo Caballero.

Sentimos toda
la tragedia
de que este
hombre joven
y talentoso,
en vez de
embrollarse
en la aventura
fascista,
no dedicara
su energia,
su cerebro
y su amor a España
al servicio
de la democracia.
(José Antonio
en un colegio
electoral emitiendo
su sufragio.)

Miguel de Unamuno:
«Primo de Rivera
se ha metido
en un papel
que no le
corresponde.»

Agustín Viñuales Pardo

Destacado economista, Viñuales fue miembro, en 1931, de la Comisión Jurídica Asesora designado por el Gobierno provisional con el encargo de preparar el anteproyecto de Constitución. Ministro de Hacienda de Azaña durante algunos meses a partir del 12 de junio de 1933, fue uno de los que, a principios de junio de 1936, lanzaron la idea de la necesidad de formar un Gobierno republicano de Plenos Poderes para impedir que la anarquía del país degenerase en guerra civil. La idea fue desarrollada, como hemos visto, por Miguel Maura en *El Sol* en una serie de artículos leídos con suma atención por José Antonio quien, sin duda, estuvo enterado de la posición de Viñuales al respecto.

Gregorio Marañón y Posadillo (1878-1960)

José Antonio admiraba al famoso médico, escritor y político Gregorio Marañón, uno de los fundadores, en febrero de 1931, de la Agrupación al Servicio de la República y recipiente, en 1933, de la Gran Cruz de la República.

Marañón, como lo vio claramente José Antonio, hubiera podido ser una figura clave en un Gobierno de reconciliación. Comenta Cabanellas (sin referirse a la lista del jefe de la Falange): «Gregorio Marañón, que habría sido quizá el hombre más representativo y la figura más destacada para levantar la bandera de paz entre los beligerantes —debe recordarse que fue el personaje, y en su propia casa, que sirvió de puente pacífico, en el memorable abril de 1931, entre la Monarquía derrotada en las elecciones y la República triunfante en ellas—, se perdió en una actitud complaciente con el régimen franquista» (p. 743, nota).

Parece ser que, en el verano de 1936, Marañón le hizo a José Antonio un «ofrecimiento», cuyo carácter nunca se ha aclarado. Según el diario del vizconde de Mamblas, que visitó al jefe de la Falange en Alicante el 13 de julio, «Me habló mucho de Gregorio Marañón y con gran cariño, y me rogó le dijera, en la primera ocasión, que había recibido su carta en la cárcel y que, aunque no necesitaba su ayuda, no se olvidaría de la generosidad de su ofrecimiento».[49]

49. Ximénez de Sandoval, p. 578.

El Gabinete ideado por José Antonio para hacer de España «un país tranquilo, libre y atareado», es de marcado acento republicano conservador, con concesiones a la izquierda moderada y énfasis sobre el aspecto económico. Desde luego, se excluye la representación tanto comunista como fascista. Al componer su lista de Gobierno, José Antonio se ha esforzado por superar su arraigada tendencia hacia la polarización de ideas («O España o marxismo», etc.), escogiendo a personas moderadas que estima capaces de transigir, dialogar y matizar inteligentemente. El Gabinete simboliza, para nosotros, a un José Antonio ya más maduro y de vuelta de ideas políticas unicoloras y simplistas.

Al leer los discursos parlamentarios de José Antonio, y luego meditar sobre los papeles que dejó en Alicante, es difícil —por lo menos para quien estas líneas escribe— no lamentar el hecho de que no dedicara al servicio de la democracia su energía, su inteligencia y su indudable amor a España. Impulsado por poderosas motivaciones síquicas, que él mismo acaso no comprendiese bien, José Antonio se dejó seducir, a nuestro juicio, por una concepción de la política y del mundo que, en realidad, no sentía como cosa auténticamente suya. Nosotros creemos, en resumen, que José Antonio se conocía mal, que fue un gran *equivocado* y que allí, en su celda de condenado, empezaba a darse cuenta de todo ello. Pensamos, en definitiva, que Miguel de Unamuno daba en el blanco al enjuiciar así, en abril de 1935, al jefe de la Falange:

> Primo de Rivera está bien. Es un muchacho que se ha metido en un papel que no le corresponde. Es demasiado fino, demasiado señorito y, en el fondo, tímido para que pueda ser un jefe y ni mucho menos un dictador. A esto hay que añadir que una de las cosas más necesarias para ser un jefe de un partido «fajista» es la de ser epiléptico.[50]

50. Citamos de Rojas, p. 174.

Apéndice

Entrevista de José Antonio Primo de Rivera con el periodista Gerardo Ribas, publicada en Heraldo de Madrid *el 29 de septiembre de 1931 y no recogida en* OC.

ANTE LA CONTIENDA ELECTORAL

JOSÉ ANTONIO PRIMO DE RIVERA QUIERE IR AL PARLAMENTO A DEFENDER A SU PADRE, QUE PARA ÉL ERA LA DICTADURA

No tiene vocación política ni opinión formada sobre los sistemas de gobierno

DEFENSA DE LA SENSIBILIDAD

Yo no sé si voy a salvar esta sensibilidad que procuro para los puntos de la estilográfica o si en fuerza de tintarla en la derrota se encallecerá. Pero es lo cierto que siempre, siempre, mis interrogantes de escritor al minuto garabatearon sobre panoramas sombríos.

Recuerdo del dictador la noche en que entregaba a Berenguer los poderes omnímodos en el ministerio de la guerra. Sé de Alcalá Zamora y de sus compañeros de Gobierno a través de los barrotes de la cárcel.

Hablé con Besteiro antes de que su situación en el socialismo se enderezara con el abrazo de Prieto durante el último Congreso del partido. Pero no apreté con fuerza la mano de Franco hasta que salió un día del hemiciclo con un ala rota después de cierto embate parlamentario.

Ahora he hablado con José Antonio Primo de Rivera. ¡Ahora! Cuando el mozo se debate por la quimera de un acta entre el rencor de unos, y la indiferencia de otros y la rechifla de los demás.

Yo quiero a todo trance salvar la sensibilidad de mi pluma para acercarme al drama de este señorito, con aire de buen chico, que se ha echado a cuestas la cruz de un muerto con historia y que se empeña en hacer luz con pedernal de tinieblas.

¡Veremos si el propósito se logra!

No es fácil. El freno de la censura llagó hondo la boca; las notas oficiosas hirieron la conciencia que sangra; algún secretario municipal se deshizo los sesos de un pistoletazo que cargó el terror; en Vera del Bidasoa corrió la sangre: Martínez Anido proyectaba desde Gobernación su sombra fatídica sobre hombres y cosas. No es fácil la identificación con los lutos de José Antonio Primo de Rivera.

Pero es seguro para su dolor el respeto que inspira la musa del buen gusto.

—No quiero mis datos —dice— para el folletín, sino para la historia interna y externa de la dictadura que algún día se escribirá y cuyo arsenal de notas facilitaré yo en su inmensa mayoría.

—¿Con nombres y fechas?

—Sí; pero rehuyendo la anécdota. Ni entonces, ni ahora, en este propósito electoral, es mi deseo poner a nadie la cara colorada porque antes sirviera a la dictadura y en este momento la combata. Yo no quiero ir para eso al Parlamento. Además, sería incongruente que si alguien, por ejemplo, dice: «La dictadura arruinó la Hacienda», yo contestara: «Fulano de Tal aduló al dictador.» ¿Verdad?

—¿Qué diferencia establece usted, en el caso concreto de su padre, entre dictadura y dictador?

—Ninguna. Para mí la dictadura era mi padre. Esto en cuanto a las líneas generales. Claro que si en seis años hubo un funcionario venal, cosa inevitable, o se dictó una real orden de algún ministerio que fuera una barbaridad es cuestión de detalle que no sería justo achacarla a él. Conviene que precise usted esto último.

—¿Y no cree usted que pudo haber alguna voluntad por encima de la de su padre que dirigiera aquella política?

—Creo que si alguna otra intervención hubo fue muy débil. Pero esto ya es historia de la dictadura.

—Se dijo a raíz de marchar su padre a París, que tenía el propósito de escribir unos artículos de los que don Alfonso no salía muy bien parado. ¿Sabe usted algo de eso?

—No.

—Más tarde se le atribuyó a usted idéntico propósito.

—No.

—¿Es usted monárquico de Alfonso XIII?

—Si no le molesta, ¿quiere usted por ahora suprimir esa pregunta?

—¿Estima usted la dictadura admisible como forma de gobierno?

—Permítame que no opine sobre política, para la que no tengo vocación. Yo, a los veintiocho años, y con la sola fuerza de mi apellido, no creo que esté autorizado para dar dictámenes. No quiero ser como esos jovencitos y viejecitos que, sin más motivo que la suerte de que la dictadura los encarcelara dos meses, se creen autorizados para opinar sobre lo humano y lo divino.

—Sin embargo, cuando se aspira a una representación parlamentaria hay que haber meditado antes sobre estos problemas. ¿No?

—Cierto. Y yo he meditado. Y tengo mi opinión. Lo que quise decir es que por ser mía carece de aquella autoridad necesaria para darle interés periodístico. Además, para meterse conmigo bastante tiene usted con las tonterías que se me ocurran por las buenas, sin necesidad de forzarme.

—Muy modesto. Si usted hubiera sido ministro de la dictadura, ¿habría huido al extranjero al proclamarse la República?

—Lo que le puedo contestar es que no estimo aconsejable que nadie se someta a un Tribunal que puede dar a sus fallos efecto retroactivo y penalidad caprichosa.

—Es decir, ¿hubiera usted huido?

—Ya es sabido que es norma hacer lo contrario de aquello que se aconseja.

—¿Qué fortuna personal tiene usted?

—Estoy muy lejos de ser millonario; pero entre lo que tengo y lo que gano hay lo suficiente para que el arriesgarme a esta aventura electoral me suponga un trastorno grave. Dista mucho de ser el gesto de quien nada tiene que perder.

—¿Tiene confianza en el triunfo de su candidatura?

—No lo sé, porque me falta experiencia política de pulsar fuerzas. Pero lo evidente es mi gratitud hacia la legión de amigos de mi padre que no sólo no han desertado, sino que con verdadero entusiasmo se me han ofrecido en esta hora.

COLOFÓN

El fotógrafo ha rubricado con fulgor de magnesio la entrevista.

José Antonio Primo de Rivera pide:

—Evite, se lo ruego, ironías y crueldades. Todavía me afectan hondamente. ¡No lo puedo remediar!

Uno aprieta la estilográfica contra el pecho para ver si aún queda calor cordial. ¡A pesar de todo!

Editorial publicado por Juan Luca de Tena en ABC *el 17 de marzo de 1933, p. 17, a raíz del episodio de* El Fascio, *seguido de las cartas cruzadas entre él y José Antonio Primo de Rivera.*

AMBIENTE DE VIOLENCIA

Se habla de las dictaduras, de su relativa profusión, como de una corriente ideológica en la que se puedan hallar las fórmulas políticas del porvenir, pero no sabemos de ningún país que en plena salud las haya establecido por su gusto; no sabemos de ninguna dictadura que no haya salido de un estado morboso, de crisis catastróficas en que el *primum vivere* allana la dolorosa abdicación de los pueblos, y, aun así, con este origen de forzosidad que les da alguna temporal consistencia, tienen que luchar desde el primer momento con grandes obstáculos, porque todo régimen antiliberal es contra naturaleza, y, más o menos de prisa, perece el que anule o disminuya la personalidad humana y desconozca los derechos individuales. A nosotros, a los españoles, no pueden asustarnos las sugestiones de la moda y de la imitación; aquí no puede arraigar ni encontrar ambiente el figurín fascista. Se han iniciado, dentro de la legalidad y, por consiguiente, con derecho a la tolerancia y al respeto de las autoridades y de los ciudadanos, una organización y una propaganda que por de pronto carecen de volumen y de importancia, y que, aunque después tomen algún vuelo al calor de la novedad, quedarán fracasadas en cuanto choquen con el hondo sentimiento jurídico del país. Contra este sentimiento está desmoronándose a gran velocidad la política antiliberal imperante, que es un fascismo tosco, de malas maneras y sin un ideario que lo disculpe, y contra el mismo sentimiento, por la pasiva repulsión de la opinión jurídica de España, se desmoronó sin combate otra dictadura bien intencionada y mejor dirigida.

Al conato de organización y de propaganda fascista, mientras esté dentro de la ley, no hay que oponerle más que la doctrina, el mismo combate legal. Y cuando se salga de la ley tendrá que ser el Poder público quien se la imponga. No piensan así los socialistas, que, como ya hemos dicho, desde que gozan copiosamente del Poder, con ministros, con funcionarios y autoridades, prodigan la coacción, las amenazas y las apelaciones a la violencia, y quieren arreglarlo todo a golpes. Los Comités de la Agrupación madrileña, las Juventudes de Madrid y pueblos limítrofes, la Unión de Grupos Sindicales y la Junta administrativa de la Casa del Pueblo han acordado «impedir por cuantos medios tengan a su alcance que nazca, y más que se desarrolle, el fascismo», e impedir, igualmente, la circulación de un periódico fascista, que no ha podido echar a la calle su primer número. Lo han acordado, y con la mayor llaneza lo publican en documentos que suscriben las representaciones correspondientes, y sobre los cuales no ha recaído todavía ninguna providencia oficial. Hablan de los procedimientos de barbarie que puede traer el fascismo, y se anticipan a implantar los suyos; para que no barbaricen los fascistas empiezan ellos por barbarizar, y, a cambio de un mal hipotético, nos hacen otro, positivo. Para defender, dicen, las libertades ciudadanas. ¡Buenas libertades las que usan estos modos!

Pero ¿se puede hacer lo que hacen los socialistas? ¿Pueden quedar impunes estos desmanes? Si los ciudadanos perseguidos con tan descarada violencia no tienen el amparo de la autoridad y no se resignan a la humillante opresión que se les impone, si en defensa de su dignidad recurren a los mismos procedimientos, España vivirá en gran escala esa barbarie, cuya mera suposición aflige la delicadeza del *fascio* socialista.

ABC, *22 de marzo de 1933, p. 17.*

CARTAS ABIERTAS ACERCA DEL FASCISMO

El marqués de Estella nos ruega la publicación de la siguiente:

«A JUAN IGNACIO LUCA DE TENA.

»Sabes bien, contra los rumores circulados estos días, que no aspiro a una plaza en la jefatura del *fascio* que asoma. Mi vocación de estudiante es de las que peor se compaginan con la de caudillo. Pero, como a estudiante que ha dedicado algunas horas a meditar el fenómeno, me duele que *ABC* —tu admirable diario— despache su preocupación por el fascismo con sólo unas frases desabridas, en las que parece entenderlo de manera superficial. Pido un asilo en las columnas del propio *ABC* para intentar algunas precisiones. Porque justamente lo que menos importa en el movimiento que ahora anuncia en Europa su pleamar es la táctica de fuerza (meramente adjetiva, circunstancial; acaso, en algunos países, innecesaria); mientras que merece más penetrante estudio el profundo pensamiento que lo informa.

»El fascismo no es una táctica —la violencia—, es una idea —la unidad—. Frente al marxismo, que afirma como dogma la lucha de clases, y frente al liberalismo, que exige como mecánica la lucha de partidos, el fascismo sostiene que hay algo sobre los partidos y sobre las clases; algo de naturaleza permanente, trascendente, suprema: la unidad histórica, llamada Patria. La Patria que no es meramente el territorio donde se despedazan —aunque sólo sea con las armas de la injuria— varios partidos rivales, ganosos todos del Poder. Ni el campo indiferente en que se desarrolla la eterna pugna entre una burguesía que trata de explotar a un proletariado y un proletariado que trata de tiranizar a una burguesía. Sino la unidad entrañable de todos al servicio de una misión histórica, de un supremo destino común que asigna a cada cual su tarea, sus derechos y sus sacrificios.

»En un Estado fascista no triunfa la clase más fuerte ni el partido más numeroso —que no por ser más numeroso ha de tener siempre razón, aunque otra cosa diga un sufragismo estúpido—: triunfa el principio ordenador común a todos, el pensamiento nacional constante, del que el Estado es órgano.

»El Estado liberal no cree en nada, ni siquiera en sí propio. Asiste, con los brazos cruzados, a todo género de experimentos, incluso a los encaminados a la destrucción del Estado mismo. Le basta con que todo se desarrolle según ciertos trámites reglamentarios. Por ejemplo, para un criterio liberal puede predicarse la inmoralidad, el antipatriotismo, la rebelión..., en eso el Estado no se mete, porque ha de admitir que, a lo mejor, pueden estar en lo cierto los predicadores; ahora, eso sí: lo que el Estado liberal no consiente es que se celebre un mitin sin anunciarlo con tantas horas de anticipación, o que se deje de enviar tres ejemplares de un Reglamento a sellar en tal oficina. ¿Puede imaginarse nada tan tonto? Un Estado para el que *nada es verdad*, sólo erige en absoluta, indiscutible verdad, esa posición de duda. Hace dogma del antidogma. De ahí que los liberales estén dispuestos a dejarse matar por sostener que ninguna idea vale la pena de que los hombres se maten.

»Han pasado las horas de esa actitud estéril. Hay que creer en algo para hacer algo. ¿Cuándo se ha llegado a nada en actitud liberal? Yo, francamente, sólo conozco ejemplos fecundos de política creyente, en un sentido o en otro. Cuando un Estado se deja ganar por la convicción de que nada es bueno ni malo y de que sólo le incumbe una misión de policía, ese Estado perece, al primer soplo encendido de fe, en unas elecciones municipales.

»Para encender una fe, no de derecha (que, en el fondo, aspira a conservarlo todo, hasta lo injusto) ni de izquierda (que, en el fondo, aspira a destruirlo todo, hasta lo bueno), sino una fe colectiva, integradora, nacional, ha nacido el fascismo. En su fe reside su fecundidad, contra la que no podrán nada las persecuciones. Bien lo saben quienes medran con la discordia. Por eso no se atreven a dejarle hablar, ni lo combaten de frente, sino con calumnias. Tratan de presentarlo a los obreros como un movimiento de señoritos, cuando no hay nada más lejano del señorito ocioso, convidado a una vida en la que no cumple ninguna función, que el ciudadano del Estado fascista, a quien no se reconoce ningún derecho sino en razón del servicio que presta desde su sitio. Si algo merece llamarse de veras un «Estado de trabajadores» es el Estado fascista. Por eso en el Estado fascista —y ya lo llegarán a saber los obreros, pese a quien pese— los Sindicatos de trabajadores se elevan a la directa dignidad de órganos del Estado.

»En fin, cierro esta carta, no con un saludo romano, sino con un abrazo español. Vaya con él mi voto por que tu espíritu, tan propicio al noble apasionamiento y tan opuesto por naturaleza, al clima soso y frío del liberalismo que en nada cree, se encienda en la llama de esta nueva fe civil capaz de depararnos, fuerte, laboriosa y unida, una grande España.

José Antonio Primo de Rivera.»

«A José Antonio Primo de Rivera.

»He publicado con mucho gusto tu carta, no sólo teniendo en cuenta deberes de amistad y la alta consideración intelectual y personal a su autor debida, sino por el respeto que merecen en mí las ideas ajenas y el derecho que a todo hombre reconozco a precisar las propias, tanto más si, como parece ser el caso presente, un exceso de noble susceptibilidad y una convicción honradamente sentida han sido causa de que te parezcan desabridas y faltas de comprensión las palabras de unos artículos de *ABC* referentes al fascismo, escritos precisamente para defender su propaganda, que estimamos lícita, contra los atropellos de que es objeto por parte del Gobierno y de las organizaciones del socialismo. Pero no somos fascistas, es verdad.

»Si estuviéramos conformes con la teoría "que no reconoce al ciudadano del Estado fascista ningún derecho sino en razón del servicio que presta desde su sitio", no hubiera podido *ABC* exteriorizar su enérgica protesta por el que considera escandaloso atropello de recoger la edición del periódico *El Fascio* sin mandamiento judicial y sin razón legal ninguna que lo justifique, ni calificar de intolerables las amenazas y las coacciones de los socialistas contra la lícita propaganda de los partidarios del *fascio*.

»Para empezar a comprender el *fascio* que asoma en España tendremos que atenernos, no sólo a la antedicha definición de la carta que contesto, que lo asemeja a la teoría marxista —la anulación total del individuo por la colectividad—, sino a sus precisos antecedentes europeos, de los que no es posible prescindir. Si el fascismo consiste en la anulación del pensamiento individual, en las suspensiones gubernativas de periódicos, atropellando todas las leyes, en deportar o desterrar a ciudadanos considerados inocentes por la Justicia, en las confiscaciones de bienes, en los desmanes cometidos por masas sediciosas y afines en ideología con los gobernantes, en las detenciones gubernativas, etc., declaramos, desde luego, que no prestaremos nuestra conformidad a esos procedimientos. Se me puede decir que no son tampoco los que propugnan el *fascio* que ahora nace en España. Se me puede decir; pero en tu carta, admirable por muchos conceptos, no se dice. Y como no son lo de menos las palabras definidoras de una política, para "entender el fascismo" hay que atenerse a los ejemplos prácticos que del *fascio* tenemos en Europa, donde aquellos procedimientos se han empleado.

»Repudiamos toda violencia, venga de donde viniere. "El fascismo, dices, no es una táctica —la violencia—; es una idea —la unidad—." Yo entiendo, por el contrario, que lo que caracteriza al fascismo y a todos los regímenes antiliberales es, precisamente, su táctica. Los principios —el contenido ideológico de un partido fascista— pueden compartirlos muchos que no lo sean. La discrepancia estriba en la táctica. ¿Por qué medios, por qué procedimientos aspira el naciente *fascio* español a conquistar el Poder? ¿Acaso por medios persuasivos? Y si, al fin, lo conquistara, ¿cómo se mantendría en él para imponer sus ideales? ¿De qué manera aniquilaría el marxismo y el liberalismo, como es su propósito? En Italia y en Alemania, ya sabemos cómo. Usando los mismos procedimientos que en España pretenden emplear los socialistas contra la propaganda lícita del *fascio*.

»No es mi propósito al escribir estas líneas defender ningún sistema de Gobierno ni atacar a otro. Pretendo únicamente aclarar conceptos. ¿Qué es eso de que el Estado liberal no cree en nada, ni siquiera en sí propio, y que para él nada es verdad? No voy a cantar sus excelencias, pero me interesa rectificar la doctrina, a mi juicio errónea. El Estado liberal puede ser profunda y firmemente derechista o izquierdista: monárquico o republicano; católico o laico; obrerista (no socialista) o burgués. El liberalismo del Estado no excluye la firme ideología de sus Gobiernos. En un Estado liberal, si el Gobierno no abdica de su indiscutible autoridad y de sus primordiales deberes, *no puede predicarse la inmoralidad, el antipatriotismo ni la rebelión*. No ha existido, ni probablemente existirá, ninguna Constitución que autorice esas predicaciones, ilegales en todos los Códigos. El hecho de que en España esas predicaciones hayan podido realizarse impunemente muchas veces —menos antes de 1923 que durante los dos últimos Gobiernos de la Monarquía, con fatales consecuencias—, no basta para tergiversar la verdadera doctrina liberal, que jamás fue ésa. Porque sea posible la existencia de militares sin valor y sacerdotes inmorales, no puede decirse que los militares son cobardes y los curas libertinos. Ni creo que nadie cometa la injusticia de achacar a este periódico aliento o estímulo a los Gobiernos llamados liberales para que, faltando a la ley, tolerasen esas propagandas sediciosas. Sobre este punto, la historia de *ABC* me parece que no deja lugar a dudas. En un Estado verdaderamente liberal puede predicarse, en cambio, la Monarquía en régimen republicano, y la República en tiempos monárquicos, y hasta el fascismo y el socialismo, que niegan toda libertad, pero cuyas ideologías son, a mi juicio, tan respetables como cualquier otra. Lo que no quiere decir que yo las comparta ni que mantenga una "posición de duda" en mis convicciones.

»Permíteme que antes de terminar reproduzca las últimas palabras de tu calurosa apología fascista: "Si algo merece llamarse de veras un Estado de trabajadores, es el Estado fascista. Por eso en el Estado fascista los Sindicatos de trabajadores se elevan a la directa dignidad de órganos del Estado." Con sólo poner "socialista" donde dice "fascista", podrían suscribir un concepto muy parecido los partidarios del marxismo. También me parece una idea muy respetable, pero yo no la comparto.

»No quiero poner punto final sin reconocer la nobleza de tu propósito, contribuyendo a formar en nuestro país una ideología de sistema político permanente que justifique lo que sólo ha sido hasta ahora, en sus diversos intentos, prácticas o tácticas de Gobiernos, alguno de los cuales supo dar gloria a nuestra España en muchos aspectos.

»Me congratulo de tu abrazo español, que te devuelvo con toda cordialidad, y, desde luego, con más efusión de la que tendría cualquier saludo extranjero.

»Lo que nace del corazón no puede importarse. Y yo sospecho que tu fascismo ha brotado de tu gran corazón antes que de tu brillante inteligencia.

Juan Ignacio Luca de Tena»

ABC, 23 de marzo de 1933, p. 19.

MÁS SOBRE EL FASCISMO

Copiamos del número de anoche de nuestro querido colega *La Nación*:

«A Juan Ignacio Luca de Tena.

»Gracias cordiales por tu hospitalidad y por tus elogios. Pero, a pesar de ellos, me quedo descorazonado. Por lo visto mi carta no ha conseguido su aspiración a la claridad. Lo digo porque sigues moviéndote, por lo que toca al fascismo, en el mismo plano de antes. Para ti, según dices, toda violencia es mala; por eso repruebas que los socialistas impidan la difusión de *El Fascio*. Ello revela que sigues pensando en lo instrumental, no en lo profundo. Yo, por el contrario, no me indigno porque se coarte la divulgación de las ideas fascistas; me indigno porque se la coarta en acatamiento a un principio "de clase", "de grupo". El socialismo, por definición, no es un partido nacional ni aspira a serlo; es un partido de lucha, clase contra clase. Ser oprimido por los triunfadores en una guerra civil me humilla; pero ser limitado en la facultad de campar por mis respetos, en homenaje a un principio nacional, totalitario, integrador, me enorgullece. Sólo se alcanza dignidad humana cuando se sirve. Sólo es grande quien se sujeta a llenar un sitio en el cumplimiento de una empresa grande. Y este punto esencial, la grandeza del fin a que se aspira, es lo que tú no quieres considerar. Liberal puro, liberal que "no elige", que no cree en que haya un destino histórico "bueno" y otro "malo". Liberal refractario a toda violencia, tan enemigo, sin duda, del mal golpe que por la espalda nos propina cualquier matón nocturno como del justiciero estacazo con que un padre castiga al corruptor que penetra en su casa. Liberal, repito, que juzga por el "instrumento", no por el "impulso". Liberal, en fin, a quien acaso no pueda nunca convencer, pero a quien reitero con estos renglones (para los que ya no pido acogida en *ABC* porque fuera abuso) mi más sincero afecto.

José Antonio Primo de Rivera»

POR MI PARTE PUNTO FINAL

Con el comentario que puse ayer a la carta de mi querido y admirado amigo el marqués de Estella cumplí, en los términos estrictamente indispensables, un deber de cortesía y a la vez el propósito de justificar la actitud de *ABC*, sobre la cual formulaba el texto acogido en estas columnas apreciaciones a las que yo no debía prestar asentimiento ni mostrarles indiferencia. La explicación de nuestra actitud exigía que precisáramos nuestro concepto del fascismo y del liberalismo: el nuestro, no el de los demás ni el que se nos atribuya; el que responde a nuestra significación y doctrina de siempre. No pretendí refutar ni defender ninguna tesis. Cuando tantos principios nos unen y la unión de las fuerzas afines es más necesaria que nunca contra los enemigos comunes de la sociedad, del orden y de nuestras más caras ideas, no he querido ahondar en la discrepancia, que estriba, más que nada, en una cuestión de táctica —negativa con referencia al fascismo en la primera carta de José Antonio Primo de Rivera y ya explícitamente reconocida en la que hoy insertamos—. Por eso me limité, de una manera absolutamente objetiva, a exponer mi opinión, ya sobre las doctrinas liberales, que llenan la historia de un siglo de lucha; ya sobre la modalidad fascista del absolutismo de Estado, mucho más viejo que el liberalismo.

ABC rechaza toda política, toda organización y todo régimen que atente a la dignidad humana y que niegue, como niega el fascismo en todas sus manifestaciones y traducciones, los derechos individuales, imprescriptibles, anteriores y superiores a toda legislación.

Es el primer canon en el doctrinal de *ABC*, y con arreglo a él defendemos la libertad de las ideas, combatimos los hechos, las coacciones y las violencias contra la libertad de opinión, moldeada en la Ley. Es también lo que a grito herido reclaman los partidos antiliberales, antes de hallarse en disposición de negar el derecho de los otros.

Y nada más sino expresar mi deseo de que esta polémica, ejemplar por la cortesía y cordialidad con que fue planteada, sirva para reafirmar una amistad nacida en días de honda amargura para mi ilustre amigo y confirmada después tras unas rejas, adonde nos tuvo a los dos, presos gubernativos durante meses, el sectarismo de unos gobernantes que también creen que para defender sus ideas pueden prescindir de los derechos individuales.

JUAN IGNACIO LUCA DE TENA

Entrevista de José Antonio Primo de Rivera con Heraldo de Madrid *el 6 de marzo de 1934, no recogida en* OC.

DESPUÉS DE LOS SANGRIENTOS SUCESOS DEL MITIN FASCISTA EN VALLADOLID

PRIMO DE RIVERA DICE QUE LA NO VIOLENCIA ES UNA VIRTUD ESTIMABLE, PERO NO LA PRINCIPAL

En cuanto a la detención de Albiñana no le importa ni por vínculo político ni por fuero, ya que es antiparlamentarista

Esta mañana uno de nuestros redactores ha preguntado al señor Primo de Rivera:
—¿Cómo se compadece que usted se declare enemigo de la violencia, que

desautorizara a Alcalá Galiano por aquella arenga a Falange Española y que en cada mitin que toma usted parte el final esté a cargo de la Cruz Roja?

Y ha respondido textualmente José Antonio:

—En primer lugar observe usted que nosotros somos siempre los agredidos, y que cuando replicamos es en ejercicio de una legítima defensa contra nuestros provocadores. Eso en primer lugar.

—¿Y en segundo?

—Que a mí la virtud de la no violencia me parece muy interesante, pero no la superior en la jerarquía de las virtudes. Por eso es lícito faltar a esa virtud a impulsos de otra virtud de rango superior.

—¿Intervendrá usted en el Parlamento para defender el fuero de Albiñana?

—No. Yo estoy al margen de ese pleito, porque de un lado ningún vínculo de disciplina política me une al señor Albiñana, ya que militamos en partidos distintos, y de otro, que, como yo soy enemigo del parlamentarismo, ese problema de fueros y prerrogativas de los diputados no me afecta.

Ya lo sabe, pues, el doctor estadista; no cuente con Primo de Rivera por esta vez.

Manifiesto de escritores e intelectuales españoles contra el terror nazi, publicado en Heraldo de Madrid *el 7 de abril de 1934, p. 14. Un mes después, José Antonio Primo de Rivera estuvo en Berlín, invitado por los nazis.*

CONTRA EL TERROR NAZI

«La cruel represión ejercida en Alemania contra todos los hombres y mujeres opuestos a la política hitleriana ha provocado la más viva protesta en todos los espíritus liberales, que consideran como un elemental deber de solidaridad humana, al margen de las ideologías que cada uno sustente, unirse para reclamar con toda energía la cesación de este sistema de persecución intolerable, que significa el mayor atentado cometido en nuestra época contra el derecho de gentes.

»Los millares de seres sometidos a torturas físicas y morales increíbles en las cárceles y en los campos de concentración; las innumerables víctimas caídas en la lucha; la violación de las garantías individuales —como lo demuestra el caso del jefe comunista Thaelmann, retenido injustamente en prisión e incomunicado tan rigurosamente que ni siquiera sus familiares, sospechando una grave enfermedad (involuntariamente confirmada por labios autorizados), han conseguido obtener la menor noticia de él desde hace tiempo—, exigen el interés y la ayuda de cuantos sienten hondamente el imperativo de la justicia. Es forzoso conseguir en nombre de ésta la libertad y el respeto de la vida de Thaelmann, Torgler y de todos cuantos sufren los rigores del hitlerismo, porque así nos lo impone el sentido humano de la vida. Firmado: *Antonio Machado, López Merino, María Teresa León, Alejandro Casona, Mariano Ruiz Funes, Ricardo Baroja, María Martínez Sierra, Luis Salinas, Ramón J. Sender, Rafael Láinez Alcalá, Rosario del Olmo, Manuel Machado, Rafael Alberti, Julio Mangada, Luisa Carnés, Luis Huerta y Ramón Pujol.*»

Carta de José Antonio Primo de Rivera publicada en Heraldo de Madrid *el 17 de abril de 1934, p. 4, en relación con la entrevista concedida a Irene Polo (véase apéndice siguiente).* No recogida en OC.

EL SEÑOR PRIMO DE RIVERA GUARDA UNA AFECTUOSA CONSIDERACIÓN PERSONAL PARA EL SEÑOR ALBIÑANA

Don José Antonio Primo de Rivera nos ruega la publicación de la siguiente cuartilla con referencia a la interviú que publica un periódico de Barcelona y que recogemos en otro lugar:

«Ante unas declaraciones que me atribuye la Prensa como reproducidas de *L'Opinió,* de Barcelona, quiero hacer constar que, en varios extremos, la autora de la información ha entendido mi pensamiento imperfectamente. Pero lo que más me interesa rectificar, porque de ser cierto envolvería una crueldad de mal gusto, es que haya publicado la opinión que se me atribuye acerca del doctor Albiñana, persona para quien guardo, en medio de toda discrepancia ideológica, una afectuosa consideración personal. — *José Antonio Primo de Rivera.*»

Entrevista hecha por Irene Polo a Albiñana, José Antonio Primo de Rivera y Gil Robles, L'Opinió, *Barcelona, el 26 de abril de 1934, p. 5, no recogida en OC.*

LA TRINITAT FEIXÍSTICA ESPANYOLA FA DECLARACIONS A «L'OPINIÓ»

Gil Robles, Primo de Rivera i el doctor Albiñana defineixen l'acte de l'Escorial, es critiquen mútuament, opinen sobre l'esdevenidor del feixisme a Espanya, i jutgen el fet polític de Catalunya

Per IRENE POLO

Són tots tres al Congrés. Francesc Madrid, el director de l'Agència Cosmos, Alard Prats Beltran, un redactor d'*El Socialista* i un altre d'*El Debate*, es comprometen a presentar-nos-els.

Nosaltres ens quedem a la sala de visites, pensant en aquelles paraules del feixista de Barcelona, quan anàvem diumenge cap a l'Escorial:

—No hi ha unió, no hi ha unió; l'un diu, «Primero España y después Dios» i l'altre, a l'inrevés...

Quin és, així, l'esdevenidor del feixisme a Espanya? Hi haurà feixisme? Quin feixisme és que hi haurà? Què penseu uns feixistes dels altres? I Catalunya, tan poc feixista, com queda en el programa d'aquests senyors?...

EL DOCTOR ALBIÑANA DIU QUE GIL ROBLES FRACASSARÀ AL PODER, QUE EL NOI PRIMO DE RIVERA ÉS «UN BON AMIC» I QUE, SOTA EL RÈGIM DE «RENOVACIÓN ESPAÑOLA», CATALUNYA TINDRIA AUTONOMIA ADMINISTRATIVA I UNITAT POLÍTICA AMB ESPANYA

El primer dels líders del feix espanyol que ens presenten, és el doctor Albiñana Curt, rabassut, amb el seu bigotet hitlerià i aquella mirada de l'home que pot dir que a tots els catalans ens havien d'enviar a la Guinea...

284

Es molt amable i es presta, de bon gust, a l'interviu.

—¿*Dice que es para* L'Opinió?

—Sí...

—¿*Ese periódico de Estat Català?*

—No, home, no. No és d'Estat Català. L'Albiñana té clavat al cap l'Estat Català. No s'ho creu.

—*Bueno, bueno.*

—Què us va semblar l'acte de l'Escorial?

—Ha estat un triomf del Poder públic —contesta— que va saber garantir els drets de la ciutadania, i un triomf d'Acción Popular, que va tenir l'alè i la decisió de realitzar aquell acte.

—Creieu que el feixisme s'imposarà a Espanya?

—Ho veig molt difícil, perquè no hi ha ni masses ni diners. Hi ha un ambient de protesta contra tot l'actual, però no pot aconseguir-se un moviment feixista perquè les classes industrial i capitalista no tenen els diners necessaris i sense diners no es pot fer propaganda per a conquistar la gent.

Espanya, a més a més, no sent encara la necessitat que sentien Itàlia i Alemanya del règim feixista. Si la sentís, no tindria més remei que apel·lar al mateix remei. A Espanya no hi ha aquell esperit combatiu que representaven a Itàlia i a Alemanya els vuit milions dels desmobilitzats de la guerra...

Es vol reaccionar contra la situació present, però no se sap com...

I ara vull dir una cosa: Gil Robles, en el seu discurs de l'Escorial, va al·ludir els nacionalismes pagans. No sé a qui es referia, però el nacionalisme pel qual jo propugno és profundament catòlic en l'accepció religiosa de la paraula, no en el seu sentit universal, puix que si aquest nacionalisme no tingués el vincul religiós, no seria nacionalisme espanyol. Espanya és essencialment religiosa.

—Com creieu que han d'organitzar-se les dretes espanyoles?

—En un front únic. Un front espanyol que comprengui tots els elements que intervingueren en les eleccions del 19 de novembre passat. Coincidint tots en tres punts principals: unitat nacional... No, no; poseu primer defensa religiosa, perquè no s'enfadin els «beatos»... Antimarxisme i ressorgiment econòmic.

Les meves conviccions són profundament catòliques, i la unitat catòlica facilitaria més que cap altra cosa, l'eficàcia reconstructiva del poble espanyol.

—Què penseu de Gil Robles?

—Gil Robles té molt talent, molt dinamisme i reuneix molts elements per a la lluita...

—Creieu en el seu triomf?

—Ja veurem. Si entenem per triomfar el seu adveniment al Poder, sí. Ara, que això no és triomfar, perquè un cop al Poder podria ésser que l'aclaparés la feixugor de la situació del país...

I l'home riu maquiavèlicament, satisfet de la seva resposta.

—I de Primo de Rivera, què me'n dieu?

El doctor Albiñana aixeca el cap i es mira el director de l'Agència Cosmos, que assisteix a l'interviu. Somriu maliciosament.

—Es molt bon amic meu... Es jove, té molt d'entusiasme, bones intencions. Però per a organitzar el feixisme toparà amb les dificultats econòmiques amb què topem tots els que no som a Acción Popular, que són els únics que tenen diners...

Hem arribat al punt que en diuen neuràlgic:

—I de la qüestió catalana, què?

El doctor Albiñana es reviscola tot. Obre els ulls, s'asseu millor. Diu:

—Nosaltres la resoldríem d'acord amb el programa nacionalista: autonomia administrativa i unitat política. Es l'única solució per a totes les regions espanyoles. En el nostre programa figura això: autonomia de les províncies i regions, sota la inspecció suprema de l'Estat.

I ara digueu una cosa que m'interessa:

—Tinc un gran amor a Catalunya, perquè ha estat dos anys alumne de la Universitat de Barcelona, i perquè hi ha grans catalans espanyolistes.

Tot alló del «perros catalanes» que els separatistes m'atribueixen, quan van tencar-me al calabós, a Barcelona, és una mentida que no mereix ni tan sols la rectificació.

I afegiu que els meus millors amics són a Catalunya.

ANTONIO PRIMO DE RIVERA QUALIFICA D'IMMORAL I MONSTRUÓS L'ACTE DE L'ESCORIAL I DE BOIG EL DOCTOR ALBIÑANA...

Miguel Maura diu que aquest noi és «un mequetrefe». El que sembla és un artista de cinema. Té la mateixa cara d'aquell actor que un temps va amenaçar de substituir la seducció d'ultratumba de Rodolf Valentino: Ricardo Cortez. Fixeu-vos-hi. Es clavat.

—A veure... —diu quan es disposa a començar l'interviu—. Procureu no dir massa bajanades.

—A veure. Què opineu de l'acte de l'Escorial?

El noi somriu.

—Ja veureu... No és gaire agradable contestar aquesta pregunta...

Rumia. Gira els ulls clars i indecisos cap a la finestra que dóna al carrer tenyit del blau del capvespre.

—Com a tècnica d'organització, crec que fou una cosa notable. Ara, quant a l'esperit, naturalment, no hi estic d'acord. No és pas per aquest camí per on cal conduir el poble cap a una política nova... La gent està terriblement desorientada pel daltabaix actual, no sap per quin cantó girar-se i vénen uns senyors i s'aprofiten d'aquesta confusió per a emportar-se la gent cap al camí que a ells els convé, i que no és pas el que convé al país... En aquest sentit, l'acte de l'Escorial em sembla immoral, monstruós. Es de sempre: els discursos, les banderes, l'entusiasme exterior i buit...

—D'això, a Catalunya, en diem fer sidral.

—Sí? Doncs, és això mateix: efervescència gratuïta i momentània, i després, res. I vinga perdre temps i energies en això inútil i que enerva.

—I de Gil Robles, què en penseu?

—M'estimo més no dir-ho. Podria semblar que ho dic per rivalitat.

—Sí que deu ésser desagradable...

Antonio Primo de Rivera torna a somriure i decanta el cap amb un gest significatiu.

—I el doctor Albiñana, què us sembla?

—Home! No m'ho pregunteu a mi! Això pregunteu-ho un especialista; és una cosa de manicomi. No ho digueu, és clar...

—Es clar... I bé, quin creieu que és l'esdevenidor del feixisme a Espanya?

—El moviment que s'efectua actualment a Espanya, no és, precisament, feixisme. El que passa és que correspon a l'època dels feixismes. El feixisme és una constant universal que a cada país té les seves característiques i el seu nom propi. Aquí, és una síntesi d'allò nacional i d'allò social, que és amb l'únic que es pot donar una solució completa a la situació. Qualsevol altra solució que es doni serà parcial i no serà, per tant, eficaç: si és una solució solament social, serà marxista. Si és una solució nacional, només, no s'aguantarà.

Sobre això, m'agradaria que els catalans llegissin un assaig que he publicat a la revista J.O.N.S., titulat «Assaig sobre el nacionalisme».

—I què, creieu que aquest nou concepte de la política arribarà a triomfar a Espanya?

—Oh!... Quan s'ha emprès una cosa, sempre és perquè es confia que es triomfarà.

—Sembla que l'ambient a Espanya no és pas gaire propici...

—No... Però no és que hi hagi un ambient completament contrari. El que hi ha és una confusió. La gent es pensa que el feixisme és una altra cosa. En té una idea falsa, despistada, que vull aclarir, que farem tot el possible per a aclarir i fixar.

—Com ha d'ésser, doncs, el feixisme espanyol?

—No ha d'ésser de dretes.

—Ah!

—No. Jo no sóc de dreta, com la gent es creu. Absolutament! Tant és així, que posat a triar entre l'obra reaccionària i l'obra revolucionària actual d'Espanya, prefereixo, sense cap mena de dubte, els sindicalistes. Almenys, en els sindicalistes, hi ha una temperatura vital...

—De febre...

—Sí, de febre. Però val més un malalt de febre que no pas un mort!

Admirable xicot! Ara s'ha entusiasmat. Tan elegant, tan ben vestit, tan bell —massa bell per a fer política...— tan «señorito bien», semblava incapaç de dir aquesta magnífica veritat com un temple...

—Les esquerres, però, tampoc no m'interessen. Igual que les dretes es miren les coses per un sol cantó. Quina obstinació! Per què ha d'haver-hi dretes i esquerres? Els uns es miren els problemes del país des d'un costat; els altres des d'un altre. I, naturalment, no els veuen més que de perfil... I s'han de mirar cara a cara. Els espanyols hem de cercar una unitat espiritual, sinó no farem més que això que estem fent.

Jo tracto d'aconseguir-ho amb el meu partit. Contra tota aquesta bisuteria de les manifestacions, dels mites, de l'exaltació patriotera, de la depravació del sentit de responsabilitat, procuro orientar la nostra tasca vers una reconstitució del veritable esperit nacional. Aquesta tasca no ha d'ésser política, sinó intel·lectual. Cal dirigir i educar la gent d'una manera racional, purament científica. Prou passatemps i prou enganys. Seguretat i utilitat. Les masses són una cosa molt més seriosa del que aquesta gent de dretes i d'esquerres es pensen...

Per la meva banda, si veig que això no ho puc obtenir, em deixaré de tota actuació i em retiraré a casa meva, a consagrar-me als plets, en el meu bufet. No tinc ganes de continuar perdent el temps venint aquí cada tarda a discutir rucades; anant a fer discursets i deixant-me retratar. Això va bé per als vanitosos i els frívols. Però jo entenc que una vida humana és una cosa massa important per a esmerçar-la en aquestes inutilitats.

—I la qüestió de Catalunya, com la tractaríeu, si imposàveu els vostres punts de vista?

—Mireu: el meu nacionalisme no s'assembla de res a allò que en diuen espanyolisme. L'espanyolisme, per a mi, és una cosa tan gran, que no es pot limitar a fer-ho títol d'un partit. Dintre d'una nació, cap terra no pot estar en pugna amb una altra, perquè aleshores ja no hi ha nació. Espanya, com a nació, és una unitat de destí i prou. El caràcter dels seus diversos elements, els seus costums, les seves llengües, les seves formes, tot això és a part i no té res a veure amb allò altre.

—Però la posició política de Catalunya, què us sembla?

Antonio Primo de Rivera no vol contestar.

—El que us he dit és el meu parer teòric. Això altre seria concretar aquest parer a un cas particular. I m'estimo més no fer-ho...

GIL ROBLES DIU QUE L'ÚNIC PARTIT PREPARAT ÉS «ACCIÓN POPULAR», I QUE QUAN SIGUI PODER RESPECTARÀ, MENTRE CATALUNYA HO VULGUI, EL SEU FET POLÍTIC

Gil Robles, naturalment, és l'home del dia. A Madrid i a tot Espanya. Tothom sap que és l'amo del Congrés i que, d'un moment a l'altre, pot ésser el cap del Govern. Les Joventuts d'Acción Popular l'adoren. Enlloc es parla de res més que d'ell i deu sen antagonista Largo Caballero, i ell és l'àrbitre de res més que d'ell i del seu antago-política, com aquest, per exemple, de l'amnistia, que ha costat tantes angúnies, aquests dies, al President de la República.

Ens surt a rebre en un dels passadissos del Parlament. Esvera veure com la lluita política desfà els homes. Quina diferència del Gil Robles de les primeres fotografies a aquest Gil Robles present!... Està flàcid i demacrat, molt pàl·lid, calb. Té els ulls —terriblement aguts— rogencs i els llavis secs, arrugats.

—Què penseu de l'acte de l'Escorial? —li preguntem.

—Que va resultar exactament com nosaltres l'havíem previst.

—Quina importància li doneu?

—Ja vaig procurar sintetitzar-la en la primera part del meu discurs: una gran importància, perquè va demostrar que la nostra força no solament continua, sinó que augmenta. Acción Popular és, avui dia, el partit més nombrós i més ben organitzat que hi ha a Espanya, tant a les dretes com a les esquerres.

—Quin creieu que és l'esdevenidor del feixisme espanyol?

—Cap. No hi veig cap possibilitat de triomf. O molt poques...

—Com creieu que han d'organitzar-se les dretes espanyoles?

—Tal com està organitzada Acción Popular.

—I dels partits feixistes existents: Revolución Española i Falange Española, què en penseu?

—Sí... Tenen bones intencions... Però tenen poca força, molt poca. I crec que no van pas per camí de tenir-ne més...

—Això quant a Primo de Rivera. I pel que es refereix al doctor Albiñana? Gil Robles mou el cap negativament.

—Res, res —diu—. No és cap organització ni cap pla, ni res.

—Bé; i quan sereu al Poder, perquè hi sereu, és clar...

Gil Robles assenteix, segur.

—Quan sereu al Poder —continuem— com tractareu la qüestió de Catalunya?

—Senzillament: hi ha una legalitat que nosaltres respectarem, mentre el poble català hi estigui conforme. En tant que a Catalunya no es produeixi un corrent que demani una altra cosa, nosaltres hem d'atenir-nos al que està establert.

—I la dissidència ideològica del Govern català amb el vostre Govern?

—Respectada igualment, no faltava més. Com totes les seves prerrogatives i tot el que fins ara ha estat reconegut a Catalunya per l'Estat.

Sonen els timbres i un uixier ve a advertir al cabdill d'Acción Popular que el president de la Cambra crida a reunió els caps de les minories.

Gil Robles somriu. Se'n va cap a dintre un altre cop, voltat d'un estol de diputats del partit, que se'l miren ardorosament, subjugats i radiants, caminant de cantó, amb el cap decantat i la baba a flor de llavi...

entrevista de José Antonio Primo de Rivera con el periodista Alonso Prats, publicada en La Rambla, *Barcelona, el 13 de agosto de 1934, y no recogida en* OC.

EL CONSELL DE L'ENEMIC

UNA INTERVIU AMB EL NOI PRIMO DE RIVERA

Espanya necessita recobrar el sentit del seu destí

Hi ha 60 000 feixistes de les «Falanges Españolas» disciplinats i disposats a actuar. Hitler no és feixista sinó antifeixista

El conglomerat heterogeni de la C.E.D.A., els agraris i els radicals, està esforçant-se a escamotejar la revolució del 14 d'abril

(Del nostre redactor a Madrid ALARDO PRATS)

RECONEIXEMENTS D'UN ADVERSARI IRRECONCILIABLE

Un home jove em convida a passar al despatx de José Primo de Rivera.
—Us està esperant —em diu.
En entrar al despatx on el cap del feixisme espanyol treballa, aquest home jove, amb aspecte meitat de guardià, meitat de secretari, s'ha transfigurat. S'ha posat en posició de «firme», taló contra taló de les sabates; s'ha estirat una mica el faldó de l'americana, i ensems que amb la mà esquerra obre la porta aixeca el braç dret. Salutació feixista. Al recinte de treball d'aquest jove advocat no s'hi entra simplement, sinó amb un xic de cerimònia. Quan, després d'haver conferenciat amb Primo de Rivera, acompanyat d'aquest torno al despatx dels secretaris, uns joves que fan allí antesala i esperen ésser rebuts per llur cap, s'apressen a realitzar davant la meva atenció un xic sorpresa la perfecta exhibició de la salutació a la romana. Això ja és nou.
I nou per a mi també —no em sap greu de confessar-ho— l'home amb el qual acabo de parlar. Ara comprenc aquella manifestació exasperada del líder feixista al final d'una de les seves intervencions parlamentàries. Sortia al pas de les seves manifestacions, doctrinalment feixistes, un al·luvió d'invectives de diversos sectors de la Cambra. Primo de Rivera seguia el seu discurs. Al final s'asseguè, desconsolat i indignat:
—No m'entenen! No m'entenen! —deia.
És difícil entendre aquest home jove, aclaparat pel pes d'un cognom. Jo m'he acostat a ell amb la viva curiositat de l'explorador ben encesa. Hem parlat de diversos temes. Procuro ajustar-me a les preguntes corrents de l'interviu polític. Des del primer moment m'he adonat que José Antonio Primo de Rivera no és un tipus donat a les vagues generalitzacions. Contestava les meves preguntes cenyint les seves paraules i els seus conceptes amb una cota de cautela i de prudent rigor. Un cap d'un partit feixista, seguramelement, en unes declaracions públiques a un periodista irreconciliablement enemic del feixisme i per a un periòdic que en tot moment discerneix una inexorable justicia al feixisme i a les persones que l'encarnen, s'hauria produït d'una altra manera. Res més lluny de la demagògia, element fonamental de tot feixisme combatiu, que el to que empra el meu jove interlocutor. Des del començament del nostre canvi d'impressions, Primo de Rivera es llança a una sèrie d'apre-

289

ciacions, de matisos, que denuncien en ell pregones preocupacions de tipus inteŀlectual. Ara comprenc la raó del to d'alguns discursos del fill de l'ex-dictador. Aquelles apeŀlacions al sentiment poètic i aquelles consideracions d'ordre filosòfic que els informaven. ¡Massa fi per a ésser conductor de masses combatents! I potser també massa inteŀligent. Esgotats per Gil Robles els procediments de sembra d'aldarull i anarquia mental en les masses conservadores i reaccionàries, portats tots aquests procediments als extrems d'abjecció més escandalosa, el moviment feixista que acabdilla José Antonio Primo de Rivera des del començament està un xic desfundat. El combaten des de l'esquerra els antifeixistes de tot Espanya, i des de la dreta tot aquest podrimener confusionari de Goicoecheas, Gil Robles, etc., pandilla de tarumbes i bergants, jugadors d'avantatge, trapelles més o menys polítics, tot el solatge pudent d'allò més vell i més corcat. No obstant, Primo de Rivera és un home de fe en el seu destí, enemic cordial, que respon en tots els terrenys com un cavaller en la treva, desafiant les bales dels antifeixistes quan la lluita es planteja a la via pública. Per això se l'aïlla i el combaten els seus afins sordament. No li perdonen la seva sinceritat els professionals de l'astúcia.

Del 14 d'abril al pacte del Frontó

La meva primera pregunta ha estat:
—Com veieu el moment polític que travessa la República?
—La situació en què es troba el país i la República és d'una enorme i irresponsable frivolitat. El 14 d'abril de 1931 va obrir-se un procés revolucionari, i els processos revolucionaris han de tenir el seu desenrotllament; s'ha de complir el seu cicle complet. Hom percep en aquests temps clarament que no hi ha cap nucli important de forces nacionals que s'imposi la missió de completar el cicle revolucionari, de desenllaçar la revolució. El que hi ha fonamentalment és: d'un costat, les dretes monàrquiques que volen anuŀlar la revolució; de l'altre, les esquerres extremes que volen reduir la revolució a l'assaig de l'època d'Azaña, en la qual en lloc de nacionalitzar la revolució, un enorme moviment d'alegria nacional i de fe en l'avenir, es reduí a un règim de secta. Hi ha un tercer grup, que és el conglomerat heterogeni dels agraris de la Ceda, i els radicals, que volen, i en aquest designi s'esforcen, escamotejar la revolució, de la mateixa manera que els prestidigitadors escamotegen els objectes entre cintes i manipulacions amb el barret de copa.
—M'interessa que ampliïu el vostre judici sobre el significat del 14 d'abril i, sobretot, del que aquell moviment significà per a vós...
—Jo no us haig d'expressar la meva simpatia o la meva antipatia pel 14 d'abril; és un fet històric que cal acceptar, del qual s'han deduït conseqüències importants. En examinar aquests temes no es pot prescindir del reconeixement de la realitat. Aquell moviment tenia, com tot canvi, una sèrie de coses, entre altres, el fet d'haver aconseguit la unanimitat nacional i l'entusiasme del poble per la realització d'una missió coŀlectiva. Semblava que s'anava a aconseguir una transformació profunda en tots els ordres de la vida del país. Potser el fenomen més destacat d'aquell moviment fou l'actitud de les forces obreres, fins aleshores internacionalistes, en incorporar-se a una empresa de tipus nacional. Les dues característiques fonamentals del moviment eren: fusió de tots els fronts polítics, promesa de pregones transformacions en el terreny social.
—Nacional-socialisme?
—No diré tant.
—¿Vós creieu que tingué un pregon sentit nacional i una intenció de dilatat abast aquell acte que se celebrà al Frontó de Madrid, en el qual pronunià Azaña un deḷˢ seus millors discursos i Indalecio Prieto oferí l'afalac, segellant públicament la promesa de realitzar socialistes i republicans un programa de

reconstrucció nacional i d'elevació de les masses proletàries a plans on les paraules «justícia social» deixessin d'ésser un vague tòpic de míting?

—Potser sí.

—Pràcticament, encara que amb signe contrari a les experimentacions feixistes de cert tipus, allò era una ambició de tipus totalitari —faig observar—, al triomf de la qual, sense greuge per a les vostres doctrines, potser vós us hi hauríeu pogut sumar.

—Jo m'hauria incorporat a un moviment d'aquests per a treballar com un soldat més de files. Jo no tinc ambicions de «jefaturas» a l'ús. Em sembla que la meva conducta avala aquesta afirmació meva.

El joc de les petites manies i desvergonyiments

La conversa enfoca temes més propers als nostres dies. Primo de Rivera fuig de formular judicis de mera crítica estèril i de tipus més aviat anecdòtic o personal.

—El que fa falta és que s'acabi d'una vegada una política de joc de petites manies i desvergonyiments. Si aconseguíssim tots enlairar aquesta necessitat a punt de l'ambició comuna, tindríem un punt de partida per a fer molt bones coses.

Tornem sobre el tema del cicle revolucionari que no ha complert el seu desenrotllament:

—Les persones —diu— cridades a desenvolupar-lo no tenen interès a desenrotllar-lo. Tot el que no sigui en política comptar amb el que existeix és per dre el temps en un estèril joc de paraules. Cal sistematitzar, després de l'examen, les realitats presents. Els polítics, en general, prescindeixen de tot sistema. S'han «ficat» molt amb els inteŀlectuals en la política, però, digueu-me si no és perjudicial que la política no s'atingui a cap esquema y que no tingui cap enllaç inteŀlectual.

Una missió, segons el cap del feixisme espanyol

—A Espanya —segueix dient Primo de Rivera— cal tornar-li dues coses: un sentit històric especialment, perquè Espanya, més que un ésser, és un fer, més una missió que una realitat. Els problemes nacionalistes són tots veritables. N'hi ha que creuen que el nacionalisme català, per exemple, és quelcom inventat per uns senyors comerciants de les Rambles. No és així. El mateix passa amb el nacionalisme basc. Gairebé totes les tendències actuals porten a la disgregació. Espanya té el destí de no poder adormir-se, que l'obliga a estar sempre tensa com un arc per tal de poder ésser una nació. Es quelcom gloriosament tràgic. Espanya necessita recobrar el sentit del seu destí. Unir en una ambició comuna i en un esforç comú la varietat disgregatòria dels pobles que la formen. Aquest sentit històric és ací, n'hi ha prou amb continuar-lo, de manera que Espanya per a Europa i per al món sigui una jerarquia espiritual: la primera, la que fou. Espanya pot portar la batuta al món, sobretot amb el respatller del Continent. El sentit espanyol de la vida és cridat a triomfar al món.

Aquesta ambició recollida i potenciada pot donar interès a un segle de la nostra vida. Després hi ha una altra missió d'ordre interior: la realització de la justicia social. Cal reajustar, costi el que costi, una economia mal muntada. I acabar amb el fet de l'existència de milers de famílies morint-se de fam.

Per a la realització de la justicia social

Faig observar al senyor Primo de Rivera:

—Les dues ambicions em semblen legítimes i nobles: que Espanya dirigeixi el món; que els espanyols se sentin feliços en el treball i assistits dels avantatges de la justícia social més extremada. Els mitjans per a la realització de la primera ambició poden crear-se amb facilitat. Es qüestió de persistència en l'ambició i, sobretot, de temps. Caldria esperar potser un segle, potser més. Quant a la realització de la justícia social, ¿com us desenvoluparieu vós, si arribéssiu al poder amb les vostres «falanges»?

—Comprendreu que hi ha en aquesta qüestió aspectes d'oportunitat que sense estar en el poder no és fàcil d'enunciar-los prèviament. Si caigués de sobte el poder a les meves mans, crec que caldria procedir a una revisió a fons de l'organització econòmica.

El meu interlocutor en l'exposició dels punts fonamentals d'aquesta revisió comença per afirmar le necessitat de la multiplicació de les superfícies repoblables, parcel·lació de les grans finques, o explotació d'aquestes pels Sindicats. Intervenció de la Banca. El crèdit no pot ésser en absolut un negoci privat. Supressió dels intermediaris que encareixen els productes industrials, etc.

—Tot això està bé. Però davant la propietat privada, com reaccionaríeu?

El senyor Primo de Rivera creu prudent no contestar aquesta pregunta. Després d'un breu silenci, afegeixo:

—Amb un programa d'intervencionisme per part de l'Estat, ¿com us han d'ajudar els capitalistes? Tinc entès que us ajuden. I, encara més: no hi ha feixisme que en el fons no sigui obra del capitalisme.

—Això no és cert. A Itàlia, els únics descontents del règim allí imperant són els capitalistes.

60 000 FEIXISTES EN FILES ATAPEÏDES

Ens perdem en un embolic de disquisicions sobre la relació del capitalisme i el feixisme; la descomposició del nacional-socialisme alemany, les seves causes i les seves possibles conseqüències. El diàleg torna a la seva trajectòria informativa:

—Amb quines forces organitzades compteu a tot Espanya? —preguntem.

—Al voltant d'uns 60 000 homes formen en les «Falanges Españolas» de la J.O.N.S. Això no és un alardó. Només a Madrid hi ha en els fitxers 8 000 fitxes, que no és poc, precisament. Tota aquesta gent té l'esperit ben disposat. Els qui no coneixen la doctrina feixista exactament la senten i estan molt prop d'entendre-la. Són gent molt disciplinada i disposada a qualsevol sacrifici. Fixeuvos en la quantitat de morts que portem.

—¿I aquestes persones que ara formen en els vostres quadres, d'on provenen?

—S'hi han desplaçat elements revolucionaris dels camps més diferents. La majoria pertanyen a la classe mitjana, molt modesta, proletariat i estudiants.

—¿De les antigues forces que seguien el vostre pare, en quina proporció s'han incorporat a la vostra direcció?

—Al principi del moviment, pel fet de figurar el meu nom entre els triumvirs, va venir molta gent de la Unió Patriótica. Després molts s'han convençut que no era aquest el seu lloc.

—Quines esperances tenia quant a l'esdevenidor del feixisme a Espanya?

—Totes les que es puguin tenir. Deixem que passi el temps.

—¿Si un d'aquests dies, les dretes monàrquiques i Gil Robles es llancessin a un moviment per implantar una dictadura, tal com ells la conceben, les vostres forces els ajudarien?

—Ni jo, ni l'organització; com no vaig prendre cap part en el del 10 d'agost.

—I si hi hagués un cop socialista, hi contribuirieu amb les vostres forces?

—Això és obvi: tampoc no prendria part en els rengles dels alçats.

HITLER NO ES FEIXISTA, SINO ANTIFEIXISTA

—Quin és el vostre criteri sobre els darrers fets a Alemanya?

—Allò d'Alemanya no solament no és feixisme, sinó que és antifeixisme; és la contrafigura del feixisme. El hitlerisme és la darrera conseqüència de la democràcia. Una expressió turbulenta del romanticisme alemany; en canvi, Mussolini és el classicisme, amb les seves jerarquies, les seves escoles i, per damunt de tot, la raó.

—Des del punt de vista purament polític, com jutgeu l'obra del vostre pare?

—El meu pare obrí el període de la Dictadura i afrontà el canvi de l'Estat, pacificà el Marroc, però no va tancar el procés obert.

—¿Si hagués marxat a casa seva després d'haver acabat allò del Marroc, què us semblaria?

—Crec que hauria fet molt bé. Obrí un procés revolucionari i no el compli fins al final.

—I Acció Popular, quina opinió us mereix?

—Acció Popular em sembla com la llet esterilitzada, que de tan pura no té microbis ni té vitamines.

—¿Creieu que ja ha complert la seva missió?

—Es al final.

Entrevista del periodista Federico de Urrutia con José Antonio Primo de Rivera a raíz de la separación/expulsión de F.E. de las J.O.N.S. de Ramiro Ledesma Ramos. Publicada en Informaciones, *Madrid, el 18 de enero de 1935, p. 3, no recogida en* OC.

DESPUÉS DE UNA TRAICIÓN...

FALANGE ESPAÑOLA DE LAS J.O.N.S. ESTÁ DE ENHORABUENA

«Nunca hubo más unidad, ni mayor disciplina en las filas de nuestro movimiento», afirma el joven caudillo del fascismo español, José Antonio Primo de Rivera

Por FEDERICO DE URRUTIA

José Antonio Primo de Rivera, que en momentos de ʼgravedad, cuando la Patria, atenazada en la red que para someterla a la férula extranjerizante habían trenzado la traición socialista y el tenebroso poder masónico, supo timbrar su voz gallardamente en el teatro de la Comedia alzando la bandera de un españolismo limpio e irreprochable, me ha recibido hoy en su despacho, y hemos charlado sobre el supuesto cisma provocado por algunos elementos entre las filas de Falange Española de las J.O.N.S.

Desde hace días la Prensa de una y otra parte, viene publicando, como en un continuo tiroteo, una serie de notas en las que el joven caudillo afirma que algunos elementos indeseables políticamente para la Organización, fueron expulsados, y éstos a su vez, que fueron ellos los que se han apartado de la disciplina del movimiento, por no estar de acuerdo con la táctica y los principios seguidos por ésta hasta el momento presente.

El asunto, en verdad, no tendría importancia alguna, dado el pequeñísimo número de los que han sido separados de Falange Española, a no ser por las torcidas interpretaciones con que han intentado desorientar a la opinión pública, periodistas indignos de tal nombre y comunistoides de toda laya, pero ya que así es, quizá sea necesario aclarar cuanto ha sucedido, pues no es aventurado asegurar que toda España observa atenta y paso a paso la marcha de esta Organización, guardando en el fondo del «yo» insobornable una última esperanza de salvación para el día que el destino nos pusiera como a otros pueblos, en el trance de las soluciones heroicas, llegado el momento de tomar en serio la vida política de España.

—¿Quiere usted decirme qué es lo que ha sucedido en realidad? —le pregunto.

—La cosa no tiene, verdaderamente —responde—, ni mucho menos, la importancia que los interesados en ello han querido y casi han conseguido darle. Lo sucedido es que desde hace bastante tiempo, una legión de indocumentados procedentes del campo marxista se habían enquistado en nuestras filas, pretendiendo de este modo ir desvirtuando en una labor continua de traiciones, y de falsas propagandas, toda esencia pura, mística y profundamente española de nuestro movimiento. Todo esto fue cuidadosamente observado desde el primer momento, pero las circunstancias aconsejaban no tomar medida alguna contra ellos en espera de que éstos cambiarían su moral y seguirían al fin por los derroteros que ya en la historia de España tiene marcados Falange Española de las J.O.N.S. con la sangre de sus veintisiete mártires. Pero no fue así; la labor disolvente y derrotista se fue acentuando hasta que, sospechando el Mando, con sobradas razones para ello, que estos elementos hubieran, inclusive, recibido cantidades de dinero por su infamia, acordó expulsarlos de la Organización; vergüenza que ellos trataron de ocultar, enviando una nota a la Prensa en la que afirmaban ser los que se separaban de nosotros, con un desgaire que corresponde perfectamente a su natural manera y condición de ser y comportarse.

—... pero —me atrevo a objetar—, ayer publicó nuevamente la Prensa unas notas en las que algunos de los que anteayer aparecían como incondicionales a la disciplina de Falange Española de las J.O.N.S., negaban que ellos hubieran firmado documento alguno.

—Sobre esta rectificación puede usted decir —me contesta— que ninguno de los firmantes tenía conocimiento de ello, y que solamente el que encabezaba la lista firmó en verdad, y ello porque dos sujetos le obligaron a hacerlo pistola en mano en su mismo domicilio, por lo que unos y otros ya tienen presentadas las correspondientes denuncias ante el juzgado.

—¿...?

—Sí; Falange Española está de enhorabuena. Yo le aseguro a usted, que todas esas acciones punibles que caían de lleno en el plano de la más vulgar delincuencia, y en las que luego aparecían como protagonistas afiliados a nuestra Organización, no volverán a repetirse, porque en esta última depuración nos hemos limpiado de todos aquellos elementos que pretendían darle a nuestro movimiento, que debe tener un carácter y un sentido ascético, poético y castrense, un matiz turbio de delincuencia y de hampa. Y esto ya es lo suficiente para que todo el que ame a España con el profundo amor filial con que nosotros la sentimos, lance un ¡hurra! por lo sucedido en lugar de prestarse a maniobras groseras de sus enemigos encubiertos, que no olvide usted suelen ser siempre los más peligrosos.

Informe secreto sobre la situación política española redactado por José Antonio Primo de Rivera durante el verano de 1935 por encargo de los fascistas italianos, que le pagaban una subvención mensual. Fuente: National Archives (Washington, D. C.), T. 586, roll 417, fotogramas 008361-008365. Publicado por el historiador Ángel Viñas, traducido del italiano original, en La Alemania nazi y el 18 de julio, pp. 420-425. Nuestro agradecimiento al señor Viñas por permitirnos su reproducción aquí.

La situación política española

1. Los partidos y sus actividades

Bajo una calma aparente (debida principalmente al cierre del Parlamento), cabe descubrir la actividad de las fuerzas siguientes:

a) *Las izquierdas burguesas.*—Forman tres grupos: Izquierda Republicana, cuyo jefe es Azaña; Unión Republicana, dirigida por Martínez Barrio (antiguo radical separado hace más de un año del presidente Lerroux), y el Partido Nacional Republicano, que sigue a Sánchez Román.

Azaña sigue siendo el hombre de mayor peso de la República; de carácter agrio y desdeñoso, goza, no obstante, de una popularidad enorme, contra la cual han fracasado todos los ataques de sus enemigos, a pesar de su terrible violencia.

La Unión Republicana agrupa, sobre todo, el elemento masónico del viejo partido radical, descontento de Lerroux a causa de su alianza con Acción Popular (la derecha vaticanista y complaciente con el Régimen).

El Partido Nacional Republicano no tiene dentro, a pesar de su pomposa denominación, sino el prestigio personal de su jefe, Sánchez Román, catedrático de Derecho Civil, orgulloso y fríamente rencoroso, cuyos méritos se han exagerado sobre manera.

Estos tres grupos trabajan muy activamente para constituir uno solo con la idea —probablemente conocida y aceptada por el Presidente de la República— de sustituir al Gobierno Lerroux en una rotación normal de la política republicana.

Llegado el caso, todas estas fuerzas de la izquierda burguesa deberían disolver el Parlamento actual (en el que las diversas oposiciones de centroderecha les impedirían absolutamente gobernar) y apelar a las urnas. Entonces se encontrarían con que para triunfar les sería de todo punto necesaria la ayuda del partido socialista, que exigiría en las candidaturas un número de puestos suficiente para tener el control de la política.

b) *El socialismo.*—Diez meses después de la revolución de Asturias, el socialismo está más fuerte y decidido que nunca. No es posible concebir nada más estúpido que la política del Gobierno Lerroux frente al socialismo. La revolución vencida del mes de octubre daba al Gobierno una ocasión única para desarticular, por un lado, las organizaciones socialistas y vaciarle, por otro, de todo programa inmediato con una política social generosa y con la iniciación de una organización sindical nacional.

El Gobierno, por el contrario, se ha mostrado reaccionario desde el punto de vista social (por ejemplo, ha sustraído a los jurados mixtos de obreros y patronos la facultad de fijar las bases del trabajo, ha abolido prácticamente la Ley de Reforma Agraria, etc.), al tiempo que extremaba la debilidad con los jefes socialistas y con las organizaciones sindicales del partido, la mayor parte de las cuales han vuelto a su vida normal.

Con su conducta revolucionaria el socialismo ha ganado de nuevo todo el prestigio que había perdido a los ojos de los obreros a causa de los métodos burgueses adoptados en los últimos años. Ello lleva como consecuencia a la adhesión casi segura de los demás partidos obreros revolucionarios (Partido Comunista y Confederación Nacional del Trabajo, de tono anarquista) a cualquier movimiento subversivo que el socialismo inicie. Al mismo tiempo, la dirección del partido ha caído totalmente en manos de los extremistas, siendo objeto los socialistas moderados (como Besteiro, De los Ríos y Prieto) de crueles ataques por parte de sus camaradas.

La agitación revolucionaria es tan fuerte que el Gobierno no encuentra otra forma de ocultarla que manteniendo indefinidamente el estado de alarma y de excepción. Quince días de libertad de prensa y palabra llevarían al estallido de una situación de violencia inaudita.

c) *Las derechas.*—Los monárquicos no cuentan: sólo el viejo partido tradicionalista conserva parte de su fuerza y de su vigor en Navarra y en el País Vasco. En lo que se refiere a los partidarios de don Alfonso no forman sino un grupo lleno de «snobismos» y sin fuerza popular. La monarquía no podría venir a España sino por exclusión, es decir, si fracasaran todas las demás soluciones posibles.

El partido llamado agrario y el liberal demócrata, ambos representados en el Gobierno actual, no son más que organizaciones electorales conservadoras instaladas en algunas provincias del Norte y del Oeste.

Queda el verdadero gran partido de derecha: la Confederación Española de Derechas Autónomas (C.E.D.A.), cuyo jefe es el actual ministro de la Guerra, José María Gil Robles.

Hay una diferencia curiosa entre las evidentes condiciones personales del señor Gil Robles y la densidad política de su partido. Éste aunque numeroso y abundantemente provisto de dinero, es flojo, mediocre y pobre en cuanto a personalidades sobresalientes. Con ciento quince diputados en Cortes y millares de afiliados en cada provincia, Gil Robles ha encontrado a duras penas cuatro hombres presentables que hacer ministros. En cuanto a la Juventud de Acción Popular (J.A.P.), está formada por unos cuantos millares de jóvenes melancólicos que se esfuerzan por imitar con poca gracia los gestos exteriores del fascismo. Gil Robles se ha burlado públicamente de ellos más de una vez.

No sería demasiado osado afirmar que Gil Robles no cree en su partido. Cree, en primer lugar, en sí mismo, y después quiere contar con el Ejército. La insistencia con la cual ha exigido para sí la cartera de Guerra muestra claramente que piensa que sigue siendo el Ejército quien decide en España.

Gil Robles ha tomado como consejero inmediato al general Franco, el primer valor militar español, y está poniendo al frente de los regimientos a los jefes más seguros.

2. *El futuro próximo*

Habida cuenta del esquema que acabamos de dibujar, los acontecimientos políticos de aquí a seis meses pueden tomar uno de los giros siguientes:

a) *Disolución de las Cortes.*—El Presidente de la República tenía esta idea; es él quien ha sugerido al Consejo de Ministros la reforma de la Constitución, lo que exige la disolución de las Cortes y la convocatoria de las Constituyentes. Si no ha cambiado de opinión, las Cortes serán disueltas hacia el mes de enero. Durante este período cabe prever o la continuación del Gobierno actual (más o menos modificado, pero siempre de centro-derecha) o la presencia en el poder de un Gobierno inclinado hacia la izquierda.

En el primer caso la mera convocatoria electoral desencadenará un período revolucionario: el partido socialista y sus aliados se aprovecharán de la libertad de propaganda para recalentar al máximo las pasiones populares contenidas durante tanto tiempo; si se llega a la fecha de las elecciones, ésta será dura y sangrienta.

En el segundo caso, es decir, si las izquierdas están en el poder, el triunfo electoral de los partidos izquierdistas es seguro, constituyendo los socialistas el grupo más numeroso y logrando los comunistas una representación considerable (en el Parlamento actual no tienen más que un diputado).

b) *Continuación del Parlamento actual.*—Los extremistas de izquierda esperan una victoria electoral de la izquierda burguesa que les abra paso, pero si la convocatoria de las elecciones se aleja no aguardarán más y se lanzarán a un movimiento violento.

Vemos que, en cualquier caso, con la disolución de las Cortes o sin ella, lo más probable es que se tenga en España, hacia el comienzo del año próximo, un período de disturbios bien en la calle o bien desde el poder. Este período, peligroso, confuso y sin desenlace previsible, será el instante preciso para el triunfo de un movimiento fascista.

3. *La Falange*

La Falange Española de las J.O.N.S. ha logrado convertirse en el único movimiento fascista en España, lo cual era difícil, habida cuenta del carácter individualista del pueblo. Su fusión con las viejas J.O.N.S. (Juntas de Ofensiva Nacional Sindicalista) es tan perfecta que el fundador de las J.O.N.S. fracasó hace algunos meses cuando trató de separarlas. De los demás grupos de primera hora no queda sino el recuerdo, habiendo ingresado en la Falange todos sus afiliados aprovechables.

Además, ha disminuido mucho la desconfianza con la que se la contemplaba en los medios populares. En otro tiempo los obreros creían que se trataba, pura y simplemente, de un movimiento reaccionario; varios acontecimientos posteriores les han hecho vacilar por lo menos en su opinión primitiva: sobre todo los discursos pronunciados por el jefe de la Falange en el Parlamento con ocasión de la reforma agraria han levantado una viva corriente de simpatía popular hacia el partido.

En consecuencia, los sindicatos obreros falangistas empiezan a tener una cierta fuerza que no debe exagerarse, pero que tampoco es despreciable. Es en los lugares más revolucionarios de España, tales como Sevilla y Asturias, donde los sindicatos fascistas tienen sus grupos más fuertes. En Sevilla el mismo día que fue muerto un obrero fascista, sus camaradas lo vengaron matando a dos comunistas e hirieron a otros dos. En Asturias, hace tres meses, el socialismo declaró una huelga política; todos los centros falangistas estaban en aquel momento cerrados por orden del Gobierno; sin embargo, una vez estallada la huelga, el gobernador de Asturias no encontró otro medio de vencerla que reabriendo los centros de Falange y permitiendo a los sindicatos fascistas desplegar su actividad. Y la huelga fue vencida. Naturalmente, cuando las huelgas no tienen un carácter político, sino económico y sindical, Falange no se mezcla.

En lo que se refiere a los estudiantes, el S.E.U. (Sindicato Español Universitario), organizado por Falange, tiene ahora la mayoría en el mayor parte de las Universidades (sic). Es interesante constatar que el grupo más numeroso de los afiliados al S.E.U. proceden de las viejas organizaciones revolucionarias.

La simpatía de los oficiales del Ejército hacia Falange sufrió un colapso cuando Gil Robles fue nombrado ministro de la Guerra. Es sabido que la formación política de los oficiales españoles es muy superficial: ignoran la crisis del sistema político, creen que España es como un gran regimiento que no necesita más que un buen coronel, honrado y valeroso. Los oficiales patriotas odiaban a Azaña porque habían puesto el mando de los regimientos en manos de los masones. Como Gil Robles iba a hacer todo lo contrario, Gil Robles era el ministro ideal.

En las últimas semanas, sin embargo, se observa un movimiento de desilusión entre los oficiales. Empiezan a darse cuenta de que la presencia de Gil Robles en el Gobierno no cambia de manera esencial las cosas. Además, las inmoralidades administrativas de los radicales son cada vez más conocidas, y gentes sencillas y rectas como los oficiales encuentran difícil explicar por qué Gil Robles (cuya honradez es absoluta) tolera la vecindad de Lerroux. Todo ello determina un nuevo movimiento de simpatía militar hacia la Falange. En cuanto a la Guardia Civil, esa admirable gendarmería extendida por todo el territorio, está en relaciones cordiales con los órganos locales de la Falange.

Trabajos de organización interior y de propaganda

Durante el verano, organizadores especializados recorren las provincias más importantes examinando uno a uno los grupos locales, suministrándoles material de propaganda, instruyendo a sus milicias y organizando un sistema de células que permitirá la continuación de la vida del partido aun en el caso de prohibición por parte del Gobierno.

Las provincias en las que Falange es más fuerte son las siguientes: Asturias, Santander, León, Palencia, Zamora, Salamanca, Valladolid, Cáceres, Badajoz, Madrid (ciudad), Toledo, Cuenca, Ciudad Real, Córdoba, Jaén y Sevilla.

La propaganda política se reanudará en el mes de septiembre. Se han celebrado mítines de febrero a julio. Las consignas para la propaganda próxima serán el mostrar al pueblo la esterilidad de las situaciones conservadoras como la presente y el peligro inmediato de una revolución socialista.

Se presta atención especial al servicio de penetración en el Ejército. En todas las guarniciones hay oficiales, inscritos secretamente como fascistas.

El asalto al poder

Si los acontecimientos se precipitasen, Falange podría tal vez intentar pronto la conquista del poder, por muy inverosímil que ello suene ahora.

Si la revolución socialista estalla contra el Gobierno, la Falange, al lado de la Guardia Civil, podrá apoderarse de algunos pueblos, quizá incluso de una provincia, y proclamar la revolución nacional contra un Estado impotente que no ha sabido ahorrar al país varias revoluciones en un año. El Gobierno, bastante incomodado con los socialistas, encontrará muy difícil enviar tropas contra el fascismo, y si éste ha logrado ganar la adhesión de la Guardia Civil y de las fuerzas militares en el territorio ocupado es seguro que las tropas expedicionarias hagan causa común con ellos. Se hubiera podido desarrollar perfectamente este plan en Asturias en el mes de octubre de 1934 si Falange hubiera sido tan fuerte como ahora.

Si el gobierno de izquierdas, más o menos socialista, llega al poder, todo el Ejército, en tanto que esté mandado por sus jefes actuales, seguirá de buen grado al primero que lance la consigna de la rebelión nacional. Todos los partidos de derechas dudarán y el Ejército no tomará por sí mismo la iniciativa. Podría ser la Falange quien lo hiciera.

Pero no hay que soñar. Por el momento, la tarea de los organizadores de Falange es trabajar sin descanso fortaleciendo todos sus órganos: será en el mes de octubre cuando se pueda hablar de un plan integral y calcular los elementos de los que se deba disponer para cumplirlo.

Testimonio de don José Finat, conde de Mayalde, sobre un proyecto de evasión de José Antonio Primo de Rivera de la cárcel de Alicante, elaborado a mediados de julio de 1936. El proyecto no pudo ser llevado a cabo debido a la precipitación de los acontecimientos.[1]

Yo había quedado en ir a Alicante con Fernando Primo de Rivera para preparar la evasión de José Antonio, para ultimar los detalles y llevar a cabo su evasión de la cárcel. Para lo cual teníamos las llaves falsas, llaves dobles de todas las puertas, que nos consiguieron funcionarios de la cárcel que incondicionalmente estaban con nosotros. Allí no había más que uno que decían que era de Izquierda Republicana, del partido de Azaña, y en uno de los anteriores viajes que hice yo a Alicante, a la cárcel, entonces se me presentó y me dijo: «Mire usted, Finat, yo soy de Ocaña. Usted conoce a mi familia, soy fulano de tal. Ustedes no se fían de mí y hacen mal, porque yo estoy con ustedes. Puede usted contar conmigo incondicionalmente.»

Me acuerdo del nombre del que dirigía el complot, la organización. Se llamaba Desplan. Era un aragonés de Zaragoza. Era el profesor de dibujo de la cárcel, funcionario de la cárcel y profesor de dibujo. Entonces José Antonio, con ese sentido de humor que llevaba, decía: «Vamos a preparar el plan Desplan.»

Entonces, por consiguiente, teníamos la anuencia de los funcionarios de prisiones que nos habían dado las facilidades para sacar los moldes de cera de las cerraduras y de hacer las llaves. Luego, había el problema de la guardia, de la guardia militar. La guardia la hacía un piquete, una escuadra del regimiento de Alicante, de la guarnición de Alicante, pero los oficiales estaban con José Antonio.

Un día, estando yo con él, se acercó un sargento con su fusil y le dijo: «A sus órdenes, don José Antonio. Soy el sargento que acaba de entrar como guardia. Vengo a decirle que me pongo a sus órdenes.» Esto fue en el locutorio de los Abogados. Entonces José Antonio le contestó: «Le agradezco a usted mucho su visita, sargento. Lo único que siento es no poder devolverle la visita que usted me hace, al cuartel, porque esto le va a costar a usted un gran arresto.» Dice: «No, señor, no me costará ningún arresto porque mis jefes están de acuerdo.»

De modo que teníamos los funcionarios, la complicidad de los funcionarios, las llaves falsas y la guardia militar asegurada.

Entonces hacía falta saber cómo se marcharía de Alicante José Antonio. Quedé yo en hablar con los oficiales de la base de hidros de Los Alcázares, en el mar Menor, en Murcia. Había una base de hidros, que era de la Armada, tripulados por oficiales de Marina. Yo hablé con un tal Alfaro, que era el falangista más destacado de aquel grupo —debió de morir, porque no he vuelto yo a saber nada de él por más que he indagado, le debieron de matar cuando mataron a los marinos de Cartagena— y Alfaro me dijo: «Si no hay problema ninguno. ¡El único problema es que los capitanes de las escuadrillas nos disputamos el honor de llevarnos a José Antonio!»

Entonces, a la hora convenida, un aparato o tres bajarían sobre las aguas de Alicante, a trescientos o cuatrocientos metros de la cárcel (que estaba muy cerca del mar). Todos los detalles, pues, estaban ultimados. No había más que ajustar los engranajes de aquello y convenir con José Antonio el día. Y con ese motivo yo iba a Alicante para quedarme allí toda la semana y por eso dejé a mi mujer en Saint Jean de Luz, donde teníamos los niños...

1. Testimonio recogido por nosotros en magnetófono, Madrid, 7 de noviembre de 1979.

Texto inglés de la interviú de Jay Allen con José Antonio en Alicante, publicado por el News Chronicle *de Londres el 24 de octubre de 1936.*

How I Found Leader of Spain's Fascist Phalanx in Alicante Prison

JAY ALLEN INTERVIEWS PRIMO'S SON

Armed Loyalists Keep Watch
Captive Defiant on Eve of Trial

From JAY ALLEN

«News Chronicle» Special Correspondent in Spain (Uncensored)

When the military rose against the Spanish Republic their allies, the 80 000 youthful Fascists of the Spanish Phalanx, were leaderless.

For their chief and founder, the pugnacious 30-year-old José Antonio Primo de Rivera — eldest son of the general who was Dictator of Spain for the «seven ignominious years», as the Republicans used to say — had been in gaol at Alicante since March.

Many times he has been arrested, imprisoned, released, sentenced to death and reported dead.

In the confusion of the first weeks we heard in Gibraltar, fount of most of the best rumours of the war, that he had escaped from loyal Alicante and was leading a rebel column near Albacete, upon the plain of La Mancha.

Thrashed de Llano

General Franco himself told me in Tetuan on July 27 that this was untrue, and added ominously that he had heard nothing of José Antonio.

To a sympathetic French journalist in Burgos, General Mola confessed his fears that Primo was dead, and added that everything was being done to keep the boys of the Phalanx in ignorance.

Then one night I heard General Queipo de Llano proclaim over the Seville Radio that the late Dictator's son — who, by the way, once gave him a beating in a Madrid cafe — was wounded but safely hidden, supposedly in loyal territory. When the rebel troops entered Madrid he would be carried in triumph on a stretcher.

One does not believe Queipo — no one who knows him, at least, or for that matter no one who listens nightly to those astonishing broadcasts.

Mola was probably right. It seemed only too natural that the Republicans of Alicante, where we hear the anarchists are strong, should have settled accounts with the arch-enemy of the Republic at the very start.

Family in Gaol

I was sorry, because I rather liked José Antonio as a person — however frivolous, wrongheaded and dangerous I thought his politics.

I have just had a talk with José Antonio... to José Antonio in the flesh, unchanged save for the five kilos he has put on.

He is where he was — where he has been all the time — in the provincial prison in Alicante. I have just come from there.

300

I found him with his brother Miguel, taking their daily hour of exercise in the prison patio. Their sister Carmen and their aunt María are in the women's prison nearby.

When I came back to the Palace Hotel, which is full of the diplomats of Italy, Germany and Portugal, who are established here — because of the climate, one assumes (incidentally, the local authorities call them the «Holy Trinity») friends who saw me drive up in a car bristling with rifles asked me where I had been.

«To see young Primo.»

And they all laughed, thinking that a good, if rather grim joke, because young Primo (as everybody «knew») was long since slain.

It was in Madrid that I overheard a certain conversation. I turned and asked: «Is this for my benefit or what?»

«If you don't believe it go and see for yourself», said Rodolpho Llópis, Under-Secretary of the Presidency of Council.

Passionate outburst against Gil Robles

I went to Alicante.

In the bay there lay warships, many warships of the «Holy Trinity.»

In the hotels, the refugees quite naturally dramatised their experiences, particularly their miseries with local authorities who were exercising rigorous control over every-one leaving Spain.

The fact that certain foreign Embassies are facilitating passports to Spaniards of the Right has not helped matters.

Everyone was telling how the Civil Governor, don Francisco Valdés, had no authority, how Anarchists were bosses, how Valdés hardly dared stir from his office lest he should be shot.

I don't know about that; but he came to lunch. And when he gave orders people moved.

«They'll never let you see Primo because he's dead», acquaintances among the «Holy Trinity» told me. Some whispered: «Or mutilated!»

It is true there were difficulties. Valdés said I could see him. Comrade José Prieto, a wiry citizen in a blue shirt with a redstar breast, pistol at his side, said «No».

He is chairman of a famous Commission of Public Order, and respectfully suggests to the Governor that it is far too delicate a matter.

«But Madrid is agreeable», said the Governor.

«Incomunicado»

A meeting of the Commission was called, and I was asked to meet it. It was a plenary session, and two representatives of all parties of the Popular Front were present. I made a speech in bad Castilian.

I thought how unpleasant it might be to face these keen-eyed men, who were thoroughly imbued with ideals of revolutionary justice and dispatch, with my life at stake and with a guilty conscience.

The Committee returns.

Comrade Prieto says: «Primo is held at the disposition of our Government in Madrid. It's not unnatural that he should be held safely and... *incomunicado*!

«However, if you can get somebody in Madrid to authorise this interview, you can have it, of course. So please excuse us; but in a matter of this kind, no precautions are too great.»

I knew what he was thinking. Plenty of people would like to engineer the escape of José Antonio, though I doubt if Franco would.

Into the Prison

At nine in the morning the delegation calls — Comrades Prieto, Carmelo Alberola, Martín Bautista and Commissar José Cases, until recently a journalist.

They escort me to a car. Other guests look at each other and are clearly glad it is I and not they.

The gates of the prison swing back. People look. They probably hope the foreigner under guard is Portuguese. The governor of the prison bows.

We advance past rows of cell doors.

«The prisoners are taking exercises [sic] on the patio», the guard says.

The ancient lock is negotiated. We step into bright sunlight. Two young men, dark and handsome, clad in soiled white breeches, shirts with open collars, and frayed rope-soled sandals, trot up eagerly. This is the first visit they had had for months.

Pistols in Cells

José Antonio, the slighter of the two, shakes hands politely. He finds it hard to conceal his disappointment that it is only me. Four comrades from the Committee stand back a few paces.

«Let's see, it was two years ago, wasn't it, that we lunched at the Savoy, Madrid, with the Prince?»

The comrades pricked up their ears. I said very professionally: «Suppose we get on with the interview?»

He said, with a charming smile, looking at the comrades who may tomorrow be his executioners: «With pleasure, but you see I know nothing. I've been here since March.»

The comrades look at one another. They had already told me they had found two pistols and 100 cartridges in the brothers' cells after the rebellion broke out, and, as long ago as August, maps showing the military situation in the Balearic Islands.

The comrades smiled knowingly.

Primo is a lawyer and a keen one. But he is his own sole defence. It was not up to me to make his difficult job harder.

I said: «Suppose we talk about what happened before — about Gil Robles, for instance.»

Gil Robles to Blame

«Gil Robles is to blame for everything», he said with passion. «For two years when he might have done everything but did nothing.»

«And Casares Quiroga, for his policy of provocation.»

He kept his eyes on me. He wanted news, craved for news. What could I tell him? He beat me to it, saying: «But what's going on now? I don't know.»

I said: «I am sure our friends here did not bring me here to inform you, but suppose I ask some hypothetical questions which you can answer or not?»

302

«All right.»

«What would you say if I told you I thought General Franco's movement had got out of hand and, whatever it is intended to be, is now simply old Spain fighting for lost privileges?»

«I know nothing. I hope it is not true, but if it is, it is a mistake.»

«Can't Hold Spain»

«If I said that your boys are fighting side by side with mercenaries in the service of the landowners?»

«I'd say it is untrue.»

He looked at me searchingly and said: «You remember my stand and my speeches in the Cortes? You know I said that if the Right after October kept on their negative policy of repression, Azana would be back in power in no time.

It's the same now. If it is simply to turn the clock back, they're wrong. They can't hold Spain, if it's only that.

«I stood for something else — something positive. You have read my programme of national syndicalism and agrarian reform and all that.»

I said, «Apparently, the Spanish people never believed in your sincerity.»

He said, «I was sincere. I could have become Communist and won popularity.»

I said, «But your boys now...»

«I hope and think that what you say is untrue. But, remember, they had no leadership after I was arrested, and remember that there were many other people goaded to violence by Casares' policy of provocation.»

Franco's Policy

The comrades glowered.

I said, «But I seem to remember that you introduced political gunmen in Madrid.»

«Nobody ever proved that. My boys may have killed, but after they attacked.»

I wanted to cite cases to the contrary, but I was too well aware that the comrades were eyeing this so handsome and so assured young aristocrat who had brought, by their lights, such horror to Spain, so I refrained.

I said: «What would you say if I told you that Franco, the Nationalist patriot, had brought Germans and Italians into it, pledging Spanish territory — Majorca to the Italians, the Canaries to Germany — and brought Europe closer to war than ever?»

«I'd say it was untrue!» he snapped. And he went on:

«I know nothing. I don't even know whether I shall be

HOW FRANCO MAY FAIL
José Says Reaction is Not Enough

part of the new Government, if we win.» We all gulped. He continued:

«I do know that if this movement does win and it turns out to be nothing but reaction, then I'll withdraw my Phalanx and I'll... I'll probably be back here in this or another prison in a very few months!»

Reaction

He seemed wonderfully confident. If it was bluff, it was fine bluff.

I said: «But, good God, José Antonio, you talk more intelligently about Spain than anybody I know, and yet what else could such a movement be? These people are fighting to win back and not to reform themselves.»

«Well, if that is so, they are wrong. They will provoke still worse reaction. They will precipitate Spain into more horror.»

«They will have to cope with me. You know that I have always fought them. They called me a heretic and a Bolshevik. 1...»

I did not like the look in the eyes of the committee. They had stood back and said nothing, but they were looking, I know what they were thinking about boys who hired gunmen or played at gunmen before, and now roam rebel Spain «liquidating» not Marxists alone, but all liberal elements they can set hands on.

«He Will be Tried»

I said: «Franco told me that Spanish Fascism is not comparable with other Fascisms, but is simply for the defence of the Church.»

José Antonio looked annoyed. «The trouble with all Spaniards is that they won't give up ten minutes of time in order to get a fair estimate of people or things. I shall prove...»

The atmosphere was becoming too thick. I said: «I have got a catch a plane. I will say good-bye.» We shook hands.

On the way back, one comrade broke the silence and said: «Did you notice he had gained weight?»

He had.

They looked at me furtively — to see how far I had been won over by their prisoner's magnificent presence and by the fine show he gave us.

But that was my secret. They clearly had misgivings, but were wise enough not to pry.

I asked: «What are you going to do with him?»

«There will be a trial.» They exchanged looks.

It will be a trial, not only of the man, but of Spanish Fascism. I cannot for the life of me imagine any circumstances which would save this young man. His situation is very bad. The least I can do is not to aggravate it.

Texto inglés de la interviú de Jay Allen con José Antonio en Alicante, publicado en el Chicago Daily Tribune *el 9 de octubre de 1936.*

«"SLAIN" SPANISH FASCIST CHIEF FOUND IN JAIL»

By JAY ALLEN

[Chicago Tribune Press Service]

ALICANTE, Spain, Oct. 3. [By courier to Paris, uncensored.] — One of the mysteries of the Spanish civil war has centered about José Antonio Primo de Rivera, the son of the general who was dictator of Spain from 1923 to

1930, and the founder of Spain's Fascist party, the Falange Española [Spanish phalanx].[1] He has variously been reported slain, imprisoned by the government or escaped to a foreign country.

Young Primo, at the time the civil war began, was one of the most influential opponents of the leftist régime at Madrid, both because of his inheritance of his father's abilities and powerful friends and because of his own executive powers.

This fact served to emphasize the mystery surrounding his complete disappearance.

Mystery Solved

Today this mystery has been dispelled. I have talked to José Antonio Primo de Rivera.

He is where he has been all the time —in the provincial prison at Alicante. I have just come from there where I found him with his brother Miguel, taking his daily hour's exercise in the prison patio. His sister Carmen and his aunt Maria are in the women's prison nearby. When I came back just now to the Palace hotel, which is fully of diplomats of Italy, Germany, and Portugal who are established here, friends who saw me drive up in a car bristling with rifles asked where I'd been.

«To see young Primo.»

A Good Joke

And all laughed, thinking that a good if rather grim joke because the young Primo was long since slain, it seems.

It was at Madrid that I overheard a certain conversation. I turned: «Is this a joke for my benefit?»

«No, and if you don't believe it, go see for yourself,» said Rodolfo Llopis, undersecretary of the presidency, a young man from Alicante.

We drove down to the coast that night.

In the bay of Alicante warships lay. In hotels were refugees. All were dramatizing their situations. All telling how terribly the F.A.I. [anarchist federation] was running Alicante and how the civil governor was afraid to stir lest they murder him.

Gov. Don «Paco» Valdes came to lunch. In the white and gold «salle à manger» [dining room] the Hotel Palace orchestra played. People ate, none quite at ease. Russia, I thought, must have been like this just when things began to crack for good. A «Portuguese diplomat» who looked oddly like a well known Spanish duke, seemed uncomfortable.

«He might have picked a more popular nationality,» my companion said. «Here the Portuguese, Germans, and Cubans are selling their passports to their friends of the right. It is a good thing to get them out of the country, but the masses don't see it that way.»

Primo «Murdered»

An Italian said, «Primo alive. Humph. They've murdered him long ago.»

Difficulties. Paco Valdes says I can see my man. Comrade Jose Prieto, a keen, wiry citizen in blue shirt with a red star on his breast, a pistol at his side, says I can't.

---

1. Las frases entre corchetes fueron añadidas por la redacción del *Chicago Daily Tribune* para aclarar algunos detalles del texto de Allen ante el lector norteamericano. Las suprimimos en la traducción castellana que damos a continuación.

«The committee on public order says nothing doing. It's too delicate a matter,» he said.

I ask to meet the committee. A plenary session is called with two representatives of all parties of the People's Front. I make a speech in bad Castilian.

«If he's alive, it proves there's some kind of authority here,» I said.

We argue. I'm taken to task about what the world press says. I speak of the western world's fear of a communist Spain that seems to have banished all other consideration. An anarchist brother gets solemnly to his feet.

The Anarchist Speaks

«You can assure your readers there'll be no communism in Spain, none of this crude, destructive, primitive communism,» he said. «We, the anarchists, we will see to it, see to the implantation of more constructive, more...»

They told him to shut up. I am asked out while the committee deliberates. I am asked back and make another speech.

«In Madrid they see no reason why I shouldn't interview Primo», I said. «If you people here prevent me, then I'll have to say to my paper that the government of Spain seems to have little authority.»

We win.

At 9 o'clock one morning the comrades come. Prieto, Carmelo Alberola, Martin Bautista, and Commissar Jose Cases, a former reporter. They bundle me into a car. Other guests look significantly at each other and are happy it is not they.

Prison Gates Swing

The gates of the dun prison swing back. People look. They probably hope I'm Portuguese. The governor of the prison bows. We advance now to cell doors which could be opened, as in all Spanish prisons, just a crack so the prisoner could see the high altar. No longer.

«They're taking exercises in the patio.» the guard says.

The ancient lock is negotiated. We step into the bright sunlight. Two young men, dark and handsome, clad in soiled white breeches, shirts with open collars, and frayed, rope soled sandals, trot up. They are eager as bird dogs. This is the first visit in months.

José Antonio, the slighter of the two, shakes hands politely. It is hard to conceal his disappointment that it is only me. The four comrades of the committee stand back a few paces.

Recalls Lunch at Savoy

«Let's see, it was two years ago, wasn't it, we lunched at the Savoy in Madrid with Prince So-and-So?», Jose Antonio said.

The comrades pricked up their ears. I said very professionally, «Suppose we get on with the interview.»

He said with a charming smile, looking at the comrades who may tomorrow be his executioners, «With pleasure, but you see I know nothing. I've been here since March.»

The comrades look at each other. They had already told me they had found two pistols and 100 cartridges in the brothers' cells after the rebellion broke, and along in August maps showing the military position in the Balearic Islands.

Primo a Lawyer

«Since the second week of the movement I've been in rigorous incomunicado,» he said.

The comrades smiled knowingly. Primo is a lawyer and a keen one. But he is his own sole defense. It was not up to me to make his difficult job harder.

I said, «Suppose we talk about what happened before, about Gil Robles, for instance.» [Jose Maria Gil Robles, Catholic political leader who took a leading role in the rightist government preceding the present regime.]

«Gil Robles is to blame for everything,» he said with passion. «For two stupid years when he might have done everything, he did nothing.»

He went on, «And Casares Quiroga [premier who was deposed when the revolt began], for his policy of provocation.»

Craved News

He kept his eyes on me. He wanted news, craved news, because he really is incommunicado now. What could I tell him? He beat me to it, saying, «But what's going on now I don't know.»

I said, «I'm sure our amigos [friends] here didn't bring me here to inform you, but suppose I ask some hypothetical questions which you can answer or not.»

«All right,» Miguel suddenly said, «I used to live in New York, you know». He is an aviator and the political mind of the family.

«What would you say if I told you Gen. Franco's movement got out of hand and whatever it was intended to be is now simply old Spain fighting for its lost privileges?»

«I know nothing. I hope it is not true, but if it is, it is a mistake.»

«If I said that your boys are fighting side by side with mercenaries in the service of the landowners?»

«I'd say it is untrue.»

Recalls Speeches in Cortes

Primo looked at me searchingly, and said, «You remember my stand, my speeches in the Cortes. You know I said that if the right after October [the 1934 Asturias rebellion] kept on with its negative policy of repression, Azana [Manuel Azana, now president] would be back in power in no time, and so it happened. It is the same now. If it is simply to turn the clock back they are wrong. They can't hold Spain, if it is simply that. I stood for something else, something positive. You've read my program on national syndicalism, agrarian reform and all that.»

«Apparently the Spanish people never believed in your sincerity,» I said, putting it mildly.

«I was sincere,» he said. «I could have become a communist and won popularity».

I said, «but your boys now...?»

«I hope and think what you say is untrue. But, remember, they had no leaders after I was arrested, and, remember, that they and many other people were goaded tot violence by the Casares policy of provocation.»

The comrades glowered.

«But, I seem to remember you introduced political gunmen into Madrid,» I said.

«Nobody ever proved that», he said. «My boys may have killed, but it was after they were attacked.»

I wanted to cite cases to the contrary, but, too aware of the comrades eyeing this so handsome, so assured young aristocrat who had brought or helped to bring, by their lights, such horror to Spain, I refrained.

Another Question

«What would you say if I told you Gen. Franco, a nationalist patriot, brought Germans and Italians into it, pledging Spanish territory in Mallorca to the Italians and the Canaries islands to the Germans and brought Europe closer to war than ever?» I said.

«I'd say it is untrue,» he snapped.

«I know nothing,» he added. «I don't even know whether I'll have a part in the new government if we win.» We all gulped. He went on:

«I do know that if this government does win and it turns out to be nothing but reaction, then I'll withdraw my Falangists and I'll probably be back here in this or another prison in a very few months.»

Predicts Abyss for Spain

«If that is so, they're wrong. They'll provoke still worse reaction. They'll precipitate Spain into an abyss. They'll have to cope with me. You know that I've always fought them. They called me a heretic and bolshevik. I...»

I didn't care to look into the eyes of the committee. They had stood back and said nothing, but they were looking — I know what they were thinking. About the boys of his phalanx who hired gunmen or played gunmen before and now roam rebel Spain «liquidating» not Marxists alone, but all liberal elements they can get their hands on.

«Gen. Franco told me Spanish Fascism is not comparable with other Fascisms, but simply a defense of the church,» I said.

José Antonio looked annoyed.

«The trouble with all Spaniards,» he said, «is that they won't give ten minutes of their time to get a fair estimate of people or things. I shall prove...»

The atmosphere was becoming too thick. «I've got to catch a plane. I'll say good-by.» We shook hands.

Going back, one comrade broke the silence and said: «Did you notice that he had gained weight?»

I had. They looked furtively to see how far I had been won by their prisoner's magnificent presence, by the fine show he gave us. But that was my secret.

«What are you going to do with him?» I asked.

There'll be a trial. They exchanged looks. It will be a trial not only of the man, but of Spanish Fascism. I can't for the life of me imagine any circumstances to save this young man.

Traducción castellana de la interviú de Jay Allen con José Antonio en Alicante, publicada en el Chicago Daily Tribune *el 9 de octubre de 1936.*[1]

JEFE FASCISTA ESPAÑOL «ASESINADO» ENCONTRADO EN LA CARCEL

Por Jay Allen

[Servicio de Prensa del Chicago Tribune]

ALICANTE, España, 3 de oct. [Por correo diplomático a París, sin censura.] Uno de los misterios de la guerra civil española se ha centrado en torno a José Antonio Primo de Rivera, hijo del general que fue dictador de España desde 1923 a 1930 y fundador del partido fascista de España, la Falange Española. De él se ha dicho diversamente que ha sido matado, encarcelado por el Gobierno o que ha huido a un país extranjero.

El joven Primo, cuando empezó la guerra civil, era uno de los más influyentes opositores del régimen izquierdista de Madrid, tanto por haber heredado los talentos y poderosos amigos de su padre cuanto por sus propias capacidades ejecutivas.

Este hecho contribuyó a subrayar el misterio que rodeaba su completa desaparición.

Misterio solucionado

Hoy este misterio ha sido resuelto. He hablado con José Antonio Primo de Rivera.

Está donde estaba —donde ha estado siempre— en la cárcel provincial de Alicante. Acabo de regresar de allí, donde le encontré con su hermano Miguel mientras los dos hacían su diaria hora de ejercicio en el patio de la cárcel. Su hermana Carmen y su tía María están en la cercana cárcel de mujeres. Cuando regresé hace poco al hotel Palace, que está lleno de diplomáticos de Italia, Alemania y Portugal que se encuentran establecidos aquí, unos amigos que me vieron llegar en un coche erizado de fusiles me preguntaron dónde había estado.

«A ver al joven Primo.»

Un buen chiste

Y todos rieron, pensando que era un buen chiste, aunque un tanto macabro, puesto que, al parecer, el joven Primo había sido matado hacía ya mucho tiempo.

Era en Madrid donde oí por casualidad cierta conversación. Me volví: «Este chiste..., ¿tengo que darme por aludido o qué?»

«No, y si no se lo cree, vaya a comprobarlo usted mismo», dijo Rodolfo Llopis, subsecretario de la Presidencia, joven alicantino.

Esa misma noche bajamos en coche a la costa.

En la bahía de Alicante se hallaban buques de guerra. En los hoteles había refugiados. Todos ellos dramatizaban sobre su situación particular. Todos

---

1. Herbert Southworth fue el primero en publicar una traducción castellana de esta interviú (*Antifalange*, pp. 144-147). Pensamos que nuestra traducción sigue más fielmente al original. Hemos suprimido las explicaciones al texto de Allen añadidas entre corchetes por la redacción del *Chicago Daily Tribune* para aclarar ante el lector norteamericano varios detalles de la interviú.

ellos referían cuán mal la F.A.I. gobernaba Alicante y cómo el gobernador civil no se atrevía a moverse por temor a que le asesinaran.

El gobernador, don Paco Valdés, vino a comer. En la *salle à manger* blanco y oro tocaba la orquesta del hotel Palace. La gente comía, pero nadie estaba realmente cómodo. Rusia, pensé, debía ser exactamente igual cuando todo empezó a venirse definitivamente abajo. Un «diplomático portugués», que tenía un sospechoso parecido físico con un conocido duque español, parecía intranquilo.

«Hubiera podido escoger una nacionalidad más popular —dijo mi compañero—. Aquí los portugueses, los alemanes y los cubanos están vendiendo sus pasaportes a sus amigos de derechas. Es una buena idea ayudarles a que se larguen del país, pero las masas no lo ven así.»

Primo «asesinado»

Un italiano dijo: «¿Primo vivo? Nada. Hace mucho tiempo que lo asesinaron.»

Dificultades. Paco Valdés dice que puedo ver a mi hombre. El camarada José Prieto, un ciudadano agudo, delgado y fuerte, en camisa azul, con una estrella roja en el pecho y una pistola a su lado, dice que no puedo.

«El comité de orden público dice que en absoluto. Es un asunto demasiado delicado», dijo.

Pido que se me presente al comité. Se convoca una sesión plenaria con dos representantes de todos los partidos del Frente Popular. Pronuncio un discurso en mal castellano.

«Si está vivo, ello prueba que aquí existe cierta autoridad», dije.

Discutimos. Me reprochan lo que se dice en la prensa mundial. Hablo del miedo del mundo occidental ante la idea de una España comunista, miedo que parece haber desterrado cualquier otra consideración. Un hermano anarquista se levanta solemnemente.

El anarquista habla

«Puede usted asegurar a sus lectores que en España no habrá comunismo, nada de ese comunismo crudo, destructivo y primitivo —dijo—. Nosotros los anarquistas nos ocuparemos de ello, nos ocuparemos de la implantación de [un sistema] más constructivo, más...»

Le dijeron que se callara. Me invitan a salir mientras el comité delibere. Me invitan a volver, y pronuncio otro discurso.

«En Madrid no ven ningún inconveniente en que yo le haga una entrevista a Primo —dije—. Si ustedes aquí no me dejan, pues tendré que explicar a mi periódico que el Gobierno de España tiene por lo visto poca autoridad.» Ganamos.

Una mañana, a las 9, vienen los camaradas. Prieto, Carmelo Alberola, Martín Bautista y el comisario José Cases, antiguo periodista. Me meten atropelladamente en un coche. Otros huéspedes se miran de manera significativa y se congratulan de que no han venido a por ellos.

Las puertas de la cárcel se abren

Las puertas de la parda cárcel se abren. La gente mira. Probablemente desean que yo sea portugués. El director de la cárcel se inclina. Avanzamos ahora hacia las puertas de las celdas, puertas que antes se podían abrir un poquito, como en todas las cárceles españolas, para permitirle al prisionero ver el altar mayor. Pero ya no.

«Están haciendo ejercicio en el patio», dice el guardia.

Se consigue hacer funcionar el viejo cerrojo. Pasamos a la fuerte luz del sol. Dos hombres jóvenes, morenos y de buen aspecto, en sucios pantalones blancos, camisas de cuello abierto y con alpargatas raídas, se aproximan. Son tan impacientes como perros cobradores. Ésta es su primera visita desde hace meses.

José Antonio, el más delgado de los dos, me da la mano cortésmente. Le es difícil disimular su desilusión al ver que se trata únicamente de mí. Los cuatro camaradas del comité se retiran algunos pasos.

Recuerda el almuerzo en el Savoy

«Vamos a ver, ¿no fue hace dos años cuando comimos en el Savoy, en Madrid, con el príncipe Fulano?», dijo José Antonio.

Los camaradas aguzaron el oído. Dije muy profesionalmente: «¿Empezamos con la interviú?»

Dijo con una sonrisa encantadora, mirando a los camaradas que pueden ser mañana sus verdugos: «Con mucho gusto, pero la cosa es que yo no sé nada. Estoy aquí desde marzo.» [2]

Los camaradas se miran. Ya me habían dicho que encontraron dos pistolas y cien cartuchos en las celdas de los hermanos después de estallado el alzamiento y, hacía ya tiempo, en agosto, unos mapas que indicaban la situación militar en las islas Baleares.

Primo, abogado

«Desde la segunda semana del movimiento he estado rigurosamente incomunicado», dijo.

Los camaradas sonrieron maliciosamente. Primo es abogado, un abogado agudo. Pero va a defenderse a sí mismo, solo. No me incumbía agravar aún más su difícil tarea.

Dije: «A ver si hablamos de lo que pasó antes, de Gil Robles, por ejemplo.»

«Gil Robles tiene la culpa de todo —dijo apasionadamente—. Durante dos años estúpidos, cuando hubiera podido hacer todo, no hizo náda.»

Continuó: «Y Casares Quiroga, por su política de provocación.»

Se desvivía por tener noticias

Tenía los ojos clavados en mí. Quería noticias, se desvivía por tener noticias, porque ahora está realmente incomunicado. ¿Qué le podía decir? Se me adelantó, diciendo: «Pero no tengo idea de lo que está pasando ahora.»

Dije: «Estoy seguro de que nuestros amigos no me han traído aquí para que le informe, pero vamos a ver si le hago unas hipotéticas preguntas a las cuales usted puede contestar o no.»

«De acuerdo —dijo súbitamente Miguel—. Yo he vivido en Nueva York, sabe usted.»

Es aviador y el cerebro político de la familia.

«¿Qué diría usted si yo le dijese que el movimiento del general Franco se hubiera desmandado y, fuera cual fuera su propósito inicial, representa ahora sencillamente a la Vieja España que lucha por sus privilegios perdidos?»

«Yo no sé nada. Espero que no sea verdad, pero si lo es, es un error.»

«¿Y si yo le dijese que sus muchachos están combatiendo codo a codo con mercenarios al servicio de los terratenientes?»

2. Como dijimos al comentar nuestra traducción del texto de la interviú dado a conocer por el *News Chronicle*, se trata de una equivocación de Allen puesto que José Antonio fue trasladado a Alicante desde Madrid a primeros de junio de 1936.

Recuerda sus discursos en las Cortes

Primo me clavó una mirada penetrante y dijo: «Usted se acuerda de mi actitud firme, y de mis discursos, en las Cortes. Usted sabe que yo decía que si la derecha, después de octubre, seguía con su política represiva negativa, Azaña volvería al poder en poquísimo tiempo, y así ha sido. Pasa lo mismo ahora. Si lo que hacen es simplemente para retrasar el reloj, están equivocados. No podrán controlar a España, si es eso nada más. Yo representaba otra cosa, algo positivo. Usted ha leído mi programa de sindicalismo nacional, reforma agraria y todo aquello.»

«Por lo visto, el pueblo español nunca creyó en su sinceridad», le dije, expresándome eufemísticamente.

«Yo era sincero —dijo—. Yo hubiera podido hacerme comunista y conseguir la popularidad.»

Dije: «Pero sus muchachos, ahora...»

«Yo espero y pienso que lo que usted dice no es verdad. Pero no olvide usted que ellos no tenían líderes después de mi encarcelamiento, y no olvide usted que ellos y otras muchas personas eran empujados a la violencia por la política de provocación de Casares.»

Los camaradas miraron ceñudos.

Dije: «Pero a mí me parece recordar que fue usted quien introdujo a los pistoleros políticos en Madrid.»

«Nadie lo probó nunca —dijo—. Mis muchachos habrán podido matar, pero después de haber sido atacados.»

Yo quería aducir casos que probaban lo contrario, pero demasiado consciente de los camaradas que tenían los ojos clavados en este joven aristócrata, de tan buen aspecto y tan seguro de sí que, según ellos, había traído o ayudado a traer tantos horrores a España, me frené.

Otra pregunta

«¿Qué diría usted si le dijese que el general Franco, un patriota nacionalista, había traído aquí a alemanes e italianos, prometiendo entregar el territorio español de Marruecos [3] a los italianos y las islas Canarias a los alemanes, y que había llevado a Europa más cerca que nunca a la guerra?», dije.

«Diría que no es verdad», contestó bruscamente.

«Yo no sé nada —añadió—. Ni sé si estaré incluido en el nuevo Gobierno si ganamos.» Todos contuvimos la respiración. Continuó:

«Yo sí sé que, si gana este Gobierno [4] y resulta que no es más que reacción, entonces retiraré a mis falangistas y volveré probablemente a estar aquí, o en otra cárcel, dentro de pocos meses.»

Predice el abismo para España

«Si esto es así, están equivocados. Provocarán una reacción aún peor. Precipitarán a España en un abismo. Tendrán que cargar conmigo. Usted sabe que yo siempre he luchado contra ellos. Me llamaban hereje y bolchevique. Yo...»

No me apetecía mirar los ojos del comité. Se habían apartado y no decían nada, pero miraban. Sé lo que pensaban. Pensaban en los muchachos

---

3. Según el texto del *News Chronicle*, más exacto en este punto, se trataba no de Marruecos sino de *Mallorca*.

4. Otra vez el texto del *News Chronicle* es más verosímil. José Antonio diría «si gana este movimiento», no «Gobierno».

312

de su Falange que alquilaban a pistoleros o jugaban antes a pistoleros y que ahora merodean por la España rebelde, «liquidando» no sólo a marxistas sino a todos los elementos liberales a quienes pueden echar mano.

«El general Franco me dijo que el fascismo español no se puede comparar con otros fascismos, y que es simplemente una defensa de la Iglesia», dije.

José Antonio pareció molesto.

«El problema con todos los españoles —dijo—, es que no dedicarán diez minutos de su tiempo para hacer una estimación objetiva de las personas o de las cosas. Yo probaré...»

La atmósfera se estaba cargando demasiado.

«Tengo que coger un avión. Me voy a despedir.» Nos dimos la mano.

Mientras regresábamos, uno de los camaradas rompió el silencio y dijo: «¿Notó usted que había engordado?»

Sí, lo había notado. Me miraron furtivamente para ver hasta qué punto había sido conquistado por la magnífica presencia de su prisionero, por la brillante representación que nos había ofrecido. Pero esto era secreto mío.

«¿Qué van a hacer ustedes con él?», les pregunté.

Habrá un juicio. Cambiaron entre sí unas miradas. Será un juicio no sólo del hombre sino del Fascismo Español. Me es imposible imaginar cualquier circunstancia que salve a este joven.

Discurso de Franco al proclamar la «unificación» en abril de 1937. Fuente: Doctrina e historia de la Revolución Nacional Española (Barcelona, Editora Nacional, 1939), pp. 73-78.

FALANGE ESPAÑOLA TRADICIONALISTA Y DE LAS J.O.N.S.

FRANCO

El 17 de julio de 1936, el Ejército, secundado por el pueblo y las milicias, se erigió en el sagrado deber de salvar a España contra un Gobierno anticonstitucional, tiránico y fraudulento que entregaba nuestra Patria al comunismo internacional.

El Ejército, las camisas azules de Castilla y las boinas rojas de Navarra, llenan las calles y plazas con sus vibrantes himnos. La epopeya gloriosa de la Reconquista se inicia.

El 18 de abril de 1937, de acuerdo con la voluntad de los combatientes españoles, Franco proclama la unificación:

«En el nombre sagrado de España y en el nombre de cuantos han muerto desde siglos por una España grande, única, libre y universal, me dirijo a nuestro pueblo para decirle:

»Estamos ante una guerra que reviste, cada día más, el carácter de cruzada, de grandiosidad histórica y de lucha trascendental de pueblos y civilizaciones. Una guerra que ha elegido a España, otra vez en la Historia, como campo de tragedia y honor, para resolver y traer la paz al mundo enloquecido hoy.

»Lo que empezó el 17 de julio como una contienda nuestra y civil, es ahora una llamada que iluminará el porvenir.

»Con la conciencia clara y el sentimiento firme de mi misión ante España, en estos momentos, de acuerdo con la voluntad de los combatientes españoles, pido a todos una sola cosa: *Unificación.*

»Unificación para terminar en seguida la guerra. Para acometer la gran tarea de la paz, cristalizando en el Estado nuevo el pensamiento y el estilo de nuestra Revolución Nacional.

»Esta unificación que yo exijo en nombre de España y en el sagrado nombre de los caídos por ella, no quiere decir "conglomerado" de fuerzas, ni "concentraciones" gubernamentales, ni uniones más o menos patrióticas y sagradas. Nada de inorgánico, fugaz ni pasajero es lo que yo pido.

»Pido unificación en la marcha hacia un objetivo común. Tanto en lo interno como en lo externo. Tanto en la fe y en la doctrina como en sus formas de manifestarlas ante el mundo y ante nosotros mismos.

»Para esta unificación sacra e imprescindible —ineludible—, que está en el corazón de todos y que ahoga esas minúsculas diferencias personales que el enemigo alienta con su habitual perfidia, me bastaría con invocar la urgencia de aquellas dos grandes tareas como acabo de hacerlo.

»Pero es que también existen razones profundas e históricas para ello en la marcha de nuestro movimiento nacional.

»En este instante —en que Dios ha confiado la vida de nuestra Patria a nuestras manos para regirla— nosotros recogemos una larga cadena de esfuerzos, de sangre derramada y de sacrificios, que necesitamos incorporar para que sean fecundos y para que no puedan perderse en esterilidades cantonales o en rebeldías egoístas y soberbias, que nos llevarían a un terrible desastre, digno sólo de malditos traidores y que cubrirían de infamia a quienes lo provocaran.

»El movimiento que hoy nosotros conducimos, es justamente eso: un movimiento más que un programa. Y como tal está en proceso de elaboración y sujeto a constante revisión y mejora a medida que la realidad lo aconseje. No es cosa rígida ni estática, sino flexible. Y que —como movimiento— ha tenido, por tanto, diferentes etapas.

»Podríamos llamar ideal o normativa la primera de estas etapas. Nos referimos a todos los esfuerzos seculares de la Reconquista española para cuajarse en la España unificada e imperial de los Reyes Católicos, de Carlos V y Felipe II. Aquella España, unida para defender y extender por el mundo una idea universal y católica, un Imperio cristiano, fue la España que dio la norma ideal a cuantas otras etapas posteriores se hicieron para recobrar momento tan sublime y perfecto de nuestra Historia.

»La segunda etapa la llamaríamos histórica o tradicionalista. O sea: cuantos sacrificios se intentaron a lo largo de los siglos XVIII, XIX y XX para recuperar el bien perdido, sobre las vías que nos señalaba la tradición imperial y católica de los siglos XV al XVII. La mayor fatiga para restaurar aquel momento genial de España, se dio en el siglo pasado con las guerras civiles. Cuya mejor explicación la vemos hoy en la lucha de la España ideal —representada entonces por los carlistas— contra la España bastarda, afrancesada y europeizante de los "liberales". Esa etapa quedó localizada y latente en las breñas de Navarra, como embalsando en un dique todo el tesoro espiritual de la España del XVI.

»Y la tercera etapa es aquella que denominaremos presente o contemporánea. Y que tiene, a su vez, diferentes esfuerzos sagrados y heroicos, al final de los cuales está el nuestro, integrador.

»Primer momento de esta tercera etapa fue el régimen de don Miguel Primo de Rivera. Momento puente entre: el "Pronunciamiento" a lo siglo XIX y la concepción orgánica de esos movimientos que en el mundo actual se han llamado "fascistas" o "nacionalistas".

»El segundo momento fecundísimo, porque arrancaba de una juventud que abría puramente los ojos a nuestro mejor pasado, apoyándose en la atmósfera espiritual del tiempo presente, fue la formación del grupo llamado las J.O.N.S. (Juntas de Ofensiva Nacional-Sindicalista). El cual fue pronto ampliado e integrado con la aportación de Falange Española. Y todo él, asumido por la gran figura nacional de José Antonio Primo de Rivera, que continuaba así, dándole vigor y dimensión contemporánea, el noble esfuerzo de su padre. E influyendo en otros grupos más o menos afines de católicos y de monárquicos, que permanecieron el 18 de julio, y aun hasta hoy, en agrupaciones también movidas por noble propósito patriótico.

El 17 de julio, vértice de la unidad y de la Historia

»Ésta era la situación de nuestro movimiento en la tradición sagrada de España, al estallar el 17 de julio.

»Instante ya histórico y fundamental: en que todas esas etapas, momentos y personas influyeron para la lucha común.

»Ante todo: Falange Española de las J.O.N.S., con su martirologio, no por reciente menos santo y potente que los mártires antiguos e históricos, aportaba masas juveniles y propagandas recientes que tratan un estado nuevo, una forma política y heroica del tiempo presente, una promesa de plenitud española.

»Navarra desbordó el embalse acumulado tenazmente durante dos siglos, de aquella tradición española que no representaba carácter alguno local ni regional. Sino al contrario: universalista, hispánico e imperial, que se había conservado entre aquellas peñas inexpugnables, esperando el momento oportuno para intervenir y derramarse; aportando una fe inquebrantable en Dios y un gran amor a nuestra Patria.

»Otras fuerzas y elementos encuadrados en diferentes organizaciones y Milicias también acudieron a la lucha.

»Todas estas aportaciones al 17 de julio (vértice decisivo para el combate final que aguardaba nuestra historia) han luchado hasta ahora, encuadradas, en lo militar, por los cuadros de Mando de nuestro Ejército glorioso. Y, en lo político y civil, por sus respectivos grupos, jefes y consignas.

Queremos soldados de la fe y no politicastros ni discutidores

»Por tanto, en vista de las supremas razones ya expuestas, esto es: el enemigo enfrente, la coyuntura histórica de una etapa integradora de todas las anteriores, nosotros decidimos, ante Dios y ante la Nación española, ¡dar cima a esta obra unificadora! Obra unificadora que nos exige nuestro pueblo y la misión por Dios a nosotros confiada.

»Y para llevarla a cabo nosotros ofrecemos dos cosas: la primera, que mantendremos el espíritu y el estilo que la hora del mundo nos pide y que el genio de nuestra Patria nos ofrece, luchando lealmente contra toda bastardía y todo arrivismo. Queremos milites, soldados de la fe y no politicastros ni discutidores; y la segunda, que nuestro corazón y nuestra voluntad quedan fijos en los combatientes del frente y en la juventud de España.

»No queremos una España vieja y maleada. Queremos un Estado donde la pura tradición y substancia de aquel pasado ideal español, se encuadre en las formas nuevas, vigorosas y heroicas que las juventudes de hoy y de mañana aportan en este amanecer imperial de nuestro pueblo.

Contra la democracia y el comunismo

»Y ahora yo les diría a las naciones que carecen de sensibilidad e invadidas de un materialismo destructor, venden su prensa al oro de los rojos y entregan sus radiodifusoras a las propagandas criminales, comercian con los productos del robo y estrechan las manos de los salteadores y asesinos, que el enemigo mayor de los Imperios, que el más fuerte peligro para los países no son los vecinos que un día luchando noblemente en las fronteras o los que, resurgiendo de la vida internacional, con pujanza no igualada, reclaman un puesto en el disfrute del mundo; ha nacido un peligro mayor, que es el bolchevismo destructor, la revolución en marcha del comunismo ruso; enemigo que, una vez arraigado, es difícil vencer; el que derrumba imperios, destruye civilizaciones y crea esas grandes tragedias humanas que, como la española, el mundo contempla indiferente y que no acierta o no quiere comprender.

»Se invoca en las propagandas rojas la democracia, la libertad del pueblo, la fraternidad humana, tachando a la España nacional de enemiga de tales principios. A esta democracia verbalista y formal del Estado liberal, en todas partes fracasada, con sus ficciones de partidos, leyes electorales y votaciones, plenos de fórmulas y de convencionalismos que, confundiendo los medios con el fin, olvida la verdadera sustancia democrática. Nosotros, abandonando aquella preocupación doctrinaria, oponemos una democracia efectiva, llevando al pueblo lo que le interesa de verdad: verse y sentirse gobernado, en una aspiración de justicia integral, tanto en orden a los factores morales, cuanto a los económico sociales; libertad moral al servicio de un credo patriótico y de un ideal eterno, y libertad económica, sin la cual la libertad política resultaba una burla.

»Y a la exploración liberal de los españoles sucederá la racional participación de todos en la marcha del Estado al través de la función familiar, municipal y sindical.

Perfil del nuevo Estado Espiritual y Nacional

»Crearemos una justicia y un Derecho Público, sin los que la dignidad humana no sería posible. Formaremos un Ejército poderoso de Mar, Tierra y Aire, a la altura de las virtudes heroicas tan probadas por los españoles, y reivindicaremos la Universidad clásica que, continuadora de su gloriosa tradición, con su espíritu, su doctrina y su moral, vuelva a ser luz y faro de los pueblos hispanos.

»Éste es el perfil del nuevo Estado; el que señalé en octubre del pasado año y que vamos cumpliendo con paso firme y sin vacilaciones. El que es común a la mayoría de los españoles no envenenados por el materialismo o el marxismo. El que figura en el Credo de Falange Española. El que encierra el espíritu de nuestros tradicionalistas. El que es factor común de los pueblos que, enterrando un liberalismo engañoso, han orientado su política en camino de autoridad, enaltecimiento patrio y de justicia social. El que contiene nuestra historia española, tan pródiga en libertades efectivas con sus cartas pueblas, fueros y comunidades.

»El que atesora la doctrina católica que la totalidad de la nación profesa.

»Cuando en un pueblo que se creía vencido surge un movimiento grandioso como el nuestro; cuando de los triturados restos de un Ejército se levanta el hoy potente y glorioso de nuestra causa; cuando se hace el milagro de cruzar, por vez primera, un ejército los aires; cuando de la carencia absoluta de Marina se pasa con constancia, laboriosidad y valentía a cruzar el mar; cuando se suceden las victorias y cada día aumenta la zona dominada; cuando carentes de oro se sostiene y eleva nuestra economía en plena guerra, se mantiene el prestigio de nuestra moneda, el crédito de nuestra zona y la abundancia y baratura es norma de la vida interior de nuestros pueblos; cuando se dan los casos individual y colectivo que el mundo admira y en cada combatiente hay un héroe y en cada prisionero un mártir, el optimismo más grande invade nuestro ánimo para gritar con orgullo: ¡¡¡Ésta es España!!!

»Y por último, a esa juventud heroica que en las trincheras lucha, a esos beneméritos soldados que en los frentes resisten alegres las inclemencias del invierno y dan con admirable desprendimiento su vida por España, les afirmo que sus sacrificios serán fecundos y que la España que se forja en los duros golpes de los campos de batalla tendrá unidad y fortaleza, y que nada dividirá a la España Nacional, que la estrecha unión de la juventud española, gloriosa y noble, sin reservas, no ha de ser por nada ni por nadie desvirtuada, porque quien pretendiera romper este ordenado movimiento nacional, haciendo destacar una inquietud bastarda o queriendo beneficiarse de lo que tanta sangre cuesta, había de tropezar con el patriotismo viril de nuestra juventud y con el empuje de nuestros combatientes, que impondrían un severo castigo a toda tibieza o desunión en el camino de la Patria.

TODOS AL SERVICIO Y SACRIFICIO DE LA PATRIA

»Yo os anuncio el patriotismo y la unión de todos los españoles, la unión más íntima en el servicio de la Patria, y proclamando que muy pronto, terminada la guerra y organizada España, estaréis orgullosos de llamaros españoles.

»Cuando el prestigio de nuestra nación la haga digna del respeto de las demás naciones; cuando nuestros barcos potentes y majestuosos paseen de nuevo la enseña de la Patria por los mares; cuando nuestros aviones crucen los aires y al mundo lleven el resurgir de España; cuando los españoles todos alcéis los brazos y elevéis los corazones en homenaje de la Patria; cuando en los hogares españoles no falte el fuego, el pan y la alegría de la vida, entonces podremos decir a nuestros caídos y a nuestros mártires: vuestra sangre ha sido fecunda, pues de una España en trance de muerte hemos creado la España que soñasteis, cumpliendo vuestro mandato y haciendo honor a vuestros heroicos sacrificios.

»Y en los lugares de la lucha donde brilló el fuego de las armas y corrió la sangre de los héroes, elevaremos estelas y monumentos en que grabaremos los nombres de los que con su muerte, un día tras otro, van forjando el temple de la Nueva España, para que los caminantes y viajeros se detengan un día ante las piedras gloriosas y rememoren a los heroicos artífices de esta gran Patria Española.

»Españoles todos, con el corazón en alto: ¡¡¡Arriba España!!! ¡¡¡Viva España!!!»

Año	Vida de José Antonio	España política	Historia del mundo
1903	24 de abril nace en Madrid, en un piso bajo del número 22 (antiguo) de la calle de Génova, hijo primogénito de don Miguel Primo de Rivera y Orbaneja, teniente coronel de Infantería y marqués de Estella, y de doña Casilda Sáenz de Heredia y Suárez de Argudín. 13 de mayo. Es bautizado en la parroquia de Santa Bárbara, monasterio de las Salesas Reales.	Maura jefe del Partido Conservador. Fundación del Instituto de Reformas Sociales.	Asesinato de Alejandro I de Servia. Escisión del socialismo ruso: Lenin líder bolchevique.
1904	Nace su hermano Miguel.	Atentado en Barcelona contra Maura. Convenio sobre Marruecos entre España y Francia.	Inicios de la *Entente Cordiale* anglofrancesa. Inicio de la guerra ruso-japonesa (Port Arthur, febrero).
1905	Nace su hermana Carmen.	El Ejército frente a la prensa: los incidentes del *Cu-Cut* en Barcelona. Moret jefe del Gobierno.	Laicización de la enseñanza en Francia. Inicios de la I Revolución Rusa: incidentes ante el palacio de Invierno (San Peterburgo) y en Odessa (acorazado *Potemkin*).
1906		Boda de Alfonso XIII con doña Victoria Eugenia de Battenberg. Atentado fallido de Mateo Morral contra los recién casados. La Conferencia de Algeciras (abril) da carta blanca a Francia en Marruecos. Implantación de la censura militar. Ley de Jurisdicciones. Nace la Solidaritat Catalana.	Fundación del Labour Party inglés. Disolución de la Duma zarista.
1907	Nacen sus hermanas mellizas Pilar y Angelita. Esta última muere a los seis años.	Comienza el «Gobierno Largo» de Maura. Triunfo electoral de Solidaritat Catalana. Fundación en Barcelona de Solidaridad Obrera.	Nace la Triple Entente (Gran Bretaña-Francia-Rusia).
1908	Nace su hermano Fernando, tras cuyo parto muere su madre. Sus tías Inés y María Jesús (la tía «Ma»)	Fundación del Instituto Nacional de Previsión. Regulación del derecho de huelga.	Carlos I de Portugal, asesinado; le sucede Manuel II. Revolución de los «Jóvenes Turcos». Inicio de la crisis

Año	Vida de José Antonio	España política	Historia del mundo
	se hacen cargo del cuidado de los huérfanos.		balcánica. El Congo, colonia belga.
1909		Inicio de la guerra de África tras el desastre del Barranco del Lobo. Estalla la Semana Trágica barcelonesa al ser movilizados los reservistas. Francisco Ferrer Guardia fusilado como instigador de los disturbios. Caída del Gobierno Maura y nuevo Gabinete presidido por Segismundo Moret.	El sultán Abdul Hamid II depuesto por los «Jóvenes Turcos». Avance del nacionalismo hindú. Promulgación en los EE. UU. de las «leyes Taft» anti-trust.
1910		José Canalejas, liberal, nuevo presidente del Consejo (o jefe del Gobierno) español. Nace la Confederación Regional del Trabajo de Cataluña (futura C.N.T.).	Proclamación de la República en Portugal. Los EE. UU. afianzan su poder en Nicaragua.
1911		Protesta religiosa contra la restrictiva Ley del Candado aprobada por el Gobierno Canalejas.	Crisis en Marruecos: el cañonero alemán *Panther* en Agadir. Asesinato del *premier* ruso Stolypin. Sun Yat-sen proclama la República en China (diciembre).
1912	Comienza el bachillerato que finalizará en 1917; se examina en los institutos del Cardenal Cisneros de Madrid, y en los de Cádiz y Jerez de la Frontera.	Asesinato de Canalejas por el anarquista Pardiñas: fin del bipartidismo restauracionista. Huelga general en Vizcaya. Romanones nuevo jefe del Gobierno.	Fin de la guerra italo-turca: Trípoli y Cirenaica, italianas. Crece la tensión en los Balcanes. Los países escandinavos, neutrales ante el rearme europeo.
1913		Primer Gobierno Dato: Maura «neutralizado» por el rey y la opinión pública progresista.	La I y II guerra de los Balcanes (Turquía y Bulgaria desmembradas) acrecienta el peligro de una confrontación general en Europa. Asesinato del rey Jorge I de Grecia.
1914		Ante el estallido de la primera guerra mundial, España declara su neutralidad.	Asesinato del archiduque Francisco Fernando —heredero al trono austrohúngaro— y de su esposa Sofía de Hohenberg en Sarajevo (junio): se inicia la I guerra mundial. Juarés, asesinado en Francia.
1915		La neutralidad rinde cuantiosos beneficios a las clases burguesas españolas: aliadófilos contra germanófilos. Alfonso XIII inicia su humanitaria campaña a favor de las víctimas de la guerra. Romanones sucesor de Dato.	Hundimiento del *Lusitania*. Los aliados en Gallípolli y Salónica. Batallas del Isonzo.

Año	Vida de José Antonio	España política	Historia del mundo
1916		Primera huelga general en España llevada a cabo por socialistas y anarquistas (U.G.T.-C.N.T.) en protesta por la carestía de la vida.	Asesinato de Rasputín. Batallas de Verdún y el Somme. Intentos de pacificación del presidente de EE. UU., Wilson.
1917	Inicia la carrera de Derecho que finaliza en 1922.	*Diktak* de las Juntas Militares de Defensa al Gobierno. Asamblea General de Parlamentarios en Barcelona y huelga general revolucionaria en toda España: el Gobierno Dato refuerza su poder con dureza. Muere Enric Prat de la Riba, presidente de la Mancomunitat de Catalunya.	Guerra submarina total por parte de Alemania: los EE. UU. entran en guerra contra los Imperios Centrales. Abdicación del zar Nicolás II y revolución en Rusia: los bolcheviques de Lenin dueños de la situación. Declaración Balfour sobre Palestina.
1918		Creación del Gobierno Nacional presidido por Maura y en el que entra el catalanista Cambó.	Los 14 puntos de Wilson. Abdicaciones de Guillermo II de Alemania y Carlos de Austria; fin de la I guerra mundial.
1919		Inestabilidad sociopolítica: huelgas de jornaleros (Andalucía) y de sindicalistas catalanes (La Canadiense). España ingresa en la Sociedad de Naciones. *Lock-out* patronal; atentados terroristas en Barcelona.	Los vencedores imponen el Tratado de Versalles lesivo para la futura paz mundial. Disturbios civiles en Alemania, Rusia y Centroeuropa. Nace la III Internacional bolchevique.
1920		Los conservadores de Dato en el poder: *ley de fugas* contra presuntos terroristas en Cataluña. Creación de los Sindicatos Libres, hechura de la patronal barcelonesa. Institucionalización del primer Partido Comunista Español.	Autonomía «restringida» de Irlanda. El aislacionismo de los EE. UU. hiere de muerte la Sociedad de Naciones. Nacimiento de multitud de Estados centroeuropeos. Graves tensiones en Alemania. Guerra entre Rusia y Polonia.
1921	Se da de alta como miembro de la Real Academia de Jurisprudencia.	Asesinato de Dato en Madrid (marzo) por los anarquistas Mateu - Casanellas - Nicolau; la represión gubernamental se acrece. Rebelión rifeña de Abd el-Krim. Desastre de Annual, con la desaparición de su presunto responsable, el general Fernández Silvestre, y la incoación del famoso Expediente Picasso.	Faisal y Abdullah, peones británicos en Iraq y Transjordania. Warren G. Harding nuevo presidente de los EE. UU. La rebelión en Kronstadt de marineros socialrevolucionarios es aplastada por los bolcheviques.
1922	Su padre es nombrado capitán general de Cataluña y Baleares.	El conservador Sánchez Guerra sustituye a Maura en la jefatura del Gobierno; atentado contra Pestaña, líder sindicalista catalán, y destitución de Martí-	Conferencia del Desarme en Washington. Tratado germano-ruso de Rapallo. Marcha fascista sobre Roma: Mussolini, nuevo *premier*. Guerra turco-griega.

Año	Vida de José Antonio	España política	Historia del mundo
		nez Anido, presunto instigador de la política represiva en aquella región. Francesc Macià funda Estat Català.	
1923	Se doctora en Derecho por la Universidad de Madrid. En julio ingresa en el Ejército en Barcelona como soldado del Regimiento de Caballería número 9, Dragones de Santiago. En septiembre asciende a cabo. Tras el golpe de Estado de su padre es trasladado a Madrid, donde finaliza el servicio militar.	Atentados terroristas de la organización C.N.T. Las reivindicaciones catalanistas y el *affaire* Picasso propician el golpe de Estado del general Primo de Rivera (septiembre). Formación del Directorio Militar sin oposición de Alfonso XIII.	Ocupación del Rhur por tropas francesas. La inflación galopante crea el caos en Alemania: disturbios comunistas y nacionalsocialistas (Hitler encarcelado).
1924		La dictadura impone con firmeza la paz social y prepara una solución militar al problema marroquí. Los partidos políticos y las fuerzas sindicalistas son perseguidos, excepción hecha del socialismo reformista.	Primer Gobierno laborista (McDonald) en Gran Bretaña. Plan Dawes de indemnizaciones por parte de Alemania. Asesinato de Mateotti en Italia y muerte de Lenin en Rusia.
1925	3 de abril. Se incorpora al Colegio de Abogados de Madrid con el número 1 605, abriendo bufete en la casa paterna, Los Madrazos, 26. Informa por primera vez ante el Tribunal Supremo, teniendo como oponente a don Francisco Bergamín, decano del Colegio de Abogados de Madrid.	El desembarco de Alhucemas ratifica la victoria de Primo de Rivera sobre Abd el-Krim, poniendo las bases para pacificar totalmente el Protectorado. El Directorio Civil, nueva etapa de la dictadura.	Hindenburg nuevo hombre fuerte de Alemania: Streseman, su *premier*, propicia la distensión firmando con Francia el Tratado de Locarno.
1926		Primeros roces de Primo de Rivera con elementos castrenses y civiles. Prosigue con singular dureza la campaña marroquí.	Coudenhove-Kalergi, ideólogo de la Unión Europea. Alemania ingresa en la Sociedad de Naciones. Golpe de Estado del general Carmona en Portugal.
1927		Preparativos para la institucionalización de la dictadura *sine die*: creación de la Unión Patriótica Española, redacción de un nuevo *corpus* constitucional, estructuración de la Asamblea Nacional, etc. Fundación clandestina de la Federación Anarquista Ibérica (F.A.I.) en Valencia.	Stalin se impone a Trotski en la U.R.S.S.: durísimos Planes Quinquenales para elevar la producción agrícola e industrial. Chiang Kai-shek, hombre fuerte en China.
1928		Crece la impopularidad de la dictadura. Fundación de la Sociedad Sacerdotal de la	El Pacto Kellog, avalado por 54 Estados, posible garantía contra la guerra.

321

Año	Vida de José Antonio	España política	Historia del mundo
		Santa Cruz y del Opus Dei (Opus Dei) por José María Escrivá de Balaguer.	
1929	Diciembre. Participa en un homenaje, en el hotel Ritz de Madrid, a los hermanos Antonio y Manuel Machado con motivo del estreno de su obra *La Lola se va a los puertos*. Conoce a quien será el gran amor, frustrado, de su vida.	Muerte de doña María Cristina de Habsburgo, madre de Alfonso XIII. Sánchez Guerra y los artilleros contra Primo de Rivera.	Trotski expulsado de la U.R.S.S. El Vaticano, Estado independiente. Guerra de los cristeros en México.
1930	11 de marzo. Entrevista con César González Ruano, mutilada por la censura, pocos días antes de la muerte de su padre, en la que relata el incidente en el café Lion d'Or con el general Queipo de Llano, al que agredió físicamente; como consecuencia del hecho es expulsado del Ejército. 6 de octubre. Participa en un mitin de la Unión Monárquica Nacional en el Frontón Euskalduna de Bilbao junto a Ramiro de Maeztu, Esteban Bilbao y el conde de Guadalhorce. Desafío con el general Burguete en defensa de la memoria de su padre.	Primo de Rivera presenta su dimisión (enero) y muere pocos meses después en París. Gobierno Berenguer. La oposición se organiza: sublevación de Galán y García Hernández en Jaca y firma por los futuros líderes republicanos del Pacto de San Sebastián.	Haile Selassie I emperador de Etiopía. Trujillo, dictador en Santo Domingo. Gandhi inicia su campaña de «desobediencia civil» en la India.
1931	Septiembre. Bajo el lema «Por una sagrada memoria. —¡Hay que oír a los acusados!» presenta su candidatura a una vacante del Congreso de Diputados por Madrid, frente a la de don Bartolomé Manuel de Cossío, que le derrota.	Las elecciones municipales del 12 de abril presuponen 48 horas más tarde la proclamación de la República: Alfonso XIII abandona el país, Niceto Alcalá Zamora se encarga de la Presidencia del Gobierno y Manuel Azaña es nombrado primer ministro. Macià presidente de la Generalitat catalana. Resurgimiento anarquista y consolidación del socialismo como firme sostén del nuevo régimen.	La crisis económica mundial fuerza la dimisión del Gabinete McDonald en Inglaterra y acrecienta el imperialismo nacionalista nipón (invasión del Manchukuo).
1932	23 a 26 de noviembre. Informa como defensor de don Galo Ponte, ex ministro de Justicia de la dictadura en el proceso de responsabilidades seguido contra el régimen anterior. 11 de agosto. Es detenido junto a su hermano Miguel en Ondarreta, acusado de	Las reformistas leyes republicanas contestadas por el oligarquismo latifundista-financiero y cierta parte del Ejército; la Reforma Agraria y los Estatutos de Autonomía, piedras de toque del régimen republicano. Rebeliones sociales anarquistas en el Alto Llobregat.	Fracasa la Conferencia de Desarme de Ginebra. Eamon de Valera nuevo presidente irlandés.

participar en el fallido golpe de Estado del general Sanjurjo; posteriormente es puesto en libertad sin que se le incoase proceso.

1933 16 de marzo. El Gobierno social-azañista secuestra el primer y único número del semanario *El Fascio*, promovido por Delgado Barreto, en el que, entre otros, colaboran José Antonio, Giménez Caballero, Sánchez Mazas, Ledesma Ramos y Aparicio. Polémica con Juan Ignacio Luca de Tena, en las páginas de *ABC* a propósito del fascismo. Contactos con Julio Ruiz de Alda, Alfonso García Valdecasas y otros intelectuales para la constitución del M.E.S.
Octubre. Es recibido por Benito Mussolini en Roma.
29 de octubre. Mitin en el teatro de la Comedia, que será considerado como acto fundacional de Falange Española, en compañía de García Valdecasas y Ruiz de Alda. El acto es presidido por Narciso Martínez Cabezas.
Noviembre. Es elegido diputado a las Cortes, en una coalición derechista, por la provincia de Cádiz, obteniendo 41 720 votos.
A finales de año, debidos a su pluma, se publican los puntos iniciales de Falange Española.

Las tensiones gubernamentales (Casas Viejas, Ley de Congregaciones, etc.) provocan la dimisión de Azaña, de Lerroux (su sustituto) y de Martínez Barrio de la presidencia del Gobierno. Reconocimiento de la U.R.S.S. tras las elecciones de noviembre, comienza el llamado «bienio negro» contrarreformista. Companys sucede a Macià (muerto en diciembre) como president de la Generalitat catalana.

Hitler y los nazis dueños de Alemania. Golpe de Estado de Dollfuss en Austria. Franklin D. Roosevelt nuevo presidente de los EE. UU. Fascistización de las instituciones republicanas portuguesas.

1934 13 de febrero. Firma del acuerdo de fusión entre Falange Española y las J.O.N.S. suscrito por José Antonio y Ledesma Ramos.
4 de marzo. Mitin en Valladolid para presentar el nuevo partido; participan Onésimo Redondo, Julio Ruiz de Alda, Ramiro Ledesma Ramos y José Antonio.
11 de abril. Entrevista con César González Ruano en *ABC* a propósito del atentado del que salió ileso. Intento de fundación de un

Ricardo Samper (abril) dura sólo cinco meses como jefe de Gobierno. Le sucede un cuarto Gabinete Lerroux del que forma parte la C.E.D.A. gilroblista. Rebelión izquierdista de octubre en Cataluña y Asturias. Allí, Companys fracasa al proclamar el Estat català; en Asturias los trabajadores hacen frente al Ejército durante bastantes días. Los encarcelamientos y las represiones subsiguientes desacreditan al Gobierno.

Los socialistas austríacos, vencidos en las calles y reprimidos sin piedad. La U.R.S.S. ingresa en la Sociedad de Naciones.

323

diario con la colaboración, entre otros, de Manuel Aznar, José Félix de Lequerica y Rafael Sánchez Mazas.
Mayo. Viaje a Alemania.
3 de junio. Concentración falangista en el aeródromo de Extremera.
24 de septiembre. Carta al general Franco que transmite a través de su amigo y cuñado del militar Ramón Serrano Suñer.
4 de octubre. Se inicia el primer Consejo Nacional de Falange Española de las J.O.N.S. que el día 6 elige a José Antonio como jefe nacional sustituyendo al triunvirato formado por él, Ruiz de Alda y Ramiro Ledesma Ramos.
7 de octubre. Después de la adopción de la camisa azul como uniforme del partido, José Antonio organiza una manifestación en apoyo del Gobierno tras la rendición de la Generalitat.
30 de noviembre. Francisco Moreno y de Herrera, marqués de la Eliseda, miembro del Consejo Nacional de Falange Española y de las J.O.N.S. abandona el partido por la actitud laica del mismo.

1935

Enero. Ramiro Ledesma Ramos es expulsado de F.E. y de las J.O.N.S.
10 de febrero. Mitin en Salamanca; tras una entrevista en su casa, asiste don Miguel de Unamuno.
24 de febrero. Homenaje en el café de San Isidro a Eugenio Montes.
9 de abril. Conferencia en el Círculo Mercantil e Industrial de Madrid («Ante una encrucijada en la historia política y económica del mundo») en la que vaticina el triunfo final del comunismo, en lo económico, preconizando que hay que ir a él por la vía autoritaria, en lo político, del fascismo.
11 a 16 de abril. Primer

Crisis del Gobierno Lerroux ante la dimisión de los diputados cedistas, la suspensión del Estatut catalán, la devolución de tierras a los nobles expropiados, el encumbramiento del «duro» general Franco y la corrupción del «lerrouxismo sociológico» (affaire del straperlo). La caída de los Gabinetes Chapaprieta y Portela Valladares presupone la disolución de las Cortes y la convocatoria de elecciones generales. De la fusión del Bloc Obrer i Camperol y la Izquierda Comunista nace el Partido Obrero de Unificación Marxista (P.O.U.M.).

Hitler, tras lograr que el Sarre vuelva a Alemania, remilitariza la nación. Inicio de las purgas en Rusia. Guerra entre Italia y Etiopía.

Consejo Nacional del S.E.U.
3 de mayo. Conferencia sobre sindicalismo en Barcelona. Intentos frustrados de aproximación a Ángel Pestaña y Diego Abad de Santillán.
19 de mayo. Mitin en el cine Madrid en el que declara a propósito de la Monarquía: «No podemos lanzar el ímpetu fresco de la juventud que nos sigue para el recobro de una institución que reputamos gloriosamente fenecida.»
16 de junio. Reunión en Gredos con la Junta Política, en la que se decide ir a la insurrección armada.
23 de julio. Discurso en el Congreso sobre la reforma de la Reforma Agraria a consecuencia del cual es calificado por medios derechistas de *bolchevique*.
Asiste en Montreux a la reunión de la internacional fascista, donde conoce, entre otros, a Degrelle, Mosley y Codreanu.
31 de octubre. Reaparece el semanario *Arriba*, al que se intenta convertir, sin éxito, en diario.
15 y 16 de noviembre. Segundo Consejo Nacional de F.E. de las J.O.N.S.
17 de noviembre. Mitin en el cine Madrid.
Publicación del libro *¿Fascismo en España?* de Roberto Lanzas, seudónimo de Ledesma Ramos.
7 de diciembre. Pronuncia en el Parlamento dos discursos con ocasión del escándalo del Tesoro Colonial. Conversación con el doctor Marañón.

1936

12 de enero. La Junta Política de Falange Española y de las J.O.N.S. lanza su manifiesto electoral.
En las elecciones de febrero Falange Española no consigue ningún diputado.
14 de marzo. Detención de José Antonio y de toda la Junta Política.

El Frente Popular, coalición de izquierdas, obtiene el triunfo en las elecciones generales de febrero. Azaña, nuevo jefe de Gobierno. Las instituciones y líderes autonomistas restaurados en sus poderes. La inquietud del Ejército no parece preocupar al Gobierno pese a que

Eduardo VIII sucede a Jorge V como soberano británico. Léon Blum presidente del Gobierno frente-populista francés. El general Metaxas dictador en Grecia. Faruk I rey de Egipto. Fin de la guerra ítalo-abisinia. El fascismo se impone en el Japón.

Falange Española y de las J.O.N.S. es ilegalizada.
16 de marzo. José Antonio ingresa en la cárcel Modelo de Madrid.
Aparece el boletín clandestino de Falange *No importa*.
Primer proceso en la cárcel Modelo, acusado de un supuesto delito de imprenta.
30 de abril. Segundo proceso.
Tercer proceso por injurias.
28 de mayo. Cuarto proceso, por tenencia ilícita de armas.
24 de julio. José Antonio es trasladado a la prisión de Alicante.
Noviembre. Se inicia un nuevo proceso contra el dirigente falangista. Es condenado a muerte y fusilado el 20 de noviembre.

el orden público se deteriora gravemente. Destituido Alcalá Zamora, Azaña pasa a desempeñar la presidencia de la República. El nuevo jefe del Gobierno, Casares Quiroga, se muestra impotente para frenar el terrorismo de los extremistas de izquierda y derecha. Los asesinatos del teniente Castillo (por elementos parafascistas) y del diputado Calvo Sotelo (por fuerzas policiales) adelantan el estallido de la conspiración de los militares africanistas, que el 17 de julio se sublevan contra el Gobierno. Al Gabinete Martínez Barrio —de imposible conciliación y que dura 24 horas escasas— le sucede el Gobierno Giral. Fundación del Partit Socialista Unificat de Catalunya o P.S.U.C. (julio). Constitución en un Comité de No Intervención internacional lesivo para los intereses de la República (agosto). Fracasa la expedición del capitán Bayo en Mallorca. Caída de Irún y San Sebastián en manos de los nacionales. Largo Caballero nuevo jefe de Gobierno (septiembre). Aprobación del Estatuto vasco por las Cortes republicanas. Varela y Mizzian liberan el Alcázar de Toledo. La Junta de Defensa Nacional confirma el nombramiento de Franco como Generalísimo de los Ejércitos, de cuyos poderes es investido el 1 de octubre. Largo Caballero institucionaliza el Comisariado de Guerra. En noviembre las tropas nacionales estrechan su cerco sobre Madrid. Reorganización del Gabinete Largo Caballero, en el que encuentran cuatro ministros anarquistas. Miaja presidente de la Junta de Defensa madrileña. El Gobierno franquista de Burgos reconocido por Alemania e Italia.

Bibliografía seleccionada

Esta lista sólo comprende los libros y artículos que nos han sido especialmente útiles, y no pretende en absoluto ser exhaustiva. Tampoco incluye todos los títulos a que nos referimos en el texto.

Para los escritos y discursos de José Antonio Primo de Rivera hemos utilizado las *Obras completas* recopiladas por Agustín del Río Cisneros, Madrid, Instituto de Estudios Políticos, 1976, dos tomos: sigla *OC*.

ANSALDO, JUAN ANTONIO, *¿Para qué...? (De Alfonso XIII a Juan III)*, Buenos Aires, Editorial Vasca Ekin, S.R.L., 1951.

ANTIGÜEDAD, ALFREDO R., *José Antonio en la cárcel*, Madrid, Imprenta Ernesto Giménez, s.f.

AREILZA, JOSÉ MARÍA DE, y CASTIELLA, FERNANDO MARÍA, *Reivindicaciones de España*, prólogo de Alfonso García Valdecasas, Madrid, Instituto de Estudios, Políticos, 1941.

AREILZA, JOSÉ MARÍA DE, *Así los he visto*, Barcelona, Planeta, 1974.

ARRARÁS, JOAQUÍN, *Historia de la Segunda República Española*, Madrid, Editora Nacional, 5.ª ed., 1968-1970, 4 tomos.

BRAVO, FRANCISCO, *José Antonio. El hombre, el jefe, el camarada*, Madrid, Ediciones Españolas, 1939.

BRAVO FRANCISCO, *José Antonio ante la justicia roja*, Madrid, Ediciones de la vicesecretaría de Educación Popular, 1941.

BRAVO, FRANCISCO, *Historia de la Falange Española de las J.O.N.S.*, Madrid, Editora Nacional, 2.ª ed., 1943.

BRAVO MORATA, FEDERICO, *Franco y los muertos providenciales*, Madrid, Fenicia, 1979.

CABANELLAS, GUILLERMO, *La guerra de los mil días. Nacimiento, vida y muerte de la II República Española*, Buenos Aires, Editorial Heliasta S. R. L., 2.ª ed., 1975, 2 tomos.

CIERVA, RICARDO DE LA, *Historia de la guerra civil española. Perspectivas y antecedentes 1898-1936*, Madrid, Librería Editorial San Martín, 1969.

COVERDALE, JOHN F., *La intervención fascista en la guerra civil española*, Madrid, Alianza, 1979.

DEL RÍO CISNEROS, AGUSTÍN, y PAVÓN PEREYRA, ENRIQUE, *Los procesos de José Antonio*, Madrid, Ediciones del Movimiento, 1963.

DÁVILA, SANCHO, y PEMARTÍN, JULIÁN, *Hacia la historia de la Falange. Primera contribución de Sevilla*, Jerez, Jerez Industrial, 1938.

DESVOIS, JEAN-MICHEL, «La Presse pré-fasciste et fasciste en Espagne (1915-1936)» y «Le Contenu de *F.E.*, hebdomadaire de la Phalange», en *Presse et Société*, núm. XIV de *Etudes Hispaniques et Hispano-Américaines*, Université de Haute Bretagne, Rennes, Francia, 1979, pp. 77-124.

Dolor y memoria de España en el II aniversario de la muerte de José Antonio, Barcelona, Ediciones Jerarquía, 1939.

Escobar, José Ignacio, marqués de Valdeiglesias, *Así empezó...*, Madrid, G. del Toro, 2.ª ed., 1975.

Fraser, Ronald, *Recuérdalo tú y recuérdalo a otros. Historia oral de la guerra civil española*, Barcelona, Crítica, 1979, dos tomos.

García del Moral, Eliso, «Cómo conocí a José Antonio», en *José Antonio, fundador y primer jefe de la Falange, ¡presente!* (véase abajo), pp. [144-145]

García Venero, Maximiano, *Falange en la guerra de España: la Unificación y Hedilla*, París, Ruedo Ibérico, 1967.

Garriga, Ramón, *La España de Franco. Las relaciones con Hitler*, Madrid, G. del Toro, 1977.

Garriga, Ramón, *La señora de El Pardo*, Barcelona, Planeta, 1979.

Gibello, Antonio, *José Antonio. Apuntes para una biografía polémica*, Madrid, Doncel, 1974.

Gil Robles, José María, *No fue posible la paz*, Barcelona, Planeta, 1978.

Giménez Caballero, Ernesto, *La Falange —hecha hombre— ¡conquista el Estado!*, Salamanca, 1937, 15 pp.

Giménez Caballero, Ernesto, *Genio de España. Exaltaciones a una resurrección nacional. Y del mundo*, Barcelona, Ediciones Jerarquía, 4.ª ed., 1939.

Giménez Caballero, Ernesto, *Memorias de un dictador*, Barcelona, Planeta, 1979.

Historia de la cruzada española, Madrid, Ediciones Españolas, 1939-1943, 36 tomos.

Jackson, Gabriel, *La República española y la guerra civil 1931-1939*, Barcelona, Crítica, 2.ª ed., 1976.

Jérez-Riesco, José Luis, *La Falange, partido fascista*, Barcelona, Ediciones Bau, 1977.

José Antonio, fundador y primer jefe de la Falange, capitán de luceros, ¡presente!, número extraordinario del *Boletín Sindical* dedicado a la memoria de José Antonio en el V aniversario de su muerte, Madrid, Departamento Nacional de Prensa y Propaganda Sindical, enero de 1942, sin paginar.

Lanzas, Roberto (seud. de Ramiro Ledesma Ramos), *¿Fascismo en España? (Sus orígenes, su desarrollo, sus hombres)*, Madrid, Ediciones La Conquista del Estado, Talleres gráficos de E. Giménez, 1935.

Laqueur, Walter (recopilador), *Fascism: A Reader's Guide. Analyses, Interpretations, Bibliography*, Harmondsworth, Inglaterra, Penguin Books, 1979.

Ledesma Ramos, Ramiro, *Discurso a las juventudes de España*, Barcelona, Ariel, 1968, editado con *¿Fascismo en España?* en un solo tomo.

Mack Smith, Denis, *Mussolini's Roman Empire*, Harmondsworth, Inglaterra, Penguin Books, 1979.

Maíz, B. Félix, *Alzamiento en España. Diario de la conspiración*, Pamplona, Editorial Gómez, 1952.

Maíz, B. Félix, *Mola, aquel hombre. Diario de la conspiración*, Barcelona, Planeta, 2.ª ed., 1976.

Mancisidor, José María, *Frente a frente. José Antonio frente al Tribunal Popular, Alicante, noviembre 1936*, Madrid, Editorial y Gráficas Senén Martín, 1963.

Martín, Eutimio, «Falange y poesía», *Historia 16*, Madrid, núm. 30, oct. 1978, pp. 125-128 y núm. 31, nov. 1978, pp. 102-106.

Martín, Raúl, «Origen y función de la Falange», *El viejo topo*, Madrid, Extra/I, 1976, pp. 31-33.

Martínez Barrio, Diego, «Episodio en Alicante: sobre José Antonio Primo de Rivera», recogido en *Homenaje a Diego Martínez Barrio*, París, publicación privada, 1978, pp. 185-189.

Montes Agudo, Gumersindo, *Vieja guardia*, Madrid, Aguilar, 1939.

Ortega y Gasset, José, *España invertebrada*, Madrid, Revista de Occidente, 7.ª ed., 1951.

PASTOR, MANUEL, *Los orígenes del fascismo en España*, Madrid, Tucar Ediciones, 1975.

PAVÓN PEREYRA, ENRIQUE, *De la vida de José Antonio*, ¿Madrid?, Gráficas El Fénix, s.f., ¿1947?

PAYNE, STANLEY G., *Falange. A History of Spanish Fascism*, Stanford University Press and Oxford University Press, 1962.

PAYNE, STANLEY G., *Falange. Historia del fascismo español*, París, Ruedo Ibérico, 1965.

PRESTON, PAUL, *La destrucción de la democracia en España. Reacción, reforma y revolución en la Segunda República*, Madrid, Ediciones Turner, 1978.

PRIETO, INDALECIO, *Convulsiones de España. Pequeños detalles de grandes sucesos*, Méjico, Oasis, 1967. Tomo I.

QUEIPO DE LLANO, GONZALO, *El general Queipo de Llano perseguido por la Dictadura*, Madrid, Javier Morata, 1930.

RAMOS, VICENTE, *La guerra civil (1936-1939) en la provincia de Alicante*, Alicante, Biblioteca Alicantina, 1972-1973, 3 tomos.

REICH, WILHELM, *The Mass Psychology of Fascism* [*La sicología de masas del fascismo*], Harmondsworth, Inglaterra, Penguin Books, 1975. Publicado originalmente en alemán, en 1933.

RIDRUEJO, DIONISIO, *Casi unas memorias*, Barcelona, Planeta, 1976.

ROJAS, CARLOS, *Diez figuras ante la guerra civil*, Barcelona, Nauta, 1973.

ROJAS, CARLOS, *Prieto y José Antonio: socialismo y Falange ante la tragedia civil*, Barcelona, Dirosa, 1977.

SAINZ RODRÍGUEZ, PEDRO, *Testimonio y recuerdos*, Barcelona, Planeta, 1978.

SAÑA, HELENO, «La Falange. Intento de un diagnóstico», *Índice*, Madrid, números 257-258, nov. 1969, pp. 22-28; núm. 259, 1 dic. 1969, pp. 6-10; núm. 260, 15 dic. 1969, pp. 7-10.

SERRANO SUÑER, RAMÓN, *Entre el silencio y la propaganda, la historia como fue. Memorias*, Barcelona, Planeta, 1977.

SOUTHWORTH, HERBERT R., *Antifalange. Estudio crítico de «Falange en la guerra de España» de M. García Venero*, París, Ruedo Ibérico, 1967.

SOUTHWORTH, HERBERT R., «La Falange: Un análisis de la herencia fascista española», en Paul Preston (recopilador), *España en crisis: La evolución y decadencia del régimen de Franco*, Méjico-Madrid, Fondo de Cultura Económica, 1977, pp. 29-60.

THOMAS, HUGH, introducción a *José Antonio Primo de Rivera. Selected Writings*, Londres, Jonathan Cape, 1972, pp. 11-34.

UNAMUNO, MIGUEL DE, *En torno al casticismo*, Madrid, Espasa Calpe, «Austral», 9.ª ed., 1979.

VIÑAS, ÁNGEL, «Berlín: salvad a José Antonio», *Historia 16*, Madrid, núm. 1, mayo 1976, pp. 41-56; núm. 2, junio 1976, pp. 45-55.

VIÑAS, ÁNGEL, *La Alemania nazi y el 18 de julio*, Madrid, Alianza, 2.ª ed. revisada, 1977.

XIMÉNEZ DE SANDOVAL, FELIPE, *José Antonio (biografía apasionada)*, Barcelona, Editorial Juventud, 1941.

ÍNDICE
ONOMÁSTICO

Las cifras en cursiva remiten a las ilustraciones

333

OBRAS GANADORAS Y FINALISTAS
DEL PREMIO ESPEJO DE ESPAÑA

1975   José Luis Vila-San-Juan
GARCÍA LORCA, ASESINADO: TODA LA VERDAD

         Eduardo Pons Prades
REPUBLICANOS ESPAÑOLES
EN LA 2.ª GUERRA MUNDIAL

1976   Ramón Garriga
JUAN MARCH Y SU TIEMPO

         Mariano Ansó
YO FUI MINISTRO DE NEGRÍN

1977   Xavier Tusell
LA OPOSICIÓN DEMOCRÁTICA AL FRANQUISMO.
1939-1962

         Ángel Alcázar de Velasco
LA GRAN FUGA

1978   Baltasar Porcel
LA REVUELTA PERMANENTE

         Santiago Lorén
MEMORIA PARCIAL

1979   Raymond Carr/Juan Pablo Fusi
ESPAÑA, DE LA DICTADURA A LA DEMOCRACIA

         Víctor Alba
EL PARTIDO COMUNISTA EN ESPAÑA

1980   Ian Gibson
EN BUSCA DE JOSÉ ANTONIO

         Luis Romero
CARA Y CRUZ DE LA REPÚBLICA. 1931-1936